한국소설묘사사전 6

자연 서정·동물·음식

6 한국 소설 묘사 사전

자연 서정 · 동물 · 음식

조병무 편

 책머리에

작품에서 그리고 있는 묘사는 바로 그 작품의 문학성과 예술성에 접근하려는 주제와 더불어 작가정신의 핵심이기도 하다. 이 사전 묘사(描寫; description)란 언어에 의한 사물의 전달, 물체의 독특한 행위를 기술적이고 의도적으로 나타내는 데 있다. 그러므로 작가가 표현하고자 한 가장 구체적이면서 중심적 항목을 분류, 설정한 것이다. 소설은 주인공의 행동이 벌어지는 마당이다. 그러므로 표현의 구체성을 주축으로 이를 분류하여 그 해당 항목의 묘사부분을 찾아보도록 하였다.

'자연 서정'은 배경이면서 무대에 속한다. 다만 작품 구성에 있어 자연현상이나 서정적 묘사의 구체적인 부분을 중점으로 하였다. '동물'은 동물에 대한 애증이나 관심의 대상을 중심으로 분류하였고, '음식'은 음식과 관련되는 부분과 식탁의 장면 묘사를 중심으로 하였다.

이 사전에서 '묘사의 분류'를 시도한 의의는 바로 작가 지망생에게 여러 분야의 소설 속의 표현이 어떠한 방법으로 그려지고 있는가에 대한 문학수업을 목적으로 하고 있다. 작품은 사전식 분류의 특수성으로 일부분만 발췌하게 됨은 편제상으로 어쩔 수 없음을 밝혀둔다.

이 사전을 엮는 십여 년 동안 독회, 카드작성, 분류, 검토, 워드작업과 검색을 동덕여대 국문과, 문창과, 한국소설묘사연구회 여러분과 나의 외손녀 유정원, 정진의 아름다운 손길, 한국문예예술진흥원, 대산문화재단의 지원과 출판을 맡아준 푸른사상사의 한봉숙 대표와 편집부 직원들에게 감사한다.

2002년 산본 思無邪室에서
편자 조 병 무

 해제

소설 속의 시적 감수성

    소설 속의 자연이나 서정 묘사는 때로는 시적 표현을 동반하는 수도 있다. 시적 감수성이란 사건을 끌어가는데 동화시키기도 하고 외형적 조건의 표현이 되기도 한다. 그러면서 소설 속에서 뚜렷하고 명확한 확정을 해야 하는데 불편한 표현을 해소하는 방편으로 자연이나 서정 표현을 끌어다가 포괄적으로 해석케 하는 방법도 있다.

    작품 속에서 구성되는 자연의 아름다움이나 특징적인 요소는 소설이 지닌 스토리의 내외적 조건을 보충하고 인물이나 작품의 주제를 보다 튼튼하게 보완하고 확정케 한다. 자연이나 서정 묘사는 사실 작품의 배경이고 무대가 되기도 하지만 그 무대가 인공적이거나 도시적 형식으로 구성되기도 한다. 그러면서 자연이라는 현실적 여건이나 조건을 활용하는 것은 보다 뚜렷하고 완성된 형식미를 갖춘 모습을 보이고 있다.

    자연에 대한 표현은 순수 가장 가까운 우주적인 표현의 방법을 찾기 때문에 이러한 표현이 작가들에게 어떻게 묘사되었느냐를 찾아보는 것도 무의미하지 않으리라 본다. 작가들이 자연이라는 조건을 작품에서 어떠한 서정적 기술 방법으로 구성하고 스토리 전개에 활용했느냐 하는 점은 소설적 작품을 이해하고 감상하는데 구체적이고 완벽한 시적 표현으로 간주할 수 있다.

자연의 아름다움을 작품에 전개하면서 인물의 심정적 관계나 현실적 감정을 도입하려는 의도가 많은 점이다. 물론 이러한 경우는 작품의 구성 스토리 전개와도 불가분의 관계를 형성한다. 단순한 자연적 서정이 아니라 그 서정과의 인물과 스토리 전개의 부분적인 구성과 관계를 갖는 묘사 방법이다.

　　냇물은 귀밑에서 돌돌 그린다. 아니, 발아래서 사물거린다. 그 소곤거리는 소리에 입김이 섞여 있는 듯, 획근 돌아보게 된다. 척척 휘늘어진 버드나무 가지를 헤치고, 푸른 바위 밑을 돌아, 함박꽃 같은 웃음을 터뜨리며 돌 돌 굴러간다. 아침이라 맑음은 오히려 더해서 푸른 리봉을 달고 나팔거린다. 우악스레 큰 놈, 얄밉게도 토라진 놈, 미욱스레 한 가운데 떡 버티고 선 놈, 이러한 바윗돌들을 얼리고 달래면서, 언제나 그 아비의 겸손한 웃음을 띠우고 흘러내린다.
　　원컨대, 세속에 티 묻은 이 몸과 마음을 저 샘물에 씻어 버리고저, 나는 가만히 앉아 물을 쥐어 본다. 다정하면서도 차디차다. 그 속에 산 내음새, 오이, 내 같아.

―― 강경애 「약수」

　　그 날 아침에는 약천에 들운 채 자라지 못한 채 핀 것 같은 가녀린 꽃이 빛깔만큼은 선명한 진홍으로 반쯤 꽃잎으로 열고 있었다. 이런 날 아침은 언제나 소소한 기쁨을 느끼곤 했다. 오솔길 옆에 파아란 하늘 가루를 뿌려 놓은 것같이 달개비꽃이 피는 여름 아침이라든가, 풀잎 속에 숨어 있던 뱀 딸기가 이슬에 젖은 빨간 열매를 드러낼 때라든가, 무심히 지나던 길에서 꽃 때를 놓친 차나무꽃 몇 술이 청아한 향기를 뿜으며 외롭게 피고 있는 모습을 볼 때라든가, 산비둘기가 흥얼거리듯 울 때면 식어 버렸다고 생각했던 가슴이 머언 추억같이 아려 오는 것이었다.

―― 한무숙 「만남」

　　해는 중 낮이 되었다.
　　볕 겯듯 빽빽이 서 있는 나무숲 속도 훤히 밝았다. 겹겹이 쌓인 숲 속에서는 졸졸졸 얼음 녹는 물이 흐르고 있다.

온 산은 적막 속에 잠겼다. 산새도 울지 않았다. 다만 보이지 않는 곳에서 종달새 소리가 들려올 뿐이었고, 그것마저 구름 속에 잠겨지자, 생각난 듯이 미라부리가 한 곡조 부르면서 멀리로 날아갈 뿐이었다. 순이는 나물을 캐다말고 미라부리 사라진 먼 하늘을 고요히 우러러보고 있었다. 그런 때에는 순이도 자연의 한 부분에 지나지 않았다.

— 정비석 「성황당」

    자연의 아름다움을 그려 보이면서 그 자연의 현상과 형태, 색채, 소리, 감촉, 향기, 주변의 인접 관계 등을 호응시키면서 뛰어난 서정적 운치를 그려 보이고 있는 이러한 작품에서 아름다움뿐만 아니라 관계를 설정하여 나타내려는 의도로 끌어들여 재치있는 풍광을 보여준다. 강경애의 작품에서 냇물의 흐름과 함께 그 흐름의 사이로 나타나는 바위와의 관계를 '아비의 겸손한 웃음'으로 그 흐름을 묘사하고 그것이 '다정하면서 차디차다'와 관계를 설정한 것은 바로 인물과의 관계를 자연과 호응하고 있다. '오이, 내같아'는 바로 작가가 설정하려는 자연과의 교감을 인물에 투여하고 있음이다. 바로 이러한 묘사에서 자연은 자연이 아니라 자연과의 서정적 교감이 이루어짐으로 자연 그것이 바로 인물임을 강조하려는 기술법이다.
    한무숙의 묘사 역시 중간 중간에 삽입된 감정의 개입은 자연과의 동일한 심정적 감정의 표현이다. 꽃을 '가녀린 꽃', '외롭게 피고 있는 모습', 그리고 산비둘기가 '흥얼거리듯 울 때면'이라는 감정 개입의 작가의 우연한 표현이라고 보지 말지어다. 이것은 인물의 스토리 전개상 필요 요인으로 감정이입을 자연과의 서정적 교감을 이루어 작품에서 말하고자 하는 작가의 의도를 들추어내는 구성상의 방법이다. 그래서 한무숙은 이 묘사의 끝에 '머언 추억같이 오는 것'이라고 한다. 그것은 '가녀린' '외롭게' '울 때' 등과의 관계를 설정하면 자연을 통한 서정적 정감을 읽어낼 수 있다.
    "순이도 자연의 한 부분에 지나지 않았다"라는 자연과 하나되는 동화의 교감을 읽어낼 수 있다. 숲의 전경을 그려내면서 밝은 숲, 물 흐르는 숲, 그

것이 문득 '산은 적막' '울지 않는 산새' '종달새 소리-구름 속에 잠겨' 있고, 미라부리 한 곡조, 멀리 날아간 '하늘을 고요히 우러러보고' 있는 순이다. 이것은 사실 순이도 '자연의 한 부분'을 설정하기 위한 자연의 경관 묘사다. 순이의 자연적 심정은 바로 산은 '적막', 울지 않는 '산새', 미라부리 날아간 '하늘' 이것이 순이의 자연의 한 부분인 것이다.

이와 같이 자연과의 관계를 설정하거나 그 자연을 작품의 배경으로 끌어들이면서 인물과 스토리와의 구성의 완벽성을 갖춘다는 것은 직설적인 표현기술보다 간접적이면서 서정성의 가미에서 오는 작품의 기법상의 효과라 하겠다.

풍족한 자연의 분위기를 인간적 면모를 보여줌으로 자연과의 일치를 보이려는 묘사 방법을 찾을 수 있다. 이러한 방법은 인물과 자연은 동일한 상태에 접근함으로 자연스러운 인물의 성격과 심리적 변환을 들추어 주고 작품의 구성에 또 다른 효과를 기대할 수 있다.

> 맞은편 언덕 위에 거대한 플라타너스가 여러 그루 몰려선 것이 눈에 뜨인다. 나무는 미풍을 따라 천천히 술렁였다. 잎새가 팔랑대고, 검고 굵은 줄기는 미미하게 그러나 뱀처럼 연하게 꿈틀거리며 움직였다. 나무는 꼭 살아 있는 것 같았다. 무언가를 얘기하고 있는 것 같았다. 무언가, 사람은 이해하지 못하는 이야기를 하며 있는 것 같았다.
>
> — 강신재 「황량한 날의 동화」

> 불안이지 환희인지 모를 것으로 터질 듯한 마음을 부채질하듯이 벌판의 모든 곡식과 푸성귀와 풀들도 축 늘어졌던 잠에서 깨어나 일제히 웅성대며 소요를 일으킨다. 그러나 소나기의 장막은 언제나 우리가 마을 추녀 끝에 몸을 가리기 전에 우리를 덮치고 만다. 채찍처럼 세차고 폭포수처럼 시원한 빗줄기가 복더위와 달음박질로 불화로처럼 단 몸뚱이를 사정없이 후려치면 우리는 드디어 폭발하고 만다.
>
> 아아, 그건 실로 폭발적인 환희였다. 우리는 하늘을 향해 미친 듯한 환성을 지

르며 비를 흠뻑 맞았고, 웅성대던 들판도 덩달아 환희의 춤을 추었다. 그럴 때 우리는 너울대는 옥수수나무나 피마자나무와 자신을 구별할 수가 없었다. 환희뿐 아니라 비애도 자연으로부터 왔다.

— 박완서 「그 많던 싱아는 누가 다 먹었을까」

봄의 기척이 교정의 구석구석에서 웅성거리고 있었다. 솟구치려 하고 터지려고 몰아쉬는 생물들의 숨소리가 들리는 것 같았다. 지표가 간지럼타는 듯 움찔거렸고 나무들이 살갗의 스멀거림을 참지 못하고 움직이고 싶어하는 것 같았다. 봄은 해마다 어디선가 오는 것이 아니라 교정에서 부스럭거리며 생성되는 것 같았다.

— 김만옥 「계단과 날개」

'나무는 꼭 살아 있는 것 같았다.'라는 함축적인 표현은 강신재가 바라보는 플라타너스의 서정이다. 나무를 바라봄이 '술렁'이고, '꿈틀거리며 움직'였다. 생명의 나무에 '살아 있음'을 확인하는 정감에서 '사람은 이해하지 못하는 이야기'를 하는 것으로 바라본다. 사실 소설 작품에서 자연의 나무나 꽃을 생명체와 같은 의미를 부여하는 경우는 드물다. 시에서는 인간적 품격이나 의미를 많이 내포하고 표현되고 있지만 소설에서는 관계설정과 달리 인간적 품격은 드물다. 다만 소설의 구성상 혹은 작품 배경에 관계되는 요소에서 생명체의 인격화가 시도되기도 한다.

박완서의 작품에서 복더위와 소나기의 전경을 무척 인간에 근접하는 묘사를 기술하고 있다. '터질 듯한 마음', '잠에서 깨어나', '웅성거리며 소요'를 일으키고, 들판도 '환희의 춤'을 추고 있는 묘사는 복더위라는 전경을 구사하고 표현하는데 그 주변의 자연 현상에 대한 강한 열정과 생명력을 구사했다. 복더위에 내려치는 소나기를 사람과 자연의 모든 것들과 함께 환희에 젖는 묘사는 모두가 살아 있게 한다. 자연과 동반하는 인간적인 생명력을 보다 크게 구사하는 힘을 느낄 수 있다.

봄의 생성을 그린 김만옥의 묘사는 역시 그 봄이 '웅성거리고' 있으며,

'숨소리'를 들을 수 있고, 지표가 '간지럼' 타는 듯 '움찔' 거렸고, '나무들이 살갗'의 '스멀거림'을 참지 못해 '움직이고 싶어' 하는 생성을 감지한다. 봄이라는 자연적 현상은 하나의 완벽한 생명력의 모습으로 환치한다.

이와 같이 자연의 모습을 인간적이거나 폭발하는 생명력을 새로운 현상으로 그려줌으로 소설의 표현 기법상 시적 서정성을 포용하는 문학적 특성을 가질 수 있다.

대체로 소설에서 자연 현상의 묘사에 있어서 그 묘사 대상을 암시적으로 묘사하는 경우가 허다하다. 묘사의 경우 어떤 사실에 대하여 정보를 제공하거나 작품의 관계설정에 의해서 목적을 동반한다든가 인물이나 작품의 주제 설정과의 관련을 우선으로 생각하여 묘사의 대상을 찾을 수 있다.

그러나 암시적 묘사는 그 대상에 대한 인상이나 분위기를 상상적, 감각적으로 표현한다. 작가의 인상은 같은 대상이라 하더라도 관찰자의 주관과 관심의 척도, 흥미의 상태에 따라 달라질 수 있다. 그래서 암시적 묘사는 사실을 기술하되, 작가가 대상을 해석한 것과 인상을 표현하는 것이 된다.

가을의 산 속은 귀뚜라미 소리에 누른다. 밤새도록 귀뚜라미가 울고 나면 이튿날의 산 속은 알아보게 누른빛이 짙는다. 오늘도 어제보다는 확실히 색채에 가난하다. 산기슭에 매어 달린 풀밭에는 혼자 우쭉 솟아서 기세를 뽐내는 듯하던 방초도 이제는 나도 늙었쉐 하는 듯이 새하얀 머리를 힘없이 풀어놓고 호들기처럼 말라드는 잎사귀는 소생활 힘조차 없는 듯이 늘어졌다. 아니, 산간의 거족에 홀림없는 아름들이 나무들도 벌써 잎사귀에 누런 물이 들었다.

— 계용묵 「유앵기」

벌써 빨갛게 꽃이 핀 동백나무를 비롯하여 군데군데 심어 둔 상록수 사이에 아담하고 질서있게 째인 여러 가지 화초들, 나날이 따뜻하게 녹아 내리는 봄볕을 받아서 어느덧 매화는 그윽한 향기를 풍기고 개나리는 노란 꽃술들을 하늘거렸다. 녹진녹진 부풀어 오른 부토를 떠받고서 작약은 자줏빛 순을, 양귀비는 두색 순을, 붓꽃은 칼날 같은 순을 여기저기 뾰족뾰족 추겨들고 있었다.

— 김정한 「낙일홍」

  이른 봄, 큰 나무들이 아직 겨울 속에 갇혀 있을 때, 제일 먼저 겨울을 가볍게 벗어버리고 나서는 것이 할미꽃이다.
  사람의 발길이 닿는 일도 없는 산 속 호젓한 자리에서 조그맣게 조그맣게 피어나는 할미꽃을 본다. 소나무, 잣나무, 오리나무, 피나무, 전나무, 자작나무, 모두가 하늘을 향해 치솟아 오르는 당당한 나무들뿐인데, 그 그늘에서 있는 듯 없는 듯 할미꽃이 눈을 뜬다.

— 정연희 「한낮에 촛불을 켜고」

  세 편의 작품에서 꽃들에 대한 인상과 그 대상을 바라보는 감상적 서술이 주조를 이룬다. 계용묵은 가을 산 풍광을 바라보면서 귀뚜라미를 생각했고, 가을의 색채에 대하여 잎사귀에 누른 물이 들고 있는 인상기 형식을 그리고 있다. 가을이라는 자연의 변화는 엄청난 변화를 일으키는 자연의 조화다. 이러한 조화의 변화를 늙어 가는 형상과 새하얀 머리와 누런 물이 들고 있음을 문자로 그림을 그리고 있는 것이다. 말하자면 한 폭의 수채화와 같이 결국 그러한 표현이 추상화가 될 수 없고 사실화에 가깝게 근접하는 그대로의 상상과 인상을 표현하고 있다.
  김정한의 묘사에서도 오히려 묘사라기보다 화초를 바라보고 그 배열과 모양과 특징을 스케치하는 한 폭의 사진이다. 화초밭에는 동백나무와 상록수, 매화, 개나리, 작약, 양귀비, 붓꽃 등이 있을 뿐 다른 것은 없다. 김정한의 바라본 주관과 그 나열의 흥미가 있다.
  정연희는 할미꽃의 바라봄과 그 할미꽃에서 생각하는 주변적인 상상과 흥미가 각종 나무의 나열과 함께 '할미꽃이 눈'을 뜨는 과정으로 그려주고 있다. 다만 작가의 관찰이 '이른 봄' '제일 먼저' 겨울을 벗어버리는 꽃, 사람의 발길이 닿지 않는 '호젓한 산 속' 그늘에서 '있는 듯 없는 듯' 피는 할미꽃의 그 상황을 해석하고 그 인상을 기술하고 있다.

　자연의 묘사는 자연을 그대로 소설 속에 내포시키는 의도와 관련성에서 그 모양이 달라진다. 작가는 소설에서 자연의 전경과 함께 인물과 작품의 구성의 틀 속에서 이를 꾸며 놓음으로 작품 전체의 흐름 속에 새로운 스토리의 전개를 의도할 수 있다.

　자연의 묘사는 단순한 묘사적 형상에만 국한되는 것이 아니고 소설가라는 이야기꾼의 무한한 배경 영역을 다양하게 치장해주기도 하고 더러는 스토리의 변환을 꾀하는 기술이 되기도 한다. 그런가 하면 작품의 심리적 성격적 구성의 서정성을 돋보이게 하며 작품의 새로운 형상을 가져다주기도 한다.

　사실 우리 한국문학에서 자연이라는 서정적 묘사로 뛰어난 작품은 이효석의 「메밀꽃 필 무렵」에 나오는 메밀꽃 핀 달밤의 서정은 일급이다. 허생원과 조선달 동이가 다음 장터로 걸어서 메밀꽃 핀 산길을 걸어가는 이효석의 자연 묘사를 보자.

　　조선달 편을 바라는 보았으나 물론 미안해서가 아니라 달빛에 감동하여서였다. 이지러는 졌으나 보름을 갓 지난달은 부드러운 빛을 흐뭇히 흘리고 있다. 대화까지는 팔 십리의 밤 길, 고개를 둘이나 넘고 개울을 하나 건너고 벌판과 산길을 걸어야 된다. 길은 지금 긴 산허리에 걸려 있다. 밤중을 지난 무렵인지 죽은 듯이 고요한 속에서 짐승 같은 달의 숨소리가 손에 잡힐 듯이 들리며, 콩 포기와 옥수수 잎새가 한 층 달에 푸르게 젖었다. 산허리는 온통 메밀밭이어서 피기 시작한 꽃이 소금을 뿌린 듯이 흐뭇한 달빛에 숨이 막힐 지경이다. 붉은 대궁이 향기같이 애잔하고 나귀들의 걸음도 시원하다. 길이 좁은 까닭에 세 사람은 나귀를 타고 외줄로 늘어섰다. 방울 소리가 시원스럽게 딸랑딸랑 메밀밭께로 흘러간다. 앞장선 허생원의 이야기 소리는 꽁무니에 선 동이에게는 확적히는 안 들렸으나, 그는 그대로 개운한 제 멋에 적적하지는 않았다.

　　　　　　　　　　　　　　　　　　　　― 이효석 「메밀꽃 필 무렵」

이효석은 이 작품에서 '달밤'이라는 자연적인 배경을 설정함으로 이 이야기의 발단과 해결을 동일성에 두고 풀어 가는 특이한 방법을 구사하고 있다. 그리고 이 작품의 시작이 "달이 뜨려나?"에서 시작하여 "달이 어지간히 기울어졌다."에서 끝나고 있다. 달이 뜰 무렵에서 달이 질 무렵까지의 사건 처리는 동이가 허생원의 자식으로 등장하게 되는 과정과 연결해서 보아야 한다.
  달이 동이를 허생원의 자식으로 가져다주게 되는 원형이다. 사건과 발단에서 사건의 해결까지 달의 생성과정을 밟아왔듯이 동이도 '성서방네 처녀=달'이라는 개념에 의해 허생원의 자식으로 확정되는 것이다. 사건의 발단과 해결은 '달=성서방네 처녀'에게 일치되는 것이고 '동이=허생원'은 역시 '달=성서방네 처녀'와의 결과로 된다. 이렇게 보면 '달'은 성서방네 처녀라는 작품 전체의 원형에 적합되고 있다.
  이효석의 이러한 달밤이라는 자연적 서정성을 가장 완벽하게 보여준 이 작품은 소설 작품 속에 나타나는 극치의 서정 묘사에 해당된다. 특히 "밤중을 지난 무렵인지 죽은 듯이 고요한 속에서 짐승 같은 달의 숨소리가 손에 잡힐 듯이 들리며"에서는 이효석의 묘사 기법의 놀라움을 보게 된다. 그리고 "산허리는 온통 메밀밭이어서 피기 시작한 꽃이 소금을 뿌린 듯이 흐뭇한 달빛에 숨이 막힐 지경이다."에 와서는 달밤의 서정 묘사에서 이효석의 상상과 관찰과 정확한 표현은 단편소설의 수작으로 꼽는 이유이기도 하다.
  정한숙의 「금당벽화」에 와서는 산문적 기법으로는 도저히 완성할 수 없는 장면을 시적 문장으로 묘사한 기술에서는 놀라움을 금치 못한다. 담징이 금당벽화를 완성하기 위해 고뇌와 우수와 갈등 속에서 한없는 몸부림을 친다. 이러한 과정을 그려 놓은 정한숙은 과연 담징이 벽면 앞에 정좌하여 붓을 들어 관음상을 그리는 장면을 어떻게 표현할까? 가장 멋지고 완벽한 관음상을 그리는 담징의 모습을 어떤 표현 기법으로 함이 가장 좋을까. 정한숙은 바로 그러한 표현은 산문 문장으로는 어렵다는 것을 알았다. 그것이 시적 서정문장을 찾아낸 것이다. 그 문장은 이러하다.

　　담징은 다시 금당 벽면을 향하여 섰다. 벽면엔 아침 햇빛이 훤히 들이비치고 있었다. 담징은 정제해 두었던 채색 통을 날라 놓게 하고, 우거진 숲 사이에 흐르는 냇물로 가서 속세의 때를 벗기려는 듯 몸을 깨끗이 닦고 닦았다. 어쩔 수 없이 터져 오르는 환희를 경건한 불심으로 바꾸어, 벽화를 그리려는 마음에서였다.
　　붓을 든 담징의 손끝이 무학같이 벽 앞에 나는가 하면, 진한 빛이 용의 초리같이 벽면을 스쳤다.

　　거침 없는 선이여,
　　그 위엔 고구려 남아의 의연한 기상이 맺혔고,
　　부드러운 색조여,
　　그 속엔 백제의 다사로운 꿈이 깃들인 속에 남국적인 정열이 어렸도다.

　　동방을 제패한 조국 고구려의 환희는 관음상의 미소를 자아내게 하고, 담징의 싱싱한 예술적 포부는 여기 무르익어 관음상의 불룩한 유방 위에 흘렀다. 이른봄같이 다사로운 감촉이 숨은 보살의 손끝엔, 지금 막 멸망당한 수많은 오랑캐들의 죽음을 조상하는 자비로운 불심이 흘렀다.

　　목에 걸린 구슬이여,
　　이는 소식조차 아득한, 조국 땅에 남아 있는, 잊혀지지 않는 사람들의 얼굴이런가?
　　알알이 빛나고 줄 이어 맺혔으니, 국난을 막기 위한 단결된 그들의 정성이 여기 있도다.

　　담징은 비로소 붓을 놓고 이마에 흐르는 땀을 씻었다. 그리고는 한 걸음 물러서서 눈을 가늘게 뜨고 화면을 바라보았다. 온갖 정성을 다 기울였건만 어딘지 모르게 허전한 것 같았다. 그는 눈을 감았다. 조국 땅에 두고 온 여인의 모습이 떠올랐다. 담징은 다시 눈을 크게 뜨고 화면을 들여다보았다. 여인의 모습이 더욱 뚜렷해졌다. 담징은 몹시 괴로웠다. 그것은 열반의 세계를 구현한 것이 아니라, 사바를 모방한 것 같은 생각이 들었던 까닭이다.

다시 붓을 든 담징은 한 걸음 물러섰다가 앞으로 나갔다. 그대로 화면을 지워 버리고 싶은 충동이 일었던 것이다. 담징은 다시 주춤 서 버렸다. 초승달 같은 아미, 열반의 세계가 그 속에 있어야겠는데, 거친 속세의 모습만이 떠도는 것 같았다. 넓은 듯 좁은 듯 한 그 미간에 떠오르는 여인의 모습, 담징은 속세에 대한 마지막 미련을 씻기라도 하듯, 온 정성을 다하여 그 미간에다 일점을 찍었다. 그건 다시는 그의 의식에서 그런 생각이 일어나지 않도록 하기 위한 필사의 노력이기도 했다. 그의 입가엔 비로소 미소가 떠올랐다.

범할 수 없는 관음상이여.
그리운 사람의 환상마저 잊으려는 담징의 각고의 노력으로 열반의 상징 보살이 이루어졌도다.

벽면엔 저녁놀이 물들기 시작했다. 담징의 등 뒤에 서 있던 주지가, 구현된 지상열반의 세계에 도취하여 그만 합장한 채 꿇어 엎드렸다. 담징을 비방하던 모든 왜승들도 모두 합장을 하고 주지의 옆과 뒤에 꿇어 엎드렸다.
조국의 승전의 쾌보를 받지 못했던들 금당 벽화는 한낱 승 담징의 관념의 표백에 그쳤을런지도 모른다.

윤이 흐르는 생기여! 그것은 조국에 대한 담징의 충성이었다.

화면을 바라보던 담징도 그냥 서 있을 수가 없었다. 붓 대신 염주를 든 그도 뭇 승들과 같이 합장하며 꿇어앉았다. 누가 피워 놓았는지 향이 피어 오르고 있었다. 오고가던 속세의 뜬마음도 향불 연기를 따라 사라졌다.
가사를 입은 주지가 맨 앞에 앉아 목탁을 두들겼다. 누구인지 뒤에서 법고를 울렸다. 그 때마다 뭇 승은 일제히 일어섰다가 앉으며 배례를 했다. 자기 손에서 이루어진 관음상이건만, 지금 담징에겐 그것이 자기 의식의 세계가 아닌 것만 같았다. 벽면엔 관음상의 미소가 빛나는데, 타오르는 향 연기 속에 목탁과 법고가 울리며, 뭇 승들의 합장 배례가 그칠 줄 몰랐다.

이 얼마나 완벽한 표현인가. 담징의 영혼과 정신과 함께 그 필력이 넘치고 있다. 만약 담징이 그리는 벽화의 그리는 모양을 산문적 설명으로 처리

했다면 이러한 작품의 명작은 반감되지 않나 생각한다. "담징의 손끝이 무학같이 벽 앞에 나는가 하면, 진한 빛이 용의 초리같이 벽면을 스쳤다." 에서 붓끝이 처음의 모습을 시로 시작한다. 시적 표현이 추상적 상상력을 동원하는 것이다. 담징이 그림을 그리기 시작하는 법열의 세계를 시적 기술법으로 이미지화하고 있다. "거침없는 선이여, / 그 위엔 고구려 남아의 의연한 기상이 맺혔고, / 부드러운 색조여, / 그 속엔 백제의 다사로운 꿈이 깃들인 속에 남국적인 정열이 어렸도다." 이와 같이 실마리를 풀면서 그림이 시작되는 화폭이 움직이는 붓의 모습과 담징의 정신을 동시에 풀어 주고 있다. 선과 색조의 묻어나는 장면이 이보다 더 진솔하고 대담하며 암시적일 수 없다. 시가 아니고서는 그 이미지를 표현할 수 없는 시적 서정성을 담징 그림의 혼과 정신을 동시에 느끼게 한다.

드디어 관음상의 형상을 만들어낸다. "목에 걸린 구슬이여, / 이는 소식조차 아득한, 조국 땅에 남아 있는, 잊혀지지 않는 사람들의 얼굴이런가? / 알알이 빛나고 줄 이어 맺혔으니, 국난을 막기 위한 단결된 그들의 정성이 여기 있도다." 관음상에 구슬을 그려 넣는 장면이다. 그 구슬의 완성이 바로 조국의 많은 사람들의 얼굴로 환기시키면서 이어 맺힌 단결로 연결시키는 서술 기법은 많은 상상력을 가미시켜주는 범주에 도달해 있다.

완성되는 장면을 다음과 같이 보여준다. "범할 수 없는 관음상이여. / 그리운 사람의 환상마저 잊으려는 담징의 각고의 노력으로 열반의 상징 보살이 이루어졌도다." '범할 수 없는 관음상이여.'에서는 완성미의 극치를 보여준 서정 묘사의 백미라 하겠다. 정한숙은 소설 기법에서 산문적 묘사와 서정적 묘사의 대비를 보여준 작품으로 산문 문장이 해낼 수 없는 장면을 그려냈다. 가장 완성도가 깊고 암시성은 물론 상징성까지 곁들여지는 산문 속의 시라 하겠다. 오히려 산문적인 서술이나 설명보다 월등하게 전체적인 구성이 뛰어나면서 정한숙은 새로운 산문 기술을 만들어낸 작가라 하겠다. 상상력을 동원할 수 있는 서정성과 산문성이 일치된 방법으로 작품 「금당

벽화」 자체가 한편의 서사시다.

　자연이나 서정 묘사는 결국 작가가 만들어내는 또 하나의 작은 자연적 서정을 형성하는 지름길이기 때문에 소설 기법의 많은 배경 요소 가운데에서도 특수한 표현 기술이라고 하겠다.

일러두기

① 작가는 자모순으로 배열함.
② 작품 배열은 쪽의 순서에 의함.
③ 작품마다 출판사 및 연도를 표시함.
④ 작품 제목은 해당 제목으로 표시함.

• 후원 : 대산문화재단
• 도움을 주신 분 : 김란주, 김령희, 전효주, 정 윤, 김정은, 정희수, 박현숙,
　　　　　　　　이해정, 김혜진, 조은희, 하연경, 김단비.

자연 서정 묘사편

■ 강경애 「약수」

냇물은 귀 밑에서 돌돌거린다. 아니, 발 아래서 사물거린다. 그 소근거리는 소리에 입김이 섞여 있는 듯, 획근 돌아보게 된다. 척척 휘늘어진 버드나무 가지를 헤치고, 푸른 바위 밑을 돌아, 함박꽃 같은 웃음을 터뜨리며 돌 돌 굴러 내린다. 아침이라 맑음은 오히려 더해서 푸른 리봉을 달고 나팔거린다. 우악스레 큰놈, 얄밉게도 토라진 놈, 미욱스레 한 가운데 떡 버티고 선놈, 이러한 바윗돌들을 얼리고 달래면서, 언제나 그 아비의 겸손한 웃음을 띠우고 흘러내린다.

원컨대, 세속에 티 묻은 이 몸과 마음 저 샘물에 씻어 버리고저, 나는 가만히 앉아 물을 쥐어 본다. 다정하면서도 차디차다. 그 속에 산 내음새, 오이 내 같아.

* * *

길까 이름 모를 긴 풀잎에 이슬이 산딸기처럼 무르익었고, 어깨 위를 어루만지는 나무 잎에서 생선 비린내가 후끈거린다.

* * *

안개가 자욱하다. 사람들도 자고, 또 새들도 자는지 이 누리는 나무숲으로 빠듯할 뿐, 고요하였다. 들리느니 냇물 소리가 돌돌 굴고, 간혹 아기새 소리가 끊일 듯 이어간다. 호-하고 크게 숨을 내뿜었다. 들이쉬면, 안개 송이가 사이다처럼 한입씩 기어들곤 하였다.

* * *

처다보니 앞산이 하늘에 닿았고, 그 산을 덮어 떡갈나무, 참나무, 오리나무, 느티나무, 단풍나무, 밤나무, 솔나무 등이 그 자리를 다투었고, 그 사이를 안개가 벌레처럼 날아다닌다. …(중략)…

안개가 내 몸에 비단 옷처럼 휘여 감긴다.

산뜻하고도 매끄러운 감각이 내 머리끝에서부터 고무신 코에까지 휘휘 드리운다.

* * *

언 듯 보니 떡갈나무 잎에 숨어, 하늘이 비단필인양 드리웠고, 달이 산허리에 가만히 기대섰다. 어제 밤보다는 애수를 조금 잃은 듯 했으나, 대신에 '땅' 치면 '쟁그텅' 쇳 소리를 내일 것 같다.

(계용묵 『문장사전』, 1953)

■ 강석경 「관(觀)」

옥상에 아무도 발 딛지 않은 눈밭이 하얀 포대기처럼 펼쳐져 있었다. 더럽히고 싶지 않아 순백의 공간에 주저하며 발을 내디뎠으나 정복자의 발도 눈 속에 자취를 감추었다. 관은 눈부시도록 밝은 무채색을 음미하다가 눈 위로 가만 몸을 뉘였다. 잠에서 깨기 전 그를 감쌌던 빛, 물보라처럼 피어나던 빛의 부드러운 감촉이 기억 속에서 되살아났다.

* * *

눈 위에 누워 하늘을 올려다보니 구름 한 점 없어 호수가 반사된 듯했다. 일몰을 앞둔 시각이라 하늘빛깔도 서늘하지만 호수를 손으로 휘저으면 온천처럼 따뜻할 것 같았다.

(푸른사상, 2002)

■ 강신재 「상」

손을 넣어보고는 그냥 서 있기만 하였다. 짜릿하고 아프게 말고는 아무 것도 느낄 수 없을 만큼 그것은 뜨거웠다. 넘어서 흐르는 물이 발바닥을 스쳐 그는 발가락을 오므락거렸다.

* * *

　지면에서도 도랑에서도 풀에서까지 더운 기운이 올라오는 듯한 숲샛길을 그는 잠자코 할머니 뒤로 따라갔다. 그것은 펑퍼짐한 풀밭이었고 끝에 가서는 약간 비탈지며 내려가 있었다.

* * *

　가는 소나무가 듬성듬성 자라난, 그런데도 언제나 침침해 보이는 뒷산은 흐릿한 안개 같은 것에 덮여 있었다. 조금 있으면 아지랑이같이 아물거리는 것이 거기서도 오르기 시작하고, 땅위의 모든 것은 그 아지랑이 같은 열기와 노란 햇살에 눌려 숨도 제대로 못 쉬게 되는 것이다.

* * *

　동그란 우물의 안팎은 아름다운 초록색의 비로드 같은 이끼로 둘러싸여 햇빛에 반짝반짝 빛났다. 더운물은 아주 센 힘으로 퐁퐁 솟기 때문에 달걀은 던져 넣자마자 뱅글뱅글 돌면서 분주히 떠올라왔다.

* * *

　길은 산모퉁이 감돌며 끝없이 뻗어나 있었다. 물에 씻긴 듯 희고 맑은 질이었다. 왕모래 같은 화강암 부스러기가 발에 밟혔다. 산에서 새가 웃고, 가다가다는 실개울이 앞을 가로질러 가기도 했다. 하늘은 파랗고 모든 것은 빛나고, 몹시 더웠다.
　그러나 때때로 상쾌한 바람이 산에서 불어 내렸다.

(민음사, 1996)

■ 강신재 「전투기」

　해가 기울기 시작하였다. 선들 바람이 그제서야 볼을 스치며 지나간다. 저 쪽 산 마루에 귤빛 저녁 노을이 걸렸다가 사라지고 먹물 같은 구름이 움직이기 시작한다.

(계용묵 『문장사전』, 1953)

■ 강신재 「절벽」

그는 종합 병원의 현관을 나와 맑고 푸른 초동의 하늘 밑에 섰다. 높고 앙상한 포플러 가지 끝에 몇 개 안 되는 네모진 잎사귀가 팔랑거리며 매달려 있었다.

(계몽사, 1995)

■ 강신재 「젊은 느티나무」

군데 군데 작은 집들이 몰려 있는 촌락과, 풀숲과 번득이는 연못 같은 것들이 있는 넓은 들판 너머에 무디게 빛나며 강이 흐르고 있었다.
강은 날씨와 시간에 따라 푸라치나 같이 반짝이기도 하고 안개처럼 온통 보얗게 흐려 버리기도 한다. 하늘이 보랏빛으로 연한 잿빛으로 변하여 가는 무렵이면 그 강도 부드러운 회색 구름과 한 덩어리가 되었다.

(민음사, 1993)

■ 강신재 「황량한 날의 동화」

맞은편 언덕 위에 거대한 플라타너스가 여러 그루 몰려선 것이 눈에 뜨인다. 나무는 미풍을 따라 천천히 술렁였다. 잎새가 팔랑대고, 검고 굵은 줄기는 미미하게 그러나 뱀처럼 연하게 꿈틀거리며 움직였다. 나무는 꼭 살아 있는 것 같았다. 무언가를 얘기하고 있는 것 같았다. 무언가, 사람은 이해하지 못하는 이야기를 하며 있는 것 같았다.

(민음사, 1996)

■ 계용묵 「백치 아다다」

솟아오르는 아침 햇발을 받아 붉게 물들며 잔뜩 밀린 조수는 거품을 부걱부걱 토하며 바람결조차 철썩 철썩 해안에 부딪힌다.

(동아, 1995)

■ 계용묵 「유앵기」

가을의 산속은 귀뚜라미 소리에 누른다. 밤새도록 귀뚜라미가 울고 나면 이튿날의 산속은 알아보게 누른빛이 짙는다. 오늘도 어제보다는 확실히 색채에 가난하다. 산기슭에 매어달린 풀밭에는 혼자 우쭉 솟아서 기세를 뽐내는 듯하던 방초도 이제는 나도 늙었쉐 하는 듯이 새하얀 머리를 힘없이 풀어놓고 호들기처럼 말라드는 잎사귀는 소생할 힘조차 없는 듯이 늘어졌다. 아니, 산간의 거족에 흘림 없는 아름드리나무들도 벌써 잎사귀에 누런 물이 들었다. 인간 사회는 세파에 누르듯이 산속은 서릿바람에 누른다. 지금 서리를 실은 한줄기 바람이 떡갈나무 숲으로 스치다가 그 숱 많은 잎사귀 속을 헤어나지 못해 몸부림을 치는 바람에 이리 갈기고 저리 갈기면서도 애써 제자리에 부지하려고 매어달려 악을 쓰는 잎사귀들―그것은 꼭 세상 사람의 운명과도 같은 것이 아닌가. 자기도 분명히 저 나무 잎사귀가 이리 갈기고 저리 갈기면서도 애써 제 자리를 잃지 않으려고 악을 쓰듯이 속세의 세파에 쫓기어 시달리는 존재에 틀림없다고 생각을 하는 순간, 마침내 한 잎의 떡갈나무 잎사귀는 더 저항할 힘이 없이 그만 제 자리를 떠나 바람 쫓아 공중으로 뜬다. 성눌의 눈은 그 잎사귀를 따라간다. 잎사귀는 바람에 풍겨 그냥 그냥 하늘 높이로 솟아오르더니 한 마리의 새같이 키를 돌리어 서쪽 하늘로 방향을 꺾어 돈다. 성눌은 왠지 그 잎사귀가 가는 방향을 알고 싶어서 가슴을 넘는 풀밭 속을 허방지방 헤치며 맞은편 언덕까지 쫓아 넘다가 뜻 않았던 인기척 소리에 문득 발길을 멈추었다.

(동아, 1995)

■ 계용묵 「장벽」

이미 날은 어두웠건만 마을을 안 처녀들의 널뛰는 소리는 끊임없이 티드럭 티드럭 여전히 들려온다. 음전이는 이 소리를 가슴 아프게 들으며 발길을 돌렸다. 저녁 바람은 차갑게도 가스에 안기며 음전이의 댕기를 쓸데도 없이 팔랑 팔랑 날렸다.

(학원출판공사, 1994)

■ 계용묵 「청춘도」

스무날 달이 하늘에 밝다. 누동섶 개천에 돌돌돌 물소리가 청아하다. 달밤에 물소리는 이상히도 마음을 당긴다. 담배를 붙여 물고 누동으로 나갔다. 한 바퀴 뚜렷한 달이 개천 속에 떨어져 잠겼고, 물을 헤치고 달을 찢으며 잘발 잘박 역류하는 송사리떼―귀엽다 말을 할까, 나불거리는 지느러미, 오물거리는 주둥이, 달빛에 번득이는 찬란한 비늘―몸을 뒤챌 때마다 눈부시다. 물 속에 가만히 손을 넣으니 놀라 흩어진다. 그러니 얼마 아니 있어 다시 송사리떼는 몰려와 가만히 손을 넣으니 놀라 흩어진다. 그러니 얼마 아니 있어 다시 송사리떼는 몰려와 툭툭하고 길을 막는 손바닥을 주둥이로 치받친다. 정신을 차려 먹고 날쌔게 줌을 쥐니 포드를 줌 안에서 한 마리의 송사리가 생명을 원하는 듯 꼬리를 떤다. 다시 한번, 또 한번, 거듭하여 보는 사이, 올라가고 또 내려오고 수업이 뒤를 따라 오락가락 몰려다니는 송사리떼임을 깨닫고 평범한 행동에서의 향락만이 아님을 알았다. 본능에 충실하려는 봄의 행사임이 틀림없었다. 본능의 만족을 위한 거룩한 행사에 구속의 손을 대었음이 극히 죄송한 듯하였다. 본능의 만족, 자연의 행사―거기에는 털끝만큼이라도 구속이 있어서는 안된다. 자연은 생명과 같이 절대하다. 미련도 없이 둔덕에 집어 던졌던 몇 마리의 송사리를 다시 물 속에 집어넣었다. 물 밖에 자유를 잃었던 몸이 둔탁하게 헤엄을 쳐간다.

오그그 송사리떼가 다시 몰려와 그 놈을 에워싼다. 문득 한 마리의 새가 깃을 펴고 물 속에 나타나며 송사리떼를 놀래고 달을 가린다. 누동으로 날아드는 공중에 뜬 해오라기다. 돌아옴을 반겨 맞는 듯 버드나무도 상가지 동우리 옆에 앉았던 한 놈이 끼익 끽 소리를 지르며 목을 뺀다. 무심코 바라보던 상하는 거기에도 봄이 왔음을 알았다. 위태로운 자기 끝에서도 생동의 힘에 못 참는 장난이 한 자웅으로부터 일어나는 것이다. 생동의 힘, 봄의 사자─그것은 물 속에도 공중에도 찾아왔다.

그러나 오직 땅 위에 선 자기에게만 없는 것 같았다. 알 수 없는 촉감에 다기 몸서리를 쳤다. 둘 곳 없는 심사에 담배꽁지를 개천 속에 힘껏 메어던지니 마음이 시원할까, 난데없는 물살에 송사리떼만이 놀라 흩어진다.

* * *

산턱을 떨어져 박힌 커다란 바위 위에 두 다리를 쭉 버드러치고 앉았다. 경사진 켠 아래를 내려다보니 한 폭의 그림 같다. 건넛산 너머 바라보이는 드높은 교회당 지붕, 그 산턱 밑 떨어져 일대엔 채찍을 들고 소를 몰아 밭 가는 농부, 좀더 가까이 앞으로 큰길엔 무엇이 분주한지 끊일 새 없이 줄달아 속보를 놓는 행객, 눈 아래 약수터엔 생명을 붙안고 싸우는 수객들─모두 생을 위한 싸움임에는 틀림없으나, 그 아름다운 자연의 경개임에도 흥취를 잃고 허덕이는 고달픈 인간이 상하의 마음을 흔든 것이다. 약수터엔 지금도 수객들이 때를 잊지 않고 모여들었다. 담창쟁이, 속증앓이, 긴병쟁이─건강을 잃은 가지가지의 환자가 표주박을 들고 행렬을 짓는다. 금주도 의연히 그들의 행렬에 끼이기를 잊지 않았다. 벼랑진 돌 틈새로 솔솔솔 끊임없이 솟아 흐르는 약수─받으면 표주박 안에 보얗게 안개가 서리는 물, 산속의 정기와 같은 이 물에 생명을 맡기고 봄을 찾는 그들. 그러나 이 산간에는 이미 봄이 무르녹았으되 그들에게는 봄이 오지 않았다. 벌레 먹은 몸이 서리에 절고 바람에 시달려 그대로 한겨울 동안 눈속에 생동의 힘을 빼앗겼던 산간의 생명인 온갖 종족─잣나무, 들매나무, 섶나무, 구름나무,

소나무, 켠을 등지고 떨어진 평지엔 소민재리, 도라지, 범부채, 깜박덩굴, 칡덩굴―꼽을래 꼽을 수 없는 초목들은 파랗게 잎새에 초록물이 오르고, 줄기는 싱싱하게 살이 찐다. 이것들의 생명을 길러 내는 대자연―하늘을 엄한 아버지라면 땅은 자애로운 어머니다. 하늘에 솟은 해는 아버지의 눈이요 땅속을 흐르는 물은 어머니의 젖이다. 어머니는 젖을 주어 살을 찌우고 아버지는 열을 주어 건강을 단련시킨다. 비교적 숙성에 빠른 진달래와 동동할미는 이미 꽃까지 피웠다. 그러나 이 같은 아버지, 같은 어머니를 가진 자연 속에 생명의 부여는 같이 받았으나 한번 시든 인간에게는 같은 산속의 정기를 받되 어머니나 아버지의 단련도 아무러한 효과가 없었다.

〈동아, 1995〉

■ 고은주 「아름다운 여름」

수반 안에서 물을 흠뻑 머금어 꽃들이 오아시스가 되어 주었을 녹색 스펀지도 이제는 버석하게 말라붙어 있을 것이다. 스펀지는 지금쯤은 오히려 흡혈귀처럼 꽃과 줄기의 마지막 물기를 빨아들이고 있을지도 모른다. 방송 진행자의 얼굴을 가리지 않기 위해 한껏 몸을 낮춰 장식된 꽃들은 지쳐 시들어서도 여전히 저마다의 얼굴을 최대한 보여주기 위해 앞으로 몸을 비틀어 내밀고 있다.

* * *

장미는 수분을 모두 빼앗기고도 그 색을 잃지 않고 있었다. 아니, 오히려 불필요한 수분이 제거되어 더욱 정제된 붉은 색을 발하고 있었다. 끔찍하리만치 선명했던 그 검붉은 빛깔……

* * *

수림의 손에서 하동욱의 손으로 옮겨간 꽃다발은 바싹 마른 드라이플라워였다. 초록색 망사에 둘러싸인 장미 송이들은 말린 꽃임에도 불구하고 하나의 크기가 골프공 만큼씩은 했다. 말리기 전에는 그 크기가 상당했을 듯 싶었다.

* * *

수림은 아무렇지도 않게 날카로운 철사를 꽃의 줄기 속으로 밀어 넣었다. 백합을 닮은 하얗고 정갈한 꽃이 진저리를 치 듯 몸을 곧게 피는 모습을 바라보자니 내 몸 어딘가가 쓰려 오는 것 같았다.

(민음사, 1999)

■ 고은주「유리」

지나가던 벌레가 슬쩍 닿기만 해도 순식간에 조개처럼 잎을 오므려 소화액으로 벌레를 분해시켜 버리는 파리지옥풀, 혹은 입에서 분비한 점액으로 곤충을 빨아먹는 끈끈이주걱, 나는 수시로 저 유리문과 커튼 뒤로 빨려 들어가는 한 마리 벌레와도 같았다.

(민음사, 1999)

■ 공석하「프로메테우스의 간」

산의 골짜기에는 아직 희끗 희끗 눈자욱이 남아 있었다. 멀리 평야를 가로질러 서해 바다가 아련히 들어오고, 그 위에 봄 구름이 나직이 내려앉고 있었다.

* * *

시골의 오월은 화사하다. 더구나 산골의 오월은 숲의 궁전이다. 진달래꽃이 지고 난 자리에 새로운 잎사귀가 신선하게 솟고 있었다. 찔레꽃 향기가 짙다. 어디선가 뻐꾹새 울음소리도 들리었다. 청룡사 입구의 개천에는 송사리 피래미떼가 유영을 즐기고 있었다. 골짜기로 불어오는 바람이 부드럽다.

(뿌리, 1999)

■ 공선옥 「시절들」

　달집이 사그라지고 사람들의 탄성도 잦아들 때쯤 달빛을 받은 물살 아래로 은빛 고기떼가 빠른 속도로 헤엄쳐 갔다.
　달빛 아래 산과 집들은 하얀 눈을 이고 고요히 잠들고 구름 한 점 없는 밤하늘은 망망 대해와 같아서 달은 일망무제의 그 바다를 조용히 떠가는 기선이 되었다. 움직이는 것은 오직 만월 한 점뿐. 소리나는 것은 만월을 향해 짖는 개들의 울음뿐. 읍은 그렇게 완전무결하게 잠들었다.

*　*　*

　나는 바람 부는 길가에 서 있었다. 들판은 비어 있었다. 까마귀떼가 빈 들판에 가득히 내려앉았다가 일제히 미루나무 숲으로 날아가고 있었다. 어정쩡한 내 영혼은 겨울이 오는 빈 들판에 서 있었다. 나는 그렇게 혼자였다.

*　*　*

　무등산 위에는 아직 희끗희끗 잔설자국이 남아 있지만 동명동 한옥들 담장 위로는 개나리가 마악 움을 틔우고 있었다. 겨우내 얼었던 땅이 녹아 질척이는 것이 많았다. 아지랑이는 사방 천지에 꽉 찼다. 수증기 때문인지 푸른 하늘이 부옇기까지 하다. 황사현상 같기도 하다.

(문예마당, 1996)

■ 공선옥 「오지리에 두고 온 서른 살」

　까시 쪽에서 읍내로 가는 시외버스가 바람을 일으키며 달려 와 은이 앞에 멈춰 섰다. 역겨운 차 냄새와 찬바람이 훅 끼쳐 왔다.

*　*　*

　시댁으로 가는 길을 예전이나 지금이나 변함없이 참으로 아름다웠다. 대밭으로 폭 둘러싸인 양지 쪽에 자리한 상훈의 집은 마을의 을씨년스러운 풍경과는 딴판으로 바람도 몰아치지 않았고, 집 앞에 펼쳐진 과수원을 둘러싼 탱자나무 울타리를 따라 구불 구불 운치있게 돌아 들어가도록 만들어져 있었다.

* * *

천지는 눈밭이었다. 해가 떠오르자 천지에 내려 덮힌 눈들이 일제히 불을 켠 듯 반짝이기 시작했다. 석술의 방이 있는 행랑채 차양에 열린 긴 고드름이 이따금씩 뚝뚝 부러져 내렸다.

* * *

마당 한 가득 맑은 겨울 햇살이 들어와 있었다. 적막과 그리고 이따금씩 양철 차양의 흠통을 통해 좌르르 쏟아지는 눈 녹는 소리, 낮고 허름한 토담집.

* * *

은이는 창문을 열었다. 밤공기가 땡땡 얼어 있었다. 구름이 비껴 간 하늘에 맑은 별 몇 개가 돋아나 오들 오들 떨고 있었다.

* * *

때마침 과실나무 사이를 휘돌아 바람 한줄기가 향기롭게 불어왔다.
바람은 사람을 기분 좋게 했다. 바람한테는 그런 마력이 있었다. 외로운 사람이 바람을 들이마시면 외로움은 한껏 부풀어 올라서 외로운 사람을 기분 좋게 했다.

* * *

배나무 집은 적막하였다. 겨울 참새들이 집 뒤 대나무 숲으로부터 지붕을 넘어 날아와 뜰 앞으로 펼쳐진 배나무 가지 위로 일제히 올라앉고 있었다. 새들의 날개짓은 참으로 유연하고 자유로워 보였다.

* * *

안방 문 닫히는 소리와 함께 모진 밤바람이 창문을 때리고 지나갔다. 바람소리는 마치 말 못하는 짐승이 흐느끼는 소리 같았다.

* * *

잔뜩 힘을 주어 몸을 도사린 보람도 없이 동편 하늘에서 깜박이던 별들은 어느 사이 구름의 장막 속으로 들어가고 없었다. 그믐밤처럼 사방은 검은 어둠만이 꽉 차 있었다.

* * *

언덕에 바람이 몰아치고 있었다. 바람이 거세질수록 뽀얗던 햇빛은 스러지고 구름은 엷은 막을 이루며 바람을 따라 이동해 왔다.

* * *

그러고 나자 훨씬 편해져서 뛰는 속력을 더 낼 수가 있었다. 뛰니까 바람은 한층 더 차갑게 은이 얼굴에 달라붙었다. 그 또한 기분 좋은 일이었다. 늘상 느끼는 것이지만 바람에게는 묘한 마력이 숨어 있었다. 슬픈 사람을 더 슬프게 보이게 하는 마력, 슬퍼 보여서 더 아름다운 사람으로 보이게 하는 마력.
바람을 끊임없이 속삭였다. 그다지 슬퍼할 필요 없다구 네 나이 이제 겨우 서른이거든. 슬퍼하고만 있기엔 네 나이가 아깝지 않니?

(삼신각, 1993)

■ 공선옥 「우리 생애의 꽃」

그것은 우리 생애의 꽃인지도 모른다. 지리멸렬한 그 생애의 황무지 위에 피어난 오롯한 꽃 말이다. 뭐라 이름 붙일 수 없는, 이 아침처럼 해가 마악 돋아 올 때 혹은 해지는 저녁에, 우리 생애의 깊숙한 곳에서 얼굴을 내미는, 때로는 향기롭게 때로는 무미건조하게, 그 향기로 인하여 주위의 많은 사람들이 도취되기도 하고 그 무미건조함으로 인하여 스스로 지쳐 나가 떨어지기도 하고.

(문학사상사, 1994)

■공지영 「더 이상 아름다운 방황은 없다」

석양이 타고 있었다. 지는 석양빛에 섬세한 실루엣을 드러내며 미루나무가 길다란 허리를 뒤척이고 있다. 언덕에 앉아 인경의 손을 꼭 붙들고 지는 해를 바라본 일이 있었다. －저건 신비야, 푸른 하늘에 불을 놓은 듯이 세상을 아름답게 하는, 저건 신비야. 그치 형?

* * *

지섭은 길게 담배를 뿜었다. 카페의 커다란 유리창으로 넓은 팔을 벌린 플라타너스가 저녁 햇빛에 반짝이고 있다. 불어오는 바람의 작은 결도 놓치지 않고 무수히 작은 종을 울리고 있는 것 같았다. 종이 울리니 막을 내려야지.

* * *

민수는 자신이 무채색의 세계에서 유채색의 멋진 세상으로 솟구쳐 오른 기분을 느꼈다. 꽃잎의 여린 속살 하나 하나, 푸른색으로 내리던 장마 빗줄기, 여름바다 파도의 희고 싱그런 이빨, 가을을 알리던 건조한 바람소리……새들이 그 하늘 위로 날아올랐다.

* * *

밤새 바람은 문밖에서 울었다. 어디선가 아득한 곳에서 낮은 천둥소리가 들려오고 마당에 널린 빨래들이 숨가쁘게 펄럭이더니, 아침이 되자 바람이 좀 멎은 대신 굵은 비가 쏟아져 내리기 시작했다.

* * *

지섭은 나뭇잎 사이로 반짝이는 햇빛을 피하듯 눈을 감는다. 눈을 감으면 어둠은 쉽게 찾아왔다. 그 어둠 속에서 바람이 나무 이파리를 뒤흔들고 있다.
 깊은 상처도 수술 자국도 없는데 모든 피부가 헐어버린 것처럼 지섭은 그 바람을 아프게 느낀다.

* * *

 생각은 다시 끊어지고 민수는 다시 까무룩한 잠속으로 빠져든다. 깊은 바닷속이다. 아무런 움직임도 없다. 온몸이 가볍다. 민수는 죽음 같은 물살을 가르며 자꾸 헤엄쳐갔다.

* * *

 검은 구름은 점점 더 낮게 깔렸다. 노을은 구름에게 몸을 휘감기며 검은 구름의 손아귀를 벗어나려 몸부림치고 있는 것 같다. 몸부림을 칠 때마다 붉은 피가 뚝뚝 강물로 흘러내리고 있고, 강물은 그 피를 받아들여 붉게 물들어 간다. 핏빛이다.

* * *

 바람은 습기를 머금고, 이 거리의 신음 소리와 술집의 칸막이 속에서 배어 나오는 음탕한 교성과 두드리라고 두드리라고 꼬리를 흔드는 전자오락실의 괴성을 머금고 불어간다.

(풀빛, 1994)

■ 공지영 「착한 여자」

 멀리 보이는 들에 하얗게 서리가 내려 있다. 가느다란 실로 짠 흰 그물을 덮은 것처럼 들은 희뿌옇다. 집 뒤의 느티나무 가지에서 까치가 낮은 포물선을 그리며 내려앉는다. 다른 까치가 나뭇가지 위에 앉아 꽁지를 쫑쫑거리며 어딘가를 내려다보고 있다. 하늘은 쪽을 짓이겨 놓은 듯 짙푸른 색깔이고 바람이 없는, 전형적인 겨울 날씨였다.

* * *

여자는 눈을 돌려 먼 국민학교 담장을 바라보았다. 연녹색 버드나무, 흰 라일락, 그리고 초롱초롱한 아기 은행잎들이 비에 젖고 있었고, 골목 건너 담장에서는 아직 피지 않는 장미 울타리가 늘어져 있었다.

* * *

집 뒤뜰에 서있는 커다란 미루나무 사이로 바람이 훼에엥 지나간다. 그 서슬에 까치가 푸드득 날아오르고 미루나무 꼭대기에 걸린 몇 개 남지 않은 이 파리들이 파들거리며 몸을 뒤집었다.

* * *

과학실 창가에 서 있는 느티나무로 마른 가을 바람이 지나가고 있었다. 지난 여름의 무성함을 잃어버리고 이제 윤기를 잃은 이파리들은 바람이 지나갈 때마다 와스스 와스스 거렸다.

* * *

따가운 가을의 햇살이 거리를 쨍쨍하게 비추고 있다. 해는 아직도 여름의 기억을 다 잊지 않은 듯 뜨근한데 바람은 벌써 가을이었다. 어느 식당 앞 비닐 돗자리 위에 놓인 붉은 고추가 빛깔도 곱게 마르고 있었다. 그러고 보니 햇살도 투명해지고 조금씩 더 황금빛으로 변해가고 있었다. 바람이 불면 진초록빛 이파리들은 와스스 소리를 내며 흔들거렸다.

* * *

짙푸른 감나무 이파리 사이로 하늘이 지나가고 얼마 전 감꽃이 떨어진 자리마다 감꼭지 같은 열매의 맹아들이 남아 있다. 이제 가을이 오고 온 산이 붉게 물들면 저기서 꽃보다 아름다운 홍시들이 피어나리라.

(한겨레, 1997)

■ 구인환 「별이 보이는데요」

차는 벌써 산마루를 넘어서고 있다. 마치 기나긴 겨울의 잠에서 깨어나지 않은 나목이 앙상한 양 언덕, 겨우내 칩거한 동굴에서 나오려는 듯 생기가 아지랑이 같이 일고 있다.

(한샘, 1987)

■ 구혜영 「칸나의 뜰」

습기를 머금은 바람이 슬렁슬렁 거리를 메우기 시작한다.

* * *

엉거주춤 버티고 선 정부 새 청사 위에 검은 베일 같은 구름이 흐느적거리며 서성대고 있는 것을 보았다.

* * *

정오가 되기도 전인 한낮에 정부 새 청사가 일제히 불을 밝힌 것을 보자, 그제서야 나는 내 둘레가 온통 일식 때처럼 어두컴컴하다는 것을 알았다. …(중략)…

그러자 순간 내 속으로 무엇인가 뜨거운 섬광이 확 번져 들어옴과 동시에 꺼졌고, 이내 그리 멀지 않은 곳에서 터지는 우레 소리를 들었다. 그 우레 소리는 마치 진군 나팔 소리와도 같았다. 그 소리와 그의 때를 같이하여, 정부 새 청사 위에서 서성거리던 베일 같은 구름떼가 꼬리를 깃발처럼 휘날리며 인왕산 쪽으로 확확 날아가기 시작했기 때문이다.

사방은 더욱 어두워져 흡사 낮과 밤이 뒤바뀌어 버린 것 같았다. 또 다시 쾅하고 우레가 터졌다. …(중략)…

굵은 빗방울이 갑자기 무더기로 쏟아지기 시작했다.

***

언제 소나기가 왔었냐는 듯이 하늘은 쨍쨍 빛나고 있다. 희뿌옇게 끼었던 먼지를 말끔히 씻어간 거리는 원색 인쇄처럼 색깔이 선명하고 윤곽이 뚜렷하다.

(카나리아, 1988)

■ 구효서 「검은 물 갇힌 강」

마을 공터에 혼자 우두커니 서 있던 자귀나무 서쪽 가지는 이미 오래 전에 수액의 흐름이 멈추어 죽어가고 있었다. 그 가지에는 살아 있는 다른 가지에서 볼 수 있는 유연함과 잎의 풍요로움과 생명의 탄력성이 없었다. 이따금 피처럼 물들곤 하는 서쪽 하늘을 예리한 칼처럼 찌르고 있을 뿐이었다. 길고 가늘고 검게 뻗은 나뭇가지에는 생명 대신 섬뜩한 적의가 서려 있었다.

***

삿갓바위가 허연 배때기를 드러내고 있는 둔덕 아래로 이미 오래 전에 묵정밭이 되어버린 과수원이 있었다. 사람의 손길이 닿지 않기 시작하면서부터 과수원의 과수들도 성장을 멈춘 듯 더 이상 자라지 않았다. 봄이 되면 새싹을 틔어 올렸었는지, 여름엔 다른 나무들처럼 무성한 잎을 드리웠었는지는 모르나, 내 기억에 남아 있는 과수들은 저 루마니아의 전쟁 영웅 드라큘라에 의해 학살된 적국의 포로들 같았다. 꼬챙이에 찔려 매달린 채 수년 간 비바람에 노출된 처참한 시신을 보는 것 같았다. 메마른 수피는 센베과자처럼 돌돌 말리며 떨어져 내렸고 검은 둥치 군데군데에는 돼지 혓바닥 같은 버섯들이 층을 이루며 자라고 있었다.

***

여느 날과 다른 게 있었다면 그 날의 바람이었다. 결코 여린 바람이 아니었는데도 살갗을 후려치기나 전선에서 잉잉거리던 이전의 바람들과는 느낌이 사뭇 달랐다. 그 마을을 가로지르던 바람들은 성미 급한 사람의 몽당 빗자루처럼 일정한 방향도 없이 휙휙 그어대기 일쑤였다. 아니면 은빛 철사줄 다발처럼 차갑고 날카로웠을 뿐이었다. 그래서 마을 사람들은 바람 피하기를 비 피하듯 했다. 바람이 불면 인적이 끊기곤 했다. 그러나 그 날의 바람은 세찬 공기의 흐름 같지가 않았다. 고요하면서도 유장한 유속을 가진 물의 흐름 같은 것이었다. 말이 없으면서도 결코 그 흐름을 한 순간도 멈추지 않았던 강. 길고 깊고 넓은 강이 그날 오후 마을의 지붕 위를 흐르고 있었다. 휙휙 열었다 사그라지는, 머리와 꼬리의 길이가 짧아 쉽게 엎치락 뒤치락하던 바람이 아니었다. 나뭇잎이 산발을 하던 바람이 아니었다. 그날 한 길가의 사시나무들이며 마을 공터의 자귀나무는 해초인 듯 오랫동안 고요히 한 쪽으로만 쏠려 있었다.

(세계사, 1999)

■ 구효서 「나무 남자의 아내」

강이라기보단 긴 수로였다. 물가로는 시커먼 뻘이 형성돼 있었고, 지저분한 갈대들이 바람에 서걱였다. 이젠 그 누구도 수백 년 뒤에 날 후손들의 코 요기를 위해 참나무를 그 강물에 담그지 않았다. 탁한 수면 위로 마른 바람이 지나갔다. 작고 밋밋한 산그림자들이 흘러나온 느끼한 양념장 냄새가 바람을 타고 들판으로 끝없이 빠져나갔다.

* * *

그러나 마당엔 전날 보지 못했던 게 하나 낯설게 널브러져 있었다. 나무였다. 큰 사람 키 둘 정도는 됐다. 밑둥치에 제법 튼실한 뿌리들을 달고 있는 그것은 한 눈에 보기에도 마당 한 귀퉁이에 수북이 쌓여 있는 마른나무 더미들과 수종이 같은 것이었다.

다만 그것들 보단 줄기가 조금 더 굵고 표피에 윤기가 나고 뿌리엔 생기가 있었다. 가지 끝에는 번들거리는 이파리와 능금 크기만 한 열매도 몇 개 달라붙어 있었다.

(세계사, 1999)

■ 구효서「도라지꽃 누님」

누님의 집은 꽃밭에 묻혀 있었다. 도라지꽃이었다. 보라색과 흰색의 통꽃들이 설핏 기운 햇살을 받아 작은 등처럼 빛나고 있었다. 한 두 송이가 아니었다. 수백만 송이였다. 야외화덕 뒤쪽의 둔덕 밭은 물론이고 진입로 좌우의 너른 텃밭에도 온통 도라지꽃이었다. 마당 앞에 개울가로 이어지는 층층 밭에 다른 작물이라곤 보이지 않았다. 도라지꽃 천지였다. 누님의 집은 가없는 도라지꽃 평원에 찍힌 작은 점에 불과했다.

* * *

송편처럼 생긴 달이 동산 능선에 떠올랐다. 달이 없을 때는 잘 보이지 않던 보랏빛 꽃들이 겁 많은 아이처럼 조심스럽게 얼굴을 드러냈다. 달빛을 받은 흰 꽃들은 낮과는 다른 빛깔을 띠기 시작했다. 옅은 연두색의 형광색이었다.

(세계사, 1999)

■ 구효서「비밀의 문」

달빛이 요요히 비추고 있는 겹겹의 산봉우리와 능선과 계곡의 그늘들이, 거대한 여인의 몸뚱아리가 만들어내는 음영처럼 보였다. 계곡을 따라 하류로 뻗어 내린 두 개의 길고 긴 능선은 건강하고 아름다운 다리였다. 어드매 푸른 산맥 하나가 당장이라도 대지의 호흡에 맞추어 푸우-하고 지표면을 크게 들썩일 것 같았다.

(세계사, 1999)

■ 구효서 「세상은 그저 밤 아니면 낮이고」

저 먼 동해 바다. 태초이래 쉬지 않고 해안에 밀려와 부딪치는 파도가 지금 이 시각에도 여전히 밀려갔다. 밀려온다는 사실이 그에겐 새삼스럽지도 소용에 닿지도 않는 거였다. 봄나무 가지에든 겨울나무 가지에든 바람이라는 것이 주야장천 분다한들 그것은 바람일 뿐 새로운 의미 따윈 귀찮았다.

(푸른사상, 2002)

■ 권 유 「지옥에서 보낸 하루」

송림이 울창한 송정에서 푸른 하늘과 넓은 바다가 일직선으로 그어놓은 수평선을 바라보기도 했고 둘이서 우산을 같이 쓰고 방파제 끝까지 나가서 비를 피하려고 몰려와 앉아 있는 갈매기들을 놀라게 해주기도 했다.

(『펜과 문학』, 1997, 가을)

■ 권 유 「파묘(破墓)」

날카로운 바람이 밤을 할퀴고 지나갔다. 바람이 불 때마다 비릿한 갯내가 골네댁의 앙가슴을 때리곤 한다. 파도는 차가운 동짓달의 어둠속에서도 하얗게 바위를 때리면서 부서졌다. 부서지는 파도의 비말(飛沫)은 은빛이다. 끝없이 밀려와서는 바위에 부딪히는 파도의 그 단순한 동작만이 이 밤의 유일한 움직임이다. 아마 한낮이었다면 얼음같이 투명한 하늘이 보이겠지만 산등성이에 비수같은 달이 걸린 이 밤은 별빛이 너무 깔끔하도록 반짝거린다. 수많은 사연들을 얼어붙게 하고 텅 빈 공간을 후벼 파고 지나가는 갯바람은 그래서 더욱 차갑고 냉정한지도 모르겠다.

(둥지, 1994)

■ 김광주 「낙엽과 같이」

다소곳이 다소곳이 바람에 나부끼어 한잎 두잎 거리 위를 말없이 구르다가 발길에 채이는 낙엽의 속삭임은 인생의 허무와 무상이 그 속에 들어있는 양, 또 인생을 비웃는 조소가 그 속에 들어있는 양 끼어 안고 싶으리만치 다정한 듯 귀여운 듯 없어진다는 것 사라진다는 것은 인간에게 있어서 슬픈 일인지도 모른다. 신록을 자랑하는 푸르르게 무성했던 잎새들이 누렇게 물들고 말라서 떨어진다는 것은 슬픈 일인지도 모른다.

그러나 어차피 밟아야 할 저의 운명을 말없이 다소곳이 받고 겨울 바람에 나부끼며 거리를 구르는 낙엽은 인생보다는 훨씬 영리한 듯 불행도 불만도 없이 제 갈 길을 굴러가는 품이 한없이 아름다워 보인다.

(계용묵 『문장사전』, 1953)

■ 김광주 「삼월풍물첩(三月風物帖)」

번거로운 도회지를 떠나 한없이 널푸러진 잔디밭 위로 오랑캐, 진달래, 개나리, 만발한 언덕으로, 수양버들이 늘어진 시냇가로……
나물 캐는 아가씨의 붉은 댓기에 향토색이 무르녹고, 「엄매-」송아지 긴 울음에 한가한 오후가 흘러가고……이런 풍경에 불과한 것인가! 봄은 봄이언만……

(계용묵 『문장사전』, 1953)

■ 김광주 「유부지부(有夫之婦)」

가로수의 낙엽이 자꾸만 발에 채였다. 늦은 가을날 밤 점점 차지기만 하는 싸늘한 바람이 부는데다가 찔금찔금 가느다란 빗발까지 뿌려서 매서웁게 싸늘했다.

(계용묵 『문장사전』, 1953)

■ 김광주 「인간이후(人間以後)」

좁은 들창을 열어 제뜨리면 옆집 이름도 모를 나뭇가지가 그 싱싱한 신록의 잎새들을 담 넘어로 갸웃이 뻗혀 내밀고 오월의 맑은 창공 위로 한없이 한없이 뻗혀 나가고 싶다는 듯이 하느적 하느적 미풍에 속삭이는 듯 기름지고 무성해 가는 신록의 향기를 풍기는 오후면 나는 곧잘 좁은 방에 혼자 앉아서 상치쌈의 미각에 신록을 느낀다.

시퍼런 푸성귀를 한 줌 손 위에 담뿍 놓고 그 위에 고추장을 얹고 밥을 얹고 또 고추장을 얹어 가지고 주머니처럼 오무려 입에 집어넣는 상치쌈의 미각은 대한 사람만이 가질 수 있는 신록의 미각이다.

(계용묵 『문장사전』, 1953)

■ 김광주 「청계천변(淸溪川邊)」

하늘에는 뭇 별들이 졸리운듯 깜박거리고 청계천의 흐리터분한 물줄기는 무더운 여름날의 한숨처럼 다분한 호흡을 하면서 그냥 흘러만 가고 있었다.

(계용묵 『문장사전』, 1953)

■ 김녕희 「숨은 그림자」

김포공항을 빠져 나와 긴 기다림 끝에 택시 탈 차례가 되었을 때, 그들은 서로 얼굴을 마주보고 비로소 미소를 지었다. 그리고 약속이나 한 듯 동시에 하늘을 올려다보았다. 눈이 시리도록 하늘은 투명한 쪽빛이었고 그들의 가슴엔 햇사과를 한 입 깨문 듯한 감회가 일었다.

* * *

들판 가득히 일정한 간격으로 늘어서 있는 비닐 하우스들이 소담스런 흰 눈에 덮여 있다. 얼마 전까지만 해도 만나러 올 때면 이 들판은 각양각색의 국화분들로 꽃세계를 이루었던 곳이었다. 꽃 대신 지금은 눈이 내려 이 들녘은 꼭 동화 속의 나라처럼 새 하얀 은세계 그대로였다.

* * *

10월의 마지막 주말, 정미는 종로로 나가서 응암동 가는 버스를 탔다. 날씨는 잔뜩 흐려 있었다. 짙은 회색 구름이 낮게 내려앉아 곧 후드득 굵은 빗방울이 흩뿌릴 것 같았다.

* * *

그녀는 따뜻하고 향기로운 차를 천천히 마시면서 푸른 관엽 식물들을 둘러보았다. 불빛을 흐리게 해 놓았는데도 호들갑스러운 금화조는 둥지 속에서 나와 모이를 쪼아 먹기도 하며 다들 놀자는 듯 지저귀었고, 노란색이랑 연두색의 잉꼬새는 연신 뽀뽀를 하였다. 깊은 산 속에 온 것 같은 느낌이었다.

점 점 따뜻해지는 온돌의 열기에, 온종일 날이 섰던 정미의 절망감이 스르르 가라앉아 가고 있었다. 소리 없이 내리는 눈처럼 정미는 졸음이 왔다. 스륵 스륵, 주전자의 물 끓는 소리가 먼 기차소리처럼 들리며 그녀는 피곤한 의식의 태엽이 풀려갔다.

* * *

강물은 쪽빛을 띠며 흐르고 있었다. 멀리 헬리콥터 한 대가 커다란 은빛 새처럼 날아가고 있는 게 시야에 들어왔다. 며칠 전만 해도 눈발처럼 바람에 흩날리던 산 벚꽃은 다 떨어지고 없었다. 늦 라일락의 짙은 향기만이 바람에 실려와 코끝을 간지럽혔다.

(훈민정음, 1995)

■ 김녕희 「실종」

그 때, 내 시야 끝으로 가물 가물 손짓하듯 보이는 고깃배 위로 아스라이 펼쳐지던 꽃밭…… 나는 꽃밭에 살고 싶었다. 악쓰는 일이나 야단 맞고 우는 일없는, 아늑하고 평화스러운 꽃밭 속에서 살고 싶었다.

　꽃밭은 나에게 행복으로 느껴졌다. 최상의 아름다운 미소가 흐르는 행복감……가지각색의 꽃들이 미풍에 찰랑 찰랑 구슬 부딪는 소리를 내는 꽃밭에 나는 살고 싶다고 꿈꾸었다.

(신원문화사, 1976)

■ 김녕희「흐르는 길」

　고향에의 추억이라면 일제 시대였던 아스라한 유년시절이, 운무처럼 날던 잠자리 떼와 아카시아나무 울타리가 쳐졌던 언덕 위의 양철 지붕 집이 떠오른다.
　눈이 시리도록 노란 장다리꽃과 보라색의 도라지꽃밭이 끝도 없이 펼쳐져 보이고, 토담이 쳐진 그 밭 언덕길을 줄달음쳐 달려 내려가면 고풍스런 쪽머리를 반드르르 옥비녀로 찔러 빗고, 비단 옷을 입은 정갈한 조모가 반겨주던 ㄷ자 기와집이 있다.

＊＊＊

　병원 주위의 흰 눈에 덮인 집들은 그림엽서의 겨울 풍경 같았다. 하얀 정적에 쌓인 크리스마스 카드처럼 보였다. 건너편 언덕 밑의 집들은 꼭 동화 속의 눈 덮인 마을을 방불케 했다. 악의나 불행이라곤 조금도 없어 보이는, 평화스럽고 아름다운 사람들이 사는 마을처럼.

(신원문화사, 1976)

■ 김동리「감람 수풀」

　궁전 앞뜰의 우거진 감람(橄欖)나무 수풀 위엔 오늘도 햇빛이 폭포처럼 쏟아지고, 꾀꼬리들도 예나 다름없이 그 맑고 새된 소리로 내 귀를 우벼파듯 어우러져 울고 있지만, 그러나 이제 나와 더불어 저것들을 함께 보고 들고 할 사람은 없습니다.

(민음사, 1995)

■ 김동리「달」

그 바다 같이 깊고 어두운 수풀 위에 주름살 한 가닥 없이 활짝 피인 달의 얼굴은 과연 떠올라 있는 것이었다. 세 사람은 물 속의 달을 아주 잊은 것처럼 하늘의 달만 쳐다보고 있었다.

(문공사, 1982)

■ 김동리「무녀도」

뒤에 물러 누운 어둑 어둑한 산, 앞으로 폭이 넓게 흐르는 검은 강물, 산마루로 들판으로 검은 강물 위로 모두 쏟아져 내릴 듯한 파아란 별들, 바야흐로 숨이 고비에 찬, 이슥한 밤중이다. 강가 모래펄에 큰 차일을 치고 차일 속엔 마을 여인들이 자욱이 앉아 무당의 시나위 가락에 취해 있다.

(동아, 1995)

■ 김동리「바위」

길바닥 잡풀 속에 섞여 핀 돌 메밀 꽃 위에 빨간 고추짱아 한 마리가 날아와 앉았다.
 길 건너 언덕에서는 알록달록한 뱀 한 마리가 돌 틈으로 들어가고 있었다.

* * *

북쪽 하늘에서 기러기가 울고 온다. 가을이 온다. 밤이 되어도 반딧불이 날지 않고 은하수가 점점 하늘 한 복판으로 흘러내린다. 아무 데서나 쓰러지는 대로 하루 밤을 새울 수 있던 집 없는 사람들에게는 기러기 소리가 반갑지 않다.

(민음사, 1995)

■ 김동리 「사반의 십자가」

야일이 노를 잡고, 사반은 배 위에서 혼자 술병을 기울이고 있었다. 그들의 머리 위엔 한껏 둥근 보름달이 그 훤한 얼굴로 호수를 내려다보고 있었다. 노가 삐걱하며 뱃머리가 물살을 가를 때마다 달빛은 부드러운 웃음소리를 내며 호면에 부서졌다. 싱그러운 바람과 함께 배가 물살을 뛰어 넘으면 달빛은 고기떼처럼 하얀 배를 뒤집은 채 미끄럼쳐 달아나곤 했다. 사반은 고개를 젖혀 하늘을 쳐다보았다. 달은 볼수록 정다웠다. 탐나는 여자를 품었을 때처럼 가슴속에 시원한 것이 젖어들었다. 이방 사람들은 이렇기 때문에 월신을 숭배하는 것이라고 사반에게는 믿어졌다. 여러 해 동안 그늘에서만 살아온 그는 어느덧 이방인들처럼 달을 숭배하게 되었는지도 모른다는 생각이 들기도 했다. 그만큼 그는 달에게서 이루 헤아릴 수 없는 깊은 위안과 즐거움을 깨닫게 되는 것이었다. 그리고 그가 실바아를 보기 전에는 이렇게 달이 밝은 밤이면 으레 여자를 찾아가는 습관이기도 했던 것이다. 사반의 배가 뱃세다에 가까이 갔을 때 뱃세다에서 가버나움 쪽으로 비탈진 호숫가 우거진 감람나무 그늘 아래서 호수를 향해 퉁기는 비파소리가 들려왔다. 그것은 그 푸른 감람잎을 스쳐오는 고요한 바람과 물살 속에서 어리광을 부리는 달빛과도 같이 한없이 정답고 부드러운 음색이었다.

(민음사, 1995)

■ 김동리 「완미설(玩味設)」

밖에는 고요히 눈이 쌓이고 있었다. 절후는 삼월이라도 날씨는 도로 겨울로 뒷걸음을 치는 셈인지 이 며칠 동안은 거의 날마다 새침이 흐린 하늘이 곰 눈이라도 나릴 듯이 춥고 매섭더니만 오늘 저녁 때 와, 기어히 눈보래로 변해 버린 것이다.

(계용묵『문장사전』, 1953)

■ 김동리「진달래」

산을 덮은 듯한 진달래도 이제는 한 고비가 넘으려 했다. 여러 날 닦지 않은 마루 위에는 흙먼지 뿌옇게 쌓이고, 아침 저녁의 예불 종소리도 노승의 숨결처럼 이제는 힘없이 헐떡였다.

(민음사, 1995)

■ 김동인「광공자(狂公子)」

오늘 우러른 하늘이나 어제 본 하늘이나 같은 빛[色]과 같은 빛[光]의 하늘이었다. 명랑하였다. 맑았다. 상쾌하였다. 천 년 전에도 그 빛이었을 것이다. 천년 뒤에도 또한 그 빛일 것이다.
그러나 작년 이만 때 꼭 이 자리에서 그 하늘을 우러러보면 그 날의 심경과 오늘이 심경은 왜 이다지도 다른가.

* * *

가을이었다.
우수수. 한번 바람이 불적마다 뜰에 떨어져 널리는 무수한 낙엽들은 춘방정감(春坊庭監)들이 일변 걷어치우고 쓸어버리나 끝이 없었다.
문을 방싯이 열어놓고 뜰에서 춤추는 낙엽들을 무심히 바라보고 있는 동궁.

(삼중당, 1976)

■ 김동인 「배따라기」

　이름은 모르지만 X산에 올라가서 내다보면 앞은 망망한 황해이니, 그곳 저녁때의 경치는 한번 본 사람은 영구히 잊을 수가 없으리라. 불덩이 같이 커다란 시뻘건 해가 남실 남실 넘치는 바다에 도로 빠질 듯이 솟아오를 듯 춤을 추며, 거기서 때때로 보이지 않는 배에서 '배따라기'만 슬프게 날아오는 것을 들을 때엔 눈물 많은 나는 때때로 눈물을 흘렸다.

* * *

　하늘에도 봄이 왔다.
　하늘은 낮았다. 모란봉 꼭대기에 올라가면 넉넉히 만질 수가 있으리만큼 하늘은 낮다. 그리고 그 낮은 하늘보담은 오히려 더 높이 있는 듯한 분홍빛 구름은 뭉글뭉글 엉기면서 이리 저리 날아다닌다.

* * *

　좋은 일기이다.
　좋은 일기라도, 하늘에 구름 한 점 없는-우는 '사람'으로서는 감히 접근 못 할 위엄을 가지고, 높이서 우리 조고만 '사람'을 비웃는 듯이 내려다 보는, 그런 교만한 하늘은 아니고, 가장 우리 '사람'의 이해자인 듯이 낮추어 뭉글뭉글 엉기는 분홍빛 구름으로서 우리와 서로 손목을 잡자는 그런 하늘이다. 사랑의 하늘이다.

* * *

　이 날은 삼월 삼질, 대동강에 첫 뱃놀이하는 날이다. 까맣게 내려다보이는 물 위에는, 결결이 반짝이는 물결을 푸른 놀잇배들이 타고 넘으며, 거기서는 봄 향기에 취한 형형색색의 선율이, 우단보다도 부드러운 봄 공기를 흔들면서 날아온다. 그리고 거기서 기생들의 노래와 함께 날아오는 조선 아악은 느리게, 길게, 유창하게, 부드럽게, 그리고 또 애처롭게, 모든 청류벽에 돋아

나는 푸르른 풀어음, 심지어 사람의 가슴 속에 봄에 뛰노는 불붙는 핏줄기까지라도, 습기 많은 봄공기를 다리 놓고 떨리지 않고는 두지 않는다.

봄이다. 봄이 왔다.

부드럽게 부는 조고만 바람이, 시커먼 조선 솔을 꿰며, 또는 돋아나는 풀은 스치고 지나갈 때의 그 음악은, 다른 데서는 듣지 못할 아름다운 음악이다.

아아, 사람을 취케 하는 푸르른 봄의 아름다움이여! 열다섯 살부터의 동경 생활에, 마음껏 이런 봄을 보지 못하였던 나는, 늘 이것을 보는 사람보다 곱 이상의 감명을 여기서 받지 않을 수 없다.

평양성 내에는, 겨우 툭툭 터진 땅을 헤치면 파릇 파릇 돋아나는 나무새기와 돋아나려는 버들로 봄이 온 줄 알 뿐 아직 완전히 봄이 안 이르렀지만, 이 모란봉 일대기와 대동강을 넘어 보이는 가나안 옥토를 연상시키는 장림에는 마음껏 봄의 정다움이 이르렀다.

그리고 또 꽤 자란 밀보리들로 새파랗게 장식한 장림의 그 푸른빛. 만족한 웃음을 띠고 그 벌에 서서 내다보는 농부의 모양은 보지 않아도 생각할 수가 있다.

구름은 자꾸 하늘을 날아다니는 모양이다. 그 밀 위에 비치었던 구름의 그림자는 그 구름과 함께 저편으로 물러가며, 거기는 세계는 아까 만들어 놓은 것 같은 새로운 녹빛이 퍼져 나간다. 바람이나 조곰 부는 때는 그 잘 자란 밀들은 물결 같이 누웠다 일어났다 일록일청으로 춤을 춘다. 그리고 봄의 한가함을 찬송하는 솔개들은, 높은 하늘에서 동그라미를 그리면서 더욱 더 아름다운 봄에 향기로운 정취를 더한다.

〈동아, 1995〉

■ 김동인 「백마강(白馬江)」

정월 초하로의 청명한 날씨, 콧마루를 스치고 지나가는 바람도 싸늘하다기보다 상쾌한 편에 가까웠다. 새해의 풍년을 예언하는 듯이 두껍게 쌓였던 눈도 이 날의 따스한 볕 아래 녹아서 물기운을 많이 띈 땅으로 찾아들었다.

(계용묵 『문장사전』, 1953)

■ 김동인 「약한 자의 슬픔」

졸지도 않은 채 깨지도 않고 근덕근덕 하면서 한참 갈 때에 우르륵 우레 소리가 나므로 그는 눈을 번쩍 떴다. 하늘은 전면이 시커멓게 되고 그 새에서는 비의 실이 헬 수 없이 많이 땅에까지 맞닿았다. 비 곁에 또 비 비 밖에 비 비 위에 구름 구름 위에 또 구름이라 형용 할 수밖에 없는.

* * *

해는 떴지마는 보스럭 비는 보슬보슬 내리붓고 엘리자베트의 맞은편에는 일곱 빛이 영롱한 무지개가 반원형으로 벌리고 있다.
비와 인력거의 셀룰로이드창을 꿰어서 어렴풋이 이 무지개를 바라보면서, 엘리지베트는 뜨거운 눈물을 뚝뚝 떨어뜨리고 있었다.

(어문각, 1990)

■ 김동인 「운현궁(雲峴宮)의 봄」

정월부터는 봄이라 하되, 이름이 봄이지, 이월 중순까지도 날이 춥기가 여간이 아니었다. 아침 저녁은 커녕 낮에도 혹 혹 쏘는 바람이 나무 둥걸에서 노래하고 있었다. 길이며 뜰에 절린 나무 부스럭이며 종이 조각들이 이리 저리 날아다니고 있었다.

* * *

밖에 싸늘한 바람은 더욱 강하였다. 펄펄 종이 조각들이 하늘을 날아다녔다. 햇빛도 그 바람에 흔들리는 듯 하였다. 휙 휙 거리는 바람 소리도 꽤 강렬하여 뜨뜻이 불을 때인 방안에서라도 그 소리만 들어도 추위를 느낄만

하였다.

***

봄날의 새움을 북돋아 주기 위하여 한바탕 나린 소낙비는 어느 듯 개었다. 추녀 끝에서 똑똑 때때로 떨어지는 낙수소리가 지나간 소낙비를 추억할 따름이었다.

우덕덕 커다란 한 방울이 떨어졌다.

그것이 군호였다. 한 방울의 비를 앞잡이 삼아 소낙비는 드디어 시작하였다. 우덕덕 뚝떡 좌-좌, 한 방울로 시작 된 비는 한 순간 뒤에는 무서운 소낙비로 변하였다.

***

한양의 정기를 한 몸에 지니고 백악에도 봄이 이르렀다.

필운대의 살구꽃과 북문의 복숭아꽃과 흥인문 밖의 버들을 화류장(花柳場)으로 곱고 봄이 되던 삼삼오오 떼를 지어 그리로 놀러 가지만 아무도 돌아보지 않는 백악 바위틈에도 진달래는 송이 송이 봄빛을 자랑하고 있었다.

***

유난히 명랑한 날씨. 한 조각의 바람도 없고 겨울날이라 해도 따스한 볕이 골고루 내려 비치고 있었다. 두어 조각 분홍빛 구름이 백악 위에 걸려서, 이 명랑한 날씨를 더욱 곱게 장식하고 있었다. 갑자기 따스로워진 일기 때문에 집집마다 추녀에서는 눈 녹는 물이 땅을 적시고 있었다.

***

봄-

길고 음침한 겨울이 가고 어디선가 한마디 노고지리의 소리가 들리는 듯 하면 이 땅에는 홀연히 봄이 이른다.

이 땅에 이르는 봄에는 준비 기간이 없다. 길고 음침한 겨울, 그리고 어둡고 쓸쓸한 겨울에 잠겨서, 긴 담뱃대를 벗삼아, 시민들은 모두 안일의 꿈에 잠겨 있을 동안, 성 밖에서 들어오는 소식에 교외의 나무 가지가 윤기가 돌기 시작한다는 기별이 들리는 듯 하며, 이 때에는 홀연히 봄이 이르는 것이었다.

(조선일보, 1933)

■ 김만옥 「결혼 실험실」

봄이 한창 무르익는 계절이다. 학교 뒷산의 나무들이 잎을 터뜨릴 순간을 준비하느라 탱탱하게 부풀어 옅은 보랏빛 안개에 휩싸인 것처럼 보인다. 나무 하나 하나는 아직도 앙상한데 멀리서 보는 산의 윤곽은 솟아오르는 생명의 기운 때문에 양감이 느껴진다.

(고려원, 1996)

■ 김만옥 「계단과 날개」

바다 위에는 뽀얗게 봄안개가 덮여 있었다. 아니, 봄안개가 서서히 걷히고 있었다. 정오 가까운 시간이 되어야 안개는 더 이상 억지부릴 수 없는 듯 햇살에 밀려나던 것이다. 멀리 정박하고 있는 군함의 모양이 선명해지고 작은 어선들은 번쩍이는 물결 위에 떠다니고 있었다.

* * *

봄의 기척이 교정의 구석구석에서 웅성거리고 있었다. 솟구치려 하고 터지려고 몰아쉬는 생물들의 숨소리가 들리는 것 같았다. 지표가 간지럼 타는 듯 움찔거렸고 나무들이 살갗의 스멀거림을 참지 못하고 움직이고 싶어하는 것 같았다. 봄은 해마다 어디선가 오는 것이 아니라 교정에서 부스럭거리며 생성되는 것 같았다.

* * *

맑은 아침 햇살을 헤집고 기차가 낮은 산을 비껴나자 송희의 눈에 낯익은 바다가 들어왔다. 아침바다는 금빛으로 잘디잘게 부서지고 있었다. 바다는 너무도 평화스러워서 밤새 속으로 온갖 난장판을 다 그려본 송희를 비웃는 것 같았다.

(책세상, 1998)

■김만옥「올가미」

눈 닿는 데마다 단풍으로 불타고 있는 숲은 뭉텅 뭉텅 그들의 음악을 토해내는 것처럼 보였다.

* * *

양쪽 강가에는 넘치면 빨아들일 태세로 탈지면 같은 숲이 뭉퉁 뭉퉁 놓여 있었다.

* * *

아내는 언젠가 강이 살쪘다고 표현했다. 비가 많이 오면 감당을 못해서 토하고 가물면 비쩍 말라서 앙상한 바닥을 드러내던 우리의 옛 강을 비교하곤 했다.

(창작사, 1987)

■김만옥「흙 한 줌」

내항과 바깥 바다를 가로막으며 병풍처럼 둘러쳐진 산과 밋밋한 돌섬, 언제나 잔잔해서 폭풍주의보가 내리면 선박들이 피해 들어오는 그 바다가 당황한 내 등을 안됐다는 듯 지켜보고 있었다.

(창작사, 1987)

■ 김말봉 「찔레꽃」

정순은 후우 하고 한숨을 내뿜고 축축한 밤공기를 가슴 껏 드려 마시면서 고개를 들어 하늘을 우러러보았다.
저 창공에 수 없이 반짝이고 있는 천체들은 대체 어디서 나와 어디로 갈 것인고? 저 별 하나 하나가 이 지구덩이만큼 아니 그 보다도 몇 십배 더 큰 것도 있다하니 대체 저기에도 사람들이 살고 있을까?
…(중략)…
우으로 쳐다보거나 아래로 굽어보거나 호호 막막한 암흑 속에 반작거리는 무수한 몸을 내려다보는 정순은 사람이란 진실로 소동파의 시와 같이 한 개 부유(蜉游)처럼 힘없고 슬픈 존재로 생각되었다.

＊＊＊

구월도 이미 기울어 산들바람이 지날 때마다 단풍 든 잎새들이 모이를 찾는 산새와 같이 날아나고, 깎아낸 듯한 푸른 하늘이 호심(湖心)과 같이 깊은데 산구름인 듯 기러기 떼가 오늘도 반원(半圓)을 그린다.

＊＊＊

하늘 저쪽이 환히 들여다보일 듯이 맑게 개인 날씨가 계속되고, 바람도 없는데 오동나무 잎사귀가 한 잎 사뿐 가지를 떠나 대지 위에 엎드리고……
가을이다.

＊＊＊

뚜두 뚜두 갑자기, 그러나 결단코 유쾌한 음향이 들려왔다. 조금 전에 맑던 하늘이 언제 흐렸던지 두 사람이 앉아 잇는 방문 턱에는 후르르 들치는 바람에 실려 굵은 빗방울이 드문 드문 무늬를 놓기 시작하는 것이다. …(중략)…
우물 곁에 서 있는 파초 잎사귀가 번들 번들 빗방울에 떨고 있는 것이 이렇게도 행복스럽게도 보일 수가 있을까, 처마 끝에 낙수물은 유리로 만든 주렴 같다.

(계용묵 『문장사전』, 1953)

■ 김말봉 「화려한 지옥(地獄)」

봄도 무르녹아 꽃봉오리들은 그 화려한 향기와 함께 영롱한 화변을 활짝 쏟아 놓는다.

실안개 속에 조으는 삼각산 봉오리는 꿈 같이 아련하고 남산 기슭에 초록은 덮은 듯 신선하다.

봄의 광선에 봄의 촉감에 봄의 호흡에 사람들은 거리로 들로 산으로 꽃에서 꽃으로 나비와 경쟁을 하고 꾀꼬리와 종달새의 습성도 흉내 내어 보고.

요 며칠 눅눅한 맛이 봄기운을 느끼게 한다.

먼 산에 푸른 아지랑이가 돌고 담 넘어 나부끼는 버들가지가 물이 올라 생생한 탄력이 머지 않아 아이들의 손으로 피리가 되어 나갈상도 싶으다.

＊ ＊ ＊

산과 들은 차츰 그 호화스러운 꽃의 장막을 거두고 신선한 녹음을 펼치는 오월이 왔다.

감정에서 의지로, 낭만(浪漫)에서 실제로 그리고 환영(幻影)에서 뚜렸한 정체를 응시해도 좋을 오월이 왔다.

달콤한 꽃의 향기에 취하여 있기에는 녹음의 도전이 너무도 생생하다.

오월의 광명 아래 나래를 펼친 크고 적은 가지들의 행복은 확실히 그 싱싱하고 믿어운 녹색에 있다.

들과 산이 푸른 빛깔 속에 담북 젖을 무렵이면 언제나 사람들도 생명과 소망으로 그 혈관 속에 맥박은 힘차게 돌아간다.

(계용묵 『문장사전』, 1953)

■ 김문수 「가지 않은 길」

　강정길의 잠을 깨운 것은 시끄럽게 지저귀는 참새 떼였다. 눈을 뜨자 전(田)자 꼴의 반투명 유리창을 두 짝으로 된 창문에 새벽빛이 가득했다. 그 창문 바로 앞 측백 울타리에 자리잡은 새떼가 늦장 부리는 아침 해를 재촉하고 있을 터였다. 술을 함께 마시고 육체까지 나누었던 여자는 없었다. 여자의 환영만이 창문 앞에 서 있었다. 지난 밤, 안개처럼 자욱한 담배 연기를 빼기 위해 여자가 창문을 열었을 때 달빛을 받은 측백 울타리가 한 폭의 수묵화를 이루고 있었다.

＊＊＊

　그는 아까부터 어릴 때 살던 고향집 울타리를 초록 일색으로 물들인 뒤, 흰 눈이라도 내린 듯 착각하게 하리만큼 새하얀 꽃들을 소복하게 피우곤 했던 사위질빵 덩굴들을 떠올리고 있었다. 어머니의 얼굴도 떠올랐다. 그러자 어머니가 옛날 얘기처럼 들려주었던 얘기가 생생하게 들리는 듯 했다.

＊＊＊

　차창 밖으로 펼쳐지는 들녘은 가을빛을 띠고 있었다. 논에는 누런색이 감돌았고 산에도 진초록이 퇴색하기 시작했다. 그런 을씨년스런 바깥 풍경을 배경으로 또다시 어머니의 주름진 얼굴이 떠올랐으나 강정길은 애써 지우려하지 않았다.

＊＊＊

　전형적인 가을 날씨였다.
　짙푸른 하늘에 티가 될까봐 구름 한 점 얼씬거리지 않았고 거침없는 가을볕 아래 산국·구절초·닥닥꽃취·왕수리취 등의 국화과 여러 해살이 풀들이 시새워 꽃을 피워 내고 있었다.

(좋은날, 1999)

■ 김민숙 「봉숭아 꽃물」

  나는 여름밤의 농밀한 공기 속에서 야릇하게 달큰한 냄새를 맡는다. 곧 그 냄새의 정체를 발견한다. 어두워진 정원의 한쪽에 하얀 치자꽃이 무더기로 여염한 모습을 드러내고 있다. 치자꽃은 갓 피어나 한창일 때에도 한 시절 화려했던 여배우의 한물간 모습을 연상시키는 데가 있다. 약간 부패한 듯, 또는 사람을 마취시키는 듯한, 저 방종과 닮은 냄새. 할머니의 눈물에 아랑곳없이 나는 엉뚱한 말을 하고야 만다.
  "치자나무는 벌레가 많이 꾀어서 기르기가 힘들텐데 어떻게 저렇게 잘 키웠어요?"

(책세상, 1988)

■ 김병총 「사라지는 것은 아름답다」

  그 새 계절은 반역을 모른 채 질서를 지켜서, 낙엽수들은 상록의 잎사귀들 틈새에서 가을의 빨갛고 노란 기미를 완강하게 주장하기 시작했다. 백로(白露)가 지나고 추분(秋分)에 이어 추석이 다가오고 있었다.

* * *

  다이아몬드가 그려진 대형 화폭을 날카로운 단검으로 후려 째듯이 별똥별은 긴 섬광을 남기며 서녘 하늘로 자지러졌다.

(한국경제, 1995)

■ 김병총 「칼과 이슬」

  초옥의 둘레로는 밤새 밀려왔을 안개가 여명을 맞으며 서서히 꿈틀거린다. 고운 새악씨의 가는 허리를 감쌌던 거대한 수팸이 시각을 떨궈버려 별수 없이 아쉬운 몸을 푸는 것처럼 안개는 북편 주춧돌 아래로 슬며시 깔리며 돌아나간다.

문득 동산마루에서 햇덩이가 고래를 내민다. 햇살은 수만개의 바늘로 내달아 가서 무량도사의 감은 눈두덕 위로 박힌다. …(중략)…

세찬 빛살이다. 수없이 어우러진 소나무 가지들이 그나마 빛살을 막고 있다. 솔잎은 반짝이는 철촉처럼 햇살에 빛난다. 차라리 엄청난 열량 때문에 불꽃을 튀기면서 부서지고 있다.

* * *

아침 산새의 지저귀는 소리가 유쾌하다. 종다리의 노래가 곱다. 풀더미 속에서 꿩들이 푸드득거리며 날아 숲속 저쪽으로 사라진다. 다리 뻐꾸기 소리도 먼데서 들린다.

(갑광출판사, 1986)

■ 김성종 「가을의 유서 1」

눈으로 하얗게 뒤덮인 바깥 세상을 보고 있자니 세상이 갑자기 달라져 버린 것 같은 느낌이 들었다. 마치 따뜻하소 포근한 품속으로 빠져드는 것 같은 기분이었다.

* * *

그는 머리를 들어 지리산 쪽을 올려다보았다. 병풍처럼 둘러쳐진 거대한 산의 중간 윗부분은 구름에 가려 보이지 않았다. 숱한 비밀과 비극을 간직한 채 지리산은 여전히 거기에 말없이 뿌리를 내리고 있었다. 언젠가 그는 지리산의 뿌리는 얼마나 깊을까 하고 생각해본 적이 있었다. 그 뿌리는 지구의 끝까지 닿아 있을 것 같았다. 그래서인지 한밤중에 지리산이 울기라도 하면 지구 전체가 우는 것 같은 느낌이 들곤 했다.

* * *

어느새 구름은 산맥 위쪽으로 올라가 있었기 때문에 노고단과 차일봉이 마치 스크린처럼 눈앞에 높이 치솟아 있는 것이 손바닥 안에 들어올 듯이 가까이 다가와 보였다. 그러나 구름은 여전히 하늘을 가리고 있었다.

(해난터, 1996)

■ 김성종 「나는 살고 싶다」

칼날 같은 파도가 높이 치솟고 있었다. 갈매기 한 마리가 울부짖으며 날아가고 있었다. 그들은 차가운 바닷바람과 눈보라를 받으며 바닷가에 서 있었다.

(추리문학사, 1996)

■ 김영래 「숲의 왕」

대기는 무거웠다. 구름은 빠른 속도로 움직이고 있었다. 바람이 부는 것은 아니었지만, 구름의 아랫배가 지지며 지면을 훑고 지나갈 때면 머리채가 뽑힐 듯 숲이 온몸을 떨곤 했다. 구름은 무수한 흑반이 달린 다리로 산들을 휘갈았고 숲은 익사한 잎술 빛깔을 띠었다.

비가 쏟아지기 시작했다. 구름은 재빠르게 몸을 바꾸었다. 하늘 전체가 내려앉는 것만 같았다. 이따금 구름의 지층이 갈라지며 보랏빛 환한 빛기둥이 내려꽂히곤 했다. 그런 채로 날이 저물었고, 이제 구름과 비와 어둠은 전혀 구분이 되지 않았다. 그것은 액체적인 하나의 거대한 도가니와 같았다. 그곳에서는 모든 것이 질퍽하게 녹아들었고, 하늘이 돌문을 열었다가 닫는 한줄기 섬광만이 진흙과 먹물로 비어진 한 세계의 침몰을 비추다 사라지곤 했다.

* * *

장대비가 돌의 무게로 눌러놓은 들, 사방이 빗소리로 밀림을 이룬 그 깜깜한 어둠 속에서도 하천의 소리는 무섭도록 분명하게 들려왔다.

* * *

　샘물은 맑고 서늘했다. 느티나무 고목의 부리가 뒤엉킨 언덕빼기 아래 두 그루의 눈향나무가 처마를 이루고 그 주위를 조릿대가 둘러치고 있어, 어제와 같은 폭우에도 잡티 하나 뜨지 않고 투명한 물빛을 유지하고 있었다.

* * *

　생강나무, 층층나무, 쪽동백나무 등이 우거진 위로 신갈나무, 서어나무, 느티나무와 같은 교목들이 빽빽하게 하늘을 가린 숲은 길고 음습했다. 비에 젖어 검은색으로, 또는 짙은 회갈색으로 번득이는 나무 줄기들은 역동적이었고, 그 주위를 비안개가 한숨처럼 감아 돌며 근육질인 풍경의 꿈틀거림을 도왔다. 이따금 비구름이 높아지며 숲의 푸른 머리채가 빛 속으로 빨려들 듯 환해졌다가 다시 푸릇 푸릇한 어둠 속으로 떨어지곤 했다.

* * *

　굴뚝은 바람 한 점 없는 하늘 위로 파르스름한 빛이 깃들인 하얀 연기를 부드럽게 뿜어내고 있었다. 굴뚝 부근의 벽 틈새로 새어나온 몇 가닥 연기가 덩굴 식물처럼 처마 아래를 감아 돌며 대기 속으로 스며들고 있었다. 집은 숨쉬고 있었고, 숲과 주변의 공기도 그와 호흡을 함께 하고 있었다. 자신의 호흡이 그 모든 것과 일치하는지 어떤지는 알 수 없었으나, 흙과 나무로 지은 집은 산몸처럼 불의 혈관으로 덥혀졌고, 그 몸에 살을 비비며 그는 불이 꺼진 뒤에 더 오래 남는 열기로 밤을 나게 될 것이었다.

* * *

　햇살에 닿자 주변의 공기는 금세 달라졌다. 어디서나 한 맛으로 흐르던 공기에 서로 다른 향기가 꿈틀거렸고, 거기에 어떤 온기가 들고나면서 성적인 묘한 체취까지 일었다.

* * *

　준하는 아득한 시간의 안개 속에서 어렴풋한 형체로 떠오르는 나무 한

자연 서정 묘사편

그루를 응시했다. 고향집 마당에 서 있던 늙은 무화과나무, 아마도 세 살이나 네 살 무렵의 기억일 것이다. 호박벌과 말벌이 날아와 붕붕거리는 그 나무 아래 서면 익어 터진 열매의 단물이 흰 유액을 쓰고 깔깔한 향기가 뒤섞여 황홀한 열기를 느낄 수가 있었다.

***

이제 태양은 좀 더 높이 솟아 꽃수레를 환희 비추기 시작했다. 햇살 아래서 이슬과 수액의 향기는 송진처럼 응축되었다. 바람이 신선한 수박 향기를 실어왔다. 정원이 가까워 오자 나는 소나 닭 우는소리 등이 새소리에 섞여 들려왔다.

***

숲은 고요했다. 바람 한 점 일지 않았다. 지난 달 까지만 해도 번식기를 맞아 밤새 우짖던 소쩍새와 호랑지빠귀의 울음조차 들리지 않았다. 땅의 숨구멍들이 닫히고, 나무와 꽃들마저 향기의 문을 굳게 걸어 잠근 듯 했다. 나뭇가지 사이로 온 별들이 보였다. 별들은 사슴뿔 왕관을 장식한 보석들 같았다. 그 초롱초롱하게 빛을 뿜어내는 힘이 지나쳐 이따금 깨져버릴 듯 파르르 떨며 다치기 쉬운 속눈썹을 움츠리곤 했다. 그 때마다 준하는 걸음을 멈추었다. 밤이슬에 젖은 나뭇잎과 풀과 이끼로 덮인 길은 발소리조차 나지 않았다.

갑자기 하늘이 넓어지면서 숲으로 에워싸인 넉넉한 공간이 나타났다. 어둠 속이었지만 준하는 원추형으로 솟은 돌서낭 세 기를 알아 볼 수 있었다. 그 귀에는 이 숲의 할아버지라고 할 수 있는 굴참나무 세 그루가 당당한 자태로 하늘을 떠받들고 있었다.

***

아침부터 남서쪽의 하늘이 밭을 갈 듯 집요하게 몰려들던 구름이었다. 떠밀고 밀치며 계속해서 나아가던 구름은 언제부턴가 진로가 막힌 듯 제자리걸음을 하며 대열의 가다듬더니, 잿빛으로 두껍게 배점을 한 하늘을 한 중턱 높이까지 낮게 끌어내렸다. 그러고도 몇 시간째 후덥지근하고 우울한 대기 속에서 이상하리 만큼 침묵을 지키던 구름은 저녁이 들면서 제 무게를 이기지 못한 채 무지근하게 아랫배를 틀더니, 마침내 항아리를 부셔내듯 비를 쏟기 시작했다.

빗발이 굵어졌다. 뜨겁게 달아오른 아스팔트 위에서 빗방울들은 꽃봉우리처럼 작열했다. 회청색, 또는 암갈색의 이상한 기운이 산과 들 곳곳을 꿈속처럼 휘감았다. 급기야는 번개가 내리 꽂혔고, 그 울림은 머리 위까지 내려온 비항아리들을 산산조각 내고 말았다. 갑자기 사방이 자욱하게 젖어왔다.

* * *

나무는 허리쯤에서 마치 누군가가 나무젓가락을 반으로 분질러 놓은 듯이 무참하게 꺾여 있었다. 꺾인 자리에는 불에 그을린 자국이 역력했고, 그 불길은 속살을 파고들며 나무의 한쪽 부분을 갈비짝처럼 들어내버린 상태였다. 둥치가 세 아름쯤 되는 굴참나무를 일거에 쓰러뜨린 벼락이고 보면 그것이 내리꽂힐 때의 힘과 충격이 어떠했을 지는 짐작이 가고도 남음이었다.

* * *

그날 밤, 그날 밤을 떠올려 보아야 한다. 흐리지만 건조한 날들이 며칠이고 계속되던 8월의 마지막 날, 바람마저 거칠게 불어 대기엔 습기 한 점 찾아볼 수가 없었지. 비를 몰고 오지 않는 그 바람은 그렇게 며칠 동안이고 대기를 부싯돌처럼 비벼댔고, 나뭇잎들을 종잇장처럼 팍팍하게 말라붙게 했지. 이 모든 것 위엔 짙은 연무처럼 하늘을 뒤덮은 구름. 구름은 움직이지 않았고, 그 위에서 태양은 그 두껍고 잿빛이고 퉁명스런 지붕을 달구고 또 달구어 세상을 온통 하나의 오븐으로 만들고 있었어.

* * *

굉장한 뇌우였다. 천둥은 마치 빗줄기를 제 마음대로 조율하는 듯 했다.

천둥이 뜸하면 빗줄기가 가늘어지면 천둥이 다시 하늘의 북을 두들겨댔다. 그 장대비, 눈앞에서 환하게 타오르던 장대기둥들. 그 때 갑자기 두 눈에 불을 지르는 듯한, 서슬 퍼런 칼의 냉기를 찔러 넣는 듯한 빛이 시야를 가로막았다.

* * *

도토리. 그 흔하디 흔한 도토리 한 알이 잿더미 속에서 딱딱한 껍질을 벗고 결과 속의 속살을 두 쪽으로 나누고 그 틈으로 연둣빛 뾰조록한 싹을 밀어 올리고 있었던 것이었다.

* * *

놀빛이 사라진 하늘은 가뭇없이 높아졌다. 더없이 고요하고 투명한 하늘이었다. 저렇듯 티나 결 하나 없는 빛깔에 이르기 위해 모든 시간들이 피어났고, 상처를 맺었으며, 종기를 터뜨렸으리라.

(문학동네, 2000)

■ 김영하 「나는 아름답다」

달빛이 교교한 모래톱을 따라 그녀가 멀찌감치 걸어가고 있었다. 나는 모래를 차올리며 세차게 그녀에게 달려간다.

오실 줄 알았어요.

……

나는 아무 말 없이 그녀의 뒤를 따른다. 그녀의 손에는 민박집 마당에 널려 있던 그물 몇 조각이 들려 있다. 달이 중천에 떠오를 때까지 우리는 해변을 걸었다. 곧 모래사장이 끝나고 언덕이 나타났다. 우리는 수풀을 헤치며 바다를 끼고 계속 걸었다.

여기가 좋겠네요.

그녀가 바다 쪽을 한번 휘둘러보고는 말했다. 나도 그녀의 시선을 좇아 바다 쪽을 일별하였다. 멀리 고기잡이배들의 불빛이 보인다. 그녀가 털썩 주저앉은 언덕 위로 늙은 소나무의 구부러진 가지가 스산한 배경으로 자리 잡았다.

(문학동네, 1997)

■ 김예나 「엠마오로 가는 길」

호들갑을 떤 마련해선 비는 금방 꺼끔해졌다. 먹장구름이 바람에 떠밀리며 동쪽으로 분주하게 흘러간다. 찢어진 구름 사이로 넘어가던 저녁햇살이 빗금으로 내리 비추면서 검은 구름을 배경으로 한 고층 건물들이 선명하게 드러났다. 오며가며 노상 보던 모모한 건물들이 오늘따라 생경스럽다. 어쩌다가 낯선 도시로 내가 왈칵 떠밀려 들어온 것 같다.

(『라쁠륨』, 1999, 겨울)

■ 김용우 「마르크스를 위하여」

갈색으로 말라 있던 초원은 이제 녹색의 바다를 연상하듯 돋아나는 새 풀과 나무 잎으로 덮혀 가기 시작할 겁니다.

* * *

−세렌게티의 갈색 들판에 앉아 있습니다. 건기의 이곳은 갈색의 세상이죠. 멀리 킬리만자로의 눈 덮힌 산봉우리도 보입니다. 작열하는 태양과 끝없는 갈색의 벌판이지만 그렇다고 그늘이 없는 것은 아닙니다. 마치 커다란 녹색의 양산을 펼친 듯 넓은 그늘을 만들어 주는 아카시아 나무 아래에 앉아 있습니다.

* * *

옹이는 지천으로 박혀 있고 동서남북으로 휘고 뒤틀려 정말 아무짝에도 쓸모가 없어 보입니다.

* * *

　장마가 걷힌 뒤의 햇살은 바늘처럼 피부를 찌르고 있었다. 내려 쬐는 햇살 아래 누런 개 한 마리가 길게 혓바닥을 빼물고 헐떡이며 누워 있을 뿐 포구의 어디에도 사람의 그림자는 보이질 않는다.

* * *

　낚시대를 하나씩 들어 올려 새로 밤을 달아 던져두고 가져간 은박지 깔개 위에 누웠다. 하늘은 구름이 끼지 않았는데도 뿌옇게 흐려있다. 공해로 인한 가스층이 막을 형성하여 하늘을 덮고 있기 때문이다. 밤하늘의 별들이 지상으로 영롱한 빛을 보내려 하지만 안타깝게도 그것은 가스층에 가려 가물거리고 있을 뿐이다.

* * *

　날이 밝아오기 시작하면서 스멀 스멀 피어오르던 안개가 이젠 지척을 분간 할 수 없을 정도로 짙어져 찌조차도 볼 수 없게 되었을 때 마스크의 말이 두터운 안개를 뚫고 무겁게 건너왔다.

* * *

　나는 언제나 햇살이 눈부신 날을 좋아했었지. 그런 날이면 항상 그랬듯이 아침 일찍부터 내 형제들과 떼지어 날면서 하루의 일과를 시작했었소. 잠자리인 동쪽 산마루의 참나무 숲을 떠나, 건너편 계곡의 오리나무 숲에서 잠을 깬 내 동족들과 날개짓도 가볍게 억새꽃이 바람결에 춤추는 언덕과, 호수의 상류 쪽에 텅 빈 채 버려진 산비탈의 자갈밭 둔덕과 수수밭으로, 그리고 포플러나무들이 줄지어 늘어선 냇둑까지, 또 어떤 때는 더 멀리, 저 고요하게 은빛으로 반짝이는 호수가의 갈대밭 속에까지. 즐겁게 노래하며 부지런히 날아 다녔었지.

* * *

　거기서 그 신비한 음향은 사라지고, 나뭇잎 위에 쏟아져 내리던 그 무량하고 눈부신 햇살 속에 녹아들어 햇살 그 자체가 되어 버린 듯, 내 눈앞에는 찬란한 햇살뿐이었소.

* * *

　그 때 문득 한 자락의 바람이 계곡을 건너와 보리밭에 가득 들어찬 풋보리의 머리카락을 일렁이고는 우리들 옆의 찔레꽃 무덤을 흔들더니, 다시 우리가 앉아 있는 참나무 숲 속으로 치달아 올랐고, 참나무의 파릇한 새 잎들을 쓰다듬듯 가늘게 흔들어 놓고는 우리들 가슴팍의 작고 보드라운 깃털들을 짜릿하게 헤집으며 지나갔소.

* * *

　아무도 보는 사람이 없는 어둠 속에서만 소리내어 노래한다는 풀각시의 노래 소리를 듣고자 봉창에 귀를 대고 숨죽여 기다릴 때면 언제나 밤바람은 심술을 부렸다. 마당을 휩쓸고 지나가면서 떨어진 감잎들을 바스락거리게 하였다.

* * *

　가을걷이가 끝난 양지바른 논에서 베어버린 벼포기 곁에 자란 각시풀이 그 중 제일 좋은 풀이었다. 낫으로 한 줌을 베어다가 나무 막대를 십자가 모형으로 묶고 각시풀을 머리 부분에 묶은 다음 늘어뜨리면 긴 머리카락이 되었다.
　거기에 헝겊 조각으로 만든 치마며 저고리를 입히고 각시풀을 정성 들여 두 갈래로 갈래 머리를 땋거나 댕기머리를 땋은 다음, 밤이 되어 그것을 봉창 밖 마루에 내 놓고 기다리면 한 밤 중에 풀각시의 혼이 깨어나 피리 같은 소리로 노래를 한다는 것이었다.

* * *

　낙엽을 날리고 뒹굴리며 심술을 부리는 바람의 발자국 소리 탓에 풀각시의 노래 소리를 들을 수 없었을 때라든가, 가끔씩은 마당에 걸린 빨랫줄에 목이 걸린 듯 비명을 지르는 바람 탓에 함께 귀 기울이자며 어머니를 불렀었다.

* * *

저녁 햇살이 그의 두 눈에서 더욱 붉은 색으로 빛나 보인다. 검은색 강철의 총신에서도 햇살은 잘게 부서져 음산하게 푸른빛을 되쏘고 있다. 멀리 보이는 강 건너 산에는 이미 땅거미가 드리워져 있다.

* * *

소백산맥의 오월은 아름답다. 골짜기마다 분홍의 페인트를 부은 듯 철쭉이 피어 있고, 활엽수들은 연초록의 신록을 맑은 햇살 속에 눈부시게 반짝이고 있다. 봄 빛깔을 담은 호수가 산구비와 숨바꼭질을 계속한다. 호숫가의 기암괴석 위에 멋드러지게 가지를 늘어뜨린 적송 한 그루가 서 있다. 사람의 손으로는 도저히 불가능한 자연이 빚은 절경이 아닐 수 없다.

〈새로운 사람들, 1999〉

■ 김원우 「산비탈에서 사랑을」

뿌연 이끼 앉은 바위 주위에는 어김없이 뻣뻣한 산죽 잎사귀들이 억세게 붙박혀 있었다. 나무랄 데 없는 산판이었음에도 불구하고 군데군데 비탈이 심한데다 덩굴포, 억새 같은 잡초들이 발길을 잡아채서 나는 집념을 일굴 짬도 없었다.

산판은 곧장 끝났다. 우리가 방금 누빈 거기가 바로 돌아누운 여자의 두툼한 둔부여서 우리 앞에 펼쳐진 잘룩한 산자락은 음부 쪽으로 흐르는 선을 선명히 그어 놓고 있었다. 골이 제법 깊은 듯 했다. 허리께에서부터 뱀처럼 기어와 고부랑히 꼬리를 감추고 있는 한 가닥이 보였다.

* * *

오늘 행정도 여느 날과 거의 같았다. 산이란 그런 것이다. 비슷비슷하면서도 전혀 다르고, 다르면서도 완연히 비슷비슷하다. 발갛게 타오르는 아침 햇살 속에 기암괴석들이 저마다 갖가지 형상을 드러내고, 늘푸른 소나무들이 무리지어 수해를 이루고, 등산로마다 나뭇가지에는 어느 산악회의 백두대간 종주를 기념하는 헝겊 딱지가 매달려 있고, 자갈 바닥이 뽀얗게 드러난 하천부지가 굽이굽이 돌아 아스라이 멀어지고……

거기가 어디쯤인지 모르겠다. 가파른 등산로가 흔히 그렇듯이 우리는 삐죽삐죽 솟아오른 바위 사잇길로 한참이나 올라갔다. 왼쪽은 낭떠러지로 그 너머에는 키 재기를 하는 세모꼴 연봉들이 끝없이 이어져 있었고, 오른쪽에는 잡목들이 짙게 우거져 있었다. 등산로는 그 잡목들 사이로, 그러니까 바위 너설로 뚫려 있었는데, 문득 괴상한 바위 군락이 우리의 발길을 멈추게 했다. 그 중 우뚝 솟은 바위 하나가 그 돌올한 기상도 단연 으뜸이었지만, 그 형상이 흡사 사내의 실근을 그대로 빚어놓은 것이었다. 거대하고 늠름한 귀두였다. 그 귀두 일대에는 허연 이끼가 더께로 앉아 있어서 그것마저도 축축한 음부 속에서 막 빠져 나온 것 같았다. 그런데 그 귀두 바위의 밑뿌리께에 더 희한한 바위 하나가 솟아 있었으니 그 형상은 징모루와 흡사했다. 자연의 풍화 작용은 정말 신비스러운 것이었다.

(강, 1997)

■ 김원우 「추도」

칠월을 사흘 앞둔 초하의 여명이 서늘한 바람과 함께 언덕길을 벗겨가고 있었다. 흩어져서 내려가는 교우들의 걸음걸이가 언덕길이라 빨랐다.

(솔, 1996)

■ 김원일 「강을 따라 오르면」

미미와 나는 강을 따라 걷는다. 강은 물결이 낮다. 나부대지 않고 깊이 흐른다. 오랫동안 가물었다. 수량이 적다. 강바람이 차갑다. 춥지는 않다. 찬바람 속에 무엇인가 스며 있다. 부드러움이다. "이런 바람이 계집의 마음에 불을 질러, 봄바람이 나게 마련이지. 처녀애들은 이 바람에 몸살을 앓아. 늘 미열이 있어. 이 바람이 허파를 채우면 그저 마음이 붕 들떠."

눈 녹는 소리가 들리는 이런 봄날, 엄마가 말했다.

작은 새떼가 수면을 차고 난다. 흰목물떼새다. 목에 흰 띠가 있는 새다. 봄에는 아우라지에도 저 새를 볼 수 있었다. "흰목물떼새는 봄과 가을에 우리나라 중부 지방을 지나가지. 나그네 새야. 겨울이면 낙동강 하구에서 월동을 해. 온누리에 봄기운이 돌면 북으로 떠나.

"아버지가 말했다."

* * *

미미가 풀밭에 주저앉는다. 나도 그 옆에 앉는다. 허옇게 마른 풀밭이다. 속 줄기가 파랗게 나오고 있다. 여러해살이풀 물레나물이다. 여기저기 쑥이 돋아나 있다. 들제비꽃풀도 있다. 나는 쑥을 뜯는다. 쑥내음을 맡는다. 쑥잎은 톱니 모양이다. 잎 앞쪽은 푸르다. 뒤쪽에 잔털이 많아 흰색이다. 쑥은 냄새가 독특하다. 이른 봄철에 쑥으로 국을 끓여 먹는다. 쑥떡도 맛이 있다. 나와 할머니는 부지런히 쑥을 뜯었다.

(문학과지성사, 1998)

■김원일 「박명」

그래서 바짝 다가선 큰 산은 곧 발 앞을 가릴 듯 싶은데도 경사진 길을 걷고 또 올라가도 산은 항시 저만큼 물러나 있었다.

* * *

어둠 속에 허옇게 드러나는 길섶의 마른 갈대가 바람에 쏠리고 있었다. 어둠이 덮고 부터 바람은 더욱 세차게 천지는 온통 바람의 아우성에 갇혀 버렸다.

***

삽짝까지 맨발로 뒤쫓아 나갔던 아낙의 갈퀴 같은 손에 잡히는 것은 어둠과 살을 에는 바람뿐이었다.

(삼중당, 1995)

■ 김원일 「악사」

그의 기억에는 늘 강구의 밤 파도 소리가 거대한 짐승의 포효처럼 남아 있어 메마른 추억을 불러일으켜 왔었다.

***

시원한 바람이 시들기 시작한 풀들을 흔들며 지나갔다. 나뭇잎들이 이제야 제 색을 찾듯 초록을 떨치고 누렇게, 붉게, 거멓게 죽어 가고 있었다.

(삼중당, 1995)

■ 김원일 「어둠의 사슬」

산의 아래쪽은 온통 가을 색으로 덮여 단풍이 활활 타오르고 있었다. 노란색 누른색 갈색 적갈색 진홍색이 어울려 불붙고 있었다. 서로 시샘을 하며 춤을 추고 있었다.

***

산은 줄줄이 엮어져 어깻짓을 하고 있었다. 산이 아니라, 상어 이빨처럼 톱니진 산맥이었다.

***

먼바다에서 쉬임없이 차가운 강풍이 몰려왔다. 살을 에는 칼날 같은 바람이었다. 그렇게 바다에서 내달아 온 바람은 마을 뒷산 허리를 밀다 제힘에 겨워 박살이 났다. 그렇게 부딪혀 꺾인 바람이 마을 위를 내리덮었다. 바람 소리와 파도 소리가 마을을 온통 진동시키고 있었다.

* * *

거대한 바다는 내리눌러오는 하늘에 맞서 암청색으로 들끓고 있었다. 3미터도 넘게 파도가 높이 솟구쳐 오르다간 우레 소리를 내지르며 무너졌다. 파도는 방파제에 부딪혀 파열되었다.

* * *

그 사이로 거뭇 거뭇한 바위가 보였다. 먼 눈에도 늙은 거북 등처럼 바랜 회색이었다. 아니, 자세히 보면 검붉은 바위, 쥐색 바위, 고래 같이 청빛이 나는 바위도 있었다.

* * *

하늘에는 구름이 두껍게 끼어 있었다. 마치 바다를 내리눌러 뭉개버릴 듯 나지막이 드리워져 있었다.

* * *

모래바람은 높은 산맥을 넘어 마을 위로 재처럼 덮여 왔다. 그리고 바다로 내달았다. 밭의 물빛까지 누렇게 만드는 황사 바람이 불면 이제 여름철이 오는 것이다. 마을 움집 지붕 위도, 사람들도 누른 먼지를 분처럼 바르고 나다녔다.

(삼중당, 1995)

■ 김원일 「어둠의 혼」

더욱 짙게 배인 어둠 건너편에서 얼굴은 하얗다. 표정이 없다. 까만 눈동자만이 어둠 건너편에서 흐려진다. 뱃속이 쓰려오기 시작한다. 어둠 속에 하얗게 돋보이는 분선이의 얼굴이 아래위로 끄덕거린다. 누나는 기진맥진해진 소리로 아직 울고 있다. 나는 돌아선다. 걷는다. 싸리문 옆 꽃밭은 음침하다. 애써 구한 씨를 분선이와 함께 뿌린 꽃밭이다. 백일홍, 분꽃, 채송화는 아직 모종 티를 벗지 못하고 있다. 해바라기가 그중 잘 자랐다. 벌써 숟갈만한 잎을 벌리고 있다. 어둠 속에서 꽃밭은 침침하다. 꽃밭까지 어두워진다는 것은 하나님이 세상을 만들 때 잘못 만든 듯하다. 언제 보아도 꽃밭은 푸르고 알록달록해야 한다. 꽃밭 주위만은 겨울이 닥치지 않아야 한다. 꽃은 늘 피어 있어야 한다.

* * *

해방되던 해, 가을이 생각난다. 추석날이었다. 어머니는 집에 있고 우리 오누이는 아버지와 함께 성묘를 갔다. 아버지는 누나를 업었고 분선이와 나는 손을 잡고 걸었다. 폐가 나빠 젊었을 때 세상을 떠나셨다는 할아버지의 무덤은 산을 두 개나 넘는 오치골에 있었다. 그곳에는 할머니의 무덤도, 증조부님 무덤도 있었다. 산길은 단풍빛이 고왔다. 내 키보다 더 자란 억새가 눈부신 햇살을 받고 바람에 흔들렸다. 발밑에서 부서지는 낙엽 소리도 듣기 좋았다. 다람쥐도 보았고, 산딸기도 따먹었다.

(솔, 1996)

■ 김원일 「오늘 부는 바람」

줄기가 긴 흰 꽃의 실망초, 나팔꽃 모양의 붉은 매꽃, 도라지꽃을 닮은 흰 꽃잎을 요령같이 피운 초롱꽃을 보며 나는 다시 오열을 쏟았다.

(삼중당, 1995)

■ 김원일 「환멸을 찾아서」

버스가 해안 도로를 내닫고 있어 밖은 확 트인 바다였다. 구름 낀 하늘 아래 바다는 수평선의 윤곽마저 지워져 잿빛의 어두움으로 출렁거렸다. 파도가 쉬임없이 큰 주름을 잡았다. 해안의 바위에 부딪쳐 파열되는 포말의 물보라가 도로 가장자리까지 튀어 올랐다. 그는 성난 그 바다를 바라보며, 바다를 위험한 짐승이라고 표현했던 어느 시구가 적절한 비유라고 수긍했다.

(태성, 1990)

■ 김유정 「가을」

우리는 아무 말 없이 앞서고 뒤서고 십리길이나 걸었다 깊은 산길이라 사람은 없고 앞뒤 산들은 울긋불긋 물들어 가끔 쏴 하고 낙엽이 날린다. 누였누였 넘어가는 석양에 먼 봉우리는 자줏빛이 되어가고 그 반영에 하늘까지 불쾌하다. 험한 바위에서 이다금 돌이 굴러나려 웅덩이의 맑은 물을 휘저놓고 풍 하는 그 소리는 실로 쓸쓸하다. 이 산서 수꿩이 푸드득 저 산서 암꿩이 푸드득 그리고 그 사이로 소장사 이놈과 나와 노량으로 허위적허위적.

* * *

나는 먼 서쪽 하늘을 바라보았다. 해가 마악 떨어지니 산골은 오색 영롱한 저녁 노을로 덮인다. 산봉우리는 수째 이글 이글 끓는 불덩어리가 되고 노기 가득 찬 위엄을 나타낸다. 그리고 나즉히 들리느니 우리 머리 우에 지는 낙엽소리!

(문학사상사, 1987)

■ 김유정 「따라지」

쪽대문을 열어놓으니 사직 공원이 환히 내려다보인다.
인제는 봄도 늦었나보다. 저 건너 돌담 안에는 사쿠라꽃이 벌겋게 벌어졌다. 가지 가지 나무에는 싱싱한 삯이 트고, 새침히 옷깃을 핥고 드는 요놈이 꽃샘이겠지. 까치들은 새끼 칠 집을 장만하느라고 가지를 입에 물고 날아들고.

(어문각, 1970)

■ 김유정 「만무방」

산골에 가을은 무르녹았다.
아름드리 노송은 뻑뻑이 늘어박혔다.
새새이 끼인 도토리, 벚, 돌배, 갈잎들은 울긋불긋. 잔디를 적시며 맑은 샘이 쫄쫄거린다. 산토끼 두 놈은 한가로이 마주앉아 그 물을 할짝거리고. 이따금 정신이 나는 듯 가랑잎은 부수수하고 떨린다. 산산한 산들바람. 귀여운 들국화는 그 품에 새뜩새뜩 넘는다. 흙내와 함께 향긋한 땅김이 코를 찌른다. 요놈은 싸리버섯, 요놈은 잎 썩는 내, 또 요놈은 송이-아니, 아니, 가시넝쿨 속에 숨은 박하풀 냄새로군.

* * *

올라갈수록 덤불은 우겼다. 머루며 다래, 즉, 게다 이름 모를 잡초. 이것들이 위아래로 이리저리 서리어 좀체 길을 내지 않는다. 그는 잔디밭길로만 돌았다. 넓적다리가 벌죽이는 찢어진 고의자락을 아끼며 조심조심 사려짚는다. 손에는 칡으로 엮어들은 일곱 개 송이. 늙은 소나무마다 가선 두리번거린다. 사냥개 모양으로 코로 쿡, 쿡, 내를 한다. 이것도 송이 같고 저것도 송이. 어떤 게 알짜 송인지 분간을 모른다. 토끼 똥이 소보록한데 갈잎이 한 잎 똑 떨어졌다. 그 잎을 살몃이 들어보니 송이 대구리가 불쑥 올라왔다. 매우 큰 송인 듯. 그는 반색하여 그 앞에 무릎을 털석 꿇었다. 그리고 그 우에 두 손을 내들며 열 손가락을 펴 들었다. 가만가만히 살살 흙을 헤쳐본다. 주먹만한 송이가 나타난다. 얘 이놈 크구나. 손바닥 우에 따 올려 놓고는 한참 들여다보며 싱글벙글한다. 우중충한 구석으로 바위는 벽같이 깎아질렀다. 그 중턱을 얽어나간 칡 잎에서는 물이 쪼륵 쪼륵 흘러 나린다.

인삼이 썩어 나리는 약수라 한다. 그는 돌우에 걸터앉으며 또 한번 하품을 하였다. 간밤 쓸데없는 노름에 밤을 샌 것이 몹시 나른하였다. 다사로운 햇발이 숲을 새어 든다. 다람쥐가 솔방울을 떨어치며 어여쁜 할미새는 앞에서 알씬거리고. 동리에서는 타작을 하노라고 와글거린다. 흥겨워 외치는 목성, 그걸 없누루고 공주엥 잉, 잉, 진동하는 벼 터는 기계소리. 마즌 쪽 산속에서 어린 목동들의 노래는 처량히 울려온다.

* * *

주막을 나서니 옷깃을 스치는 개운한 바람이다. 밭 둔덕의 대추는 척척 늘어진다. 멀지 않아 겨울은 도오렷다. 그는 응오의 집을 바라보며 그간 죽었는지 궁금하였다.

* * *

밤이 내리니 만물은 고요히 잠이 든다. 검푸른 하늘에 산봉위는 울퉁불퉁 물결을 치고 흐릿한 눈으로 별은 떴다. 그러다 구름 떼가 몰아닥치면 깜깜한 절벽이 된다. 또한 마을 한 복판에는 거친 바람이 오락가락 쓸쓸히 궁글고, 이따금 코를 찌르는 후련한 산사 내음새, 북쪽 산 밑 미루나무에 싸여 주막이 있는데 유달리 불이 반짝인다. 노세, 노세, 젊어서 노세, 노랫소리는 나직 나직 한산히 흘러나온다.

(어문각, 1970)

■ 김유정 「봄 봄」

그러나 내 사실 참 장인님이 미워서 그런 것은 아니다. 그 전날 왜 내가 새고개 맞은 봉우리 화전밭을 혼자 갈고 있지 않았느냐. 밭 가생이로 돌 적마다 야릇한 꽃내가 물컥 물컥 코를 찌르고 머리 위에서 벌들은 가끔 붕, 붕, 소리를 친다. 바위틈에서 샘물 소리밖에 안 들리는 산골짜기니까 맑은 하늘의 봄볕은 이불 속 같이 따스하고 꼭 꿈꾸는 것 같다. 나는 몸이 나른

하고 (몸살은 아직 모르지만) 병이 날려구 그러는지 가슴이 울렁 울렁하고 이랬다.

(학원출판공사, 1990)

■ 김유정「산골」

하늘은 맑게 개고 이쪽저쪽으로 뭉글뭉글 피어 오른 흰 꽃송이는 곱게도 움직인다. 저것도 구름인지 학들은 쌍쌍이 짝을 짓고 그새로 날아들며 끼리끼리 어르는 소리가 이 수풍까지 멀리 흘러내린다.

갖가지 나무들은 사방에 잎이 욱었고 뙤약볕에 그 잎을 펴들고 너훌너훌 바람과 아울러 산골의 향기를 자랑한다. 그 공중에는 나는 꾀꼬리가 어여쁘고 노란 날개를 팔딱이고 이 가지 저 가지로 옮아앉으며 흥겨운 행복을 노래 부른다.

-고-이! 고-이-!

요렇게 아양스레 노래도 부르고-

-담배 먹구 꼴 베어!

맞은편 저 바위 밑은 필시 호랑님이 드나드는 굴이리라. 음침한 그 위에는 가시덤불 다래덩굴이 어지러이 엉클리어 지붕이 되어 있고, 이것도 돌이랄지 연녹색 털복숭아는 올망졸망 놓였고, 그리고 오늘도 어김없이 뻐꾸기는 날아와 그 잔등이에 다리를 머무르며-뻐꾹! 뻐꾹! 뻐꾹!

(학원출판공사, 1987)

■ 김유정「산골 나그네」

산골의 가을은 왜이리 고적할까! 앞 뒤 울타리에서 부수수하고 떨잎은 진다. 바로 그것이 귀밑에서 들리는 듯 나직 나직 속삭인다. 더욱 몹쓸 건 물소리, 골을 휘몰아 맑은 샘은 흘러내리고 야릇하게도 음률을 읊는다.

* * *

수은빛 같은 물방울을 뿜으며 물결은 산벽에 부닥뜨린다. 어디선지 지정치 못할 늑대 소리는 이 산 저 산서 와글 와글 굴러 내린다.

(문학사상사, 1987)

■ 김유정 「소나기」

감사나운 구름 송이가 하늘 신폭을 휘덮고는 차츰 차츰 지면으로 처져 내리더니 그예 산봉우리에 엉기어 살풍경이 되고 만다. 먼데서 개 짖는 소리가 앞 뒷산을 한적하게 울린다. 빗방울은 하나 둘 떨어지기 시작하더니 차차 굵어지며 무더기로 퍼부어 내린다.

* * *

밖에서는 모진 빗방울이 배추 잎에 부딪치는 소리, 바람에 나무 떠는 소리가 요란하다. 가끔 양철통을 내려 굴리는 듯 거푸진 천둥소리가 방고래를 울리며 날은 점점 침침하여 갔다.

(일신서적, 1998)

■ 김유정 「야앵」

향기를 품은 보드라운 바람이 이따금씩 볼을 스쳐 간다. 그럴 적마다 꽃잎새는 하나 둘, 팔라당팔라당 공중을 날며 혹은 머리 위로 혹은 옷고름에 사뿐 얹히기도 한다. 가지가지 나무들 새에 낀 전등도 밝거니와 그 광선에 아련히 비치어 연분홍 막이나 벌여 논듯, 활짝 피어 벌어진 꽃들도 곱기도 한다.

(동아, 1995)

■ 김유정 「연기」

때는 좋아 봄이라고 향명한 아침이었다. 길 양쪽 버드나무에는 그 가지가지에 주먹 같은 붉은 꽃이 달리었다.

(문학사상사, 1987)

■ 김유정 「총각과 맹꽁이」

차차 동이 튼다. 젖빛 맑은 하늘이 품을 벌린다. 고운 봉우리, 험상궂은 봉우리, 이쪽 저쪽서 하나 둘 툭툭 불거진다. 손뼉 같은 콩잎은 이슬을 머금고 우거졌다. 스칠 새 없이 다리에 척척 엉기며 물을 뿜는다. 한동안 해갈을 하고서 밭 한 복판 고랑에 통잎에 가린 옷자락을 보았다. 다짜고짜로 달려들었다.

(학원출판공사, 1990)

■ 김이연 「고독의 날개로 날자」

바람이 필드를 지날 때에는 휘파람 소리가 난다. 때로는 폭포수가 내리는 소리 같기도 하고 거대한 물체의 비행 소음 같기도 한 소리가 난다.

(대학, 1990)

■ 김이연 「묻지말기」

창밖에는 얼어붙은 폭포 위로 하얀 눈이 내리고 있었다. 물 위에 떨어진 눈은 이내 녹아버리고 얼음 위에 떨어진 눈은 곧 얼어 버렸다. 나뭇가지 위에 떨어진 눈은 하얀 겨울로 남았다.

(글수레, 1988)

■ 김이연 「여자가 선택한 사랑」

귀에는 피아노의 한 개씩 똑똑 떨어진 단음이 공중으로 날아가 허공에 뿌려지는 것을 상상으로 느낀다. 그건 흩어지는 낙엽 같기도 하고 첫눈처럼 희끗 희끗 눈에 보이는 눈송이 같기도 하고 하얀 꽃잎 같기도 하다.

(대학, 1997)

■ 김인숙 「그늘, 깊은 곳」

바다였다. 발코니 전체에 바다가 있었다. 지난밤 온통 어둠이라고 생각했던 것은, 바로 바다였던가. 놀랍게 아름다운 빛의 바다가 아무런 장애물도 만나지 않은 채 규원의 시야 속에 가득 펼쳐져 있었다. 믿을 수 없는 일이었지만 바다는 푸른색이 아니었다. 바다는 붉은색인가 하면 보랏빛이었고, 짙은 녹빛인가 하면 남빛이었으며, 희고 노란빛까지 가지고 있는 것처럼 보였다. 그 모든 것이 서로 어울려, 가슴을 쑥 내민 채 나는 바다다, 라고 외치고 있었다.

* * *

규원이 잠을 깬 것은 햇살 때문이었다. 발치를 건너와 무릎을 올라, 허벅지와 배를 지나 끝내 얼굴까지 기어오른 햇살은, 기어오를 때의 그 천천한 속도에 비해 장악하는 순간에는 무서운 정복자의 밝기였다. 규원은 깜짝 놀라 잠을 깼다. 무엇이 자신의 얼굴을 짓누르고 있다는 느낌 때문이었는데, 눈을 떠보니 그것은 자신의 이마와 뺨에 그리고 눈두덩이에 올라앉아 있던 햇살의 무게였다.

* * *

겨울의 노을이 붉게 물들어 오고 있던 저녁 무렵이었다. 그즈음 들어서는 한 번도 본 적이 없었던 것 같은 노을. 그 노을은 병원에 가득 찬 유리창들을 핏빛으로 물들여 놓고 있었다.

* * *

바다가 한꺼번에 일어서 쏟아져오고 있었다. 그것은 해안을 삼키고, 그의 작은 몸과 그의 차를 삼키고, 그리고 곧바로 섬 전체를 삼켜버릴 것 같았다. 그는 한동안 빳빳이 굳어 그 거대한 바다의 융기를 바라보고만 있었다.

* * *

그는 관광객들이 찾지 않는 곳의 가장 아름다운 바다를 알고 있었다. 뒤로는 밀림이 펼쳐져 있고 곱지는 않지만 넓은 모래사장이 있으며 달빛을 받은 바다 속에는 온갖 색깔의 산호석들이 숨어있는…… 그리고 산호석 주변에 수십 종의 열대어들이 무리져 헤엄쳐 다니는……

* * *

소리가 없는 밤, 그리고 소리가 없는 바다였다. 바다는 죽은 듯이 달 그늘 아래 엎드려 있었다. 잔파도 하나 보이지 않는 바다, 새 한 마리 날지 않는 바다는 오직 그림 속의 정물처럼만 보였다.

(문예마당, 1997)

■ 김인숙 「먼길」

선착장에 도착했을 때, 사위는 어느새 희끄무레한 여명으로 밝아져 바다는 더 이상 검푸른 빛깔로 죽어 있지 않았다. 여명과 함께 자신의 모습을 서서히 드러내기 시작한 바다는 드높게 달겨드는 파도의 흰 이빨뿐만이 아니라 그 파도에 실려 오는 섬세한 결까지 드러내고 있었다. 바다가 그 거대한 한 몸뚱이로만 움직이지 않고 섬세하고 여린 결로도 움직인다는 사실은 매우 경이로운 것이었다. 아침 햇살이 밝아오기 시작하면 그 여린 결들은 제가끔의 몸짓으로 찬란한 황금빛을 발할 것이 틀림없었다.

* * *

그는, 물의 깊은 속을 바라보았다. 보트가 뒤집히고, 그의 작은 머리통이 그 연못 밑바닥까지 끌려 들어가는 동안에도 그는 눈을 감지 않았던 것이다. 그는, 그 물의 깊은 속을 낱낱이 바라보았다. 온갖 오물로 가득 차 시뻘겋게 흙탕물이던, 그리고 그 흙탕물 속에서 마치 그를 향해 손을 흔드는 것처럼 흐느적거리던 수초들을. 그 수초들이 그의 발목을 휘어잡기 위해 그를 향해 달려들던 것을.

* * *

한림이 그런 기억에 파묻혀 있는 동안 한영은 한림의 어깨를 끌어안은 채로 바다를 보고 있었다. 거센 소나기에 오래 시달린 끝에 이제는 지쳐버린 듯 잠잠해진 바다. 그 바다는 더 이상 한 몸뚱이로 움직이지 않고 잘고 여린 결로만 움직인다. 그리고, 그 여린 결들은 비에 씻긴 말간 햇살로 찬란하게 빛나고 있다.

(문학동네, 1995)

■ 김인숙 「상실의 계절」

키 큰 나무들이 즐겁게 바람에 몸을 흔들고 가장 아름다운 색채를 이루는 작고 연약한 녹빛의 풀잎들은 수줍게 고개를 까닥거렸다. 그리고 녹빛의 무리 속에서 머리를 반짝 쳐든 꽃들은 그 붉은 빛깔을 더욱 승화시켜 불꽃처럼 타올랐다.

(솔출판사, 1996)

■ 김인숙 「풍경」

아침, 비가 내립니다. 아마도 밤새 내렸던 모양이지요. 낯선 여관에서 곯아 떨어져서 자면서도 빗소리는 내내 들었던 것 같습니다. 아침에 일어나자마자 커튼을 열었었지요. 비가 도대체 얼마나 오는 거야…… 장마비처럼 쏟아져 내리던 빗소리는, 아마도 창문 밖의 바위벽에 물줄기가 부딪던 소리는 아니었는지…… 혹은 물탱크? 내가 잔 방은 전망이 형편없습니다.

그런데 나가보니, 정말 비가 내리는군요. 섣불리 맞고 싶지 않을 만큼 제법 굵은 빗살입니다. 그리고, 비 저편에 둥글고 얕은 산이 비안개에 묻혀 있습니다 여기가 지리산 산자락이라구? 맙소사…… 내 눈 앞의 산은 정겹기만 합니다. 시골 그림을 그리면 흔히 등장할 것 같은 산, 얕고 둥글고, 밭자락이 펼쳐져 있고…… 또 산처럼 얕고 둥근 무덤이 있습니다.

비 내리는 산을 바라보며 떠나야 할까, 말까를 많이 망설였습니다. 떠나온 건 벌써 어제 일인데, 이미 떠나온 곳에서도 또 떠남을 걱정을 해야 한다니.

* * *

얼마쯤 걸어 끝내 걸음을 멈추고 숨을 몰아쉴 때, 그녀는 그곳에서 산을 만났다. 어쩌면, 그때 그녀가 보았던 산조차도 지리산의 끄트머리 산자락에 불과할지도 몰랐다. 그녀에겐 지리산이 난생 처음인 곳이었다. 지리산은 그녀가 겪었던 한 시절의 초상으로만 남아 있었다. 그곳…… 최후의 빨치산들이 죽어갔던 곳…… 정부군을 피해 산 속으로 들어갔던 무고한 사람들이, 찢긴 속옷으로 백기를 만들어 절뚝절뚝 동상 걸린 발을 끌며 내려오던 그곳…… 삶과 죽음과, 꿈과 절망이 한 몸으로 뒤엉켜 통곡조차 숨죽였을 그곳이…… 바로, 지리산이었다.

(삼문, 1997)

■ 김인숙 「핏줄」

아줌마의 탄식소리를 들으며 나는 하늘을 올려다본다. 비가 쏟아지는 하늘은 바로 내 이마 위에까지 가라앉아 있다. 손을 들어 하늘을 잡아 보고 싶다. 그러면 하늘의 빗방울들이 모두 내 손안에 잡힐 것만 같았다. 나는 처마에 매달려 하늘과 비와 그리고 흥겨움에 입맞춤을 했다. 여름이 나를 범하지 못하고 있었다.

* * *

시간이 되어야 안개는 더 이상 억지 부릴 수 없는 듯 햇살에 밀려나던 것이다. 멀리 정박하고 있는 군함의 모양이 선명해지고 작은 어선들은 번쩍이는 물결 위에 떠다니고 있었다.

* * *

맑은 아침 햇살을 헤집고 기차는 낮은 산을 비껴나자 송희의 눈에 낯익은 바다가 들어왔다. 아침바다는 금빛으로 잘디잘게 부서지고 있었다. 바다는 너무도 평화스러워서 밤새 속으로 온갖 난장판을 다 그려본 송희를 비웃는 것 같았다.

* * *

학교 뒷산. 그곳은 말이 산이었지 나무도 별로 없고 지저분한 잡풀들만이 뽀얗게 먼지나 쓰고 누워 있는 그런 황폐한 언덕일 뿐이었다. 학교 쓰레기며 옆동네 쓰레기들이 모이곤 해서 아예 개간을 해버리는 게 나을 거라는 중론이 있었으나 그래도 산으로 살려보자고 에쓰는 뜻들이 몇몇 있는 탓에 아직까지도 쓰레기 하치장의 면모로서 죽어가고 있는 땅덩이였는데 거지왕초라는 희명의 별명대로 그는 그러한 곳을 즐기는 것인지.

* * *

밤하늘은 별을 싸안고 아릿한 향내를 풍기고 있는 듯도 했다. 그 향내…… 밤의 향기는 언제나 마귀가 사용하는 오테코론과 같은 기분이다.

* * *

아직도 푸른빛이 신선한 풀더미 위에 앉아 저수지의 수면을 바라보았다. 초가을 햇볕을 받은 수면이 금빛으로 자지러지고 있었다. 어쩌면 저수지

밑에서 헤엄을 치고 있을 붕어들의 지느러미가 반사된 것인지도 몰랐다.

* * *

하늘은 눈이 부시도록 푸르른 가을, 바람은 그날도 엷은 하늘색 빛을 담고 그녀의 솜털 맺힌 뺨을 간지럽혔다.

* * *

고요한 물결의 융단은 논 위에서 출렁이는 벼 포기의 물결보다도 훨씬 아름다워서 그녀는 탄성을 지르면서 물가에 주저앉았다.

(문학, 1983)

■ 김정한 「낙일홍」

벌써 빨갛게 꽃이 핀 동백나무를 비롯하여 군데군데 심어 둔 상록수 사이에 아담하고 질서있게 째인 여러 가지 화초들, 나날이 따뜻하게 녹아내리는 봄볕을 받아서 어느덧 매화는 그윽한 향기를 풍기고 개나리는 노란 꽃술들을 하늘거렸다. 녹진녹진 부풀어 오른 부토를 떠받고서 작약은 자줏빛 순을, 양귀비는 두색 순을, 붓꽃은 칼날 같은 순을 여기저기서 뾰족뾰족 추켜들고 있었다.

(동아, 1995)

■ 김정한 「선율」

그는 도시락 두 개와 따스한 커피 두 잔을 챙겨서 금방 돌아올 셈이었다. 하지만 벽면이 온통 유리인 식당차 안은, 인간이 켜 놓은 불빛들을 캄캄한 밤이 뭉뚱그려 안고 달리는 것이 묘한 안도감을 주는 데가 있었다. 사람들은 많지 않고, 창가에 드문드문 했지만, 등을 유난히 돌리고 혼자 앉은 야윈 40대 여자조차도 취기가 흥건했다. 양식냄새와 술 냄새가 뒤섞여 질펀

했고 무엇보다 모든 것이 흔들리고 있었다. 그는 커피를 거시서 한 잔 마시고, 다시 두 잔을 사 가기로 마음을 바꾸었다. 식당차 안은, 열차 바깥에 속도가 빠른 데부터 느린 데를 거쳐 거의 움직이지 않는 보름달까지 통째로 보였다. 달은, 그의 눈 직전에 현기증 나는 속도 저 멀리로, 평온하고 고요했다.

(문예마당, 1979)

■ 김주영 「야정 1」

밖에는 바람 소리가 스산했다. 뒷산 기슭을 타고 내린 새벽녘의 찬 기운이 숫막거리의 허섭쓰레기를 몰아 황량한 종포천의 얼음장 위로 굴러내고 있었다. 문풍지가 소리내어 떨고, 외얽이 위에 미세를 올린 바람벽에는 우수수 흙이 떨어졌다. 방구들은 뜨끈뜨끈했으나 외풍이 차가워 코끝을 베어 낼 듯하였다. 그러나 그 바람 소리 깊은 곳에는 희미한 봄기운이 서려 있음직도 하였다.

* * *

종포에서 발행할 임시에는 바람만 맵짜게 불었을 뿐 말짱하던 날씨였다. 그러나 길을 줄인 지 이십여 리 어름에서부터 하늘이 어두워지면서 눈보라가 날리기 시작했다. 거센 바람을 안고 있는 눈보라는 들녘과 골짜기들을 휩쓸면서 구름처럼 뭉치고 일어나 까마득한 봉우리로 아우성 치면서 치달아 올라 봉우리를 휘감고 들부수 듯 몸부림치곤 하였다. 가슴팍을 정면으로 파고드는 추위도 견디기 어려웠지만 사나운 눈보라는 불 맞은 짐승처럼 이리 꿈틀 저리 꿈틀 갈개치면서 좀처럼 길을 틔워주지 않으려 하였다.

* * *

눈물까지 글썽이는 옥창기의 손을 잡아주고, 맹보는 밖으로 나왔다. 그는 사숙의 화조청을 한 바퀴 돌아서 멀리 바라보이는 산등성이 길로 들어

섰다. 산기슭 아래로 뒤돌아 보이는 척박한 개활지에서는 억새들이 무리지어 자라고 있었다. 자색을 띠던 억새풀의 꽃들도 이젠 모두 바람에 날려 흩어지고 줄기들만 남아 밤바람에 일렁이고 있었다. 그는 억새들을 헤쳐가며 줄 곧 산기슭 쪽으로만 걸어갔다. 산코숭이에 우뚝 솟아 있는 소나무 한 그루가 밤빛 속으로 바라보였다. 자드락 길을 올라선 맹보는 소나무 아래에서 엉덩이를 붙이고 앉았다. 억새밭 위로 밤빛이 내려앉아 흔들리고 있었다. 맹보의 입에서는 짧은 한숨 소리가 흘러 나왔다. 아이들 잠투정하는 소리조차 들리지 않는 둔처의 고즈넉한 지붕들을 그는 오랫동안 바라보며 앉아 있었다. 쌈지를 꺼내어 곰방대를 입에 물었다. 소매를 들어 눈 가작자리에 배어 나온 눈물자국을 훔치며, 열적게 혼자 웃었다. 억새밭을 건너온 바람이 소나무 가지들을 흔들기 시작하였다.

* * *

삼월 초순. 말로는 봄이 오는 길목에 들어선 계절이었지만 만주 땅은 그 때까지도 아름드리나무가 탕탕 얼어터지는 한 겨울과 다름없었다. 칼날 같은 바람이 산기슭을 할퀼 때마다 발가벗은 나무들은 굶주린 여우처럼 몸부림치며 울었다. 그토록 음산한 날씨에 거듭 거듭 눈이 내리고 무진 바람은 겨우내 밤낮을 가리지 않고 불어 닥쳤다. 수수 그루가 앙상한 밭이랑이며 풀대가 간들거리는 언덕 군데 군데는 얼어붙은 눈 자국이 을씨년스러웠다. 우등불도 추위 때문에 제 품 속으로만 움츠러들고 있는 그런 늦겨울, 배꽃 같은 눈송이가 뱅글 뱅글 타래를 지며 담벼락 위로 간간이 내려앉고 있는 날, 들에 괴나리봇짐 지고 털 휘양으로 턱밑까지 얼굴을 감춘 한 건장한 사내가 통구서의 강나루에서 하류로 반마장 가량 떨어진 으슥한 강변 산자락에 모습을 드러냈다.

(문학과지성사, 1996)

■ 김지연 「봄 · 여름 · 가을 · 겨울」

황토를 들어부어 도도록히 솟구쳐 놓은 뜰의 화단에 새파란 새싹이 신비스럽게 솟아있음을 보고 환성을 질렀다. 새빨간 고초모양의 작약순도 솟아 있고 담장 대신으로 작년에 심었던 버드나무에 움이 텄다. 형자는 전에 없이 고개를 갸우뚱했다. 연약하여 부드러운 더욱이나 조그마한 저 푸른 싹이 어인 힘으로 굳은 땅을 뚫으며, 겨우 하얗게 죽어 있던 가지들에서 피어오르는 잎은 또한 누구의 힘에 의한 것일까를 그녀는 열심히 생각했다.

(범우사, 1978)

■ 김지연 「산영」

기암계곡에서 쇠돌은 우뚝 걸음을 멈추었다. 시들어지는 보라색의 잘디잔 꽃무더기 속에 고고하게 버티고 선 하얀 산국화들이 얼른 눈에 띄었기 때문이다. 비 맞은 후의 청순한 모습이 너무나 아름다워서 엄마에게 주기 위해 한 웅큼 꺾었다.

* * *

나뭇잎들이 다 떨어져 버린 탓인지 산 속은 마음 같지 않게 허전했다. 꿩 울음도 없고 산토끼도, 다람쥐도 보이지 않았다. 쇠돌은 좀 호젓하여 '우' 하고 고함을 질러 보았다. 그 것은 곧 메아리 되어 쓸쓸한 겨울 산에 퍼져 나갔다.

* * *

시들어지는 보라색의 잘디잔 꽃잎들 사이에서 고고하게 버티고 선 하얀 산국화가 얼른 눈에 띄었기 때문이다. 비 맞은 후의 청순한 모습이 신비스러운 슬픔 같은 것을 뿜고 있어 묘했으나 쇠돌은 뚝 꺾어버렸다. 서서히 내비치는 태양빛으로 부서지던 물살 위에 무지개가 선다

(신원문화사, 1996)

■ 김지연 「산울음」

변덕스럽게도 하늘이 반짝 개었다. 사나흘을 질척거리던 날씨가 조금 전에도 소나기가 쏟아지던 하늘이 거짓말처럼 훤하게 밝아온 것이다. 하늘 한복판에 우뚝 솟은 태양이 찬란했다. 정원의 온갖 물먹은 수목들이 햇빛에 보석처럼 빛났다.

* * *

가녀는 학관 진입로의 좁은 골목을 헤치고 나오면서 하늘을 우러러본다. 멀쑥하게 높아 버린 하늘이었다. 거의 언제나 뿌옇던, 뜨거운 지열로 증기가 드리운 듯하던 온 누리가 어느 사이에 상큼하게 개인 것이었다.

* * *

너 댓 그루의 모과나무분이 잘 전지되어 손님을 기다리는 밤의 요정 같이 나란히 줄지어져 산뜻하게 다듬어져 있었다. 손질을 하지 않아 위로만 멋없이 뻗어 오른 볼품없는 줄기들이 조각품처럼 균형 잡힌 모양으로 변해 있었던 것이다.

* * *

초겨울에 때아닌, 폭우가 쏟아졌다. 새벽녘에 눈을 뜬 가녀는 퉁기듯 벌떡 일어나 창문을 활짝 열어 젖혔다.
빗살이 땅을 뚫을 것처럼 거세게 쏟아지고 있었다. 아찔한 섬광이 순식간에 세상을 밝히는가 하자 곧이어 뇌성벽력이 천지를 뒤흔들었다.

* * *

라일락 향기가 넓은 집안 구석 구석까지 흠씬 스며드는 5월이었다.
누가 담장 안에 그토록 짙은 라일락을 심었던 것일까. 안채 사랑채 행랑채 담장 아래마다 그것은 무리져 심겨져 있었고 새하얗게, 혹은 연연한 보라색의 잘디잔 꽃들은 하남당 꽃구름을 이루고 있었다.

뿐만 아니었다.

두레박에 걸린 안채의 우물가에 가슴을 촉촉하게 적셔주는 배꽃나무 두 그루가 전신에 꽃을 물고 자태를 과시하고 왕벌들이 그 위를 날았다.

가녀는 신선한 오월의 아침 공기를 향기로운 뜰에서 길게 들이마시다가 새삼 자연의 오만함과 신비스러움에 감탄한다.

(범우사, 1978)

■ 김지연 「슬픈 여름」

낮의 태양은 뜨거웠다. 조석간에 제법 선들해진 바람과는 달리 한낮의 태양은 모래를 태울 듯 달구어서 맨발로는 다니지 못할 지경이었다.

(청림각, 1978)

■ 김지연 「씨돌 1」

자연의 섭리는 참으로 신선하여 절묘한 것이었다. 언제나 적절한 조화를 이루었다. 찜통 속 같던 도심의 열기가 다음날은 창대 같은 빗줄기로 식혀지고 있었다.

여름 한낮의 스쳐 지나는 소나기가 아니었다. 연례 행사처럼 찾아드는 장마철이 어떻게 금년에는 거르는가 했는데, 장마는 때늦은 여름의 한가운데서 시작 될 모양이었다.

이른 새벽부터 내리기 시작한 비가 가늘었다 굵었다 마음껏 재주를 부리면서 쏟아지고 있었다.

(빛샘, 1995)

■ 김지연 「인사파동」

6월로 접어들면서 고궁과 근교의 들판은 윤기 흐르는 푸른 잎들로 물결

쳤다. 연초록으로 피어나던 잎순이 한껏 물을 먹어 윤이 자르르 흐르는 잎으로 번성하고 그것들은 바람이 불 때마다 일렁거려 보는 사람으로 하여금 신선한 새 의욕을 불러일으켜 주기도 했다.

(청림각, 1978)

■ 김지연 「외 아들」

올바지에 엉킨 찔레나무에 연초록 움이 트고 장독대 옆의 화단에는 함박꽃의 빨간 싹이 도독히 솟아났다. 경호는 따뜻한 햇살을 등으로 받으며 잠시 동안 고추 모양의 새 움을 들여다본다. 노란 흙 속에서 줄기차게 솟아오르는 기백이 매년 보아도 부럽고 신비스럽다. 샛빨간 빛깔이 난초의 푸른 새순과 어울려 더욱 선명하고 경호는 새삼스런 희열 속으로 서서히 잠겨든다.

* * *

근 일주일여를 질척이던 날씨가 쾌청하게 개인 아침이었다. 깨끗이 정리된 담장켠의 화단엔 어느 사이엔가 쑥 자라버린 난초, 작양 등이 찬란한 아침 햇살에 선명했다. 가희는 새삼 뿌듯이 치밀어 오르는 환희감에 젖어들며 뜰 안의 움이 피는 몇 그루의 나무들을 둘러보았다. 자연의 조화가 새삼 신기로워짐은 일주일간의 변화가 너무 큰 탓이었다. 봄비가 내리기 이전의 화단에는 빨간 고추만큼의 탐스럽게 솟은 작약과 손가락 길이만큼도 자라지 못한 새파란 난초가 기껏 봄임을 과시했던 것인데 포근한 날씨와 촉촉히 내린 비로 그것들은 한 뼘 가량이나 더욱 자랐었다. 머리칼을 비롯한 전신의 잔털조차 생동에 넘쳐 꼿꼿이 서는 듯한 싱싱한 기운이 온 몸을 휩싸는 속에서 그녀는 고함이라도 지르고픈 발작을 느꼈다. 물먹은 백목련 봉오리와 애기 잎이 점점 터져 가는 발랄한 함성이 귓가에 맴돌았다.

(범우사, 1978)

■ 김지연 「죽을 권리」

여름 한낮의 소나비처럼 한차례 봄비가 스쳐간 후의 활짝 핀 햇살은 샛노란 해바라기 꽃판 같이 밝고 눈부셨다. 태양이 얼굴에 쏟아짐과 동시에 오소소한 소름이 온 몸 속을 훑고 지나갔다.

(청림각, 1978)

■ 김지연 「후계자」

초여름의 일요일 오후였다. 테라스를 통해 정원의 싱그러운 바람이 불어왔다. 연초록의 잎들이 어느새 짙푸른 신록으로 변하여 무성했다.

(청림각, 1978)

■ 김지원 「꽃을 든 남자 1」

고속도로 양편 길가로 펼쳐져 있는 자연은 한 것 푸르름을 자랑한다. 나무들은 무성한 잎들을 바람 속에 아우성 치듯 흔들고 여러 가지 빛깔과 모양을 한 꽃들은 간지러워 하며 웃는 듯 피어 있다. 짙푸른 하늘은 한껏 위로 열려 있고 뭉게 구름이 드문드문 떠있다. 자연의 질서와 광대한 우주 공간을 미루어 짐작해 볼 수 있을 듯한 경치다.

(세계사, 1989)

■ 김지원 「사랑의 예감」

여자의 발 앞에서 섬세한 향기를 뿜으며 꽃송이가 봉긋 벌어지더니 연한 잉크 빛깔로 꽃잎이 활짝 펴진다. 온 우주가 손 붙잡고 피워낸 것 같이 신기하다. 그런데 이 꽃만이 아니구나, 여자는 굽혔던 허리를 편다. 눈에 들어오기 시작하니까 여러 모양 여러 빛깔의 꽃들이 이미 사방에 살랑거리고 있다. 아이의 학교가 파하는 시간까지 20분 가량을 여자는 그곳에서 지내다가 일어선다.

(문학사상사, 1997)

■ 김지원 「소금의 시간」

들판을 푸른 물결로 꿰매며 바람이 불고 작은 소리들은 합쳐서 문양을 그리는 춤이 되었다. 꽃들은 꽃가루를 내뿜어 보이지 않는 바람에다가 맡기고 꽃가루는 바람의 머리칼을 움켜잡고 연가를 불렀다. 여기서는 보이지 않으나 언덕 너머에 바다가 있었다. 묘순은 우물가에 젖은 머리로 서 있었다. 그녀는 방금 머리를 감았다. 태양은 머리꼭대기에서 빛나고 하늘에는 솜덩이 같은 구름이 몇 점 뜨고 바람은 묘순의 젖은 얼굴과 머리를 무수한 선을 그으며 시원히 스쳐 갔다. 새가 벌판에서 솟아오르며 지저귀었다.

* * *

추운 계절에게 등을 밀리며 어느덧 가을이 왔다. 햇볕은 엷어지고 밤은 낮보다 길어지고 써늘함이 몸을 감쌌다. 확확 잎을 펼치고 꽃을 피우며 결실을 향해 달리던 생명은 안으로 숨어들며 천천해지고 벌판은 비어 고요해지고 철새들은 대오를 지어 한쪽 하늘에서 나타나 다른 쪽 하늘로 사라졌다. 초목은 시들어가며 다가오는 추위에 죽을 각오를 하고 있었다.

* * *

구름 사이로 빠르게 미끄러지던 둥근 달은 나무에 걸려 고요히 멈췄다. 달 속에서 검은 나뭇가지들이 서로 부딪혔다. 달빛은 소용돌이로 쏟아져 내리며 세상에다가 감과 꿈을 풀어놓았다. 산, 강, 나무, 짐…… 따로이 떨어져 홀로 있던 것들은 달빛 안에서 손을 잡으며 커졌다. 세상은 전체로서 숨을 쉬었다.

(문학동네, 1996)

■ 김지원 「집」

호수는 멀리 있지 않았다. 차를 주차장에 세우고 나무들이 울창한 숲 속으로 걸어 들어갔다. 축축한 땅 냄새와 나무 냄새가 어울려 향기로운데 바람에 살랑거리는 흰꽃들은 눈동자를 메스로 째고 들어오는 듯 했다.

(한국문화예술진흥원, 1997)

■ 김채원 「달의 몰락」

흰 튤립이 가득 피어 있고 남빛의 작은 꽃들이 튤립 가장자리에 피어 있다. 크디큰 붉은 빛 튤립의 꽃송이와 남빛의 작은 꽃들, 진홍의 튤립에 연한 남빛의 작은 꽃들, 크림빛 튤립에 남빛의 작은 꽃, 붉은색 달맞이꽃, 장미와 작약.

꽃밭에는 꽃들이 가득 피어 있었다. 푸른 수목들이 꽃밭을 더욱 꽃밭답게 만들어주고 있었다. 꽃이란 역시 수목과 다른 것이었다. 무엇으로도 대신할 수 없이 아름답고 신비했다. 새들의 웃음소리, 잣나무, 전나무 덩굴들, 식물원 안에 그득한 향기, 벌과 나비, 꽃다운 처녀들, 처녀들의 웃음소리, 천천히 걷고 있는 노인들, 펌프에서 물을 마시고 있는 소년.

* * *

누워 있는 그 상태대로 꼼짝하기 싫었다. 하늘에 반달보다 조금 둥근 달이 걸려 있었다. 별도 있었다. 달은 지구에서 쏘아대는 로켓으로 인하여 몹시 시달림 받고 있는 것 같았다.

이 세상이란 달이 되 비쳐주는 환시현상일까. D는 문득 그렇게 생각했다.

하늘에 수증기가 어려 어딘가에 있는 물과 나무를 되 반사해내는 사막처럼 이 지구 위에 모든 형태는 달이 어디서인가 되 반사해내는 그림자에 지나지 않는 것일까.

* * *

밤물결은 검었다. 선박 몇 척이 요지부동의 형태로 떠 있었다.

낮에 A는 이곳에 앉아 있었다. 멀리서 이곳을 바라보았을 때 엽서를 쓰는 것 같기도 했다.

D는 그곳에 앉았다. 모래가 축축했기 때문에 바다로부터 꽤 멀리 떨어져 앉았다. 카키색 옷을 입고 쓰러져 자고 있던 남녀의 무리도 보이지 않고 바다에는 아무 것도 없었다. 섬 전체가 텅빈 듯하였다.

(청아, 1995)

■ 김채원 「봄날에 찍은 사진」

봄의 야릇한 강함. 살갗에 닿아오는 뇌쇄적인 기후의 감각.

화창하게 터질 듯 봄날이 번져 나가다가 갑자기 풍선에 바람이 빠지듯 수축되기도 하고, 무슨 일인가 가만히 살펴보면 단지 흰 구름이 떠나가다가 해를 잠시 가렸을 뿐인 그것으로 하여 그 화창함이 꺼져 들어가는 듯하다가 다시 화알짝 밝게 퍼져나가는……

* * *

나무 그림자가 밤공기 위에 얼룩 얼룩 그림자 지우는 것을 보면 미풍이 일고 있는 것 같다. 날은 화창하고 바야흐로 봄이 터질 듯이 부풀고 있다.

* * *

헛간 같이 지어진 화장실은 보리밭을 향해 서 있고 보리는 야트막한 키로 자라있다. 미풍이 일어 보리밭을 빗질하듯 지나간다. 바람 끝에 스치는 흙 냄새는 화한 인단 냄새를 풍기고 있다. 작은 나비들이 날고 있다. 메뚜기도 풀섶에 보인다. 까치가 종종종 걷다가 푸드득 날아오른다.

* * *

해가 다시 구름에서 나왔는가, 풍경은 아주 미미한 변화도 없이 구름이

해를 가리기 전 그대로이다. 푸르고 화안한 렌즈로 다시 바뀌어 있다. 사위가 고요하기만 하다. 화안 인단 냄새 비슷한 흙 냄새가 밤결에 실려온다. 어디서인가 모터 소리 같기도 물 끓는 소리 같기도 한 소리가 미미하게 들려온다.

* * *

생명의 흐름. 끝없는 생명의 흐름이 쏴쏴 소리내며 나무와 나무 사이를 굽이굽이 흐른다. 며느리는 건너다보이는 잡목들 사이에서 우연히 나무 한 가지가 바람에 흔들리는 것을 본다. 보고 있는 사이 나뭇잎들은 점점 더 흔들린다. 저 가지는 도토리나무 같다고 며느리는 생각한다. 그러자 도토리잎의 생김새와 그 나뭇잎의 잎맥, 잎맥에서 가지로 연결된 푸른 줄기와 단단한 나무줄기에 붙은 연한 잎맥줄기의 접속부분이 환하게 살아난다. 바람이 불 때마다 연한 나뭇잎들은 휘어지며 줄기를 밀어 올리기도 하고 내리기도 한다. 바람에 흔들릴 때 잎이 젖혀져서 잎의 뒷면이 보이기도 하고 다시 앞면이 보이기도 하고 둥글게 말아지기도 한다. 푸른 하늘을 배경으로 바람에 흔들리고 있는 나뭇잎들, 그 나뭇가지 하나에서 나무 숲 전체로 번져가며 바람이 불고 있다.

(청아, 1995)

■ 김채원「봄의 환」

먼 풍경 속에서 뭔가 다가왔다는 것이 이상스러웠다. 늘 보는 눈에 익은 창의 구도가 변해서인가 조그만 생명체가 하나 있음으로 해서 창의 음영이 짙어졌다고 할지, 빛은 밖에서 들어오고, 그 빛을 등지고 있는 생명체로 인해 어둠과 밝음이 뚜렷이 구분되어졌다.

(미학사, 1990)

■ 김채원 「아이네 크라이네」

저 밑으로 내려다보이는 잠수교에는 차의 불빛들이 흐르고 있다. 그 쪽은 통행이 되는 모양이다. 불빛들이 정지해 있지 않고 움직이는 것이 공연히 신기해 보인다. 그런데 언제부터 이 근처의 풍경이 이렇게 정리되었을까. 밤에 가려서인지 사방으로 강을 가로지르는 길나긴 콘크리트 다리도 강물과 밤 불빛에-어울려 서정적인 분위기를 자아내고 있다.

* * *

천장으로 뚫린 채광장으로 보이는 하늘은 물에 젖은 담요처럼 무겁게 내려앉아 있었다. 곧 눈이 올 것 같지만 그러나 파리엔 여간해서 눈이 오지 않는다.

(청아, 1995)

■ 김채원 「애천」

꽃밭에는 채송화 맨드라미 봉숭아 백일홍 분꽃 접시꽃 노랭이 꽃들이 고개를 내밀며 자라고 있었다. 붉은 꽃이 필 봉숭아의 대는 벌써 붉게, 흰꽃이 필 대는 희게, 땅 속에서부터 그 줄기를 확고히 하고 있었다.

(청아, 1995)

■ 김채원 「오월의 숨결」

이상한 예감에 커텐을 열어 젖혔을 때 이미 숲에는 눈이 많이 쌓였고 계속해서 싸락눈이 하염없이 쏟아지고 있었습니다. 바람이 부는 방향에 따라 눈은 눈 속으로 흩날려 가기도 했습니다. 눈의 아우성, 정말 아무 것도 안 보이는 허공은 그대로 눈의 세계였지요. 그것은 하나의 비밀이요 예감이기도 했습니다. 눈은 무엇이라고 속삭거리며 한없이 내리고 있었습니다.

***

송홧가루가 담긴 솔의 열매가 가득 달려 있는 소나무는 더 이상 채울 것 없이 충만해 보입니다. 누르스른하게 익어 터져서 송홧가루가 바람에 조금씩 푸슬푸슬 날리고 있는 소나무는 뿌듯하게 부풀어오르는 젖줄기를 느끼게 합니다.

(동아, 1995)

■ 김채원 「초록빛 모자」

좀 쉬려고 난간 옆에 쭈그리고 앉아 등을 기대었다. 조개 구름이 가득 끼어 있는 하늘에 뭇 별들은 떠 있지 않았다. 조개 구름이 살짝 걷히면 마침 그 곳을 날고 있던 슈퍼맨이 보이지 않을까. 콧구멍을 틀어막은 솜뭉치가 저절로 빠져나가자 콧속에 싸늘한 가을 바람이 후비쳐 들었다. 나는 콧구멍을 한껏 벌려 정신이 띵하도록 바람을 들이마셨다. 어떤 기억이 구비쳐 들었다. 그 기억이 꽤 강하게 자리함을 느낄 수 있었다.

(청아, 1995)

■ 김홍신 「귀공자」

봄바람이 이렇게 다소곳이 불면, 자연의 신비를 모두 담은 것 같은 아주 싱그럽고 신선한 내음을 맡을 수 있었다. 서울에서 느낄 수 없는 것들이었다. 많은 사람들이 그 좁은 바닥에서 복작거리며 사는 것부터가 자연스럽지 않은 것인지 모른다. 높은 빌딩과 많은 자동차 그리고 한시도 쉬지 않고 움직이는 모습들에서 어린 세현이는 진력을 느꼈는지도 모른다. 시골의 맑은 공기, 투명한 그대로의 햇살, 정 많은 얼굴들과 아무 샘이나 물을 마실 수 있는 정겨운 것들이 세현이를 마음 편케 하는 것 같았다.

조금 가파른 언덕으로 올라섰다. 온통 봄을 느끼게 하는 풋풋한 정경이었다.

(행림, 1987)

■ 김홍신 「칼날 위의 전쟁 2」

산아래 비탈진 계곡에는 살얼음이라도 언 듯 싶게 냉기가 돌았다. 여름 한 철 모터보트며 물놀이 떠다니던 강에도 사람 그림자가 얼씬하지 않았다. 단풍으로 물들었던 숲은 낙엽이 뒹굴었다. 텃밭 건너편의 감나무들도 잎새 떨어진 앙상한 가지가 남쪽으로 더 늘어져 있었다.

까치밥으로 남겨 두었다기보다는 일손이 달려 홍시 감을 버려 둔 듯했다.

별장의 정원수들도 지푸라기 옷을 입고 있었다. 성큼 겨울이 깊어간다는 걸 알 수 있었다.

별장에는 승용차 두 대가 나란히 세워져 있었다. 검정 색 벤츠와 색 바랜 국산 승용차가 대조적이었다. 바람 없이 잔잔한 날이어서 강물도 잔물결뿐이었다. 소정이는 진홍 가디건을 걸친 채 해 기우는 산등성이를 쳐다보고 있었다.

(해냄, 1996)

■ 나도향 「그믐달」

나는 그믐달을 몹시 사랑한다.

그믐달은 요염하여, 감히 손을 댈 수도 없고 말을 붙일 수도 없이 깜찍하게 예쁜 계집 같은 달인 동시에 가슴이 저리고 쓰리도록 가련한 달이다.

서산 위에 잠깐 나타났다 숨어 버리는 초생달은 세상을 후려 삼키려는 독부가 아니면 철모르는 처녀 같은 달이지만은, 그믐달은 세상의 갖은 풍상을 다 겪고 나중에는 그 무슨 원한을 품고서 애처롭게 쓰러지는 원부와 같이 애절한 맛이 있다.

보름에 둥근 달은 모든 영화와 끝없는 숭배를 받는 여왕과 같은 달이지만은, 그믐달은 애인을 잃고 쫓겨남을 당한 공주와 같은 달이다.

초생달이나 보름달은 보는 이가 많지마는 그믐달은 보는 이가 적어 그만큼 외로운 달이다. 객창 한등에 정든 님 그리워 잠 못 들어 하는 분 아니, 못 견디게 쓰린 가슴을 웅켜 잡은 무슨 한 있는 사람이 아니면, 그 달을 보아주는 이가 별로 없을 것이다. 그는 고요한 꿈나라에서 평화롭게 잠들은 세상을 저주하며 홀로 머리를 풀어뜨리고 우는 청상과 같은 달이다.

내 눈에는 초생달 빛은 따뜻한 황금빛에 날카로운 쇠 소리가 나는 듯 하고 보름달은 쳐다보면 하얀 얼굴이 언제든지 웃는 듯 하지만은, 그믐달은 공중에서 번듯하는 날카로운 비수와 같이 푸른빛이 있어 보인다.

내가 한 있는 사람이 되어서 그러한지는 모르지 만은, 내가 그 달을 많이 보고 또 보기를 원하지만 그 달은 한 있는 사람만 보아주는 것이 아니라, 늦게 돌아가는 술 주정꾼과 노름하다 오줌 누러 나오는 사람도 보고, 어떤 때는 도적놈도 보는 것이다.

어떻든지 그믐달은 가장 정 있는 사람이 보는 중에 또는 가장 한 있는 사람이 보아주고 또 가장 무정한 사람이 보는 동시에 가장 무서운 사람들이 많이 보아준다.

내가 만일 여자로 태어날 수 있다하면, 그믐달 같은 여자로 태어나고 싶다.

(계용묵 『문장사전』, 1953)

■ 나도향 「벙어리 삼룡이」

삼라만상을 씻어 내는 은빛보다도 더 흰 달이나 별의 광채보다도 그의 마음이 아름답고 부드러운 듯하였다. 마치 달이나 별이 땅에 떨어져 주인 새아씨가 된 것도 같고 주인 새아씨가 하늘에 올라가면 달이 되고 별이 될 것 같았다.

(한샘, 1995)

■ 류주현 「신의 눈초리」

햇살이 제법 두터워져 있었다. 그 햇살을 받으며 누마루에 쫙 펼쳐진 진달래꽃이 마치 갓 나온 나비가 연약한 나래를 파들거리듯 엷은 색깔의 화판들은 파들파들 애잔하게 떨고 있었다. 자루 속에 차곡차곡 재어져 있다가 확 펼쳐지는 순간 햇살이 뿌려지는 바람에 기지개라도 펴듯 떨어 대는 것이다.

(문리사, 1977)

■ 류주현 「잃어버린 여정」

호수는 물의 거의 4배나 됨직 했다. 뭍은 작건 크건 호수에 둘러싸여 있었다. 저녁 무렵의 붉은 태양은 호숫물을 붉게 물들이고 있었다.
그리고 호수는 쉴새없이 거센 숨을 쉬고 있었다. 출렁이는 물결은 이따금 희게 빛나며 기슭을 세차게 때리고 있었다.
그 호수를 하늘이 덮고 있었다. 끝이 없는 하늘은 구름으로 갈기갈기 찢겨져 있었다. 조용히 정지한 구름은 전설을 낳음직 했지만 사나운 기세로 소용돌이치는 검은 구름은 호수를 뒤집어 놓으려는 기세였다. 그것은 동적(動的)인 자연의 모습이었다.

(경미문화사, 1978)

■ 마광수 「광마일기」

길게 늘어진 미군 부대 담벼락과 담벼락 뒤로 삐죽 솟아올라 있는 포플러나무들. 그 나무들은 땅거미 짙은 저녁 무렵이면 뉘엿 뉘엿 넘어가는 저녁 노을과 함께 더욱 짙푸른 빛깔로 어우러져, 흡사 짙게 화장한 콜걸 같은 서글픈 퇴폐미를 내게 안겨 주곤 했다.

(사회평론, 1998)

■ 마광수 「불안」

　강가엔 부들과 억새, 그리고 강아지풀이 무더기로 돋아 있고, 꿀풀꽃이나 달개비꽃, 패랭이꽃 같은 야생화들이 드문 드문 피어 있다. 무리 지어 핀 이름 모를 하얀 들 꽃과 강아지풀들이 달빛을 받아 요사스럽게 피어난다.
　달빛을 받아 흰빛으로 반짝이는 강물이 곱다.

* * *

　가끔씩 공중에서 귀여운 소리로 울며 날아가는 새들의 지저귐을 빼놓고는 모든 것이 조용하다. 축축한 나무 그늘 아래로 난 길을 풀섶을 헤치며 걸어가는 동안, 가끔씩 남자는 길을 내기 위해 여자보다 앞서가 길을 막고 있는 굵다란 나뭇가지들을 들어내거나 휘늘어진 덩굴을 걷어내곤 한다. 빽빽한 관목들이 길을 막고 있을 때에도 있고 키 높은 잡풀들이 길을 어지럽히고 있을 때도 있다.

(리뷰앤리뷰, 1996)

■ 문순태 「그들의 새벽」

　골짜기 등성이마다 하늘이 타오르듯 진홍색 진달래꽃이 묶음으로 필 무렵 산간지역의 하루는 아직 숨 가쁘도록 짧았다. 눈부신 봄날 태양이 정수리 위에 덩싯 솟았는가 싶으면 어느 새 재촉하는 을씨년스러운 산그늘이 저녁을 준비하며 야청빛 이불을 펴듯 서서히 골짜기를 덮기 시작했다.

* * *

　미니버스가 구례구역 앞을 지나는 순간 지리산 자락이 수평선 위로 거대한 물고기가 푸른 비늘을 세우고 떠오르는 듯 동쪽 하늘에 잿빛으로 덩싯덩싯 출렁여 왔다. 섬진강을 가로지른 긴 다리를 건너 구례읍으로 가까이 다가갈수록 지리산의 등허리는 엷은 회색빛에서 짙은 잿빛으로 더욱 선명해졌다. 멀리서도 거대한 산의 거친 숨소리를 온 몸으로 느낄 수 있었다.

지리산이 숨을 쉴 때마다 부옇게 수액이 뿜어져 나오면서 하늘과 맞닿은 등성마루가 조금씩 굼적거리는 것 같았다. 미니버스가 야트막한 고개를 넘어 구례읍으로 곧게 뚫린 내리막 도로에 접어들었을 때, 지리산은 어느새 거대한 날개를 활짝 펴고 눈앞으로 성큼 다가와 있었다. 지리산은 그곳에 섬진강을 감싸고 겸연하고도 늠연한 모습으로 엎드려 있었다.

* * *

밤이 깊어갈수록 차창에 부서지는 소리가 날카로워졌다. 어쩌면 바람은 잘게 부서질수록 더욱 거칠어지는 것인지도 몰랐다. 그 소리가 마치 금속성의 파열음처럼 들렸다.

* * *

어느덧 해가 덩싯 떠오르면서 햇살이 찬란하게 퍼지기 시작했다. 새가 떠오르는 쪽 하늘에 무등산이 솟아 있는 것이 보였다. 처음 보는 무등산이었다. 영구는 걸음을 멈추고 서서 잠시 무등산을 바라보았다. 지리산처럼 높거나 덩치가 커 보이지는 않았으나 넓고 둥그스름한 등성이가 마음에 들었다. 무등산 위로 해가 솟아오르자 하늘에 깔린 작은 몇 떨기의 구름들이 쏜살같이 밀려갔다. 동편 하늘을 가르고 떠오르는 아침 햇살은 섬진강변에서나 광주에서나 똑같이 눈부시게 찬란했다.

(한길사, 2000)

■ 문순태 「꿈길」

은혜는 차창을 한 뼘 정도 내렸다. 바람이 기계톱날 같은 사나운 이빨을 내밀고 으르렁거리며 차창 유리를 거칠게 물어뜯었다. 거친 바다의 파도처럼 침입해 왔다. 넉넉한 가을 햇살 속에서도 바람은 차가웠다.

* * *

잎이 떨어지기 시작하는 굴참나무가 띄엄 띄엄 서 있는 주름투성이의 야트막한 야산 산자락을 끼고 달리면서 택시 기사가 뚜벅 뚜벅 물었다. 은혜는 선뜻 대답을 못하고 무연한 시선으로 차창 밖을 보았다. 겨울 맞을 채비를 하고 있는 가을의 산은 맑은 물에 헹궈낸 것처럼 조촐하면서도 정갈하다. 잎이 떨어져 조붓이 드러나 보이는 숲 속의 산길이 꿈길처럼 아름답다.

* * *

자울 자울 졸고 있던 은혜는 창문 흔들리는 소리에 깜짝 놀라 눈을 떴다. 바다를 휩쓸고 달려온 갯바람이 새까만 어둠의 이빨로 줄기차게 창문을 물어뜯고 있었다.

(실천문학사, 1997)

■ 문순태 「녹슨 철길」

5월의 푸른 하늘이 깃발처럼 펄럭인다. 마을 뒤 대밭 웃머리의 연한 남보라빛 오동꽃이 시나브로 시들자 다시 아카시아 꽃이 찢어지게 피어올랐다. 꽃향기를 실은 바람이 아침 햇살에 넉넉하게 버무려져 상큼하다.

(실천문학사, 1997)

■ 문순태 「느티나무 타기」

그가 꿈에서 깨어난 것은 동물적인 바람소리 때문이다. 고향의 바람은 언제나 울부짖고 있었다. 그는 고향으로 내려온 후부터 바람소리를 짐승의 소리로 착각할 때가 많았다. 더욱이 한밤의 바람소리는 공복을 참지 못하는 들짐승의 울음보다 더 거칠고 자극적으로 들렸다. 잎이 무성할 때 바람이 느티나무에 휘감기는 소리는 음산하기까지 했다. 그것은 마치 그가 어렸을 때 상여 집 가까이서 들었던 상여 울음소리 같기도 했다.

* * *

산에는 싱그러운 신록 속에 연분홍빛 진달래가 흐드러지고, 들에는 초록빛 융단을 깔아 놓은 듯 보리밭이 적당한 바람에 물결쳐 일렁이고, 하늘에서는 화사한 봄볕이 넉넉하게 퍼져 내리는, 5월의 아름답기만 한 정경이었다.

(실천문학사, 1997)

■ 문순태 「시간의 샘물」

그런데 꽃밭 중앙에 이르자 거북재 느티나무만큼이나 우람한 꽃나무에 고깔만큼이나 크고 탐스러운 꽃들이 사람처럼 활짝 웃는 얼굴을 하고 흐드러지게 피어 있었다. 그리고 하나의 꽃봉오리는 빨강, 보라, 노랑, 파랑, 초록, 주황, 분홍, 흰색 등 여러 가지 색깔의 꽃잎으로 어우러져 있었다.

(실천문학사, 1997)

■ 문순태 「유월제」

동물원 너머 산동네 돈들막의 늙은 느티나무가 힘센 남자처럼 불끈 치솟아 있다. 은박지를 발라 놓은 것처럼 눈이 부신 하늘에서는 순은의 햇살이 빈틈없이 꽂혀 내려, 푸른 느티나무 잎이 거무칙칙하게 보였다. …(중략)… 그녀는 잠시 걸음을 멈추고 서서 목구멍에 가득 차오르는 더운 김을 내뿜으며, 하늘을 떠받을 듯 단단하게 뿌리 박힌 느티나무를 쳐다보았다. 느티나무를 쳐다 볼 때마다 피돌기가 빨라지면서 서서히 힘이 되살아나곤 하였다. 느티나무는 언제 보아도 사시장청 힘이 넘쳤다. 소음과 아귀다툼이 범벅된 도시를 굽어보며 의연하게 서 있었다.

산동네의 느티나무는 마치 점백이의 고향 방울재 마을 앞, 외로 꼰 새끼 금줄에 친친 감겨 있는, 늙은 팽나무처럼 지상의 모든 미움과 슬픔을 푸르름의 그늘로 말끔히 덮고 있는 듯싶었다.

(동광, 1988)

■ 문순태 「피아골」

　늪에 사는 따오기 목털처럼 희고 부드러운 시월 한낮의 햇살이 머리 위에 꽂혀 내리자, 햇볕에 가라앉은 섬진강(蟾津江) 물빛이 녹오른 놋젓가락나물의 청자색(靑瓷色) 꽃빛깔로 변했다.

　푸른 자색의 강물이 지리산을 훑어 내려온 바람에 가볍게 물 비늘을 일으킬 때마다, 강물 위에서 햇살들이 사금파리 조각처럼 튀겼다. 그것은 섬진강 은어(銀魚)들이 강물을 거슬러 올라가며 몸을 뒤척일 때, 비늘이 번쩍이는 것인지도 모른다.

　곡성(谷城)을 지나 압록(鴨綠), 구례구(求禮口)에 이르기까지의 강물은 흐름이 마치 몸마디로 움직이는 환형동물(環形動物)처럼 느릿 느릿 꿈틀거리더니, 구례를 지나 화개(花開) 쪽으로 지리산 자락을 보듬고 휘돌면서부터는 빛깔도 맑아지고 물살이 드세어졌다.

*　*　*

　만화가 피밭 마을의 계곡에 나와서 시간 가는 줄 모르고 단풍잎들을 물에 띄우고 있자니 어느덧 햇살이 가늘어지고 서쪽 하늘도 엷은 담홍색의 구절초꽃 빛깔로 변하기 시작했다. 석양이 깔리기 전부터 하늘의 빛깔이 변하고 있었다. 이럴 때는 하늘의 서쪽 한구석에서도 단풍이 불붙기 시작한 듯 싶었다. 단풍이 드는 가을의 하늘은 그렇게 고왔다. 산에 불붙은 단풍의 색깔이 서서히 하늘에까지 뻗질러 오르는 것 같았다.

*　*　*

　잠에서 깨어나자 명주실처럼 윤기가 자르르한 가을날 아침 햇살이 그의 얼굴에 담뿍 꽂혀 내리고 있었다. 찬란한 햇살이 골짜기에 가득했다. 그가 누워 있는 풀섶 속에 빨간 삽주꽃이 피어 햇살과 함께 눈이 부실만큼 아름다웠다. 가을 햇살이 꽃처럼 부드럽고 아름다웠다.

＊ ＊ ＊

 피아골 골짜기의 응달에 미처 눈이 녹기도 전에, 양지 쪽 산비탈에는 파릇한 새싹이 돋아났다. 새잎 약지꽃풀을 비롯하여, 할미꽃, 족도리풀, 벌깨덩굴, 대사초 등이 봄볕 속에 뽀곰히 새 생명을 내밀었다.
 오랫동안 희고 푹신한 이불을 덮고 겨울잠에 빠져 있었던 지리산이 그 큰 덩치를 조금씩 들먹거리며 기지개를 펴기 시작한 듯싶었다. 잠에서 깨어나면서 생명의 숨소리가 들려왔다. 가지 끝의 매서운 칼바람 대신 다사로운 햇살이 엉키면서, 바람도 잔잔해졌다. 이름 모를 새들도 시끄럽게 우짖기 시작하고, 찌찌찌 벌레들의 소리도 들려왔다.

〈정음사, 1985〉

■ 민병삼 「화도 (상)」

 아까부터 검은 구름이 모여들기 시작하고 간혹 바람이 먼지를 일으키는 회색의 창 밖 풍경은 매우 을씨년스러웠다. 오늘 중으로 비나 혹은 눈이 내릴지도 모른다는 예감이 들만큼 음산한 날씨였다.

〈아세아미디어, 1997〉

■ 민병삼 「화도 (중)」

 후원의 화초와 나뭇잎들이 눈에 띄게 시들어 바람 부는 날이면 우수수 떨어지고, 섬돌 밑에서는 귀뚜라미가 밤을 새워 울었다. 아침에 일어나면 한상백로라 차가운 서리와 하얀 이슬이 나뭇가지에 내려앉았다.

＊ ＊ ＊

 어젯밤부터 내린 눈으로 세상이 마치 흰 이불을 덮고 있는 것처럼 보였다. 그런데도 눈은 끊임없이 내리고, 코끝을 도려낼 듯한 매서운 바람은 눈발을 이리저리 어지럽게 분질러 놓고 있었다.

(아세아미디어, 1997)

■ 민병삼「화도 (하)」

그토록 맹위를 떨치던 동장군이 2월이 지나면서 서서히 꼬리를 감추자 온 대지에 봄기운이 기지개를 펴기 시작하였다. 나무에 따라서는 벌써 싹을 틔우는 것도 있고 냇물은 두껍게 덥고 있던 얼음장도 차차 엷어지면서 물 흐르는 모양을 투명하게 보여 주고 있었다. 뿐만 아니라, 온갖 새들이 지저귀는 소리에도 생기가 넘쳐 듣는 이의 마음을 들뜨게 하였다.

* * *

10월이 되면서 세상이 온통 가을빛으로 뒤덮였다. 산등성과 계곡은 붉고 노란 단풍들로 일색을 이루었고, 바람이 서늘한 기운을 몰고 다닐 때마다 퇴색한 나뭇잎들이 마치 눈발처럼 휘날려 떨어졌다. 그 밑으로는 낙엽이 수북하게 쌓여, 가는 곳마다 발목이 깊이 잠기곤 하였다.

* * *

산사의 아침을 둘러싸고 있는 만물은 온통 찬란하게 빛나는 것뿐이었다. 이슬을 머금고 있는 갖가지 나뭇잎과 온갖 풀들과 심지어 바위까지 맑은 햇살을 받아 영롱한 빛으로 눈부시게 뒤덮여 있었다.

(아세아미디어, 1997)

■ 박경리「가을에 온 여인」

해가 완전히 솟아버린 바다는 거울처럼 번들거리고 남쪽을 등진 암석 위의 소나무들이 묵화처럼 짙은 그늘을 강기슭에 드리워 주고 있었다. 그러나 발바닥 밑에 밟히는 모래는 아직 열기가 없었다. 찝질한 바다 냄새,

상큼한 해초 냄새가 스쳐온다. 성표는 평평한 바위 위에 올라앉았다. 하늘과 바다가 맞닿은 곳으로 배가 한 척 가고 있었다. 성표는 부산에 피난 갔던 시절, 그 우중충한 바다를 기억하고 있었다. 아니 그 바다를 잊을 수가 없었다. 피난민들이 몰려 있는 부둣가의 밤 풍경은 슬픔을 넘어선 무감동 그것이었고 서치라이트에 비치는 바다는 검은 지옥만 같았다. 한 낮의 바다는 항상 기름이 떠 있고, 그 기름 사이로 어디서 떠내려오는지 사과 하나가 떠 있었다. 성표는 정란의 손목을 꼭 잡고 부둣가로 헤매어 다니다가 손이 닿지 않는 곳에 떠 있는 사과 한 알에 얼마나 군침을 삼켰는지 모른다. 그러나 비참한 기억은 언제나 그 우중충한 바다와 더불어 되살아나곤 했었다. 언제나 불안했던 바다였었다. 낭만도 향수도 없었던 바다.

〈나남, 1994〉

■ 박경리「김약국의 딸들」

판데 넘어 용화산의 산봉우리는 푸른 하늘 속에 뚜렷이 솟아 있었다. 산 중턱에는 벌써 단풍이 드는지 누릿누릿 물들고 있었다. 바닷빛은 더욱 푸르고, 해명나루 쪽에서 나룻배 한 척이 하느적거리듯 건너오고 있었다.

〈나남, 1993〉

■ 박경리「토지 Ⅰ」

한창 추웠을 때는 강물 가장자리에 두께가 제법 되는 얼음이 얼었었는데, 날씨가 풀리면서 깨진 얼음덩이는 햇빛에 희번덕이며 둥둥 떠내려가더니, 그것마저 다 녹아버리고 강물은 물거품을 몰고 와서 강변 모래밭에 찰싹대고 있었다. 끝이 누우렇게 옹그라 붙은 보리와 붉은 흙 이랑에 봄 서리가 내리고, 논바닥에는 가름과 부토더미가 군데군데 놓여져 있었다. 개 다리 같이 앙상하게 꾸부러진 뽕나무를 보아서는 아직 봄이 먼 것 같지만 그러나 최참판댁 별당과 사랑 뜰에는 옥매화가 방금 열린 것 같이 봉오리를 물고 있었다. 조금 있으면 까맣게 그을려 놓은 강둑 잔디에, 우뚝우뚝 서있는 키 큰 버드나무에 푸른 새잎이 돋을 것이다.

* * *

골짜기는 짙은 잎새로 덮여 있었다. 군데군데 햇빛 따라 새순 같은 연초록이 아른거리기도 하는데 숲 속의 공기는 썰렁하고 습기 찬 것이었다. 산딸기, 머루덩굴에 가려 보이지 않는 개울에서 도루룩도루룩도록……물 흐르는 소리가 들려왔다. 사람의 발자국을 느낀 산비둘기가 푸드덕 날아올라서 서희를 놀라게 한다.

* * *

잡목을 감아 올라간 머루 덩굴이 거무죽죽하게 이슬에 젖어 있었다. 서릿빛을 띤 철쭉의 뒷 잎에도 이슬방울이 송송 맺혀 있었다. 누릿누릿하게 단풍이 든 잎새들이 한결 눈에 띈다. 해 뜨기 전의 산 빛깔은 선명하고 푸르름이 짙었다. 개울을 내려다보고 있던 수동이 고개를 들고 동편 산봉우리를 바라본다. 겹겹이 이어진 산봉우리 위에 얼음살같이 갈라져서 쭉쭉 뻗은 구름이 연분홍 빛을 띠더니 그것이 시시각각 짙어지면서 봉우리마다 조금씩 다른 색조를 드리운다. 한결 짙어진 구름은 진홍으로, 하늘은 온통 불바다로 변해간다. 장엄하고 화려한 해돋이 의식이 시작되려는 것이다. 그러나 수동이는 그 장엄하고 눈이 부신 해돋이 광경에 넋을 잃고 있었던 것은 아니었다.

* * *

아름드리 산 목련 나무와 우묵하게 철쭉으로 가려졌던 계곡을 지나 일행은 관목지대를 계속 헤치고 간다. 원시림인데다 산 죽이 밀생하여 하늘이 보이지 않는다. 곡사(谷寺) 근방이었다. 나무숲을 거스르고 지나가는 바람소리, 다시 나타난 계곡의 물 떨어지는 소리, 앞장서 가는 강포수는 이따금 뒤따르는 사람에게 주의를 주곤 했는데 고함을 치듯 하는 그의 목소리는 금방 산 소리에 지워지고 만다. 얼마나 오랜 세월 나뭇잎은 쌓이고 쌓였던 것일까. 몸무게가 둥 뜨는 것 같은 부엽토의 더미, 인적에 다져지질 못한 부엽토에 푹석푹석 발목이 묻히는 데 모래밭과 달리 발바닥에 저항은 없다. 계곡에서, 바위마다 두껍게 늘어붙은 이끼에서, 썩은 나무 밑둥, 푸르름이 서로 반영되어 소나기 퍼붓는 곳에 번개 치는 순간의 밝음과도 같이 더러는 움직이고 더러는 정지한 나뭇잎, 발 밑에서 스치는 산 죽에서, 사방에서 습한 기운이 기류를 타고 묻어오며 움직인다. 날짐승은 요란하게 날개짓을 하여 가지에서 가지로 옮겨 앉으며 인간들이 가까이 왔음을 경고하는 것인지 날카롭게 우짖는다. 작은 동물들은 덤불 속으로, 혹은 석벽 쪽으로 피해서 달아난다.

〈지식산업사, 1979〉

■ 박경리 「토지 Ⅱ」

가물가물 젖어드는 것 같은 햇빛, 축축한 봄의 입김이 사방에서 길상의 가슴을 간질러 주는 것 같았다. 아직은 끝이 누우렇고 옹그라든 채였으나 까치들이 앉아있는 보리밭에도 봄기운은 완연했다. 아이들이 불을 놓아 꺼멓게 그을러진 논 둑길은 마치 뱀 같았으나 그 길을 가는 농부들, 보리를 밟고 있는 농부들의 흰옷이랑 머리를 동여맨 베수건이 정답고 화사하게 보였다.

* * *

잿빛으로 엉켜있던 구름바다와 희끄무레한 아침안개 속에 외길모양으로 흐르는 강물, 대숲과 수풀, 초가지붕, 지붕 위에 하얗게 피어있던 박꽃까지 화려한 여광에 물든 듯 싶더니 해는 드디어 산허리에서 왈칵 솟아올랐다. 하루는 장엄하게 장막을 거뒀다. 해의 윤곽이 부서지고 비말과 같은 광선이 날아 내리는 산천은 황홀하다. 들판에 싱싱한 푸르름이 가득 들어찬다.

* * *

윤보는 곰방대를 물고 밭둑 사잇길을 걸어 올라간다. 어느새 햇빛은 맥빠진 것처럼 엷어졌다. 한 뭉치 내려앉았던 구름이 미심쩍더니, 찌푸린 잿빛구름 속으로 해가 숨어버린다. 간신히 구름을 뚫은 햇빛이 비비적거리듯 둔하게 들판을 비쳐준다. 바람이 흙먼지를 일으키고 있었다. 검푸르게 자라난 벼가 바람에 이리저리 미친 것처럼 나부댄다. 숲의 나뭇잎들이 희끄무레한 뒷잎을 뒤집어 보이며 방향을 잡지 못한 바람에 시달리며 흔들린다. 한 줄기 소나기가 뿌릴 모양이다. 입에서 곰방대를 뽑은 윤보의 걸음이 빨라진다. 마당에 널어놓은 보리를 걷기 위하여 들일을 하던 아낙이 집을 행해 뛰어간다. 암탉도 병아리를 불러 모으며 제 집을 향해 뒤뚝거리며 가고 강아지는 공공, 하고 하늘을 보며 짖는다.

(지식산업사, 1979)

■ 박경리 「토지 Ⅳ」

추수가 끝난 들판이 동토(凍土)로 변하는 것은 삽시간이다. 명년에 찾아올 봄의 파종 시기도 삽시간이고 보면 그 삽시간 틈새에 가을갈이를 해 놓은 것은 좋다. 좋다는 걸 뉘가 모르는가. 소를 비는 게 문제였다. 아무튼 용이는 소를 빌었고 가을갈이를 하고 있었다. 나뭇잎을 다 털어 낸 밭둑의 고목(孤木)이 엷어진 햇살을 엉거주춤 받고 있다. 쇠꼬리가 흔들릴 때마다 쟁기는 앞으로 쑥쑥 빠져가고 검게 기름진 흙이 이쪽저쪽으로 갈라지면서 흩어진다.

(지식산업사, 1979)

■ 박경리 「파시(波市)」

　이쪽과 저쪽 방천 사이의 바다 위를 일찍 잠이 깬 갈매기들이 기뻐서 아기울음 같은 소리를 지르며 모이를 찾아 날아 내린다. 잔고기를 문 놈은 둥글게 원을 그리며 날아오르고 갈매기처럼 하얗게 칠을 한 경비선 한 척도 바다 위에 긴 물굽이를 그으며 쏜살같이 여수 쪽을 향해 지나간다. 뱃속까지 스며드는 차갑고 무거운 바다의 아침바람, 찬란한 아침 해가 방금 솟아오르는 연이어진 섬들, 황금빛 물결이 눈부시게 넘실거린다.

* * *

　선창가에 학수가 우두커니 서 있었다. 벌써 오래 전부터 구부정하게 등을 구부린 그는 낡은 작업복 호주머니에 두 손을 찌르고, 헝클어진 머리칼이 바람에 날린다. 한겨울에도 동백꽃 망울이 맺는 이 고장치고는 매운 날씨, 그러나 군데군데 구름송이가 엷게 퍼지는 하늘은 푸르고 맑아서 찬 공기가 유리처럼 흔들리는 것 같다. 이따금 나무배가 들어와서 짐을 푸는 곳, 오십 미터 가량 방천에서 바다로 내밀어 돌로 쌓아올린 선창에는 뱃벌이 불을 묶는 말뚝 두 개가 오도카니 남아있을 뿐 머무는 배도 없고 사람도 없어, 겨울 풍경은 쓸쓸하기 그지없다. 다만 방천 가득히 기름기 도는 바닷물이 출렁이고 선창가의 파래 낀 돌 위에 물거품이 부딪치고 부딪치곤 한다. 한창 들 물의 시기다.

(지식산업사, 1979)

■ 박계주 「순애보」

　때로 위태로운 바윗길을 걸어 오르면 그 밑에 부딪치는 물은 일만 백옥을 뿜어준다. 이러한 길을 얼마 가노라면 자그마한 수림 속에 들어서게 되고, 그 수림을 뚫고 나가면 병풍 같이 둥글게 세운 듯 또는 깡통을 반을 쪼개어 세운 듯한 절벽과 그 기암 절벽 위에서 우렁찬 소리를 내며 쏟아지는 폭포를 발견하게 된다. 하늘을 찌른 듯 아득한 곳에서 떨어지는 폭포는 사뭇 태질하는 무지개요, 그 무지개에서 퍼져 나가는 안개, 안개…… 그 속으로 날아다니는 이름 모를 산새들의 노래 소리는 그냥 폭포 소리에 삼켜져 버리곤 한다.

* * *

그것들의 바다에의 투영은 흔들리는 파도로 인하여 무수한 용이 되어 또한 꿈틀거린다. 아아. 장엄할 손! 너의 위용이여, 너는 정녕코 희랍의 옛 돌기둥의 인공적인 교만한 미에 비하여 경건과 존엄에서 오는 그 어떤 두려움을 지니고 있음을 우리는 보아 버리지 않노니, 그것은 실로 창조주에 대한 인간의 어쩔 수 없는 약함과 무능을 자각하게 함이러라.

* * *

동해의 창파는 자꾸자꾸만 으르렁거리면서 숱한 흰 이빨들이 되어 절벽의 발부리를 물어뜯고 또 떠받는다. 그 찰나마다 철썩 솨아 하고 구름처럼 부풀어 올라갔다가는 천만 백옥이 되어 부스러지는 물결은 밀려나갔다가는 다시 달려들어 바위를 또 물어뜯곤 한다. 그렇게 물어뜯다가는 바위에 채여 뻐드러지고, 또 달려들었다가는 뻐드러지고…… 우리 조상 때부터, 아니 우리 조상이 나기 전부터 싸우는 이 두 강자의 싸움은 오늘도 쉬지 않고 계속된다.

* * *

터널처럼 수림 속에 뚫린 길. 암자 앞에는 못이 있고 못에는 수양버들이 머리를 풀어 잠겨졌다. 그 잠겨진 버들가지의 잎을 물고 물 속에서 그네질하는 개구리들―이러한 풍경에도 지쳤다는 듯, 자기가 치는 목탁 소리에 늙은 중의 꺼떡 거리며 조는 잠마저 늙어간다.

* * *

얼마 안 가서 석조 건물인 비로봉 산장이 나타나고, 최고봉인 비로봉이

벅차게 가슴 앞에 맞선다. 여기 절정에는 여름이라는 계절만은 상실된 듯하다. 때로는 운무 때문에 태양마저 상실해야 하는 – 구름 위에 떠 있는 산악의 정상은 동화의 나라이기도 하다. 그러나 오늘은 천행으로 아까부터 비로봉 일대를 덮어주고 있던 운무가 점점 벗겨지기 시작하여 일출봉, 월출봉, 장군봉, 차일봉, 미륵봉, 채하봉 등 연봉이 발 아래에서 파도가 되어 출렁거리는가 하면 반대로 동해의 창파는 지팡이를 던지며 파문을 일으킬 듯 호수처럼 몹시 조용하다.

* * *

창 안에까지 범람하려는 푸른 달빛. 검푸른 하늘에 청포도 마냥 주렁주렁 달린 별떨기. 가을 달밤은 수정처럼 차고 맑고 번쩍인다.

* * *

열려진 유리창을 통하여 뜰에 서 있는 등나무며 대추나무며 석류나무며 문수탑이며 모두 숨쉬는 한 폭의 수채화다. 붕어들은 연못에 떨어진 구름을 꼬리쳐 헤치며 부유한다.

* * *

8월의 태양은 창 밖 대지 위에서 소리 날 듯 그냥 작열한다. 그러나 간간이 창문으로 드나드는 시원한 해풍은 땀나는 몸에 상쾌한 여름의 감촉을 주고 있다.

* * *

하늘을 찌른 아득한 곳에서 떨어지는 폭포의 사뭇 태질하는 무지개요, 그 무지개에서 퍼져 나가는 안개, 안개, ……그 속으로 날아다니는 이름 모를 산새들의 노랫소리는 그냥 폭포 소리에 삼켜져 버리곤 한다.

* * *

산 중턱을 감고 있던 젖빛 같은 뽀오얀 안개발은 뱀처럼 산을 통째로 삼켜 올라온다. 어느덧 농무로 인하여 사면은 보이지 않는다. 옥녀봉도, 그리고 오봉산도 보이지 않고 산, 물, 나무, 바위, 그 밖의 모든 것은 다 운무에 싸여서 막이 닫힌 무대와 같이 전혀 보이지 않는다.

* * *

굽이쳐 흐르는 한하계(寒霞溪)의 푸른 물줄기. 쏴아 쏴 소리 지르며 바위를 박차고 내닫는 세찬 물결은 앞을 가로막는 또 다른 바위마다에 부닥쳐서는 수천 개의 흰 진주를 뿜어 준다.

오른손 편으로 수정봉(水晶峰)을 바라보면서 문수봉(文殊峰)을 지나 육화정(六花亭)에 이르러 잠깐 쉬고는 일행은 다시 걷기 시작한다.

"저것이 관음폭포야."

명근이는 피켈을 들어서 왼손 편으로 바라보이는 관음폭포를 가리킨다. 우거진 수림 속으로 통한 샛길을 지나 만상정(萬相亭) 다점에서 쉰 뒤에 일행은 구만물상 협곡에 들어선다.

구만물상의 총관(總觀)이라고 할 수 있는 삼선암(三仙岩)과 귀면암(鬼面岩)은 얼마 안 가서 왼편 머리 위에 불쑥 나타난다. 하늘을 찌를 듯이 창공에 세 개의 창날을 박고 있는 삼선암의 위관. 그리고 만봉을 안하에 비예하며 위협하는 귀면암의 험상스러운 얼굴. 마치 창을 들고 병거(兵車)를 몰며 달리는 스팔타의 병사를 연상시켜준다.

(어문각, 1984)

■ 박덕규「날아라 거북이」

이 바닷가에 이런 곳이 있었나 싶은 아주 포구였다. 마치 서해안에서나 볼 수 있을 만한 모래펄은 뻘이라고 보기에는 너무 좁았고 육지 쪽으로는 곧바로 급하게 경사진 산으로 이어져 있었다. 산등성이에 군데군데 인가가 보였고, 아이들 몇이 모래펄에서 놀다가 어른들이 벌이는 이상한 추격전을 보기 위해 하나 둘 몰려들고 있었다.

(민음사, 1996)

■ 박범신 「골방」

 그가 차의 엔진을 꺼버리고 나자 갑작스런 적요, 더불어 구부러진 둑길과 광활한 들판과 잠자는 잡풀과 뱀 같은 개천이, 수은을 입힌 듯 문득 두 뼘씩 세 뼘씩 다가와, 금방 둑길이 들판 되고, 들판이 잡풀 되고, 잡풀이 뱀 되고, 둑길, 들판, 잡풀, 뱀 그리고 엎드린 들 가운데 마을들까지, 구분 없이 무한 경계로 섞여 흐르는 것에 나는 떨었다.

* * *

 차문을 열고 나가자 기다렸다는 듯이 쑤와아, 수은과도 같은 희디흰 달빛이 몰려 들였다. 달은 그 사이 많이 기울어 멀리, 윤곽만 어슴푸레 보이는 미륵산 가까이 흘러가 있었다. 산영(山影)이 드리워 있는 둑길의 서편에 운무가 엷게 피어났고, 달빛만 요요한 동북방의 벌판은 둑길에서 지평선까지 운무도 없이, 그러나 풍경의 세밀한 것들이 경계 없이 어우러져 있었다. 고향 마을은 지척이었는데 지척에, 있는 마을이나 지평선 가까이 물러나 있는 마을이나 그 명암과 원근에 별 차이가 없었다.

(창작과비평사, 1997)

■ 박범신 「여름의 잔해」

 그해 여름, 무더위가 용트림을 하듯 장마가 왔다. 밤마다 바람은 천봉산 흔들바위를 물어뜯고 경사가 급한 숲바다를 핥고 내려와 해묵은 객실의 침침한 추녀 끝에서 울었다. 꺾이고 찢어져 나가는 나무들과 허덕이는 차가운 어둠, 고가의 내전을 때리는 뇌성과 번개, 급히 불어난 개울물이 재실의 앞뒤를 포위하여 허옇게 뒤집히는 황폐한 산야……

* * *

 아무튼 소나무는 3, 4미터의 높이에서 동강나 있으면서도 아직 위풍 당당히 근방의 다른 숲들을 거느리고 있었다. 놈은 우선 사람 키만한 높이를 수직으로 치켜 올라간 다음 묘하게 오른편으로 휘어져 자랐다. 그리고 다시 왼편으로 틀어서 곧장 위로 솟았다.

비바람이 광란하던 밤에 벼락은 노송의 허리를 자르고 곧장 밑뿌리로 내려꽂혔는지 꺾인 부분과 그 아래까지 시커멓게 탄 채였다.

뒤틀려 자란 바로 그 자리에 팔목 만한 가지 하나가 곧게 뻗어 있었다. 신기한 일은 거의 완벽하게 죽어있는 몸뚱이에서 자란 그 잔가지가 눈부신 녹색의 솔잎으로 치장하고 있다는 사실이었다.

(청한, 1988)

■박범신「흰 소가 끄는 수레」

하늘 한켠이 투명한 어둠으로 트여 있었다. 지긋지긋하던 눈은 오늘밤 더 이상 내리지 않을 모양이었다. 은하수는 보이지 않았지만 별 몇 점이 수줍게 떠올랐다.

* * *

바람이 불지 않는데 벼랑 끝에서 간헐적으로 바람소리가 났다. 설산은 너무나 정밀(靜謐)해서 이승의 그것 같지 않았다.

* * *

덕유산 향적봉과 서북향으로 이마를 맞대고 우뚝 선 적상산(赤裳山)의 핏빛 가을 단풍이 눈에 뵈는 듯 했다. 사멸의 종환(腫患)들을 온몸에 짊어지고 아버지가 그렸던 무희의 속살이 그 빛깔이었다.

(창작과비평사, 1997)

■박상륭「나무의 마을」

하늘은 나날이 한 치씩은 더 높아가고, 여름의 열기 머금은 입술이 애무했던 잎들엔 무서리가 내렸다. 해도 점점 짧아지고, 빛의 두께와 무게도 점점 엷고 가벼워져갔다.

　나무들은 비로소 조금씩 조금씩 허탈감을 느끼기 시작했다. 잎의 그늘 쪽에 매달려 낮잠을 즐겼던 나무의 귀신들은, 햇볕을 탐하느라 잎의 양지 쪽으로 올라와, 개구리들처럼 하늘 쪽으로 등을 돌리고 엎드렸다. 그러나 무게 없는 볕이 등을 좀 토닥여주었을 뿐, 욕망은 좀체로 채워지지 않았다. 나날이 더했다. 나무의 귀신들은 그래 하는 수 없이 나무의 껍질 속으로 파고들어 나무의 체온 안에 웅숭크렸다. 찬비가 내렸다. 밤엔 된내기가 내린다. 나무의 귀신들은 추위 탓에 자기들도 모른 새에 수관을 타고 뿌리 쪽을 향해 내리고 있었다.

　뿌리의 농부다운 배려로, 잎들은 부족한 양분과 엷은 햇빛과, 빨아올려도 올려도 입술만 타는 수분으로 변색되더니, 나중엔 하느적거리며 떨어져 내려, 그대로 뿌리를 덮은 그 흙 위에 쌓였다. 사스락, 사스락, 조락의 한숨이 나무의 마을에서 멎을 날이 없었다.

* * *

　스무 날 후에는 눈이 내렸다.

　눈은 산배나무의 어린 귀신에게서 희망을 덜어가 버리는 것이 되었다.

　산배나무의 귀신은 자기의 이웃들이 모두 추위를 피해 기근 속에 들어가, 벽난로 앞에서 책을 읽으며 한가한 세월을 보내고 있는, 그런 동안에도, 손을 호호 불고 빨갛게 언 발을 동동 구르며, 어깨를 웅숭크리고 으름송이의 주변을 떠돌았다. 으름송이의 까만 씨앗들은 나무꾼에게 집히지도 않았고 새가 쪼지도 않았고, 들불도 피어나지 않아, 떨어졌던 때의 그 모습대로, 자체의 무게에 의해, 대지 속으로 묻혀들고 있었다. 가뜩이나 바람 불고 낙엽 후우 몰려다니는 그런 철이어서, 나중엔 설사 나무꾼이나 새가 왔다 해도 덮여, 발견할 수도 없게 되어버렸다.

　산배나무의 수심 많은 귀신은 초라한 모습으로 가슴을 쥐어뜯으며 구원의 손길을 애타게 기다렸으나, 그런 구원은 오지 않고, 나무의 마을에로,

아무 일도 없었던 것처럼 눈은 내리기 시작한 것이다. 이젠 영 햇볕도 오지 않았다. 지상에서의 마을은 끝나버린 것이다. 파시 위에 가랑잎만 구르고, 나뭇가지들은 괴롭게 울었다. 그 위로 눈만 날아 내리고, 밤으론 늑대가 울었다. 어디선가 부엉이가 울고, 고적이 계곡과 봉우리를 열두 번씩도 더 어슬렁이었다.

그리고 이틀 사이에 나무의 마을은 온통 눈에 덮여버렸다.

이젠 산배나무의 초췌해진 귀신도, 자기의 기근 속으로 들어가 벽난로라도 지피고, 편안치 못한 휴식이나마 갖지 않을 수 없게 된 것이다. 그렇게도 쾌활하던 그가, 불과 이 얼마 안 되는 기간 동안에 그만 버쩍 마르고 엉성궂게 늙어버리고 말았다.

떨다가, 오들오들 떨다가 그는 모든 걸 체념하고, 시린 몸을 간신히 지탱해서 그날, 자기의 어두운 방으로 돌아오고 말았다.

겨울은 저쪽 밖에서 자꾸 깊어지고, 두터워지고, 무거워지고 있었다.

* * *

다른 나무의 귀신들이 자기 집 정원에 잎을 피우고, 꽃을 피웠을 때도, 산배나무의 귀신은 빈혈에 걸린 이파리 몇 잎 솟구어냈을 뿐, 꽃은 피우지도 못했다. 빈혈 걸린 이파리 그것도, 산배나무 귀신의 노력이기는커녕 마지못해 그냥 피어났던 것에 불과한 것이긴 했다. 그는 여태도 그의 동면에 탕진된 채 있었다.

그러는 사이에 으름 씨앗들은 땅의 젖을 먹고 무럭무럭 잘도 자라나, 다섯 가지가 벌써 산 배나무의 정강이까지 올라오고 있었다. 다른 씨앗들은 얼어죽은 모양으로 그 다섯 줄기만 자라나 있었다.

(문학동네, 1999)

■ 박상륭 「죽음의 한 연구」

해는 중천을 치달려 올라가고 있었다. 그러나 그을음에라도 덮인 듯한,

저 이상스런 하늘을 통해 보이는 해는, 거의 갈색을 띠고 붉으나, 그 볕에는 그을릴 것 같지도 않으며, 산소가 희박한 듯한 분위기여서, 나도 숨이 가빠지고 있었다.

* * *

너무 그를 내려다보았더니, 나중에는 그가, 개미만한 한 흑사병으로 보였기에 나는, 한 이파리라도 구름은 없는가 하늘을 올려다보았다. 구름은 없고 그러나, 그 빛에서 싸한 냄새를 풍기는 한 덩이의 갈색 해가, 모가지 아래를 끊긴 누에 모양 하늘을 뜯어 삼키며, 서켠으로 가고 있었다. 그리고는 모든 곳이 다 적막하고, 고요하고, 그리고 어쩐지 컴커무레했다.

* * *

그러나 저러나, 해가 정오에 오려면 아직도 한 서너 식경이나 기다려야 될 즈음에, 걸은 시간으로도 한 서너 식경이나 되었을까, 나는 예의 그 샘에 닿았다. 들은 대로, 소나무 다섯 그루가 서 있고, 그 밑엔 반석이 있었으며, 그 완만히 경사진 반석 아래쪽에, 한 멍석 넓이쯤의 얕은 샘이 있었다. 들어가 앉는다면 그 물높이가 아마 젖꼭지쯤에나 닿을 것이었다. 그 샘은, 물론, 얼레빗 그 중 가장자리 큰살, 그 별로 실하지도 못한 청룡맥 휘어져 내려온 그 아래쪽 옴팡한 데 괴어 있었고, 그 청룡맥 너머에는, 읍으로 이어진 것과 같은, 그저 그렇고 그런 들이, 그 저쪽 검푸른 산이 높아 더 못 넘어가고, 나무 한 그루 없이, 누르끄름히 펼쳐져 있다. 버석거리는 풀, 검은 가시덤불, 털 검은 들개 앓고 누운 듯한 바윗돌 몇 개, 소리는 하나도 없고, 썩는 듯한 햇볕―그러나 다섯 그루의 소나무와 하나의 샘은, 하나의 보살다운 위안으로서 내게 여겨졌는데, 그렇기라도 하기에 수도자들은 유리로도 오는 것일 것이었다.

(동아, 1997)

■ 박양호 「벼락 크럽」

아까부터 그랬다. 마른 번개인지 젖은 번개인지는 잘 알 수가 없지만 깜깜한 밤, 하늘을 찢어발기는 듯한 번개가 가끔씩 번쩍거리고 있었다. 소리를 내지 않고 별 한 개 뜨지 않은 검은 밤하늘에 주욱 죽 칼로 긁어대듯이 마른 나뭇가지 모양의 빛줄기를 제멋대로 뿌려대는 번개는 마치 텔레비전의 화면 같았다.

* * *

11월 중순이니까 늦가을이었다. 길거리의 은행잎들이 도시의 큰 강을 따라 부는 바람에 흔들리다가 팔랑개비 모양으로 땅에 떨어지고 있었다. 손으로 한 움큼 잡아서 힘을 주면 손바닥 안에 단무지 같은 색깔이 묻어 나올 것 같은 은행잎들이 길거리에 흩날리고 있었다.

* * *

차 앞으로 펼쳐지는 풍경은 스산한 겨울풍경 그대로였다. 눈앞에 보이는 산의 모습은 잎사귀가 넓죽한 나무들은 봄내 여름내 그 풍성하던 잎들을 모두 떨구어내고 이제 언제 어느 만큼의 허연 겨울 한 자락을 휘몰아 내보낼지도 모르는 동장군을 기다리면서 얌전하게 차렷 자세를 하고 있었다. 들판의 곡식은 다 거두어졌고 그런 넓은 벌판에 까마귀 떼들만이 가끔 번들거리고 있었다. 차도 근처의 플라타너스나무들은 이미 잔가지들이 잘려서 내년 봄이 돼서야 나머지 그림들이 그려질 것이었다. 가끔 바람만 휘휘거리는 벼 벤 논에서 짚단을 태우는 푸르른 연기가 초겨울 들판의 허허로움을 달래고 있을 뿐이었다.

(세계사, 1997)

■ 박양호 「슬픈 새들의 사회」

차에서 내리자 험한 바닷바람이 우웅거리는 짐승 같은 소리를 내면서 온

몸을 훑어 왔다. 갯벌에 꽂아 놓은 김발용 막대들이 그 바람에 쓰러지지나 않을 지 모를 일이었다.

산 속에는 밤바람이 칼처럼 번뜩이고 있었다. 그들이 은신하고 있는 바위틈 사이까지도 그 날카로운 겨울 산 속의 밤바람이 번뜩이고 있었다. 그 방향을 알 수 없는 밤바람에 눈가루가 장난처럼 아무 곳에서나 휘릭 휘릭 뿌려대고 있었다. 한 점의 별빛도 없었고 더군다나 불을 피울 수도 없었고 겨우 반짝반짝 담배를 피울 수 있을 뿐이었다. 담뱃불이 산의 밤 속에서 번쩍거리고 있는 모습은 마치 별이 많은 밤, 그 중의 유성 하나가 긴 꼬리를 내뿜으면서 허공으로 떨어지고 있는 것과 비슷했다. 사실은 그러한 담배 불빛조차도 함부로 사람의 눈에 띄게는 할 수 없는 일이었다.

* * *

희끗희끗한 눈발 속에서 풀풀 바람에 날리던 만장, 그렇게 눈발이 날리던 모습이 소년에게 있어서는 바람에 떨어지는 살구꽃잎 같았다. 흐느적거리는 것 같은 만가, 짚신에 찐득찐득하게 달라붙던 그 찰흙 같던 진흙, 떨어버리려고 그렇게 애를 써도 자꾸 짚신에 달라붙던 그 붉은 빛의 진흙, 그리고 허공 가득히에서 흩날리면서 떨어지는 눈발.

* * *

캠퍼스 곳곳에는 하얀 목련과 붉은 철쭉꽃이 피어 있었는데 불빛이 순백의 목련꽃과 타오르는 듯한 붉은색의 철쭉꽃들이 기묘한 대조를 이루고 있었다.

* * *

갯벌은 살벌했다. 죽어 있는 바다. 그런 생각이 들었다. 한없이 펼쳐져 있는 뻘밭 위에 목선 두어 척이 달랑 올라앉아 있었다.

* * *

나는 차안의 히터를 한단 더 높이 틀어놓은 채 바닷물이 모조리 빠져나가 버린 뻘밭을 바라보고 있었다. 장화를 신고 들어가면 찐득하게 발목까지 빠지고 어떤 때는 고무장화마저 꼭 붙들어 놓아주지 않는 찰흙처럼 찐득거리지만 갯물이 섞여있는 갯벌, 굴 껍질, 조개 껍질이 마구 뒤엉켜 있고 작은 게구멍이 뚫려 있는 진한 회색의 뻘밭 위로 매서운 바람이 불고 있는 모습이 보이고 있었다.

* * *

밤바다는 그냥 칠흑이었다. 깜깜해서 아무 것도 보이질 않았다. 가난한 항구에 떠있는 몇 척의 배들이 불을 몇 개 켜고 있었지만 그 불빛은 바람에 휩쓸리고 어둠이 꼴깍 잠겨 있었다. 우리 일행 셋은 아무 말이 없이 삼십 분 여 바닷바람을 쐬었다.

* * *

닭이 우는 소리가 사방에서 들렸고, 산 속에 꿩들이 찌렁찌렁한 목소리로 울고 있었다. 언제나 놈들은 그렇게 목소리만 들렸다. 집안을 환하게 만들던 대문 옆의 커다란 살구나무에 쫘아 하니 피어 있던 살구꽃은 이미 다 떨어지고 앵두나무의 흰꽃이 쌀알들을 튀겨서 매달아 놓은 것처럼 잔뜩 피어 있었다. 나는 버릇처럼 내가 심어놓은 나무들을 자세히 둘러보았다. 대체로 어른 한 팔 정도 길이의 어린 묘목들이었다. 단감나무, 매실, 사과, 대추 같은 유실수를 비롯해서 라일락, 영산홍, 매화 등이었다. 오죽, 즉 까만 대를 옛날 절터에 가서 열댓 개 옮겨다가 울타리 대신으로 만들려고 앞 마당가에 쪼르라니 심었는데 푸른 잎사귀들이 다 낙엽이 지어서 내 눈에는 꼭 죽은 것만 같았다. 놔둬 보세유. 오월 말이나 유월 초에 새순이 나봐야 죽었는지 살았는지 알 수가 있으니께유. 아저씨의 말을 믿고 기다려봐야 했다. 마당 오른쪽에 있는 늙은 감나무 가지 끝마다 연하게 푸른 새잎이 돋아나고 있었다. 나무들의 종류 중에서 감나무가 가장 적응력이 강하고 또 살아 있는 표시도 먼저 하는 것 같았다. 원래 있었던 늙은 감나무 껍질을 보면 그게 과연 살아 있는 것인지 죽은 것인지 알 수가 없었다. 그러나 내가 식목일을 전후해서 심어 논 철사줄 같이 뻣뻣한 묘목들 가운데에서도 감나무 순이 제일 빨리 솟아 나오고 있었다. 한 그루에 천 원짜리 감나무 묘목을 이 년만 키우면 삼 년째에는 감이 주렁주렁 열린다나. 묘목 하나에 천 원 이천 원이니 삼 년 후를 바라보고 밑져야 본전이다. 그런 생각에 앞뒤 마당에 잔뜩 심어놓고 아이구 이놈이 언제나 커서 감이 열릴라나. 그렇게 들여다보는 낙이 있었다.

* * *

높은 산꼭대기에 붉은 햇발이 몇 자락 걸려 있었다. 산에 살고 있는 꿩들이 그 좁은 산골짜기가 쩡쩡 울리도록 울고 있었고 산비둘기들이 마지막 햇발 사이로 몇 점씩 날고 있었다. 개울을 흐르는 물소리가 점점 크게 들렸고 밭에 나갔던 경운기들이 털털거리면서 돌아오고 있었다. 높은 산에 걸린 햇발이 망가진 우산살처럼 여기 저기 산그늘에 뻗치고 있었다. 가끔씩 개구리 우는 소리가 들리곤 했다. 그렇게 해거름이 시작되자 우리 오리들은 모두들 약간씩 불안해져 있었다.

* * *

겨울밤의 도시는 검고 우중충했다. 사람들이 떼로 몰려다니고 있었고, 방향도 모를 바람이 휘락거리면서 길바닥의 먼지를 허공에 말아 올리곤 했다. 이 빌딩에 부딪히고 저 건물을 돌아 나오곤 해야 하는 바람은 그렇게 어디라 일정한 방향도 없이 도시 한복판에서 부글부글 불평을 끓여대고 있었다.

* * *

그곳을 벗어나자 산은 비로소 앉은뱅이 소나무들과 동백나무들과 거친 잡초들과 우거진 빡빡한 들판의 모습을 보이기 시작했다. 돌 반, 흙 반인 뒷채 근처의 밭뙈기들에는 유채꽃들이 노랗게 피어 있었다. 이마에 흐르는 땀방울을 훔치면서 언덕길을 올라가는 여인이 심한 해풍에 허옇게 뿌리를 드러내 보인 소나무 밑둥처럼 낡아 보였다.

* * *

초가집 울타리 대신으로 뼈센 가시들이 독을 품고 있는 탱자나무가 쭉 둘러쳐져 있었는데, 탱자나무들은 오랫동안 돌보지 않아서 나무들의 키가 낮은 초가지붕 높이까지 자라나 있었다. 푸른색은 하나도 보이지 않고 뾰족한 가시만 커다랗게 남아 있는 겨울 탱자나무 울타리가 낮은 초가지붕 높이까지 자라나 있었다.

* * *

아, 하는 감탄사가 절로 나왔다. 밤새 새눈이 잔뜩 내려 있었다. 하늘을 찌를 듯한 높은 침엽수 가지마다 눈이 잔뜩 쌓여 있었고, 그 나무들 사이사이로 햇빛이 쏘아들고 있었다. 나뭇가지가 찢어질 듯이 잔뜩 쌓인 눈이 가끔씩 뭉텅이로 떨어져 내리곤 했다.

* * *

아름드리 소나무들과 떼구렁이들처럼 가지들을 얽고 있는 동백나무에 붉은 동백꽃들이 토해 놓은 핏덩이들처럼 빨갛게 피어 있었다. 누가 손으로 꼭 쥐면 그 동백꽃에서 흘러나온 꽃빛깔이 버짐처럼 허연 동백나무의 껍질에 주룩 주루룩 묻어날 것만 같았다.

(동아, 1991)

■ 박영준 「목화씨 뿌릴 때」

어느덧 피었던 복숭아꽃이 소금물에 젖은 듯이 힘없이 떨어지고 산의 풀은 송아지가 뜯어 먹기 좋으리만큼 파랗게 자라났다.

박장의네 뜰 안과 동리에 군데군데 높이 솟은 배나무에는 푸른 바다 위에 흰눈이 점점이 내린 듯 흰꽃이 푸른 잎 사이에 탐스럽게 피었다.

(신세대사, 1946)

■ 박영준 「추정」

코스모스-그 중에서도 흰 빛깔의 코스모스는 소녀를 연상시킨다. 색감이 없는 순수하고 청초한 흰 빛깔의 코스모스는 성숙한 정열을 갖지 않고 있다. 생각도 단순하고 마음도 그만큼 때묻지 않은 소녀.

(삼중당, 1976)

■ 박영준 「허탈의 가을」

어두운 방안에서 성냥불을 켜는 순간처럼 가을 달은 어째서 그렇게도 밝아만 보이는 것일까요?

* * *

마을을 지나고 들을 지나 불암산에 오르니 흐르는 물의 맑기란 어떻겠습니까? 만주에서 들로 나가기만 하면 무엇보다도 그리워하던 고향의 맑은 물 그것이었습니다. 어찌 그 깨끗한 물에 내 땀내 나는 더러운 손을 씻을 수 있었겠습니까? 그 흐르는 물이 졸졸 소리를 내고 있습니다 마는, 무서움을 느낄 만큼 조용한 산비탈에서 물소리는 조용함에 화하여 땅속으로 젖어 들어가는 것만 같습니다.

(삼중당, 1976)

■ 박완서 「가는비, 이슬비」

지금은 겨울의 문턱이었다. 성급하게 벌써 눈보라가 한 차례 지나가긴 했지만 숲의 마지막 잎을 떨구고, 집집의 창문을 흔들며 김장 재촉을 했을 뿐 첫 눈의 흔적은 어디에도 남아 있지 않았다. 나무에 따라 엉성하기도 하고 혹은 조밀하기도 하고, 하늘 향해 쭉쭉 뻗기도 하고 혹은 자유롭게 휘기도 한 벌거벗은 가장귀들이 망사처럼 숲 속의 밋밋한 등성이와 골짜기의 땅 모습을 훤히 드러냈다. 한때 다채로웠던 잎의 형영도 지금은 고담(古談)

한 갈색으로 퇴색하여 대지를 향해 조용히 침잠하고 있었다.

* * *

나갈 때는 못 보았는데 들어오면서 보니 호텔 정원에서는 동백꽃이 지고 있었다. 동백꽃의 낙화는 특이했다. 꽃잎이 떨어지는 게 아니라, 조금도 시들지 않은 핏빛꽃이 송두리째 폭신한 금잔디 위에 점점이 떨어진 걸 보면서 수자는 몰래 몸서리를 쳤다.

(문학사상사, 1994)

■ 박완서 「그 많던 싱아는 누가 다 먹었을까」

불안인지 환희인지 모를 것으로 터질 듯한 마음을 부채질하듯이 벌판의 모든 곡식과 푸성귀와 풀들도 축 늘어졌던 잠에서 깨어나 일제히 웅성대며 소요를 일으킨다. 그러나 소나기의 장막은 언제나 우리가 마을 추녀 끝에 몸을 가리기 전에 우리를 덮치고 만다. 채찍처럼 세차고 폭포수처럼 시원한 빗줄기가 복더위와 달음박질로 불화로처럼 단 몸뚱이를 사정없이 후려치면 우리는 드디어 폭발하고 만다.

아아, 그건 실로 폭발적인 환희였다. 우리는 하늘을 향해 미친 듯한 환성을 지르며 비를 흠뻑 맞았고, 웅성대던 들판도 덩달아 환희의 춤을 추었다. 그럴 때 우리는 너울대는 옥수수나무나 피마자나무와 자신을 구별할 수가 없었다. 환희뿐 아니라 비애도 자연으로부터 왔다.

(웅진, 1992)

■ 박완서 「꽃을 찾아서」

백 평이 넘는 제법 넓은 마당에 은행나무는 아직 청청하고, 자귀나무는 분홍색 깃털을 가진 어여쁜 새들이 무수히 내려앉아 고개만 푸른잎 사이에 감추고 있는 것처럼 화려하게 하늘대고, 담 모퉁이의 빨랫줄 아래 자생(自

生)한 맨드라미꽃은 장닭의 벼슬처럼 도도하게 검붉고, 장마통에 여기저기 웃자란 잡초만 제거해 준다면 잔디의 푸르름도 반드르르 한결 더 윤기가 흐를 것 같았다. 그런 것들 사이에 소리도 그림자도 없이 고루 스민 가을 기운의 사정없는 잠식은 이미 시작되고 있었다.

(창작과비평사, 1996)

■ 박완서「한 말씀만 하소서」

 오늘의 바다 빛깔은 오염이 심할 때의 한강의 해빙기 같다. 해변 가까이는 얼음판 같은 빛깔이고 먼 바다는 탁한 회색이다. 그리고 그 두 빛깔 사이의 경계 또한 강의 얼음장이 수심이 얕은 데만 남아 있을 때처럼 부드럽고 모호하다. 수평선도 다른 날보다 훨씬 다가와 보이건만 대마도는 지워진 듯 안 보인다. 나는 이런 풍경을 망막에 새기듯이 무턱대고 마냥 주시한다.

* * *

 부연 안개가 걷히면서 수영만에 푸른기가 돌기 시작했다. 그러나 아직은 분청사기처럼 불투명하고 고르지 못하다. …(중략)… 한 낮의 수영만은 좀 더 밝아져서 평평한 사막 같다. 그러나 구름 낀 하늘과의 사이에 수평선이, 자를 대고 푸른 물감으로 그은 것처럼, 선명한 게 좀 기이해 보인다. 이렇게 불투명한 날에 대마도가 보이는 것도 이상하고, 마치 아지랑이가 가물댈 때의 봄 동산처럼 몽롱하고 푸르게, 그러나 꽤 가까이 보인다.

* * *

 하늘을 지나는 구름과 햇빛의 농도에 따라 바다 빛깔은 시시각각 요변을 한다. 어느 땐가는 수평선 쪽이 초록색 띠를 두른 것처럼, 선명하게 바다의 남색과 경계를 이루면서, 그쪽에 떠 있는 양식장의 흰 스티로풀폴이 초원에 노니는 양떼처럼 보였다.

* * *

수녀원에 속한 뒷산은 가꾼 티 안 나게 잘 가꿔져 있었다. 명상의 길이라는 산책로는 십자가를 소박하게 조각한 돌이 적당한 거리를 두고 안배되어 있었으나 예수의 열네 자리의 고난은 행인을 압도하지 않고 적당히 숨어 있어서 편한 마음으로 산책을 할 수가 있었다. 명상의 길에서 조금만 빗나가면 바다가 보이는 근사한 자리가 있다는 것도 수녀님은 가르쳐주었다.

(솔, 1994)

■박일문「살아 남은 자의 슬픔」

석양은 이과대 건물 옥상에 크고 붉은 당구공처럼 걸려 있었다. 해는 서른 번 셀 때쯤에 이과대 건물의 옥상 직선 아래로 반쯤이 잘려 나갔고 내가 다시 서른 번을 세려고 할 때, 써클룸을 두드리는 소리가 들렸다.

* * *

우리는 금호강 기슭으로 걸어나갔다. 시커먼 물이 유장하게 눈 아래에 펼쳐졌다. 악취가 심한 폐수가 흐르고 있었다. 강바닥이 말라붙은 곳에는 모기와 파리떼들이 잉잉거렸다. 뒤로는 경부선 고속도로가 길게 내달리고 있었다. 자동차의 질주소리에 소름이 끼쳤다.

(민음사, 1992)

■박일문「아직 사랑할 시간은 남았다 1」

바람이 조금씩 거세졌다.
비가 바람에 실려 베란다 안으로 휘익 들어왔다.
베란다에 놓여 있는 풍란 잎이 바람에 떨렸다.

* * *

거리의 플라타너스는 누렇게 바래가고 있었다.

사각대는 플라타너스 잎 사이로 가을 햇살이 내리쬐었다.
차가 지날 때마다 플라타너스 낙엽들이 나뒹굴었다.

* * *

화단에 서서 바라보면 멀리 임진강이 아스라이 보였다. 임진강너머 갈 수 없는 저 땅을 한눈에 볼 수 있다는 것이 신기했다. 이른 아침이라 물안개가 강에서 피어오르고 있었다. 특별히 화단이라 할 것도 없이, 교사 주변 텃밭에는 오이풀, 토끼풀, 마타리, 구절초, 원추리들이 흩어져 있었다.

(민음사, 1995)

■ 박정애 「에덴의 서쪽」

높고 험한 재라 골짜기는 더욱 깊고 아늑했다. 젖은 낙엽들 사이로 올라온 흙물이 내 저고리를 물들이고 내 등의 살갗 속으로 번졌다.

* * *

입성이 부실해 더 그렇겠지만 늦추위에 얼어 죽는다더니 이른 봄밤의 한기는 엄동의 그것에 못지 않았다. 낮에 보면 목련 나무에 꽃봉오리가 밥 한 숟가락 정도 크기로 여물고 있는 어김없는 봄날인데도 낮과 밤이 이렇게 천양지차였다.
뼛속까지 으슬으슬 추운 것이 몸살이 오려는 모양이었다. 나는 손바닥을 비벼 차가운 두 뺨을 쓸어 내렸다.

* * *

밤 풍경은 아름다웠다. 봉숭아와 장미의 젖은 살결과 붉은 기운이 번져 들어가는 사과알, 버팀목을 댄 대추나무의 휘영청 늘어진 가지가지에 푸릇한 신비감이 돌았다. 나는 늦장미의 검붉은 꽃잎을 가만가만 보듬었다. 아름다운 것들이 살갗을 닿을 때면 살아 있음은 생생한 축복으로 감지된다. 대문을 지나 어머니의 텃밭으로 향하는 나의 걸음은 덕분에 약간 허청거렸다. 나는 손가락 지문을 간질이는 보드라운 장미꽃잎에서 손바닥 전체에 달라붙는 굵직한 사과, 사과에서 미끈미끈한 토마토, 토마토에서 맨땅에 퍼질러 앉은 호박의 몸통으로 자연의 살갗과 나의 살갗을 맞대어 나갔다. 아삭아삭 씹히는 노르스름한 대추살은 풋맛이 없고 달았다. 농사에만 전념하는 건실한 일꾼이 없는 탓인지 어머니의 텃밭에는 키가 껑충하고 줄기도 굵직한, 보드기만한 잡풀들도 제법 있었다. 붙잡고 힘을 써보았지만 내 손아귀 힘 정도로는 끄덕도 하지 않았다.

(문학사상사, 2000)

■ 박종화 「금삼의 피」

어느 결에 달은 금화산 너머로 반쯤 걸렸다. 가을 바람은 여전히 휘불어 불빛 없는 강녕전 앞 뒤뜰에 낙엽을 몰아다 놓았다. 쉴새없이 장천을 가로 건너는 기러기 떼의 구슬픈 소리가 밤의 적막을 깨칠 뿐이다.

* * *

어느 해인들 아니 그러리마는 흐무러진 봄의 울긋불긋한 백 가지 꽃떨기들은 지난밤 비바람에 어지럽게 흩날려 함춘원 굽이진 언덕에 아리따운 한마당 봄꿈 자리를 이룬 지도 오래다. 훈훈한 남풍에 녹음은 향기롭게 살쪘다. 춘당대 영화당가에는 수양버들이 실실이 푸르렀다. 따뜻한 날씨는 무심한 사람의 마음도 노곤하게 하였다.

* * *

높고 아득한 컴컴한 하늘에는 별이 반짝반짝 금모래 같다. 은한은 구부러져 하늘 한복판을 가로 건넜다.

동궁은 까마득한 캄캄한 하늘을 치어다보았다. 반짝반짝 영롱한 빛을 부어내리는 수많은 별들은 머리를 쓰다듬어 자장 노래를 불러 주는 것 같았다.

＊ ＊ ＊

　벌떼는 잉잉거리고 나비들은 춤춰 들었다. 먼저 취하려 하는 봄의 절정이다. 군데군데 어막은 높직이 푸른 소나무 사이에 펄럭거린다. 맑고 그윽한 아악 소리가 자지러지게 일어난다. 군막 속에는 또다시 사람의 봄이다. 푸른 옷을 입은 악공들의 악기를 희롱하는 소맷자락, 화간 금삼에 거문고를 안은 궁녀들, 무르녹는 봄이다. 새봄의 아리따운 백 가지 탯거리를 함빡 이곳에 옮기어 논 듯도 하다.

(동아, 1995)

■ 박종화「다정불심(多情佛心)」

　대한(大寒) 추위 얼어붙은 하늘이언만 하늘은 째앵 하게 톡 티일 듯 푸르고 흰 구름은 군데군데 뭉기고 헤어져서 선녀의 날리는 치맛자락이 아니면 평화로운 행복에 휩싸인 흰 양의 조름터와도 같았다.

(삼중당, 1970)

■ 박종화「민족」

　유월 뙤약볕이 길상산을 불둥걸 같이 달구워 놓았다. 이글이글한 새벽 햇빛은 차츰차츰 남편으로 기우러졌다. 푹 푹 찌는 풀향기가 정의정과 홍숭지의 가슴을 답답하게 만들며 몇 번인지 그늘로 자리를 옮겼다.
　숲 속엔 매미 소리와 함께 서늘한 석양이 찾아들었다.

＊ ＊ ＊

　석양은 꺼지고 어두운 빛이 차츰차츰 별당 안팎을 얼싸 안는다. 이제는 수양버들 가지에 꾀꼬리 소리도 들리지 않았다. 활짝 핀 살구 꽃 가지에 가만한 바람이 살금살금 찾아 올 때마다 두 세점 붉으레한 낙화가 소리 없이 뜰 앞에 파득파득 떨어진다.

(계용묵 『문장사전』, 1953)

■ 박태순 「낯선거리」

이미 땅에는 어둠이 대지를 촉촉히 적셔놓고 있었다. 그 가운데를 뚫고 전등 불빛이 점점 뚜렷하게 빛을 발해 갔다. 어둠의 포근함에 감싸인 땅이 끝나는 곳에 하늘이 펼쳐져 있었다. 그녀는 하늘을 바라보았다. 거기에는 아직 어둠이 풀리지 않았다. 그녀는 유달리 하얀 하늘을 바라보며 있노라니까, 그 다음으로 시꺼먼 땅에 관해서 그녀는 도저히 이해가 가지 않았다.

* * *

겨울의 한가운데에 와 있음을 새삼스럽게 느끼었다. 침침한 계절, 그 겨울의 세계가 – 펄펄 휘날리는 눈송이가 차곡차곡 마음에까지 쌓여 오고 있는 듯한 그런 분위기가 살아나 있었다. 그래서 몸이 약간 무거워진 것처럼 느껴졌고, 그러다 보면 이렇게 살아 있다는 것이 약간 무거워지는 것처럼도 느껴졌다.

* * *

철로 연변의 들판에는 겨울 안개가 이미 대낮인데도 잔뜩 깔려 있었다. 그래서 수없이 많은 요정들의 군대로써 너른 들판을 움쭉 못 하게 포위하고 있는 것처럼 보였다. 안개 때문에 산이 날아가고 언덕이 달아나고 높은 나무들 꼭대기가 보이지 않게 되었다.

* * *

그래서 아주 넓은 평야 지대, 말하자면 그곳은 거침없이 펼쳐져 있는 시베리아 벌판인 것처럼 보였고, 그리고 우리로 말할 것 같으면 동쪽 끝에서 서쪽 끝까지 기차표를 끊고 머나먼 길을 여행하는 대륙 횡단 여행자와 같은 기분이 들었다. …(중략)… 차창이 깨져 있어서 맵고 차가운 바람이 거침없이 불어왔으면 그리하여 우리는 겨울 나그네로서 방황하는 기분이기도 하였다.

* * *

나는 겨울이라는 저 완강한 세력이 개입해 들어와서, 지저분한 나의 방을 모든 세상과 차단시켜 놓고 있는 듯한 그런 고립을 사랑하고 있었다. 밤 한 시에는 밤 한 시의 귀신이 있었고 밤 두 시에는 밤 두 시의, 밤 세 시에는, 밤 세 시의, 밤 네 시에는 네 시의, 그리고 여명 다섯 시에는 여명 다섯 시의 귀신이 있었다. 나는 그 밤의 귀신들과 친하게 지냈다. 형광등이 소리를 내지르고 그리고 밤은 그 소리를 재치있게 빨아들이는 것이었다. 나는 밤새도록 점잖았고, 내 밤은 그 소리를 재치있게 빨아들이는 것이었다.

(나남, 1989)

■ 박태순「뜨거운 물」

거리에는 안개가 껴 있었다. 포도가 촉촉히 젖어 있는 것으로 봐서 새벽에 비가 내린 모양이었다. 겨울 날씨답지 않게 따뜻하였다. 안개는 대기층과 지상 층의 부조화에서 생겼고(관상대에서 그렇게 해설했다.) 고층 건물들은 신비의 베일을 휘두르고 있었다.

* * *

바람은 더욱 거세어졌으며 날씨가 급작스럽게 사나와 졌다. 우르릉우르릉 하는 소리가 사방으로부터 들려왔다. 관솔불은 다 펴서 그루터기 불만이 남았다.

(나남, 1989)

■ 박태순「벌거숭이 산의 하룻밤」

하루 종일 지리하고 음습하게 내리던 가랑비는 어둠이 내리면서 소리를 죽여 가더니 어느덧 그쳐 있었다. 하지만 낮은 구름은 켜켜이 층을 이루어 빠른 속도로 이동해 가고 있었다. 소리는 들리지 않으나 북켠 하늘께로부터 계속 마른번개가 번쩍거렸다. 아주 험악한 날씨였다.

* * *

도토리 열매가 달리는 굴참나무 종류의 수목이 듬성 들어찬 비탈에는 어린애 두어 명이 뛰놀고 있었다. 약수터가 그곳에 있었고, 그 아래로 조그만 시냇물이 제법 불어난 물줄기를 세차게 여울지게 하며 흘러내리고 있었다. '여래암'이라 써 붙인 팻말이 있는 것으로 보다 바윗 속에는 암자도 있는 것에 틀림없었다.

* * *

앞으로 벌거숭이산이 나타났다. 말하자면 팽창돼 가는 도시가 계속 시골을 공략, 병탄해 와서 이곳까지 엉망진창의 도촌(都村)으로 속방(屬邦)시켜 버렸으나, 더 이상 전원을 해갈시켜 놓은 힘이 없어서 그만 엉거주춤 멈춰 버리고 있는 듯한 상태의 변두리 풍경이었다. 블록 주택들은 조그만 언덕 바지를 듬성듬성 갉아먹기는 하였으되, 방치해 둔 공터를 더욱 많이 남겨 둔 상태에서 끝나 버렸다. 그 공터 너머 아래쪽으로는 채마밭이 전개되어 맞은 편 쪽의 바위산에 막혀 있었다. 배추와 무가 한창 푸르게 자라고 있었고, 그 둘레를 옥수수밭이 감싸고 있었다.

* * *

바위산 정수리는 안개구름에 가려 막막하기만 할뿐 보이지 않았다. 두터운 층의 구름이, 아니 하늘의 무게를 견디지 못해 땅을 압박하듯 깔아 앉은 것 같았다. 산골짜기 바람이 회오리를 치는 것은 그와 같이 아래위로 꽉 막혀 버린 까닭인 듯싶었다. 그렇지만 물소리가 워낙 청량해서 청년은 답답하다는 느낌은 미처 해볼 겨를이 없었다.

* * *

하지만 바위산은 초입에 들어섰을 때 예상했던 것과는 다르게 그 품안이 더 넓어져 있었다. 깎아지른 듯한 바윗더미 사이로 불어난 물은 제법 콸콸 흐르고 있었다. 어린 소나무들이 몸째로 흔들릴 정도로 바람결이 더욱 세차졌고, 빗방울이 다시 듣는 것인지 옷이 젖었다.

(민음사, 1976)

■ 박태순「하얀 하늘」

이미 땅에는 어둠이 내렸다. 어둠은 대지를 촉촉히 적혀놓고 있었다. 그 가운데를 뚫고 전등 불빛이 점점 뚜렷하게 빛을 발해 갔다. 어둠의 포근함에 감싸인 땅이 끝나는 곳에 하늘이 펼쳐져 있었다. 그녀는 하늘을 바라보았다. 거기에는 아직 어둠이 풀리지 않았다.

(나남, 1989)

■ 박화성「논갈 때」

조심스럽게 출렁이는 물을 들여다보며 걸어가던 해선의 눈에는 더러운 물 속에서 웃즐거리는 무엇이 띠었다. 그것은 빛나는 것이었다.

해선은 하늘을 쳐다보았다. 예쁜 반달이 개숫물에 넌즛이 그림자를 떨어뜨린 것이었다.

해선이는 그것을 보자 가슴이 뭉클하였다.

"아이구 오늘이 초아흐레로구나. 어쩌면 내가 아흐레 동안을 기다렸던 가……"

그는 속으로 부르짖으며 장독 머리에 파 놓은 웅덩이 앞에까지 갔다. 그러나 그는 물을 버리기가 싫었다. 더럽고 흐린 물 속에서도 주홍빛을 아낌 없이 발하고 있는 그 달이 몹시 사랑스러웠다. 웅덩이 물에도 반달은 비취어 있었다. 해선이는 한숨을 가만히 쉬었다. 포근한 봄의 짙은 황혼이 어쩐지 애닯고 야속하였다. 그는 살구나무를 쳐다보았다. 속에서 하얗게 웃고 있는 것 같았다. 그 웃음은 적어도 자기를 비웃는 것처럼 차디찬 웃음이라고 그는 생각하면서 살구나무를 툭 쳤다. 살구 꽃잎이 팔팔 날린다. 해선이는 견딜 수 없다는 듯이 살구나무를 안고 어깨에 얼굴을 묻었다.

정답게 감촉되는 봄의 황혼만으로도 처녀의 가슴을 어여내기 (더구나 애인을 기다리는) 넉넉하거든, 얄미운 그 황혼은 반달을 쥐고 자랑하면서 살구꽃 잎까지 날리고 있지 않으냐? 해선이는 가만히 얼굴을 들어서 눈송이가 엉킨듯한 꽃가지 사이로 반달을 내다보았다.

"왜 너 혼자만 왔느냐? 그이는 뭘 하고 있으며 너만 보내드냐? 야속하기도 하다."

해선이는 달을 쳐다보며 속삭였다.

(계용묵 『문장사전』, 1953)

■ 배수아 「바람인형」

처음에 바다에 도착하면 누구나가 기쁨에 빠진다. 물보라는 햇빛에 보석처럼 부서지고 갈매기는 유유히 하늘을 난다. 모래는 은빛으로 반짝이고 바람은 강하고 색색으로 팔랑거리는 바람개비를 달아놓은 상점들. 하지만 오염된 다음부터는 아무도 그 바다에 들어가지 않았다. 이상한 모양의 해파리들만이 바다에 둥둥 떠 있을 뿐이다. 바다에 들어가고 싶으면 좀 더 먼 곳으로 나가야 한다. 군인들이 바다를 막고 해변에 철조망 벽을 설치했다.

* * *

안나가 처음으로 그 립스틱을 발랐을 때가 생각난다. 그날은 눈이 막 오려고 하는 저녁 내내 사람들이 한참을 우울해하고 있는 중이었다. 겨울날이란 그런 것이다. 겨울은, 흐리고 지쳐 보이는 뺨을 가진 나이든 여인처럼 안나와 그 친구들의 머리칼에 내려앉았다. 핵전쟁이 일어나고 이 세상의 종말이 온다면 아마 그렇지 않을까 싶을 정도로 실험실의 냄새들이 지하철로 가는 거리마다에 빠져나가지 못하는 공포처럼 내렸다. 정말로 죽음의 재와 같은 흰 눈이 내리기 시작한다.

* * *

 가질 수 없는 남자. 헝겊 인형은 의자에서 잠든 남자의 눈에 입 맞춘다. 바람은 창을 열고 폭포처럼 어두운 방에 들어온다. 헝겊 인형은 비가 내리고 있는 밤의 한가운데에로 바람에 실려 떠나간다. "비가 오랫동안 내리고 있었거든." 바람은 거침없고 자유롭다. 나도 그렇게 되고 싶었지만 그러지 못했어. 하고 낡은 헝겊 인형은 생각한다. "너를 내 고향으로 데리고 갈게." 바람은 헝겊 인형의 머리칼을 창백하고 날카로운 얼음에 묶고 납으로 만든 무거운 구두를 신게 한다. "이러지 말아. 난 움직일 수가 없어." 헝겊 인형의 큰 두 눈, 붉은 털실로 만든 머리칼이, 이제는 시간의 먼 저편에 있는 바람의 나라로 간다.

(문학과지성사, 1996)

■ 서기원 「이 성숙한 밤의 포옹」

 나는 얼굴을 쳐들어 다급한 시선을 이제는 어둠 속에 녹아버린 검은 구름 속으로 집어넣었다. 빗방울을 실어 오는 서늘한 바람이 이마를 스쳤다.
 행인들이 처마 밑으로 피신하여 한적해진 인도 위에선 굵은 빗줄기가 전등 빛 퍼진 밑으로 쏠려 산산이 부서지곤 했다.

(삼중당, 1979)

■ 서기원 「혁명」

 냇물 맞은편 산밑 동네를 중심으로 불을 피는 연기가 안개 속에 녹아 흐르고 있었다. 바람 한 점 없어 축 늘어진 깃대들이 상기 잠에서 덜 깨어 난 것 같았다. 동남쪽으로 불대산의 경사진 줄기가 잇닿아 병풍을 이루었고, 북쪽으론 나무숲이 밋밋한 갈재의 허리토막이 드러났으나, 고개 마루 위는 구름 속에 갇혀 있었다.

〈삼중당, 1997〉

■ 서영은 「뿔 그리고 방패」

차에서 내리자 어둠이 꽃처럼 짙게 뭉쳐져 있는 곳으로부터 강한 바람이 불어왔다. 가을이 성큼 다가온 것 같았다. 자세히 귀를 기울이니 나뭇잎들이 서로 지치도록 몸을 부벼대는 뜨거운 신음 소리가 들리는 듯 싶었다. 신선하면서도 진한 즙 같은 밤의 야기를 동호는 가슴 깊이 들이마셨다.

* * *

산은 온통 누렇게 물들어 있었고, 군데군데 산기슭에 일궈 놓은 채전에는 누렇게 시든 배추잎, 무잎들이 흩어져 있었다. 밭이랑과 흩어져 있는 시래기를 위에 하얗게 내린 서리가 햇빛을 받아 반짝거렸고, 얼핏보기엔 눈이 내린 것 같이도 보였다. 산모퉁이를 돌면서부터 따라오기 시작한 개울물은 갈수록 점점 폭이 넓어져 어느 곳에선 짙푸른 소로 조용히 괴어 있기도 했고, 또 어느 곳에선 너른 강변을 끼고 유장하게 흘러가기도 했다.

* * *

뿌옇게 흐린 하늘과 마찬가지로 강물도 엷은 잿빛을 띠고 있었다. 여기저기 자갈을 채취하고 난 자리에 누르스름한 물웅덩이가 괴어 있었다. 철교가 생긴 모양과는 전혀 딴판으로 여러 개의 무지개문을 가진 궁전의 일부처럼 보였고, 그 밑 언저리에 나룻배 하나가 노를 물위에 띄운 채 떠 있었다. 언제부턴가 그는 짙은 녹음, 울긋불긋한 단풍, 파란 하늘이 주는 짙은 정서를 피해 허전하다 할만큼 황량한 회색 그늘 속에 자기를 감추곤 했다.

* * *

다탁 위에 놓인 자개 꽃병에는 붉은 장미가 여러 송이 꽂혀 있었는데 꽃은 말할 것도 없고 잎사귀마저 시들시들했다. 파리 한 마리가 꽃병 주위를 빙글빙글 맴돌았다.

* * *

공기는 달디달고 여기저기서 개구리 우는소리와 풀벌레 우는소리가 자연의 교향곡같이 들린다. 산기슭에 무더기로 흐드러져 있는 갈대들은 이따금 가는 몸을 부벼 신비한 소리를 냈다.

* * *

저녁 별 하나가 젖은 이끼 같은 하늘에 진주처럼 박혀 있었다.

(둥지, 1997)

■ 서영은 「술래야 술래야」

용호는 새 담배에 불을 붙였다. 연기가 빠져나가라고 차창을 조금 내려 놓았기 때문에 밤바람이 차가운 면도날처럼 뺨을 핥았다. 그는 옷 속에서 오소소 소름이 돋는 것을 느꼈다. 그것은 비단 바람 때문만은 아닐 것이다.

(동아, 1995)

■ 서정인 「물결이 높던 날」

현수는 송도 해변을 걷고 있었다. 바다에는 수평선이 없었다. 거대한 파도들이 깊은 물이랑을 뒤로 끌면서 말 위에 높이 앉듯 흉흉하게 솟구치고 있었다. 하얀 포말들이 말갈기처럼 그 위에서 부서졌다. 바다는 참을 수 없다는 듯이 방파제를 넘어다보면서 사납게 출렁거렸다.

(동아, 1995)

■ 서정인 「베네치아에서 만난 사람」

　그들은 작은 산을 넘었다. 바다가 나왔다. 물의 끝에 있는 포구의 이름은 화포였다. 고깃배들이 몇 척 한가롭게 떠있었다. 물가는 모래밭이 아니라 자갈밭이었다. 비록 몇 십리였지만 강행군 몇 시간만에 다다른 바다는 위안이었다. 설마 바다 위를 걸어 갈 수는 없었다. 터벅터벅 걷기의 끝이었다. 현실적 계산이 아니더라도 바다는 시원했다. 끝간데를 모르겠는데, 막힌 데가 없었다. 저만치 섬들이 몇 덩이 떠 있었지만, 그것들은 바다가 툭 트인 것을 더 돋보이게 할뿐이었다. 저쪽은 어디일까. 갈 수 없는 곳이었다. 배를 타면 갈 수 있었지만, 그들의 눈앞에 떠있는 작은 돛배로 갈 수 있는 곳은 바다의 저 쪽이 아니라 중간이었다. 물과는 달리 물은 아무리 멀리 떨어졌어도 저쪽과 이쪽이 서로 닿았다는 느낌이 들었다. 멀고도 가까웠다. 멀면 잊고, 가까우면 갔다. 멀어서 갈 수 없고, 가까워서 잊을 수 없었다. 갈 수도 없고 잊을 수도 없고, 가슴만 설레었다. 그는 검푸른 자갈밭에 주저앉아 넋을 놓고 바다의 끝을 바라보았다. 돌들은 계란만 했다. 큰 것은 거위 알 만한 것도 있었다. 물결이 기어올라와 부서지면 흰 거품들을 남기고 돌들 사이로 잦아들었다. 명사십리처럼 검은 깻돌들이 한 이삼백 보 바다를 포근하게 안고 있었다. 기울기는 하얀 모래밭보다 조금 더 급했다.

(작가정신, 1994)

■ 서정인 「붕어」

　산은 참 언제 타도 좋았다. 비가 오면 비에 젖고 눈이 오면 미끄러지고, 더우면 헐떡이고, 추우면 꽁꽁 얼고, 안개 끼면 길을 잃고, 바람 불면 날려갔다. 세움나면 연한 초록빛이 황홀하고, 꽃피고 새 울면 울긋불긋 때깔 곱고, 녹음방초는 꽃보다 향기롭고, 낙엽지면 만산이 불붙고, 백설 분분하면 흰빛이 눈부셨다. 이 모든 것들이 한꺼번에 있다면 그것은 가위 경이이다.

그것은 물론 불가능하다. 만일 그것이 가능하다면 그것은 사계절들을 함께 가지고 있는 산에서다. 산에는 그것들이 가장 많이 함께 있다. 작은 산에도 몇 개는 함께 있다. 서너 굽이를 넘자 궂은 날씨에 물안개 뽀얀 산허리로 암자가 나타났다. 돌로 축대를 쌓아서 앞마당을 넓힌 양철집이었다. 집 옆으로 뒷산에서 끌어들인 물이 벌건 합성수지통을 채우고 넘쳤다.

(세계사, 1994)

■ 서하진 「책 읽어주는 남자」

햇살이 검푸른 물위에 내려앉아 조각조각 부서졌다. 일렁이는 파도에 달라붙은 빛은 그대로 바다에 꽂히는 칼날 같았다. 우툴두툴한 노면 때문인가. 나는 우리가 거북의 등을 밟고 가는 거라 생각했다. 동강난 반쪽의 칼날을 찾아가는 멀고 험한 길. 길이 나타난 꼭 그만큼 거북이들이 다닥다닥 달라붙어 만들었던 다리를 허물 듯이 우리가 지나온 길은 우리 등뒤에서 사리질 것 같았다. 한 발 한 발 거북 등을 밟아 강을 건너듯 차는 조심스레 굴러갔다. 섬이 점차 눈앞으로 다가왔다. 갈매기들이 떼지어 날았다.

(문학과지성사, 1996)

■ 선우휘 「망향」

개방적인 시골이라 담은 없고 따라서 대문도 없었는데 바로 집 앞을 흐르는 내에는 언제나 송사리 떼가 노닐고 있었고 그보다 좀더 앞에 나 있는 넓은 늪에는 붕어니 메기 등속이 우글대었다.

(일지사, 1974)

■ 선우휘 「불꽃」

망연히 꽃밭을 바라보았다. 며칠 동안 느끼지 못한 꽃들의 개성이 드러나 있었다. ─인간은 꽃에다 여러 가지 뜻을 붙인다.

　정열, 불안, 비애, 고결, 죄악, 분노, 모호, 온순, 광약(狂躍). 그러나 꽃은 그저 아름다울 뿐인데, 때가 오면 피고, 때가 가면 말없이 지고. 그런데 인간은 꽃에다 제멋대로의 의미를 붙인다. 뿐더러 인간 자신을 색깔로 갈라 놓고 편과 편을 만들어 서로의 가슴에 칼날을 겨눈다.

＊ ＊ ＊

　산과 산, 또 산. 이어간 산줄기와 굽이치는 골짜기. 영겁의 정적. 멀리서 보면 북에서 남으로 흐르는 이 골짜기가 마치 푸른 모포를 드리운 것같이 부드러운 빛깔로 보였다.

　그러나 골짜기를 뒤덮고 있는 관목의 가지와 잎사귀에 가리어 험한 바위가 짐승처럼 엎드리고, 담그면 손목이 끊길 것 같은 차디찬 잿물이 그 밑을 흐르고 있었다. 이 골짜기가 내려다보이는 서녘. 부엉산 산마루. 거기 동굴이 있었고 그 동굴을 등지고 고현은 앉아 있었다. 기대고 있는 바위가 퍽 차가웠다. 해가 산마루 뒤로 기울기 시작하면서 골짜기의 이편에 지어졌던 그늘이 차차 저편 산허리로 물들어갔다. 그곳 검푸르게 우거진 솔밭 가운데 현의 증조부의 산소가 보였고, 거기서 눈길을 북으로 돌리면 보이지 않는 오욕의 날이 영겁의 산줄기를 끊어 놓고 있었다.

〈신구문화사, 1966〉

■ 성기조 「노도」

　짙푸른 바닷물, 날름거리는 혓바닥처럼 뱃전에 부서지는 작은 파도, 그리고 어쩌다가 수백 마리씩 수천 마리씩 몰려다니는 갈매기 떼, 이것들이 항해하는 동안 보아온 유일한 것이었다.

　단조로운 하루해가 지나고 목적지인 B섬에 닿았다. 따갑도록 내리쬐는 햇볕, 그러나 시원한 해풍은 온몸에 흐르는 땀을 식혀주기도 했다.

눈부시게 하이얀 모래사장, 그 둘레에 크게 자라 있는 갖가지 열대의 나무들이 이국의 정취를 마음껏 발휘하고 있었다. 느릿느릿 다니는 원주민들의 걸음은 한가롭기만 하고, 멍청하게 쳐다보는 그들의 두 눈은 검은 살갗에 비하여 유난히도 희고 반짝이었다.

(동아, 1992)

■ 손소희 「남풍」

책상 위에는 난초의 그림자가 길게 얼룩을 지우고 있었다. 난초 잎이 두셋 꽂혀 있는 조그마한 양은화병이 책상 위에 놓여 있었던 것이다.

* * *

잎을 피우는 벚나무가 당위의 무수한 얼룩을 던지고 있었다.

(을유, 1963)

■ 손숙희 「사랑의 아픔」

시골 마루 한켠에는 늘 떡시루가 까만 보자기를 뒤집어쓰고 있었다. 그곳에 할머니는 콩나물을 길렀다. 물을 채운 커다란 양푼 위에 단단한 나무 막대기 두 개를 의지해서 올라앉은 떡시루 속에는 언제나 한치의 틈도 없이 빽빽이 노란 콩나물이 자라고 있었다.

(새로운 사람들, 1999)

■ 손장순 「두 개의 얼굴」

산간도시의 벤푸를 병풍처럼 싸안고 굽어내려다 보는 여름에도 눈이 녹지 않은 웅대한 산록과 얼음 계곡, 노루가 나와서 한가로이 노니는 원시림 같은 숲길을 다섯 시간 반이나 지나 달렸을 때 정수리에 빙하를 이고 있는 빅토리아 산의 얼음 계곡 밑으로 파노라마처럼 펼쳐진 에메랄드색의 루이스 호수. 맑고 투명한 원색으로 인해 심혼까지 청청해 지던 일순이었다.

* * *

강물이 햇빛을 받고 생선비늘처럼 반짝인다. 강변의 조잡한 풍경이 오늘따라 그 동안 고수부지를 잘 가꾸기도 하였지만 세련되고 살아있는 도시의 아름다움으로 다가온다. 방콕의 강변을 배를 타고 지나갈 때 보았던 풍물과는 아주 다른 느낌이지만, 방콕은 그런대로 부와 빈이 공존하는 신비스럽고 이국적인 것이 인상적이었다.

(문화공간, 1997)

■ 손장순 「불타는 빙벽」

바다는 나의 심혼을 청정하게 해 주고 피곤한 머리를 식혀 주었다. 산에서 상처를 입은 나는 바다에서 위안을 구하고 있는지도 모른다. 봄은 해풍을 타고 와서 해상을 간지럽히고 있다. 선연한 동백꽃이 해변에 연접한 산록에 드문드문 피어있는 것이 청록색의 맑은 바닷물 빛과 선명한 색조를 이루고 있다.

* * *

바다는 하얀 이를 드러내며 재잘거리고 있다. 억겁의 세월을 두고 다하지 못한 이야기와 밀어를. 거대한 바위의 침묵과 대비되는 바다의 대화. 바다에서 태어나 자란 나의 산으로만 향하는 마음은 어떻게 설명되어야 할 것인가. 몸은 비록 바닷가에서 태어났지만 마음의 고향은 산에 있는 것이다. 바다는 여전히 하얀 이를 드러내며 웃고 있다. 지상의 모든 시름과 번민을 삼켜서 하얀 포말로 토해내면서.

(푸른사상, 2009)

■ 손장순 「잠자는 난쟁이」

　아이오와 강변에 있는 숲을 배경으로 진분홍색의 낙조는 여전히 그림처럼 아름답다. 공해가 없는 맑은 공기 속의 낙조는 마치 타오르는 불길처럼 선명하다. 어둠이 밀려오기 전의 여명 속에서 명암이 교차되는 시각의 정경은 서글픔 같기도 하고 애달픔 같기도 하다. 연인들이 한데 어울리는 시각. 하루의 종언을 허무하게 느끼며 화한과 설레임으로 탄식하는 순간이기도 하다.

(문화공간, 1997)

■ 손장순 「정상이 보인다」

　군인에게 전쟁이나 쿠데타가 일종의 낭만이듯이 그에게는 산이 낭만이기도 하다. 광활한 얼음 바다 속에서 영롱한 석류알처럼 선홍의 빛을 띄고 있는, 곳곳에 메어둔 붉은 표지와 백설과의 대비된 색채는 얼마나 그의 가슴을 설레이게 하는가. 예술적인 양상을 그에게 안겨주기 때문이다. 얼굴조차 보기 힘든 고산 속의 태양, 시시각각으로 깊어 가는 짙은 안개와 빙봉의 허리를 누비는 눈보라. 오직 눈, 눈이 있을 뿐이다. 처절한 고독이 그의 가슴에 문득 희열을 끓어오르게 한다. 설경이 장엄하면 할수록.

(푸른사상, 2009)

■ 송기숙 「고향 사람들」

　남새밭 한쪽에 있는 감나무에는 유독 감이 탐스럽게 열었는데 나중에는 단 감나무에 앵두나무에 자두나무까지 심어 지금은 훨훨 늘어뜨린 가지가지에 철따라 풍성하게 과일이 열렸다. 얼마 전에는 큰아들이 개량종 포도나무라고 한쪽에 포도나무까지 올려 봄부터 가을까지 과일이 떨어지지 않았다.

* * *

영감은 하늘을 쳐다보며 벼포기를 세웠다. 하늘에는 구름이 끼고 있었다. …(중략)… 구름 사이로 나타난 해는 벌써 들어갈 구멍을 잡아 서고 있었다.

(창작과비평사, 1996)

■ 송기숙「오월의 미소」

선창가에 이르자 바다냄새가 코에 혹 끼쳐왔다. 여기는 바다라고, 귀가 아니라 코에다 말하며 소금기 머금은 갯바람이 싸늘한 냉기로 셔츠 속을 파고들었다. 어둠이 깔린 바다는 시가지 불빛을 빨아들이며 가볍게 일렁이고 있었다. 저 멀리 섬들에서는 크고 작은 불빛들이 무슨 사연이라도 소리치듯 다급하게 반짝이고, 선창에 매여 있는 크고 작은 배들은 시멘트벽에다 머리를 처박고 무서움에 쫓긴 짐승들처럼 육지로 기어오르려고 몸뚱이를 부스대고 있었다.

어둠에 싸인 바다는 언제 보아도 으스스했다. 그래서인지 바닷가에는 귀신 이야기가 많았다. 육지에서는 사람이 죽으면 어떻게 죽든 거의가 누워 있기 마련인데 바다에서는 한결같이 흉측스런 모습으로 떠다닐 것이므로 상상력을 그만큼 수다스럽게 자극할 법했다. 사람들이 북적대는 해수욕장에서도 조금만 깊이 들어가면 머리를 풀어헤친 물귀신이 다리를 붙잡는 것 같은 공포를 느끼는 것도 그 때문이리라, 더구나 어둠이 깔린 바다는 어둠 속에서도 파도로 살아 꿈틀거리고, 바위에 부딪치는 파도소리와 갖가지 갯바람소리는 귀신소리처럼 괴상스러웠다.

* * *

해가 올라오고 있었다. 용광로에서 불덩어리가 떠오르는 모양새였다. 선홍색으로 이글이글 타는 불덩어리에 희미한 흑점이 금방 떨어져나갈 쇠찌끼처럼 움직이고 있었다. 불덩어리 바로 아래서 이쪽을 향해 수면 위로 벌겋게 길이 났다. 쇳물이 길 위로 흘러오듯 벌건 길이 파도에 일렁이고 있었다.

* * *

미선이가 내 방으로 들어서며 방실방실 웃었다. 양쪽 손에는 웬 선인장 화분이 하나씩 들려 있었다. 어린아이 주먹만한 선인장이 정갈한 사기 분에 앙증맞게 앉아 있었다. 가시가 하얗게 덮인 선인장은 하얀 가시가 솜털처럼 곱기도 하고 서릿발처럼 싸늘하기도 했다.

"나는 이 선인장을 보고 여러 번 놀랐어. 아무리 식물이지만 다른 식물에 비하면 표정도 없고 감정도 없잖아. 이런 식물이 있다는 것도 신기한데 이게 꽃을 피우고, 꽃을 피워도 이만 저만 예쁘게 피우는 게 아냐. 꽃 피우는 과정은 또 얼마나 신기한지 몰라. 어느 날 갑자기 이 뭉툭한 몸뚱이 한 군데서 꽃대 같은 꽃망울이 솟아나 예쁜 꽃을 활짝 피우는 거야. 그 꽃이 아침에 피었다가 저녁에 지고 다음날 또 하나가 피었다가 또 그렇게 져. 그러니까 돌멩이처럼 뭉툭한 이 몸뚱이 속에서 그 동안 꽃피울 준비가 꾸준히 진행되고 있었고, 하루에 하나씩 피는 걸 보면 꽃을 피울 날짜까지 정확하게 가늠하며 준비를 하고 있었던 거야. 잎사귀도 없고 가지도 없고 그저 뭉툭한 이 몸뚱이 속에서 시간이 시계처럼 정확히 지나가고 있었고, 그 시간에 맞춰 꽃을 하나씩 피운 거지."

* * *

서쪽 하늘에는 저녁놀이 빨갛게 물들고 갈매기 떼들이 끼룩끼룩 선회하고 있었다. 저녁놀은 눈이 부셨고 갈매기들은 한가롭게 하늘을 날고 있었다.

* * *

강물은 유유히 흐르고 있었다. 강원도와 충청도 골짜기에서 굽이굽이 글러온 강물은, 마지막으로 서울 골목골목의 일상이 빚어낸 찌꺼기들을 모두 쓸어 담고, 푸른 하늘에 뭉게구름도 한가롭게 띄우고, 망망대해를 향해 멈춘 듯 소리없이 흘러가고 있었다. 수면에 일렁이는 물비늘은 눈부시게 햇살을 가르다가 이따금 칼날 같은 빛살을 쏘아 탐조등 섬광처럼 하늘을 찌르기도 하면서 강물은 유장하게 흐르고 있었다.

(창작과비평사, 2000)

■송기숙「은내골 기행」

선돌위로 은내골 동네가 선명했다. 높직하게 치솟은 뒷산이 양쪽으로 팔을 벌려 넉넉하게 동네를 싸안고 있고 동네 앞에는 당산나무가 풍성하게 가지를 늘어뜨리고 있었다.

* * *

무더기무더기 뭉게구름이 한가한 푸른 하늘과, 그 하늘 밑에 풍성한 녹음과, 소나기 퍼붓듯 온 산에 가득한 매미소리와, 대웅전 뒤안 이가 시린 샘물과, 아침저녁 예불소리와, 그리고 그 동네 분위기는 또 얼마나 푸근하던가.

* * *

마당 오른편에는 큰 감나무가 풍성하게 가지를 늘어뜨리고 있고, 왼쪽 대밭 옆 장독대 곁에는 유자나무가 두 그루나 껑충하게 서 있었다. 담 밑으로 쑥갓과 아욱이 수북하게 자란 남새밭에도 조그마한 감나무가 세 그루나 주먹만한 감을 달고 있었고, 가지나무에는 가지가 주렁주렁 열려 있었다. 남새밭을 무릎 높이로 막아놓은 싸리나무 울타리를 따라 껑충껑충 늘어선 접시 꽃나무에는 붉고 하얀 꽃들이 탐스럽게 꽃망울을 터뜨리며 올라가고 있었다.

* * *

개울 쪽으로 가지를 늘어뜨린 자귀나무에도 꽃이 피어 있었다. 자귀나무 꽃은 실날같이 연분홍과 보라색 꽃술을 공작 꼬리처럼 시원스럽게 펼치고 있었다.

* * *

  벼가 파랗게 자라고 있는 들판 위에 뭉게구름이 그림처럼 부풀어오르고 제비들이 어지럽게 공중을 휘돌고 있었다. 나른한 여름 햇빛아래 멀고 가까운 동네들은 낮잠에라도 흥건하게 빠진 듯 고즈넉했다. 가을에 과일이 빨강과 노랑 등 원색으로 무르익을 대로 무르익어 있었다.

* * *

  호박덩굴이 무성한 돌담 안쪽 남새밭에는 가지나무와 고추나무가 수북하고 장독대에는 접시꽃나무가 키를 겨루고 있었다. 남새밭을 막은 댑싸리 울타리를 따라 맨드라미가 탐스럽고, 맨드라미 그늘에는 강아지가 불룩한 배를 내놓고 늘어져 있었다.

* * *

  들길에 나서자 벼들이 소리라도 지르듯 파도를 치고 있었다. 논두렁에 대우콩도 벼들과 얼려 히히덕거리듯 이파리를 너울거리고 제비들은 온 하늘이 제 세상인 듯 위아래로 어지럽게 미끄러졌다.

* * *

  돌담과 블로크 담이 겨끔내기로 바뀌는 골목길을 한참 들어갔다. 호박잎이 무성하게 기어오른 돌담 너머로 껑충껑충 솟은 접시꽃이 꽃망울을 터뜨리고, 옥수수와 사탕수수가 키를 겨루며 너울거리고 있었다. 옥수숫대는 마디마디에 수염을 늘어뜨린 옥수수를 아이처럼 업고 있었다.

(창작과비평사, 1996)

■ 송원희 「목마른 땅」

  백사장에 어둠이 덮히기 시작하자 한 줄기의 강물이 더욱 가까이 다가왔다. 해가 넘어간 저편 하늘엔 아직도 분홍빛 구름이 떠 있다.

***

철둑길을 넘어 강바람은 간간이 세게 불어오기도 했다. 지강배를 텅 빈 막차 버스에 태워 보내고 정시행은 걸었다. 훈훈한 5월의 대지의 열기와 흙내음까지 동반한 바람이 마냥 코 끝에 숨어들었다. 그런데 또 다른 강한 향기가 서서히 그의 전신을 둘러쌌다. 너무나 달콤하고도 어여쁜 향기였다. 그는 걸음을 멈추고 두리번거리며 그 향기의 출처를 찾았다. 야트막한 울타리 안에 만발한 배꽃이 이쪽을 향해 있었다. 별빛아래 한 그루 배나무는 수줍은 듯 고개 숙인 아리따운 여인처럼 아름다웠다.

(청림, 1987)

■ 신경숙 「깊은 슬픔」

"잠자는데, 이 꽃피는 소리가 들렸어" 꽃이 피는 소리를 새는 불빛아래의 투명한 노란 꽃을, 그 만큼이나 노래진 은서의 얼굴을 쳐다봤다.

까다로운 수선도 얼마간 공을 들이면 꽃을 볼 수 있는데 난은 은서의 손길을 탄지 삼 년이 되도록 꽃이 없었었다. 난의 가는 잎은 푸르디푸르렀다. 주근깨만한 점 하나 없이 쭉 뻗은 싱싱한 푸른 잎에 꽃술이 닿을듯하고 가는 바람처럼 향이 일어 은은했다.

(문학동네, 1994)

■ 신경숙 「등대댁」

총총한 별들이 밤하늘에 맑고 차갑게 떠 있다. 오리온자리는 우주에서 가장 아름다운 성운이라고 들었다. 지금 막 별이 태어나려고 하는 기가 막힌 곳이라고. 별을 만드는 기본재료가 꿈 같은 것이 아니고 우주의 별과 별 사이에 퍼져 있는 차가운 수소 분자 속의 가스와 먼지의 구름들이라고 해도, 나는 별빛을 보면 사람의 눈빛을 생각하게 된다. 어렸을 때 젊어서 일찍 혼자 된 고모는 여름밤에 평상에 나와 있다가 하늘에 유성 하나가 가로질러 서산 쪽으로 재빨리 사라질 때면 "영혼하나가 산 너머 갔다"고 말씀하시곤 했다.

(고려원, 1990)

■ 신경숙「딸기밭」

그날 밤 눈보라에 뿌리째 뽑힐 것같이 휘어지던 모과나무에 반짝반짝 윤이 나기 시작합니다. 봄산을 수놓을 다년초 풀들이 지금쯤 눈 속에 계곡물 소리를 듣고 있겠군여. 벌깨 덩굴이나 참마리들이요. 애기풀이나 희땃딸기가요.

* * *

게다가 눈 표면은 햇빛과 바람에 얼마간 굳어 있었지만 그 안은 눈가루 상태였어요. 뭐랄까여. 고운 밀가루 같은 흰 눈가루 위에 얇디얇은 비닐을 얹어놓은 격이랄까요.

* * *

병원 담장을 에워싸고 있는 개나리에 움이 트고 있는 걸 보았습니다. 하늘은 눈을 뿌리고 있는데 아랑곳없이 나무는 움을 틔우고 있었어요. 병원에 오기 전에 세상의 나무들이 이렇게 서로 아귀다툼하듯 봄을 기다리고 있는 줄은 몰랐습니다.

병원 뜰의 개나리만이 아니라 가로수로 심어져 있는 은행나무도 눈 속에서 한창 물이 오르고 있는 중이더군요. 이제 곧 움에서 어린애 귓볼 같은 진달래가 피겠지요. 연이어 백목련이 자목련이 앞뒤로 피고 산수유가 질 때쯤이면 산 속의 다람쥐들은 가시덤불 속의 붉은 딸기를 쪼아 먹겠지요.

* * *

빽빽한 창틀에 문이 밀리는 소리가 비명처럼 내 귓속을 파고들었다. 언

짧아졌다. 이마를 잔뜩 지프린 채 손바닥으로 창틀을 짚으면서 대문 옆의 포도 넝쿨에 시선을 주었다. 이제 막 돋은 연푸른 포도나무 잎들이 어린 새의 혓바닥들처럼 아침 바람에 간간이 흔들리고 있었다. 신기한 일이다. 겨울 내내 저 앞을 지날 때마다 이 메마른 것이 뭐지 싶어 비틀린 채 꼬여 있는 넝쿨을 쳐다보곤 했다. 앙상함을 떠나 아예 철사처럼 뻣뻣한 채 버려져 있는 꼴이 살아 있다는 생각이 전혀 안 들었으므로 어느 날은 성가셔서 툭툭 분질러버려 했던 적도 있었다.

* * *

저 어두운 밤하늘에 가득 덮인 먹구름이 밤새 당신 머리를 짓누르고 간 아침. 나는 여기 멀리 새벽강에 홀로 나와 그 찬물에 야윈 두 발을 담그고 서울이라는 아주 낯선 이름과 또 당신 이름과 그 텅빈 거리를 생각하오. 강가에는 안개가 가득 흘러가오.

* * *

오월의 그늘 속에, 녹색 잎새 속에, 촉촉한 흙 위에 붉은 딸기들이 납작납작 달려 있다. 바람이 불어 녹색 잎새가 한쪽으로 쓸릴 때마다 아직 솜털이 보송한 붉은 딸기가 수줍게 자태를 드러낸다.

* * *

바람이 불고 그때마다 잘랑잘랑 물결이 일렁인다. 만산 홍엽 중 호수에 진 단풍잎들이 물결을 타고 있다. 물새 떼가 수면을 차고 솟아오르고 있다. 초저녁부터 얼굴을 내민 초승달이 호수에 빠진 채 단풍잎들 사이에서 일렁인다.

* * *

한데 그새에 하늘은 말끔히 개고 별이 저렇게 많이 떴다. 동쪽으로도 서쪽으로도 잔별이 수두룩하다. 잔물결 속에 초저녁부터 떠오른 초승달도 비친다. "달좀 봐라…… 꼭 누가 앉아 있는 것 같다." 그는 호수에 비친 초승달에게서 눈을 떼고 밤하늘을 올려다봤다.

* * *

만수 배에 따라 연안의 산 그림자가 호수에 드리워져 호수면은 어느 때보다도 깊어 보였다. 근처에 벗나무가 있었을까. 벚꽃의 어린 냄새가 봄바람을 타고 그들 곁을 살랑거렸다. 새로 돋은 나뭇잎 냄새였는지도 모른다. 어쩌면 새로 돋은 나뭇잎 냄새였을까. 아니 겨울을 보낸 뒤 폭신폭신해진 산길의 흙 냄새였는지도 모른다.

* * *

영안에서 무당개구리가 울고 있었다. 풀씨와 곤충들이 수도 없이 떨어져 있는 호수. 무당개구리들은 밤낮없이 수면 위에 떨어져 있는 풀씨와 곤충들을 입질하려고 펄쩍거렸다. 호수의 연안 곳곳엔 초롱꽃, 달맞이꽃, 쑥부쟁이, 강아지풀들이 어지럽게 자라나 있었다. 개구리가 호수의 연안으로 많이 올라오는 까닭은 물가에 먹잇감인 곤충들이 떠다니고 있어서이다. 폭우가 한번 지나가면 곤충의 풀씨들은 폭우와 함께 수몰되었다가 곧 물위에 다시 떠서 살랑거렸다. 밤이 깊어지면 물 속의 물고기들도 수면에 떨어진 풀씨와 곤충 사냥에 나설 것이다.

* * *

물 속의 흙이 자갈이 둥둥거리는 수초가 편안하고 부드럽다. 그는 여기에 오래도록 머물러도 좋겠다는 생각을 한다. 여기가 머물기에 가장 알맞은 장소 같다고 하지만 혀에 상처를 입은 향어가 그를 콱, 물었다. 향어는 강렬하게 그를 낚아채어 물 밖으로 밀어낸다. 그는 눈꺼풀 위에 앉아있는 새우들을 털어 내며 눈을 번쩍 떴다. 새벽인가. 초저녁부터 하늘의 잔별들 속에 승희처럼 앉아 있던 초승달이 까닥까닥 이울고 있었다. 아름다운 호수다. 옛날에는 향어가 살았고 이제는 누치, 붕어, 모래무지가 살고 있는 호수다. 어디에나 있고 어디에도 없는 호수다.

***

　나무들 사이 새떼들 사이로 바람이 일렁이고, 새벽바람이 스치는 대로 배추며 고춧대들이 갸우뚱거린다. 굽은 길 표시 뒤로 다시 속도를 줄이라는 큰 팻말이 이정표처럼 서 있다. 새벽바람은 논과 밭 너머 나는 알지 못할 정도로 이동하는 철새떼처럼 멀리 비탈을 미끄러져 돌고 있다.

***

　길은 조용하게 뻗어 있고, 들도 조용하게 펼쳐져 있었으며, 산 또한 조용하게 나무들을 숨기고 있는 곳이었다. 꽃이라면 봉숭아, 채송화, 과꽃쯤이나 될까. 전체적으로 울뚝불뚝하지 않고 지평선이 멀리 내다보이는 평야지대였다.

***

　맞은편 산엔 오전 햇살이 투명하다. 물위로 햇살이 어려 있는 단풍이 떠 내려오고 있다. 물떼새가 남대천 하늘을 원을 그리며 빙빙 돈다.

(문학과지성사, 2000)

■ 신경숙 「풍금이 있던 자리」

　마을로 들어오는 길은, 막 봄이 와서,
　여기저기 참 아름다웠습니다. 산은 푸르고⋯⋯ 푸름 사이로 분홍 진달래가⋯⋯ 그 사이⋯⋯ 또⋯⋯ 때때로 노랑 물감을 뭉개놓은 듯, 개나리가 막 섞여서는⋯⋯ 환하디 환했습니다. 그런 경치를 자주 보게 돼서 기분이 좋아졌다가도 곧 처연해지곤 했어요. 아름다운 걸 보면 늘 슬프다고 하시더니 당신의 그 기운이 제게 뻗쳤던가 봅니다. 연푸른 봄산에 마른버짐처럼 퍼진 산벚꽃을 보고 곧 화장이 얼룩덜룩해졌으니.

(문학과지성사, 1993)

■ 신달자 「겨울 속의 겨울」

바람이 불고 있었다. 바람이 차갑게 때려 왔다. 나무의 잔가지라도 꺾이고 있는지 바람은 비명을 지르며 울고 있었다.

그러한 바깥의 풍경으로 방안은 더욱 차가운 분위기를 만들고 있었다. 싸늘한 방안 분위기에 내 몸은 적나라하게 꿈틀거리고 있었다. 깊은 바다 속의 해초처럼 몸이 미끈대며 흐느적거렸다. 바람은 격렬하게 피울음을 토하며 요란한 발자국 소리를 내며 지나갔다. 그에 따라 내 몸의 움직임도 높은 파도를 타며 신음 소리를 내었다.

* * *

가을은 행동하는 계절이 아니라 생각하는 계절이기 때문일까. 너울대던 흥분들이 다 가라앉고 여름의 고조된 열기도 다 정겨운 온도로 낮아져서 누구나 주변에서 머물러 있기를 거부하고 천천히 서서히 본질로 다가서는 생의 대화를 희망하는 계절인가 보다.

그래서 가을은 나를 달리게 하거나 뜀뛰기를 하게 하거나 박자가 빠른 노래를 부르게 하지는 않는다.

가능한 한 깊게 넓게 진지하게 아니면 정직하게 치열하게 안으로 안으로 다져지게 선량하게 자기와 마주서는 계절이 아닐까 생각해 본다.

* * *

잎 벗은 나무들이 그 여린 가지에 햇살을 받고 있었고 겨울 들판의 무정한 추억들과 헤어진 채 잠들어 있었다.

그렇다. 그 나무들, 그 들판, 그 모두는 뜨거운 나의 증인들이다. 그 어느 계절도 나를 지켜보지 않은 순간들은 없었다. 부딪치지 않아도 코피가 터지면 그 걱정의 외로움과 절망 속에서 고명의 가슴을 겨울바람에 식히던 세월을 그 자연들은 알고 있다고 나는 생각했다.

(춘추사, 1993)

■ 신달자 「노을을 삼키는 여자」

나는 파도 소리에 묻히면서도 가슴까지 울리는 긴 한숨을 내리쉬며 다시 침대에 몸을 던졌다.

저 파도 소리. 밤바다의 파도 소리를 듣는 것은, 그것도 이렇게 홀로 듣는 것은 처음이었다.

파도 소리는 정확히 간격을 두고 밀려오고 밀려가고 했다. 애써 귀를 열지는 않았지만 파도 소리는 점점 내 귀 가까이 다가오고 있었고, 이 세상에 살아 있는 것은 나와 파도 소리뿐인 것처럼 느껴지기도 했다.

그 파도 소리는 때때로 가슴 깊은 곳에서 반란처럼 솟구치는 두려움과 분노를 잠재우듯 다독거리기도 했지만, 대체로 나의 감정들을 더 부추겨 달아오르게 하거나 당혹할 정도로 격정적이게 하기도 하였다.

파도 소리…… 나는 저 물의 함성에 뜻밖에도 에로틱한 관능적 욕구를 일깨우는 유혹적 손길이 있음에 스스로 놀랐다.

물과 물의 애무, 저 불타는 포옹이 낳는 것은 무엇일까. 적어도 이별이나 파괴, 배신은 아닐 것이라는 엉뚱한 비약을 하면서 나는 나의 손으로 가슴을 쓸었다. 소녀 시절이나 대학시절, 바다를 끝없는 낭만의 대상으로 바라보면서 마냥 바라보고 듣기만 해도 감격적으로 좋았던 바다의 파도의 동경이 도대체 무엇에 있었던가를 잠시 완전히 잊었다.

파도 소리는 다만 지금 내 안에서 잠재울 수 없게 출렁이는 욕망 그 이상은 아니었다. 그리고 분노의 무성한 꽃이었다.

파도와 나는 그렇게 밤새 제 몸 하나로 쏠리고 쏠려 가고 그리고 엉켜 문지르며 울먹였다.

부서지는 파도는 결코 조각나지 않는다. 흩어진 파도의 물방울은 다시 한 덩이로 쏠려 더 큰 울음이 되곤 했다.

* * *

그해 봄날은 더욱 찬란한 햇살로 눈부셨다. 캠퍼스에 쏟아져 내리는 봄

햇살은 마치 수천 개의 바늘을 내리 뿌리는 것처럼 반짝였고 때로 그 빛살은 물처럼 유연하게 캠퍼스 안을 흐르고 있는 것처럼 느껴졌다.

학교 정문 앞의 라일락 나무는 그런 햇살 속에서 눈물겹게 맑은 초록빛의 새싹을 내밀고 있었고, 무엇보다 학교 뒷문 동산에 어우러진 진달래, 개나리가 자지러지게 함성을 지르며 흐드러지게 피어나고 있었다.

군데군데 선 목련은 이미 여자의 젖살 같은 흰 살결의 꽃잎을 부끄러운 듯 서서히 열어가고 학교 정원사들이 꾸며 놓은 앞마당의 둥근 정원에는 튤립과 수선화를 무더기로 심어 놓아 사뭇 이색적이기도 했다.

붉은 튤립과 노오란 수선화는 서로 빛깔이 정반대이면서 놀랍도록 잘 조화를 이루었는데 바람이 불 때마다 서로 살결을 부비며 흔들리는 모습은 가히 고혹적이라고 할 수 있었다.

캠퍼스 안은 바야흐로 완연한 봄이었고 봄의 절정에 다다라 있었다. 그래서 우리는 적잖게 흥분해 있었다.

* * *

우유 빛깔의 모련꽃이 지고 경일여고의 교정엔 모란꽃이 부풀고 있었다.

황금 모란과 자줏빛 모란이 환상적인 색감을 연출하며 피어있는 교정을 걸어 들어가며 나는 피아니스트의 손이 건반 위를 미끄러지는 듯한 탄력성을 느꼈다.

* * *

그날 밤 달빛은 그야말로 신이 살아 있다는 믿음을 자연스럽게 가질 수밖에 없을 정도로 아름다웠다. 달그림자가 공원 가득히 내려 땅을 밟기조차 조심스런 그런 신비한 밤이었다.

나는 생각보다는 더 떨리는 마음을 진정시키며 동빈이 서 있는 곳으로 다가가고 있었다.

잎을 벗은 가을 나뭇가지가 하늘에 난을 그린 듯 그 선이 고왔다. 달빛이 더욱 어색한 분위기를 고조시키고 서로 말을 꺼내지 못하고 있었다.

* * *

비가 내리고 있었다. 연 사흘 거칠게 내리는 비는 정확하게 단 몇 시간도 그치지 않고 내리고 있어서 마치 어떤 강력한 명령에 의해 그렇게 내려야 하는 것처럼 보였다.

때로는 빗줄기라고 말할 수 없이 그냥 물이라는 것이 쏟아져 내린다고 해야 옳을 것 같았는데 어디선가 순조롭게 흐르던 강이 참을 수 없는 분노 때문에 하늘로 치솟았다가 쏟아지는 것처럼 보이기도 했다.

어젯밤에는 번개와 천둥이 급기야 지상의 종말을 부를 것만 같았다. 하늘과 땅이 한꺼번에 깨어져 가루가 될 것 같았고 번개의 마술적이면서 공포스러운 빛이 인간을 잠시 자성적인 자세로 만들어 놓기도 하였다.

새벽녘에 친 번개를 따라 하늘을 가르며 창가를 밝히던 불빛은 내 가슴 속으로 쳐들어와 오랫동안 수런거렸다.

* * *

별로 멀리 느껴지지 않는 곳에 키 큰 산들이 하늘에 닿을 듯 높이 서 있는데 그 산의 허리쯤이 구름에 가리어져 신비함을 자아내고 있었다.

그리고 보니 날씨가 약간 흐려 있었다.

차츰 산들의 모습은 서서히 자취를 감추고 구름으로 거대한 산을 이루었다가 큰 치마 같은 구름에 가리어졌던 산이 설핏 그 몸체를 드러내기도 하였다.

(자유문학사, 1991)

■ 신달자 「눈뜨면 환한 세상」

비행기 창밖으로는 아름다운 고국의 황혼녘이 준엽을 맞아주고 있을 터였다.

비낀 저녁노을을 한 아름 안고 있을 들판의 시골 마을들, 그 마을들을 안

온하게 감싸주고 있을 포근한 산, 산을 끼고 바다로 천천히 흘러갈 쪽빛 강…… 어느 곳에서도 볼 수 없는, 고국이기에 볼 수 있는 정겨운 풍경들이 뇌리 속에 아른거렸다.

* * *

어느덧 계절은 봄으로 치닫고 있었다. 겨울의 끝 무렵이었지만, 봄 내음은 여기저기서 풍겼다. 연구소 안으로 스며드는 햇볕은 예전같지 않게 나른했고, 생명을 다한 잔설들은 밑으로 스며들어 땅을 촉촉하게 적시며 아지랑이를 피워 올렸다.

봄바람은 심란한 준엽의 마음을 그나마 달래주었다. 생명이 움트는 모습을 지켜보니 차츰 마음이 안정돼갔다.

* * *

산 위로 펼쳐진 하늘을 푸르렀고 햇살이 부드러웠다. 햇살은 단풍 위에 부서져 운치를 더했고, 고추잠자리들은 떼를 지어 다니면서 가을을 노래했다.

어느 것 하나 불거져 나온 것 없이 고향의 정경은 조화롭고, 평화스러웠다.

(포도원, 1995)

■ 신달자 「두 사람을 위한 하나의 사랑」

신사동 산동네를 거쳐 산길을 오르면 벌써 잠에서 깨어난 나무들이 반갑게 눈인사를 하고 가을을 맞는 풀잎들이 이슬을 머금고 알은 체를 합니다.

산에서 바라보는 모든 것은 아름답습니다. 약수터가 있는 곳까지 다다르면 그땐 이미 환하게 붉은 아침. 아침노을이 건너편 먼 산 위로 축등처럼 켜지면 아 나는 행복합니다.

* * *

비는 물이며 소리이다.

물이며 소리이면서 나에게 와서 그것은 다정한 악수가 되고 명징한 자각이 된다.

비가 오는 날밤 잠 못 이루는 것은 그래서 나에겐 자연스러운 것이다.

* * *

푸른 가을 하늘은 푸른빛 중에서도 여왕이다. 아무리 맑은 가을 물 속이라도 거기 푸른 하늘이 담겨야 제대로 물빛의 성스러운 경지에 이른다.

단풍 빛은 붉은빛 중에서도 가장 다양한 색의 비밀을 가지고 있다.

요염한 정념의 빛깔이기도 하고 맺혀 옹이진 한의 빛깔이기도 하고 꽃빛 울음의 진한 빛깔, 잡귀와 액을 쫓는 주술의 붉은 빛깔을 띠기도 했다. 때론 노을빛이 어우러진 장미, 사루비아, 맨드라미가 다발로 엉켜진 듯한 빛깔을 토해놓기도 하는 것, 그것이 단풍의 빛깔이다.

노오란 국화 색은 어떤가

푸른빛과 붉은 빛의 강렬함에 조금도 동요됨이 없이 제 빛깔을 고요히 지니고 있다.

가을 서리가 밤새 그 연약한 꽃잎을 쓰라리게 덮어도 그것도 그뿐, 아침 햇살에 맞먹는 해바라기 빛깔을 띠고 있다.

노오란 색이 지닌 평범하면서 평범치 않은 힘을 국화꽃에서 만날 수 있는 것은 단숨에 사람의 눈을 확 끌어들이지는 못해도 묵묵히 제 빛깔을 뿜어내는 성실성이 있기 때문이다.

* * *

상긋하다고나 할까 가을과 은밀한 악수가 이르게 있었기는 해도 아직은 나무들은 초록을 그대로 거느리고 한여름 번성했던 녹음의 푸르름을 놓지 못하고 석별의 아쉬운 인사를 끝내지 못하고 있었다.

* * *

그래, 이 바람이다. 오랜 세월을 같이한 익숙한 사람의 향기 같은 부드러운 감촉의 바람결은 분명 가을의 체후이다.

* * *

아무리 바라봐도 배가 부르지 않았던 허기의 바다, 돌아서면 또 그리운 그런 바다였다. 수평선이 바라다 보이는 진초록이 바다가 아득히 펼쳐져 있고 가슴을 쪼개며 우는 듯 흰 포말을 일으키며 치는 파도 위에는 알 듯 모를 듯한 물새가 날고 있었다.

깊은 듯하면서도 잔잔히 흐르는 강, 말없이 옆에 다가가 있으면 그만큼의 깊이로 속삭이며 친근감을 느끼게 하는 강은 끝없이 이어진 강변을 하루해가 저물도록 걷게 하는 마력을 지닌 것이기도 했다.

* * *

첫새벽에 떠올린 한 잔의 물, 이름하여 그것이 정화수였다. 그때의 물은 이미 물이 아니었다. 그것은 기구의 혼, 삶을 바람하는 소망의 기도, 간절한 자신의 헌납이기도 했다. 그렇게 맑게, 그렇게 단정히, 그렇게 투명히 살리라는 다짐이기도 했을 것이다.

나는 그 물을 들여다보며 그 물이 내가 그리워하는 바다, 강 그런 것의 한 부분이라고 생각했었다. 그 안에 분명 바다가 있으리라고.

그러나 물은 그것뿐만이 아니었다. 까마득히 높은 곳에서 줄줄이 뛰어내리는 물줄기, 그것을 폭포라 이름했다. 쉴새없이 뛰어내리는 물의 투신, 갈가리 찢겨지며 낙하하는 폭포의 울음소리를 나는 좋아했다.

(고려원, 1988)

■ 신달자 「백치애인」

미끈미끈하게 잘 생긴 나무들이 빽빽이 들어찬 숲은 연인들에게 있어선 어쩌면 신이 허락한 방인지도 모른다. 나무들이 벽을 이루는 황홀한 자연의 방. 그래서 숲은 걷노라면 축복받는 기분이 들고 쭉쭉 뻗은 나무들을 보면 희망을 품게 된다.

숲은 숲 자체가 따뜻한 가슴이 되고, 부드러운 팔이 된다.

원하는 사람에게는 은밀한 밀실이 되어주는 것이 또한 숲이 아니던가.

숲은 꿈꾸게 하기 때문이다. 좌절하기보다는 소망을 갖게 하고 미워하기보다는 사랑하게 한다. 소녀시절에 손을 잡고 숲을 걸어가는 연인의 사진을 너무나 아름답게 보았던 기억이 있다. 숲은 다정하게 하고 화해하고 행운이 있는 장소로 나에겐 지금도 남아있는 것이다.

* * *

숲이란 말은 초록의 새잎 냄새가 난다.

그 때가 비록 영하의 겨울 새벽이었다 하더라도 숲길을 걸으면 살아 움직이는 따스한 생명력을 느끼게 한다. 숲에 들어서면 분명 혼자임에도 불구하고 혼자가 아니라는 생각을 하게 된다. 숲에 오기까지는 혼자였는데 숲에 오니 드디어 혼자가 아니라는 강한 믿음을 갖게 되는 것이다.

숲이 나를 기다려 나를 혼자가 아니게 한 걸까, 아니면 숲에는 언제나 나와 마주하는 하나의 영혼이 나를 마중하고 있는 것일까. 그래서일까, 숲에 들어오면 돌아왔다는 생각을 하게 된다. 외롭고 추운 여행길에서 드디어 고향에 첫발을 내어 디딘 그 때의 설레임이 숲에 들어설 때 영락없이 가슴을 치받는 것이다.

쓸쓸히 떠돌던 여행길에서 한시도 잊은 적이 없는 먼 옛날의 그리운 양지쪽의 도란거리던 유년시절의 숲은 어디에선가 숨쉬고 있는 듯하고 한순간에도 쭉쭉 뻗어 가는 미래의 비약적인 꿈의 눈부신 환상이 또한 숲의 나무마다 걸려 있는 듯 느껴지는 것이다.

숲은 너무나 오랜만에 찾아와도 결코 낯설지 않다. 어젯밤에 밤인사를 나누고 헤어져 다시 아침인사를 나누는 그런 밀착된 다정함이 실로 오랜만에 찾아 온 숲에서 느껴지는 건 참 이상한 일이다.

숲은 어울려 있음, 그 밀접한 화목 때문일까 혼자서는 결코 숲이 될 수 없는 진실된 관계 때문일까 그 화목과 관계로 이어진 사랑 때문일까 숲은 누구나 그 안에서 추운 마음을 위로 받게 되는 것이다.

* * *

산은 지금 마디마디 불을 놓고 있을 것이다.

걷잡을 수 없이 막무가내 타오르는 사랑의 불길처럼 연기도 없이 미친 듯 불이 붙고 있을 것이다.

여름 내내 애태우던 마음들이 그 푸르디푸른 욕망의 잎새들이 이제사 마음을 터놓고 밤새 밀회를 즐기다가 더는 견딜 수 없어 속수무책으로 활활 타오르고 있을 것이다.

산은 지금쯤 불바다를 이루고 한마디도 남기지 않고 이야기를 나누며 서로서로 안아 들이고 있을 것이다. 어떤 명령도 그것을 정지시킬 수 없고 어떤 예리한 비수도 그 불을 자를 순 없을 것이다.

(자유문학사, 1988)

■ 신달자 「사랑에는 독이 있다」

비가 내리고 있었다. 풀잎들은 깊숙이 비에 젖고 있었다. 약간 바람이 불었을까 들고 있는 우산이 흔들렸다. 길 좌우 양편으로 수명이 오래된 은행나무들이 줄지어 선 어느 공원의 입구였다. 부옥은 어깨를 반쯤 적시며 혼자 그 길을 걷고 있었다.

빗방울이 나뭇잎에 부서지고 있었다. 우산 위로 떨어지는 빗소리가 울림 좋은 타악기의 소리처럼 느낌이 좋았다. 부옥의 발자국 소리만이 호젓한 그 길을 깨우고 있는 중이었다.

* * *

비는 그치지 않고 내렸다. 먼 산의 윤곽이 눈에 들어왔지만 물안개에 가려 산의 모습이 제대로 보이지 않았다. 세상은 물안개로 가득하고 빛깔이 있는 것은 은행잎뿐이었다.

은행잎은 비에 젖으며 더 고운 빛깔을 내고 있었다. 유아원의 아이들이 크레파스로 그린 앙증맞은 노란 병아리의 날개 같은 느낌을 주었다.

그러나 빗속에 잠기는 은행잎은 원하지 않는 아픔에 떠밀리듯 빗물에 암울하게 젖어들고 있었다. 날이 어두워지는지 멀리 보이는 마을의 집들에서 불빛이 하나둘 켜지고 있었다. 은행나무 가로수가 하나 건너에서 벌써 보이지 않을 만큼 날은 어두워지고 있었다.

(문학수첩, 1997)

■ 신달자 「성냥갑 속의 여자」

둑 옆의 들판엔 한 열흘 전에 내린 눈이 쌓여 얼어 있었고 햇살을 받아 가만히 들여다보면 눈이 부실 것 같았다.

또 한차례 강한 바람이 불어왔다. 바람은 멀리 보이는 들판에서 낮게 낮게 다가와 점점 더 큰 몸짓으로 둑 위에 회오리를 치고 지나간다.

마치 먼 수평선 쪽에서 잔잔히 밀려오던 파도가 점점 큰 몸짓으로 다가와 드디어 바위에 크게 부서지는 것과 같아 보였다.

파도 같은 바람-그 같은 바람을 가르며 우리는 천천히 걸어서 둑의 끝에 도달했다. 바람이 목놓아 울었다. 무슨 한이 그리 깊은지, 무슨 원통한 일이 가슴을 쥐어뜯는지 바람은 온몸을 갈갈이 찢으며 울었다.

(자유문학사, 1993)

■ 신상웅 「심야의 정담」

어느새 파릇파릇 잔디가 자라고 있는 한 뼘의 땅을 지켜 서자 피를 빨며 자라 퍼렇게 독기 서린 풀잎에서 비린내가 확 풍기는 것 같았다.

* * *

셋은 그리고 서서 경이 실려 넘어갈 앞쪽의 먼 능선을 바라보았다. 그러나 거기엔 아무런 음모도 서려 있지 않았다. 다만 능선 사이에 자욱하게 깔린 희뿌연 안개가 열심히 어둠을 빨아먹고 있을 뿐이었다.

* * *

판초 앞자락을 걷어들고 거의 기다시피 하고 있는 그의 등받이에 화살 같은 빗줄기가 내려 꽂히고 있었다. 그러나 그들이 숲을 헤치고 자리를 잡아 앉았을 때는 그렇게 세찬 빗줄기 같지 않았다. 빳빳한 속새풀조차 비바람에 못 견디고 비스듬히 드러누워 버린 걸 보면 극성스런 소나기인 건 틀림없는데도 그렇게 무섭게 쏟아지고 있다는 느낌을 주지 않았다.

* * *

보기 흉한 가시나무가 멋대로 자라고 있는 울타리 근처에는 겨울 내내 내버려져 있었으리라 믿어지는 코스모스가 뿌리를 단 채 썩어 가고 있었다.

* * *

시큰하게 낙엽 썩는 냄새를 맡으며 민욱은 고개를 젖혀 지붕처럼 가지를 맞대고 곧게 뻗은 수목의 꼭대기를 올려다보았다. 조는 듯한 미풍이 그 끝을 간지르고 있었다.

(동아, 1995)

■ 심상대「망월(望月)」

달이 떴다. 연 이틀 대밭 머리에서 후드득거리던 가랑비가 어제 저녁나절 그치고, 새벽부터 종일 맑은 뒤라 둥글고 커다란 열엿새 만월이 대밭 위로 떠올라 마당가 감나무 꼭대기에 걸렸다. 만월은 청청한 달빛으로 흘러 내려 물오른 오월의 감나무를 통째 흠뻑 적시며 이파리마다 윤기를 더하고, 그 아래편으로 쏟아져서는 상추며 쑥갓, 고추 포기와 오이순이 줄지어

선 돼지막 맞은편 텃밭을 훤하게 드러내 보이고 있다.

* * *

달은 더욱 밝게 빛난다. 밤나무꽃으로 뒤덮인 산자락은 희디희게 부서지는 달빛의 내다. 밤꽃 냄새가 진동한다. 한 모롱이 산굽이를 돌자 소쩍새 소리가 들린다. 또 한 모롱이 산굽이를 돌자 계곡 건너 산자락의 밤나무밭 위에 내려앉은 달빛이 길게 펼쳐져 너울거린다. 밤꽃 냄새가 휠휠 풍겨난다. 다시 한굽이 산자락을 돌아든다. 문득 달을 가리웠던 구름장이 재빨리 스쳐 지나가면서 어둠을 머금었던 천지가 다시 밝아진다. 그리고 수많은 묘지의 봉분들이 달빛 아래에서 일어선다.

(솔, 1999)

■ 심상대「신금오신화」

농가의 지붕 위로 향기 짙은 바람이 불고 허공에는 아름다운 광채가 가득 차 있었다. 맑은 샘은 바위 곁을 굽이쳐 돌아 나와 돌다리 아래를 졸졸졸 소리 내어 흐르고, 작은 물고기는 날씬날씬 헤엄치며 물 속에서 노닐었다. 과일나무는 가지마다 온갖 실과를 주렁주렁 매달고 있었으며 들판에는 곡식들이 탐스럽게 영글어 구수한 냄새가 천지에 진동했다. 길목마다 남녀노소의 웃음소리가 그칠 줄 모르는데, 늙은이는 강가에서 낚싯대를 드리우고, 아이들은 낭랑하게 글을 읽고, 청춘남녀는 얼굴을 맞대고 어우러져 흥겹게 노닐고 있었다. 오곡이 무르익는 들녘에는 장구 소리, 나각 소리, 태평소 소리가 바람결에 흘러 다녔고, 솜덩이 같은 구름이 내려앉은 먼 산에는 푸르른 산봉우리만이 의연하게 솟아 있었다.

(솔, 1999)

■ 심 훈 「불사조」

지리하던 장마가 들었다. 한 주일 동안이나 퍼붓던 비는 서울 한 복판을 지글지글 끄리던 더위와 흐더분한 띠끌을 한바탕 흘부시어 내었다. 얕은 하늘에 칡넝쿨 같이 서리었던 구름장은 선들바람에 쫓기어 바닷속의 풀잎 처럼 흐느적거리다가는 스러지는 저녁 노을에 물이 들어서 산호가지 같이 빨갛게 타는 상 싶다.

(계용묵 『문장사전』, 1953)

■ 심 훈 「상록수」

달은 둥 뒤의 산마루를 타고 넘으려하고, 바람은 영신의 옷깃을 가벼히 날리는데 어느 듯 밀물은 그의 눈앞까지 밀려 들어와, 날름날름 모래 바닥을 핥는다.

굴 껍데기로 하얗게 더께가 앉은 바위에 찰싹 찰싹 부딪치는 파도 소리 뿐, 온 누리는 아담과 이브가 사랑을 속삭이던 태고적의 삼림 속 같은 적막에 잠겨 있다.

* * *

누에가 뽕잎을 써는 것처럼 부시럭 부시럭하는 소리가 간간이 머리맡에서 들렸다. 처음에는

'이게 무슨 소릴까?'

하고 속으로 중얼거리면서 들창 앞으로 다가앉으며 창 밖으로 중얼거리면서 들창 앞으로 다가앉으며 창 밖으로 귀를 기우렸다. 이번에는

뚝, 뚝, 후드득 후드득

개초를 그저 못해서 뒷겻 헛간에 묶어서 세워놓은 집단과 수수깡이 사이에서, 잊어버릴 만큼이나 오랫동안 듣지 못하던 소리가, 점점 크게 똑똑하게 잦은가락으로 들린다.

바람이 일어, 청솔까지로 둘러싼 산울을 우수수우수수 흔들다가, 덧문 창호지에 굵은 모래를 끼얹는 듯이 휘뿌리는 것은 틀림없는 비 소리가 아닌가.

"오호, 빗소리"

* * *

십 년만에 만나는 친구의 음성인들 이 빗소리 보다 더, 반가우랴. 흉년이 들겠다고 벌써부터 쌀금 보릿금이 오르고, 초목의 새싹들이 지지리 타들어가도록, 온갖 생물이 목 말라하던 대지 위에 뚝뚝 떨어지는 빗방울 소리와 그 비를 휘몰고 들어오는 선들바람의 교향악-그것은 오직 하늘의 처분만 바라보고 사는 농민의 귀에라야 각별히 반갑게 들리는 소리다.

* * *

이른 아침 물 속에서 닦여 나온 듯이 선명한 태양이, 바다 저편에 봉긋이 솟아오를 때, 동리 한복판의 두 아름이나 되는 은행나무가 선 언덕 위에서 나팔 소리가 들린다.

* * *

머리를 들면 황금가루 같은 달빛이 쏟아져 내리고 머리를 숙이면 그 달빛을 실은 물결이 천 조각 만 조각으로 부서지며 눈과 영혼을 황홀케 한다.

* * *

칠월의 초승달은 명색만 떴다가 구름 속으로 잠겼는데, 동리 한복판인 은행나무가 선 언덕 위에서 난데없는 화광이 여기저기 일어난다.

* * *

동혁이가 동네 어구로 들어서자, 맨 먼저 눈에 띄는 것은 불그스름하게 물들은 저녁 하늘을 배경 삼고, 언덕 위에 우뚝 우뚝 서 있는 전나무와 소나무와 향나무들이었다. 회관이 낙성되던 날, 그 기쁨을 영원히 기념하기 위해서 회원들과 함께 파다 심은 상록수들이 키돋움을 하여 동혁을 반기는 듯, "오오! 너희들은 기나긴 겨울에 그 눈바람을 맞구두 싱싱하구나! 저렇게 싯푸르구나!"

(범우사, 1990)

■ 심 훈 「영원한 미소」

농촌의 달은 유난히도 밝다. 티끌하나 없는 대지 위에 달빛은 쏟아져 내려, 초가집 지붕을 어루만진다. 아득히 내다보이는 바다는 팔팔 뛰는 생선의 비늘과 같이 번득인다.

* * *

벌판에는 논배미마다 물이 가득가득 고여서 논두렁으로 철철 넘쳐흘러, 왼통 바다를 이루어 비스듬히 내려 쪼이는 석양을 눈이 부시게 반사한다. 수영이가 침울하게 지내던 며칠 동안에 봄은 여러 거름이나 산과 들로 기어들었던 것이다.

* * *

구름장이 눈사탕처럼 녹아내리듯, 자회색 아지랑이가 산허리를 휘감았다가는 마루턱이로 골안개처럼 피어오른다.

(계용묵 『문장사전』, 1953)

■ 심 훈 「7월의 바다」

바다 위에는 저녁 바람이 일어 성낸 물결은 바윗돌에 철석 철석 부딪친다. 내 얼굴에는 찬 빗발이 뿌리고 백양목은 더 한층 처량한 소리를 내며 회색빛 하늘을 비질한다.

* * *

흰 구름이 벽공에다 만물상을 초잡는 그 하늘을 우러러보아도 맥파만경

(脈波萬頃)에 굼실거리는 청청한 들판을 내다보아도 백주의 우울을 참기 어려운 어느 여름날 오후였다.

(계용묵『문장사전』, 1953)

■ 안수길「북간도」

바람이 불고 있었다. 문에 모래가 휘몰아쳤다. 그리고 그것이 이번엔 유난히 세다고 생각되자 우당탕 부엌문이 열어 젖혀졌다. 모래가 불려 들어오는 순간, 휙 남폿불이 꺼졌다.

* * *

바람은 그냥 불고 있었다. 그리고 바람은 여전히 마른 갈바람이었다. 본래의 더운 기운이 불붙는 용정 하늘에서 불기운을 전해 오는 듯 했다.

(동아, 1995)

■ 안수길「신이 잠든 땅」

하늘도 넓고 맑게 개어 있었다. 마치 고국의 가을 하늘처럼 투명한 색채로 눈부시게 푸르러 있었다. 부드러운 새털구름이 기차가 가고 있는 북동쪽을 향하여 빠르게 하늘 복판을 달려가고 있었다.

(하나로, 1997)

■ 안장환「갈대꽃」

바다. 푸르다 못해 검은 빛깔로 일렁이는 바다. 파도는 거칠었다. 산등성이만큼씩이나 큰 거센 파도는 마치 멍석을 말아 올리듯이 굴러와서는 모래바닥을 두드려 대고는 산산조각으로 흐트러졌다.

(한라, 1989)

■ 안장환 「산그늘」

한여름을 느끼게 하는 유월의 더위는 해가 기울자 선선해지기 시작했다. 버스에서 내린 선우는 검푸른 빛으로 변하는 먼 산을 바라보았다. 웅장한 산맥이 계곡을 덮어 누를 듯 그림자를 드리우고 있었다. 말로만 듣던 지리 산이었다. 원시림을 방불케 하는 계곡으로 안개덩어리가 구름처럼 이동해 올라가고 있었다.

* * *

그런데 시간이 늦어지면서부터 날씨가 흐려지더니 갑자기 위에서부터 안개가 서서히 덮여 내려오고 있었다. 곧 비바람이라도 쏟아질 것 같은 기상이었다.

* * *

안개는 점점 더 짙게 시야를 가렸다. 그런데 높은 산에서 만난 안개는 그 동안 서울에서 보아오던 안개와는 달랐다. 구름처럼 뭉쳐서 강물이 흐르듯이 빠르게 이동하는 것이었다.

* * *

아침 공기는 신선하고 맑았다. 촉촉한 안개가 수목 사이로 빗질을 하며 이동해 가자 동쪽에서 찬란한 햇빛이 숲 속을 비추기 시작했다.

* * *

잔뜩 흐린 날씨였다. 여름철의 지리산은 기상의 변화가 심했다. 안개가 걷히는 듯 하다가도 그 안개는 구름처럼 덩어리로 몰려서 이동을 하다 갑자기 비를 퍼부었다. 그리하여 온 통 산이 무너져 내릴 것 같은 무서운 폭우로 변하기도 했다.

* * *

선우는 방안에 누워서 앞산을 멍하니 바라보고 있었다. 바람이 계곡을 쓸고 올라올 때마다 참나무 숲이 하얗게 뒤집혀서 파도처럼 일렁이었다.

* * *

숲 속은 온통 나무와 덩굴이 우거져서 발이 걸리고 머리가 걸리곤 했다. 나뭇가지를 뒤덮고 늘어진 덩굴에는 머루와 다래가 주렁주렁 열려서 가을을 기다리고 있었다.

* * *

겨울의 낮은 짧았다. 산과 산이 첩첩으로 이어져 있고, 계곡이 깊기 때문에 아침 늦게 떠오른 해는 중천에 떠 있는가 하면, 어느새 서산마루로 기울곤 했다. 산 속의 겨울은 눈부신 세계였다. 나무들은 언제나 눈꽃으로 어우러져 있고, 건너편 산비탈은 햇빛을 받아서 은빛으로 빛나고 있었다.

(신원문화사, 1996)

■ 안장환「타인들」

산 속의 아침은 싱그러웠다. 밤에는 뻐꾸기소리, 개구리소리에 잠을 설쳤지만, 아침에 일찍 잠이 깬 것은 아마도 신선한 공기 때문인지도 몰랐다. 영은은 산장 뜰로 나섰다. 뒷산 울창한 소나무 숲으로 안개가 구름처럼 피어 올라가고 있었다. 계곡의 풀과 나무들은 이슬을 머금고 더욱 신선하게 빛났다. 그것들은 마치 싱그럽게 숨을 쉬고 있는 것만 같았다.

(신원문화사, 1996)

■ 양귀자「모순」

볼품없는 맨가지로 서 있을 때는 눈에도 띄지 않다가 늦봄이 되어 레이스 같은 보랏빛 꽃송이들이 매달리기 시작하면 향기와 함께 누추한 골목길을 환하게 만들어 주는 라일락.

* * *

"해질녘에는 절대 낯선 길에서 헤매면 안돼. 그러다 하늘 저켠부터 푸른 색으로 어둠이 내리기 시작하면 말로 설명할 수 없을 만큼 가슴이 아프거든. 가슴만 아픈 게 아냐. 왜 그렇게 눈물이 쏟아지는지 몰라. 안진진, 환한 낮이 가고 어둔 밤이 오는 그 중간 시간에 하늘을 떠도는 쌉싸름한 냄새를 혹시 맡아본 적 있니? 낮도 아니고 밤도 아닌 그 시간, 주위는 푸른 어둠에 물들고, 쌉싸름한 집 냄새는 어디선가 풍겨 오고, 그러면 그만 견딜 수 없을 만큼 돌아오고 싶어지거든. 거기가 어디든 달리고 달려서 마구 돌아오고 싶어지거든. 나는 끝내 지고 마는 거야……."

* * *

"이거, 실꽃풀이야. 실처럼 가늘고 눈처럼 흰 꽃이 하늘을 향해 총총 피어 있는 모습이 너무 예쁘지. 이런 몸을 하고 바위틈에서 자란다면 믿겠니?"

* * *

바다는 다시 보아도 좋았다. 간간 고깃배가 떠 있고 고깃배 위로 뭉개구름 몇 조각이 친구하며 따라가는 풍경을 지나자 가파른 절벽 밑의 푸른 물결이 나타났다. 미풍에 흔들리는 물결은 자잘하고도 섬세한 무늬를 만들고 있었다.

저 바다에 광풍이 불기도 한다는 것을 어떻게 믿을 수 있으랴.

나는 활짝 내린 창턱에 고개를 괴고 물끄러미 바다만 보았다. 파도에 부서지는 가을 햇볕 사이로 갈매기도 날았다. 거기 갈매기가 살고 있다는 너무 당연한 사실 앞에서 나는 새삼스레 놀라기도 했다. 사랑에는 몰입 할 수 없었지만 바다는 온 정신을 바칠 수 있을 만큼 아름다웠다. 사랑이 아름답다고 하는 말은 다 거짓이었다. 사랑은 바다만큼도 아름답지 않았다.

(살림, 1998)

■ 염상섭 「삼대」

밖은 함박눈이 퍼부어서 삽시간에 하얗게 쌓이니 우중충하던 방 안이 도리어 환해졌다.

(진문, 1948)

■ 염상섭 「새 설계」

해는 벌써 넓은 뜰을 건너가, 맞은편 담벽에까지 기어올라가고 있으나, 종일 달은 마당에서는 더운 김이 훅훅 오르고 외양간 집 위로 쫙 퍼진 박넝굴은 잎사귀 하나 까딱 않고 서향볕이 내리쪼인다. 외양간 속은 보기에는 서늘히 그늘이 졌으나 씩씩 가슴께를 벌렁거리며 침을 질질 흘리는 어미소도 땀을 뻘뻘 흘리는 듯 싶고 옆의 송아지는 더위에 지쳐 퍼더버리고 옆에서 졸고 있다.

(계용묵 『문장사전』, 1953)

■ 염상섭 「이심(二心)」

두 세 걸음, 한 방울 두 방울씩 산뜻 산이 얼굴을 건드리는 빗방울이 전차길을 나오기 전에 옷 젖기 좋을 만큼 솔솔 소리없이 온다. 아침결 뜸한 동안에 꺼떡 꺼떡하던 신작로는 촉촉히 번거름하게 젖어간다.

(계용묵 『문장사전』, 1953)

■ 오성찬 「단추와 허리띠」

파도는 우리의 발 밑까지 밀려와 부서지고, 코발트빛 바닷물은 그 밑의 흰모래들을 투명하게 드러내고 있었다. 얼마나 걸러지면 저런 빛깔이 나올까. 나는 문득 바닷가에 밀려온 시체 같은 것을 떠올렸다.

(지성문화사, 1988)

■ 오성찬 「몽둥이」

해거름의 띠살창에 바래어진 햇볕이 한창 머물고 있었다. 새털구름들이 몇오라기 흩어져 있는 하늘은 투명했다. 하루 종일 울어서 지친 애매미가 쉬엄쉬엄 우는 소리가 들렸다.

(지성문화사, 1988)

■ 오성찬 「종소리 울려 퍼져라」

나는 둑가에 엉덩이를 대고 앉았다. 바닥이 찬 것이 계절감을 느끼게 했다. 고개를 들어 반원형으로 에워진 절벽을 올려다보았다. 물가의 자연식생 나무들은 거의가 늘 푸른 나무들이었으나 그 중에는 벚나무 같은 잎 지는 나무도 있어 그것들이 누르죽죽하게 단풍이 들어가고 있었다. 특히 담팔수나무는 상록수이면서도 아랫도리부터 이파리 색깔이 물들어가면서 잎이 지고 있었는데, 선홍색의 이파리 몇 개가 푸른 수면에 떠 있는 것이 선명하고 섬뜩하게 시야에 들어왔다.

* * *

소를 끌고 바닷가 벼랑으로 나가보면 겨울 가뭄에 거북이 등처럼 갈라진 바닷가 논바닥에는 일찍 돋아나는 뚝새풀들이 마디가 살쪄가고 있는 것을 어렵지 않게 보게 된다. 논 두둑에는 자운영도 돋아나고 묵은 잔디들도 속에서부터 물이 오르기 시작한다. 봄은 바다 멀리로부터 와서 삽시에 온 섬을 자기들의 수중에 사로잡아 버린다. 꽃들이 피고, 새들이 맑은 소리로 지저귀고, 섬은 온통 봄기운으로 완연해진다.

* * *

해가 넘어갔는지 이제 바다는 차츰 검푸른 빛으로 짙어져 오고, 바람이 거세지려는가 물살도 먼데서부터 희끗희끗 일어나 밀려오는 게 보였다. 높은 데서 내려다보니까 그것을 거대한 바다 자체가 거친 몸짓으로 설레이는 것 같았다.

* * *

이 계절이면 야산에 무더기무더기 지천으로 피어나는 수국은 연보라빛이었다. 아니, 그것은 정확하게 말해서 처음에는 연청색이었다가 활짝 벌어지면서 연보랏빛으로 변하고, 나중 질 때가 되면서는 그 색깔마저 퇴색해져 희멀끄름한 회색으로 땅에 떨어져 가장 처절하게 모든 화려했던 것들은 쇠퇴해지고, 모든 있었던 것들은 결국 없어지고 만다는 이치를 웅변으로 말해주고 있는 듯했다.

* * *

안개는 뜬금없이 장대비도 몰고 왔다. 갑자기 후두둑거리는 빗소리가 들려서 고개를 들고 바깥을 내다보면 하늘과 땅이 가뿍 맞붙게 비가 쏟아지고 있곤 했다. 이런 때 비는 흙바닥을 마구 헤집어놔서 진한 흙 냄새가 콱 코를 찌르곤 했다. 묵은 부엌에서 맡은 것도 같고 대장간의 흙벽에서 맡았던 것도 같은 야릇한 냄새. 그러나 그 냄새는 왠지 사람을 꼿꼿하게 일어앉히고, 경건하게 만드는 일면이 있었다. 이런 장대비가 수국의 이파리에 줄창 내릴 때는 수국의 이파리들은 가련하게도 파뜰거리며 떨었다. 그것은 참 안쓰러운 춤이라고나 할까, 발광과도 같은 것이었다.

그러나 비는 이내 그치고 이번에는 한 무리 안개가 몰려왔다. 나는 언젠가 산 속에 갔을 때 울창한 숲 속에 안개가 꽉 끼어서 그것들이 배회하는 것은 보았는데, 이제도 내가 안개들은 숲 속에 살고 있다는 생각을 못 버리는 것은 그때의 인상 때문인지도 몰랐다. 그리고 젊은이들이 그렇게 음습해질 수밖에 없는 것 또한 순전히 안개 때문이라고 나는 생각하고 있었다.

(답계, 1999)

■ 오정희 「불놀이」

햇빛이 작은 무지개를 만들며 유리조각 안으로 모여들기 시작했다. 황색의 테로 가득 하얗게 밝은 공간은 유리알을 움직임에 따라 아주 동그랗게 길둥글게 형태를 바꾸기도 한다. 흰빛이 더 이상 밝아질 수 없을이만치 가득 차면 날카로운 빛의 한 점으로 연기가 피어오를 것이다.

* * *

대문 기둥을 짚고 우두커니 밖을 내다보던 인자의 눈길이 버릇처럼 마당 귀퉁이, 감나무에 가 닿았다. 얼마 전가지 성깃성깃하던 이파리가 제법 짙푸르게 우거지고 늘 영조가 올라가 앉는, 둘로 갈라진 가지께로 햇빛이 휑하니 비쳐들고 있었다. 인자는 위태롭게 걸터앉은 영조를 지켜보듯 이파리 사이의 부연 햇살을 오래 바라보았다.

(동아, 1987)

■ 오정희 「불의 강」

목련, 자목련, 백목련, 예전에는 집안의 뜰에도 심지 않았다던 주술적인 초혼(招魂)의 꽃. 어머니의 백골에서 피어나던 영혼. 그것은 조화(造花)의 견고성을 가지고 한밤중 전등알처럼 흰빛을 내며 소리없이 터져, 순결한 처녀의 혼백으로 동동 떠다니다.

(문학과지성사, 1999)

■ 오정희 「산조」

밤나무는 마침 꽃을 피워 독한 꽃 냄새는 먹물 속처럼 한량없이 검고 깊은 숲에 희끄무레한 얼룩을 만들어 숲을 더럽히고 있었다.

(동아, 1995)

■ 오정희 「옛우물」

강은 완연히 봄빛을 띠고 있었다. 먼 산은 아직 잎이 피지 않은 부드러운 갈색으로 아득하지만 강둑을 따라 늘어선 버드나무 가지에는 연둣빛 기운이 안개처럼 어려 있었다.

(문학과지성사, 1995)

■ 오정희 「유년의 뜰」

8월로 접어들자 감나무 이파리는 윤기나는 감청빛으로 더욱 두꺼워지고 이파리 그늘에 숨을 듯 다닥다닥 달린 보다 엷은 빛의 열매는 작은 감자만큼이나 굵어졌다.

(동아, 1995)

■ 오정희 「직녀(織女)」

나는 플라타너스 같기도 하고 은백양 같기도 한, 잎을 휘도록 달고 있는 나무를 바라본다. 그것은 햇빛에 부딪혀 쟁강거리는 잎새로 가지마다 다닥다닥 열매를 은폐하고 있었다. 손가락 사이를 좀더 넓히고 반짝이는 잎들을 바라보다가 나는 아, 소리를 지르며 두 눈을 감아 버렸다. 무성한 잎 사이로 얼핏얼핏 내뵈는 것은 풍작의 과일처럼 주렁주렁 달린 남근(男根)이었다.

* * *

당신이 쉬엄쉬엄 올라가는 언덕 길가로 나무들이 서 있다. 나무가 휘어질 듯 달린 잎들은 은백양 나뭇잎처럼 반짝이고, 햇빛이 부딪히면 캐스터네츠의 울림처럼 쟁강쟁강 맑은 소리를 내었다. 언덕길은 희게 부풀어 숨을 깔아 놓은 듯 보였다.

(동아, 1995)

■ 오정희 「파로호(破虜湖)」

　혜순은 그대로 들창을 연 채 새벽이 오는 것을 바라보았다. 수면이 희미하게 차츰 부풀어오르며 그 고요함 속에 물발이 서듯 수초가 일어서고, 산이 차츰 엷어졌다. 물가의 새벽은 믿을 수 없이 고요했다. 물에서 피어오르는 안개가 자욱이 골짜기를 메우고 물에 뜬 산은 그대로 물 따라 흐르는 듯 보였다. 밤새 물에서 기어 나와 사르락대며 돌아다니던 조개들은 미처 물 속에 숨기 전 자욱이 내려앉은 흰 새떼에게 살을 앗기고 빈 껍질만 남았다. 안개가 채 걷히지 않은 이른 아침 아이들은 가랑잎 같은 배를 저어 학교로 갔다.

(청문각, 1996)

■ 오탁번 「내가 만난 여신」

　언덕의 양쪽으로 갖가지 가을 나무들이 우거져 있었다. 가을 나무들은 푸른 하늘 위로 손을 뻗쳐, 크레파스를 문질러대는 장난꾸러기 아이들처럼 숨쉬는 소리도 내뿜고 풋풋하고 향기로운 몸냄새도 풍겨대고 있었다.

* * *

　여신은 아까와 같은 자세로 청징한 가을 햇빛을 받고 있었다. 가을 나무들은 후둑후둑 잎사귀를 떨구며 여신을 닮아 나체로 서기 시작했다. 해님이 뒷산으로 숨고 어스름이 깔리자 보랏빛 투명한 어둠이 캠퍼스의 구석구석으로 스며들었다.

(금성, 1987)

■ 원재길 「그 여자를 찾아가는 여행 (상)」

　길을 가다가 우뚝 걸음을 멈춰서면 그 앞에는 늘 커다란 나무가 버티고

서 있었다. 목이 부러질 정도로 고개를 쳐들고 하아 하고 수천 장의 잎사귀가 물고기떼처럼 파드득거리는 나무 위를 올려다보았다.

* * *

번쩍하고 번갯불이 야광칠을 한 칡뿌리로 컴컴한 하늘을 한 대 훌려치면 나도 모르게 오줌을 찔끔 쌌다. 직후에 우르르쾅 하고 고막을 터뜨릴 듯한 폭발음이 들리면 다시 한방울 쌌다. 빠다닥 하고 강판이 뽀개지는 소리가 들릴 때도 있었다. 천둥소리의 진동이 얼마나 큰지 온몸으로 갸우뚱거리는 느낌이었다.

* * *

눈으로 헤아릴 수 없을 정도로 소나무가 몇 그루밖에 안 자라는 거대한 잿빛 바윗덩어리였다. 먼 거리 동네 주위를 원형에 가까운 산이 둘러치고 있었다. 자연이 만들어 놓은 원형 경기장이었다. 우리가 올라선 산 하나만 돌산이었지, 마을의 다른 쪽 삼면을 두른 산은 짙푸른 빛깔의 나무가 빼곡이 자라고 있었다. 석양빛은 돌산의 정 반대편에서 산과 산이 만나는 지점의 계곡 틈새로 길게 흘러 들어오고 있었다. 그 빛이 서서히 어두워지는 마을의 중심부를 기다란 비단띠처럼 눈부신 무늬를 뽐내며 내달리는 장관을 연출했다.

* * *

불과 4, 5미터 앞에 호수가 있었다. 지척에서 뜨거운 기름방울처럼 물방울이 튀어 오르는 너른 호수가 펼쳐졌다. 호수 저편으로 먼 거리는 보이지 않았다. 뿌연 물보라가 전체로 둥글게 뒹굴면서 이동하고 있었다. 호수는 마치 물이 아니라 안개가 짙게 깔린 맨땅 같았다. 마음만 먹으면 어렵지 않게 맨발로 걸어서 지나갈 수 있을 듯 했다.

(문학동네, 1994)

■ 원재길 「모닥불을 밟아라」

십여 마리의 새떼가 머리 위를 날아서 강물 한복판을 향해 날아갔다. 물안개가 뭉실뭉실 피어오르는 강은 신비스러운 느낌을 주었다. 바람에 물안개 한 쪽이 떠밀리면서 먼 곳까지 강물이 눈에 들어왔다. 그러나 건너편이 보이지 않는 걸로 봐서 상당히 폭이 넓은 강이었다.

(문학동네, 1997)

■ 원재길 「오해」

지난해 늦가을 어느 날은 날씨가 보기 드물게 쾌청했다. 일년에 그처럼 맑고 상쾌한 날씨는 며칠 되지 않을 듯했다. 겨울날에 운동장만한 얼음판이 쩡 소리를 내며 갈라질 때의 서늘함과 상쾌함이 느껴졌다. 하늘은 영섭이 호주 출장 때 비행기에서 내려다 본 남태평양의 바닷물보다 푸르렀고, 막바지의 단풍을 뽐내는 나무들은 프랑스의 어느 미술관에서 본 인상파 화가들의 황혼녘을 그린 그림처럼 다만 눈을 시리게 아름다웠다.

(민음사, 1996)

■ 유안진 「종이배」

겨울 바닷가. 잿빛의 암담함뿐인 겨울 바다. 사방은 온통 짙은 잿빛뿐이어서 오히려 아득한 태고적의 그 음침한 흔들림만 있는 듯, 천천히 미동하는 생명체가 잿빛 바다와 하늘을 흔들며 태어나고 있는 듯한 착각. 어둠과 빛이 분화되기 전 태초의 움직임이 바로 이런 것이었을 듯. 표정 없는 얼굴로 어눌한 몸짓으로 서서히 그 모습을 드러내는 생명의 원형이 나타날 듯, 그런 분위기가 적막한 잿빛 겨울 바다라고 할까.

(자유문학사, 1996)

■ 유익서 「키노의 전설 빅토르최」

이리나를 따라 걷는 동안에도 빅토르의 시선은 줄곧 호수에서 떨어지지 않았다. 그의 시야에는 바람에 흔들리는 꽃잎처럼 가늘게 나비치는 파도가 들어와 있었고 부질없이 수면을 쪼며 먹이사냥을 하는 갈매기들이 그려져 있었다. 그의 심장은 조금씩 호수 빛깔로 물들어 갔다. 처음 바이칼은 그에게 매우 평범한 모습으로 다가왔다.

* * *

마을을 벗어나자 길은 완만한 경사를 이루며 호반을 따라 이어 졌다. 마을과 한참 멀어졌을 거라고 여겨진 순간 그 길은 벼랑 위에서 끝나있었다. 벼랑에 서서 바라본 호수는 에메랄드처럼 빛났고 아까와는 달리 아름답게 보였다. 호수 건너편의 산들은 꿈속의 풍경처럼 아늑해 보였고 호면에 드리워진 그 산그림자는 신비해 보이기까지 했다. 게다가 수묵화처럼 형체가 지워진 건너편 산들은 사람의 발자취가 한 번도 닿지 않은 처녀지처럼 보였다. 어쩌면 그곳에 가면 천사를 만날 수 있을지 모르리라는 엉뚱한 생각이 들기도 했다.

(세훈, 1996)

■ 유재용 「꽃은 피어도」

하늘이 싸늘하게 개여 있었다. 구두 밑에서 땅이 얼음덩이처럼 단단했다. 겨울 들어 첫 추위였다. 떠도는 골목바람이 피를 얼릴 듯했다.

* * *

그들은 걸음을 이어갔다. 개나리꽃 색깔이 어지럽도록 눈부셨다. 그들은 개나리 울타리를 따라 걸었다. 바람은 자고, 햇볕은 개나리 꽃잎 위에서 아롱거렸다. 개나리 울안 장독대 옆에 앵두꽃이 수줍게 피어 있었고, 그 그늘에서 노랑 검정 병아리들을 거느린 어미닭이 발톱으로 그늘을 파헤치고 있었다.

(작은책, 1990)

■ 유재용「벌초」

시골마을을 등 뒤로 하고 버스길을 따라 십 분쯤 걸어가니까 길은 오른쪽으로 갈라져 비탈져 오르며 산갈피를 파고 들어간다. 소나무, 참나무, 오리나무, 산밤나무, 개벚나무, 아카시아, 현사시나무 등 잡목 숲을 낀 그 길은 두 사람이 겨우 엇갈려 지나 다닐 수 있을 만큼 좁다. 돌이 비죽비죽 내민 맨흙길이다. 질경이가 억세게 퍼져 길 복판에마저 촘촘히 돋아나 있다. 납작납작한 풀이니 망정이지 풀밭과 길을 구별하기 어려울 뻔했다.

* * *

길가에 우거진 풀섶에서는 찌르륵찌르륵 풀벌레 우는 소리가 들려 온다. 이재성 씨는 느릿느릿 비탈길을 오르며 길가에 우거진 들풀들 위로 눈길을 보낸다. 우선 한삼덩쿨이 눈에 띈다. 명아주, 비름, 들깨풀, 패랭이, 엉겅퀴, 도깨비바늘풀, 쐐기풀이 보인다. 그리고 강아지풀, 새바랭이, 개보리, 참새귀리, 돌피, 억새풀이 뒤섞여 우거져 있다.

이름 모를 때, 그것들은 그냥 통틀어 들풀이고 잡초다. 여름철 들이나 산에 가면 어디서나 지천으로 우거져 흔해빠진 풀들. 낯이 익으면서도 거리낌없이 짓밟고, 뽑고, 자르고, 꺾어 버릴 수 있던 풀, 아니 인간의 생활 주변에서는 되도록 없애 버리려던 풀, 잘해야 퇴비나 불쏘시개로나 쓸 수 있을 뿐인 천덕꾸러기 풀이다.

잎새와 줄기와 이삭들이 초록색 하나 속에 한 덩어리로 얽히고 설키고 범벅되어 모습을 가려낼 수도 없던 그 풀들이, 이름을 알고 부터 각기 남다른 모습과 남다른 의미를 지닌 것처럼 보이기 시작한다.

* * *

형을 따라 산을 오른다. 가을숲 사이로 석양이 비껴든다. 서늘하고 건조한 바람이 숲을 흔든다. 마른잎이 우수수 떨어져 내린다. 이미 떨어져 쌓인 낙엽들이 몸을 뒤채이며 버석거린다. 형은 걸음을 멈추고, 열 가신 햇살이 비껴드는 숲 사이사이에 시드는 잔디옷을 입고 누워 있는 무덤들을 바라본다. 여름 내내 푸르렀을 숲을 떠올라 보인다. 무성한 여름 숲 속에 숨어 앉았던 가을이 여름을 털어 버리고 몸을 일으킨다. 가을 숲 속에 숨어 앉은 겨울의 숨소리가 들린다. 눈덮인 겨울 숲 속으로 봄이 숨어든다.

* * *

고갯길 옆 산기슭에는 다 익은 열매를 가지 휘어지게 매단 사과밭 배밭이 여기저기 널려 있었고, 아직 연두색 밤송이를 매단 산밤나무도 보였다. 골짜기 바닥을 흐르는 실개천을 따라 듬성듬성 일구어 놓은 조각밭에는 김장용 무 배추가 파랗고, 밭 가장자리로는 잎이 찌들어 쇄버린 호박덩굴이 시들어 가는 잡초 속에 뒤헝클어져 있었다. 주기적으로 되풀이되는 생명현상에서 생명력의 전성기는 언제인가. 꽃의 계절인가, 줄기와 잎의 계절인가, 열매의 계절인가. 조금 한가해진 윤관의 머릿속에 문득 그런 생각이 비집고 들어왔다. 산야를 덮은 수풀의 외형은 아직 한여름인 듯 무성했지만 퇴조하는 윤기와 색채, 그리고 드리운 그늘 속에 배어든 쓸쓸함이, 그 수풀을 어딘가 이미 지나가 버린 것의 잔영처럼 느끼게 해주었다. 긴 목을 뽑아 세운 억새풀이 바람에 흔들리는 모습이 빠르게 스쳐 지나가는 세월을 깨닫게 해주고 있었다.

(한겨레, 1990)

■ 유재용 「태양 아래서」

우유빛 하늘이 포근하게 대지를 감싸고 있었다. 하늘은 융처럼 폭신해 보였고, 햇볕은 권태로운 듯 흐릿해서 날씨가 따뜻한 까닭은 햇볕보다는 하늘빛깔에 있는 듯했다. 대기는 나른하게 늘어져 있었다. 계산없이 무턱대고 팽창해만 갔다. 어쩌자고 무작정 팽창해만 가는가. 대기를 따라 온갖 사물이 팽창해 가고 둥둥 떠오르고, 이윽고 분방한 흐름을 이루어 놓았다.

* * *

절벽이, 절벽 비슷하게 경사가 급한 곳이 있었다. 높은 언덕이라고도 할 수 있었고, 낮은 산이라고도 할 수 있는 높이였다. 천연의 바위절벽이 아니라 사태져 이루어진 듯한 흙의 절벽이었다. 묘지가 보이지는 않아도 상당한 수심을 지닌 강물이 바싹 다가서서 흐르고 있었다. 위쪽에는 듬성듬성 나무들이 서 있었다.

그들은 그 위에 올라가 강물을 향하고 걸터앉았다. 태양은 이제 기울어 엷어진 사양이 먼 산들을 보랏빛으로 물들여 놓았다. 잔잔한 강물 속에 하늘이 잠겨 있었다.

(작은책, 1990)

■ 유진오 「화상보(華想譜)」

저녁부터 나리기 시작한 눈은 밤을 접어들자 펑펑 쏟아지기 시작했다. 응접실 유리창에서 내다보면 고요히 눈 나리는 장안이 꿈속의 나라 같이 아득하게 어리어 보인다.

(계용묵 『문장사전』, 1953)

■ 유현종 「유리성의 포로」

즐겁기만 한 오후였다. 계곡을 흘러내리는 강물은 맑고 푸르기만 했고 발을 담그면 가슴까지 시원한 곳이었다. 수환씨와 아버지는 버티고 선 채 쏘가리 사냥에 여념이 없었고 영준과 상원은 벌거벗은 채 수영을 했다. 골짜기에 물안개가 끼고 황혼이 내리기 시작했다.

(신원문화사, 1987)

■ 윤대녕 「불귀」

차창 밖에는 은비단처럼 반짝이는 금강이 온갖 적멸의 빛을 끌어안은 채 떠내려가고 있었다. 그와 함께, 공주가 떠내려간다……라는 터무니없는 상념이 갑작스레 뇌리에 꽂혀든 것은 차가 심하게 구부러진 산마루를 돌아가는 데서 오는 착시일 터였다. 이름하여 대티고개가 아닌가.

(문학동네, 1994)

■ 윤대녕 「사막의 거리, 바다의 거리」

그리고 미농지빛의 어둠이 덮이기 시작하는 언덕바지에서, 그대와 나는 가뭄같은 흉흉한 풍경과 마주하고 있었다. 우리는 누가 먼저랄 것도 없이 저절로 그 자리에 붙박여 서서 이내 울음보가 터질 듯한 얼굴로 서로의 얼굴을 쳐다보고 있을 따름이었다. 그 순간 그대와 내 마음을 동시에 물들이고 있던 것은 당인리 발전소 뒤켠에서 지고 있던 검붉은 노을빛이었다. 요량할 수 없이 넓어지고 있는 풍경 앞에서 그대와 나는 헛숨을 내쉬느라 용을 쓰고 있었다.

* * *

"바다는 수평축에 자리잡고 있는 피안의 세계를 내포하고 있는 공간이라고 합니다. 또한 바다는 신화적 원수 관념을 가지고 있죠."
"그래요, 달과 맺어짐 관계만 하더라도 바다는 지극히 신화적입니다. 사전적 지식을 빌리자면 변화를 대동한 항구성, 순간이 뚜렷이 부각되는 영원성 따위 말입니다."
"하늘로 가는 배, 라는 말이 있죠? 바다가 수평의 피안을 뜻한다면 하늘은 수안의 수평을 뜻한다는 거죠. 그러니까 하늘로 가는 배란 수평과 수직 즉 두 피안의 중복을 상징한다는 겁니다."

(열림원, 1997)

■ 윤후명 「산역」

최씨 아저씨가 사려는 산에서 바라보이는 그 바다는, 그토록 많은 고깃배와 어부를 통째로 삼킨 누범(累犯)이었음에도 불구하고 늘 미수에 그친 것처럼 무언가 생생한 감동을 지니고 있었다. 가난과 슬픔과 아우성이 한데 어울려 녹아서 더욱 색감 좋은 해갑청(蟹甲靑)의 청록색을 띠는 것일까.

(좋은 느낌, 2000)

■ 윤흥길 「기억 속의 들꽃」

"야아, 저게 무슨 꽃이지?" 그런데 그 애는 놀람 대신 갑자기 풍딴지같은 소리를 질렀다. 말 타듯이 철근 뭉치에 올라앉아서 그 애가 손가락으로 가리키는 곳을 내려다보았다. 거대한 교각 바로 위 무너져 내리다 만 콘크리트 더미에 이전에 보이지 않던 꽃송이 하나가 피어 있었다. 바람을 타고 온 꽃씨 한 알이 교각 위에 두껍게 쌓인 먼지 속에 어느새 뿌리를 내린 모양이었다.

"꽃 이름이 뭔지 아니?"

난생 처음 보는 듯한, 해바라기를 축소해 놓은 모양의 동전만한 들꽃이었다. "쥐바라숭 꽃……" 나는 간신히 대답했다. 시골에서 볼 수 있는 거라면 명선이는 내가 뭐든지 다 알고 있다고 믿는 눈치였다. 쥐바숭라이란 이세상엔 없는 꽃 이름이었다. 엉겁결에 어떻게 그런 이름을 지어낼 수 있었는지 나 자신 또한 어리벙벙할 지경이었다.

"쥐바라숭꽃…… 이름처럼 정말 이쁜 꽃이구나. 참 앙증맞게두 생겼다."

또 한바탕 위험한 곡예 끝에 그 애는 기어코 그 쥐바라숭꽃을 꺾어 올려 손에 들고는 냄새를 맡아보다가 손바닥 사이에 넣어 대궁을 비벼서 양산처럼 팽글팽글 돌리다가 끝내는 머리에 꽂는 것이었다. 다시 이쪽으로 건너오려는데 이때 바람이 휙 불어 명선의 치맛자락이 훌렁 들리면서 머리에서 꽃이 떨어졌다. 나는 해바라기 모양의 그 작고 노란 쥐바라숭꽃 한 송이가 바람에 날려 싯누런 흙탕물이 도도히 흐르는 강심을 향해 바람개비처럼 맴돌며 떨어져 모양을 아찔한 현기증으로 지켜보고 있었다.

(시와 시학사, 1995)

■ 윤흥길「낫」

남쪽 하늘 아랫도리 한 자락을 묵직하니 짓누르고 앉아 있는, 어지간히 우락부락하게 생겨 먹은 험산이었다.

* * *

바야흐로 산서가 깨어나고 있었다. 혹심한 가뭄과 불볕더위에 지친 나머지 한나절 인사불성이 되어 낮잠에 혼곤히 취해 있던 산서의 땅덩어리 전체가 웬 수상한 틈입자들의 냄새를 맡고는 우쩍우쩍 기지개 켜는 소리와 함께 부산스레 자리를 차고 일어서는 참이었다.

(문학동네, 1995)

■ 윤흥길「묵시의 바다」

달빛 아래서 부옇게 살아 꿈틀거리는 바다, 바다와 맞닿아 발목쟁이까지 푹푹 잠기는 펄, 어기적어기적 밤마을 나왔다가 인기척에 놀라 허겁지겁 구멍 속으로 숨느라고 돌창게들의 움직임이 부산스럽고, 덕지덕지 바위를 덮은 따개비들이 무수히 눈에 띄었다.

* * *

어느덧 초소에서는 해를 볼 수 없게 되었다. 한바탕 자지러지게 불타오르던 놀빛도 나문재의 붉음도 이젠 흐리마리 그 때깔을 잃었고 오직 전형적인 리아스식의 심한 만곡을 이룬 바다만이 아직도 서쪽 산협 사이를 빗자루질 하듯 수평으로 몰아쳐 비치는 넉넉한 잔광을 받아 놋대야처럼 번들거렸다.

* * *

가운데 실개울을 끼고 양옆으로 발달한 취락이 크고 작은 산들로 병풍을 두른 분지 안에 옴팍 들어 앉아서 스러지기 직전의 햇볕을 무척 아쉬워하는 풍경이었다. 기차를 타고 시골을 여행하다 보면 어디에서나 만날 수 있는 그런 평범한 마을이었다.

* * *

신경질이 날 만큼 대단한 달빛이었다. 달은 불암사가 있는 수리봉 옆으로 삐주룩이 올라서더니 그가 늘 유방봉이라고 부르는, 성숙한 여인의 젖둔덕 모양으로 멀리서 탐스럽게 도드라져 보이는 두 개의 봉우리를 삽시에 유린하면서도 내친김에 개펄까지 내리 훑는 그 여세를 멈출 기색이 아니었다.

* * *

먼동 같은 희붐한 월색이 방문에 서려 그러잖아도 우중충하기만 한 방안 풍경을 더 한층 을씨년스런 모습으로 바꿔 놓는다. 봉창에 끼운 손바닥 크기의 유리쪽을 통하여 낮처럼 밝은 바깥 풍경이 좁장하니 기어 들어온다. 무서리라도 내린 듯 달빛은 맞은편 산등성이에 하얗게 깔려 있고, 마당가에선 참죽나무 서너 그루가 이쪽으로 길쭉길쭉 시원스런 그림자들을 둘만 눕혀서 보내곤 세워서 보내곤 하는 듯하다.

* * *

구름 한 점 없이 벗겨진 하늘이 유별나게 높아 보였다. 황해 연안에서는 살진 숭어와 물매기 그리고 여러 가지 자잘한 젓갈 감들이 한창 많이 잡히는 시기였다. 바다 위엔 꽁댕이배나 발동으로 움직이는 안강망 어선과 안쪽 포구 사이를 내왕하면서 고기를 실어 나르는 자그만 상곳배들의 행렬이 끊이질 않았고, 철을 따라 옮아온 물 새떼가 물굽이 부근에 까맣게 모여 있었다. 옆으로 지나가는 배가 있을 때마다 그것들은 한쪽에서부터 차례로 날개를 펴 하늘을 빙빙 돌다가는 다시 내려앉아 헤엄을 치곤 했다. 썰물이 훑고 간 후의 갯바닥에서 보는 나문재들은 그 붉음이 더욱더 진해 보였다.

* * *

고갯마루에 다다르자 돌개의 전경이 한눈에 들어왔다. 지금은 물이 흐르지 않는, 자갈뿐인 개천을 끼고 크고 작은 두 개의 자연부락이 들어앉아 있었다. 그리고 인가가 그치는 곳에서 한길 하나를 건넌 다음 바로 바다가 보였다. 시선을 가리는 산과 언덕들 때문에 그것은 바다의 한 부분이라기보다는 차라리 호수에 가까웠다. 다만 호수에서는 줄지어 몰려오는 모양만이 그것이 바다임을 강조하고 있을 뿐이었다.

* * *

지난밤부터 날이 흐리더니 새벽녘에 이르자 그에 빗방울이 후둑후둑 듣기 시작했다. 비는 바람을 몰고 왔다. 가을비답지 않은 세찬 비가 종잡을 수 없이 이리저리 강풍에 흩날렸다.

* * *

바다를 우두커니 마주하고 있었다. 한쪽이 내려앉고 다른 한쪽은 끌어올라 하늘과 바다가 한 몸으로 맞닿은 꼴이었다. 암회색 구름에 덮인 하늘이 아무렇게나 마구 풀어 헤뜨리는 것이었고, 바다는 또 바다대로 허옇게 뒤집혀 물머리를 곧추 세우면서 와글와글 굴러다니고 있었다.

* * *

성난 물결이 파도를 앞장세워 개펄을 벙벙히 휩쓸고 있었다. 어김없이 그 위에도 어둠이 내려앉고 있었다. 그리고 어두워질수록 톱날 같은 파도의 이빨은 더욱 허옇게 돋보였다.

(문학사상사, 1978)

■ 은희경 「그것은 꿈이었을까」

　붉은 기운이 조금씩 스러지면서 능선은 검은 실루엣으로 변해갔다.
　햇빛을 받아 수없이 다양한 초록색을 머금고 겹겹이 살아 움직이던 나무들은 점점 숨이 잦아드는 듯 하더니 하나의 평면 안에 조용히 갈무리되었다. 가지와 잎의 흔들림도 이제 거의 보이지 않았다. 숲은 죽음을 기다리는 지혜로운 노인처럼 깊어지는 어둠에 편안히 몸을 맡기고 있었다. 어둠이 서서히 두터워졌다. 숲 전체가 완전히 어둠에 잠기려는 순간, 작은 바람 한 자락이 밖에서 놀던 아이의 걸음으로 서둘러 돌아와 나뭇잎을 들추고는 그 안에 깃들였다. 그러자 완전히 어두워졌다. 어둠은 완결되어 침묵 속에 갇혔다. 한 몸이 된 암흑과 정적. 모든 것이 사라졌고 시간이 지나는 것도 알 수 없었다. 소실점이라고나 할까. 장소와 시간이 모두 사라져버린 어떤 절대 속에 그녀와 나만 남아 있었다.

(현대문학, 1999)

■ 은희경 「그녀의 세 번째 남자」

　25일 오수 4시 10분부터 약 30여 분 간 서울 일원 하늘에 시커먼 먹구름이 끼여 '한낮 속의 밤' 같은 현상이 일어났다. 이 때문에 차량들이 모두 라이트를 켠 채 운행했고 시민들은 불안해 기상청에 문의 전화를 걸기도 했다. 기상청은 한랭전선이 지나갈 때 대기가 불안정해지면서 구름 두께가 평시보다 두 배 이상 두꺼운 십 킬로미터 정도 되는 경우가 있으며 어제 낮에도 같은 현상이 일어났다고 설명했다.

(문학동네, 1996)

■ 은희경 「마지막 춤은 나와 함께」

나날이 숲이 달라지는 것을 볼 수 있다는 건 괜찮은 일이다. 요즘 같은 봄날에는 멀리 산등성이를 뒤덮은 연두색과 분홍색이 언제나 마음을 잡아끈다. 수채화 속에 뿌려놓은 파스텔 가루 같다고나 할까. 이따금은 과수원 옆을 지나칠 때 가속 페달에서 조금 발을 떼고 속도를 줄인다. 4월에 국도를 운전하는 재미 중에 복사꽃과 배꽃 보는 즐거움을 빼놓을 수 없을 것이다. 복사꽃은 영락없이 미색 때문에 팔자를 망치고야 말 여자의 자태이다. 배꽃에서는 조금 다른 여자 냄새가 난다. 초록풀물이 배어 축축해진 흰 치마 같은 배꽃은 소박하지만 은근히 달라붙은 데가 있다. 모든 흰색이 좀 엉큼하듯이 말이다.

그러나 오늘은 꽃을 보는 마음이 그리 즐겁지 않다. 꽃은 생식 과정일 뿐이다.

(문학동네, 1998)

■ 은희경 「연미와 유미」

아침 바다를 그물로 건져 올린 듯한 햇살이 반짝반짝 나뭇가지 위에 출렁거렸습니다. 초록이 사라진 들을 온통 하얗게 억새가 뒤덮고 있었지요. 바람이 불 때마다 억새는 소리지르듯이 우르르 일어났다가 이내 버림받은 여자처럼 기운없이 돌아누우며 잠잠해지곤 했습니다.

(문학동네, 1996)

■ 이경자 「사랑과 상처」

삼월이 가고 사월이 갔다. 감자밭에는 흰빛이나 보랏빛이 도는 감자꽃이 피었고 밭두렁이나 길가의 월동추는 장다리꽃을 노랗게 피워 벌, 나비들이 분주하게 얼씬대곤 하였다.

(실천문학사, 1998)

■ 이광복 「열망」

한데 자세히 다가가면서 살펴본즉, 설화산에는 돌이 유난히도 많았다.

길에도 돌, 시내에도 돌, 온통 돌이 많은 것을 보면 설화산은 태고적에 화산이 폭발하여 생긴 산이 아닐까 하는 느낌도 들었다. 하기야 온양의 온천지대가 이십 리 안팎에 있고, 구온양(舊溫陽)이 지척에 있는 것을 감안한다면 저 옛날 화산이 폭발했을 가능성도 없지 않았다.

그들은 설화산 발치에 있는 저수지까지 올라갔다. 역시 풍광이 수려했다. 저수지는 규모가 아주 작았으나 저 아래로 외암리 일대가 한눈에 들어왔다.

외암리는 온통 나무에 파묻혀 있는 형상이었다.

오른쪽으로 우거진 솔밭도 보이고 그 너머로 역촌리(驛村里)가 보였다. 조금 전 버스에서 내린 마을이었다. 학교도 보였고, 교회 종탑도 보였다.

(문예, 1989)

■ 이광수 「나」

김의원 집에서 나와 고개를 넘어서니 우레와 번개가 점점 가까워 오면서 굵은 빗방울이 떨어지기 시작하였다. 나는 비를 섞어 눈물 섞어 전신에 물을 흘리면서 드렁다리 길로 뛰었다. 발을 어떻게 옮겨 놓은 것인지 나도 몰랐다. 숨이 찬지 아니 찬지도 몰랐다. 거진 드렁다리에 다달았을 때에는 큰비가 쏟아지기 시작하였다. 논과 개울에는 수없이 죽방울이 섰다. 천주산 벼락바위가 비에 가리워서 보일락 말락 하였다. 귀와 목덜미와 뺨을 따리는 빗방울은 콩알과 같아서 눈을 뜰 수가 없었다. 벼락바위 쪽으로 냅다 부는 바람과 그 바람에 몰리는 살대 같은 빗발이 가슴을 떠밀어서 걸음을 걸을 수가 없었다. 하늘은 우러질 듯이 바싹 내 머리 위에 나려와 닿은 듯 하고 빗발과 비 소리밖에는 아무 것도 보이지 아니하였다. 마치 갑자기 어스름이 온 것처럼 천지가 혼명하였다. 나는 그 속으로 허리를 굽히고 고개를 숙이고 눈을 감다시피 하고 여전히 바람 비를 거슬러서 뛰었다. 먼 우레 소리가 들려오고 번쩍 하고 번개에 잠시 훤해지기도 하였다.

(삼중당, 1971)

■이광수「단종애사」

수은 같은 이슬방울을 얹고 맑은 가을 물 위에 뜬 연잎과 금시에 아침 하늘에서 내려온 듯한 우뚝 우뚝한 향기로운 분홍꽃, 다 핀 꽃 덜 핀 꽃, 있다가 필 봉오리, 이따금 꿈틀꿈틀 물결 일으키는 물고기. 늙은 솔나무와 무성한 나무숲 사이로 불어오는 첫 가을 아침나절의 서늘한 바람 그것에 날려오는 새소리. 연당 가으로 걸어 돌아가는 대로 눈에 띠우는 종남산(終南山), 인왕산(仁旺山), 백악(白嶽). 파랗게 맑은 하늘에 활짝 날아오를 듯한 근정전(謹政殿)의 가초 끝. 어느 것이나 태평성대의 기쁨을 아뢰지 아니함이 없었다.

(삼중당, 1971)

■이광수「무정」

아까 소낙비 지나간 자취도 없이 하늘은 새말갛게 맑고 물먹은 별이 졸리는 듯이 반작반작한다. 남쪽이 훤한 것은 진고개의 전등빛이라 하였다.

* * *

그리 길지 아니한 풀잎사귀가 내려 조이는 볕에 조금 시들어서 가만히 고개를 숙이고 있다.

* * *

초생달은 벌써 넘어가 창 밖은 캄캄하다. 달빛이 없는 것이 도리어 산들의 모양을 보기에는 편하다. 하늘과 산과의 경계는 굵은 붓으로 되는대로 구불구불하게 그린 곡선 모양으로 아주 분명하게 보인다. 왈각왈각 하는 찻바위 소리 사이로 산 강물이 조약돌 많은 여울로 굴러 내려가는 소리가 들린다. 이따금 기관차 굴뚝으로 나오는 불빛이 조고마한 산골짜기에 초가집 두어 개가 번쩍 보이고 혹 오랜 가물에 얼마 아니 되는 물이 가기 싫은 듯이 흘러가는 산 강의 한 토막도 보인다.

* * *

해 바퀴는 인왕산 머리에서 뚝 떨어졌다. 북악산에 아직도 고깔 모양으로 석양이 남았다. 장안 만호에는 파르족족한 장막이 덮인다. 그 한끝이 늘어나서 북악산으로 덮여 올라간다. 마침내 그 고깔까지도 파랗게 물을 들이고 말았다.

* * *

남산 솔수풀 위에 살짝 덮였던 석양도 무엇으로 지우는 듯이 점점 스러지고 그 무성한 가지와 잎사귀 속으로 자줏빛 띤 황혼이 거미줄 모양으로 아슬랑 아슬랑 기어 나온다.

* * *

좌우에 풀 깊은 산골짝으로 푸푸 하고 올라갈 때에는 그 풀숲에서 단김이 후꾼후꾼 올라오다가 수루루 내려갈 때에는 서늘한 바람이 지켜 섰던 모양으로 휙 지나간다. 길가에 산 옆에 이물스럽게 생긴 바윗돌들이 내려쪼이는 햇빛에 빠직빠직 하는 소리가 나는 것 같고 여기저기 외롭게 선 나무들도 졸린 듯이 잎새 하나 움직이지 아니하고 가만히 섰다.

* * *

비는 그쳤건마는 하늘에는 언제 쏟아질지 모르는 검은 구름장이 뭉글뭉글 떠돈다. 부리나케 동편을 향하고 달아나다가는 무슨 생각이 나는지 또 서편을 향하고 몰려간다. 이따금 참다못한 듯이 굵은 빗방울이 우수수 떨어진다.

* * *

벌거벗은 높은 산에는 갑자기 된 폭포와 시내가 거꾸로 매어달린 듯이 마치 검은 바탕에다가 여기저기 되는대로 흰줄을 그어 놓은 것 같다. 그 개천들이 벌거벗은 산들의 살을 깎고 벼를 우귀어 가지고 내려오는 소리가 무섭게 흘러가는 강물 소리와 합하여 웅대한 합주를 듣는 것 같다.

〈동아, 1995〉

■ 이광수 「사랑」

얼른 보면 그저 한빛으로 푸른 하늘같지마는 가만히 들여다보면 눈에 보일락말락한 구름들이 수없이 오락가락하였다. 그것은 마치 상긋한 베일과 같았다. 더 오래 바라보노라면 그 베일 폭들이 더러는 동으로, 더러는 서로, 또 더러는 북으로, 이 모양으로 흘러가는 방향이 달랐다. 그것은 높이를 따라서 기류의 방향이 다른 것이었다.

어떤 때에 높은 산이 서쪽으로부터 꽤 큰 구름장이 가장자리에 여러 가지 변화를 일으키면서 동쪽을 향하고 흘러왔다. 그것은 한참 동안은 온 하늘을 덮을 듯한 행세를 보이더니마는 바다 위로 한참을 흘러 나가서는 마치 눈 녹듯이 슬슬 녹아버리고는 다시 아까 모양으로 베일 같은 눈에 보일락말락한 엷은 구름들이 종종중중 달음질을 하였다. 그 중에 약간 두께 있는 구름장은 강하게 일광을 반사하여서 언저리에다가 무지개와 같은 광채를 발하였다. 이루 헤아릴 수 없는 푸른 하늘의 변화였다.

옥남은 고개를 바다 쪽으로 돌려본다. 팔월 수평선에는 석양의 구름 봉우리들이 뭉게뭉게 피어올랐다. 거무스름한 놈, 하얀 놈, 누런 놈, 뾰족한 놈, 뭉투룩한 놈, 한없이 기어오르는 놈, 가로 퍼져 나가는 놈, 그들은 잠시도 가만히 있지를 아니하였다. 이런 봉우리를 바라보다가, 아까 보던 저편 봉우리를 돌아보면 벌써 어느 것인지 알아보지 못하게 변하여 버렸다. 다시 이편을 바라보면 그것도 또 몰라보게 변하고 말았다. 하나가 둘이 되고 둘이 하나가되고 뾰족하던 것은 뭉투룩해지고 뭉투룩하던 것이 도로 뾰족해지고, 그 중에 어떤 것은 바닷속으로 잠겨 버리는 듯이 순식간에 자취를 감추어 버리고 말았다.

* * *

물결 소리가 조금씩 조금씩 높아진다. 바다 빛도 아까와는 다른 빛으로 변하였다. 누르스름하던 것이 젖빛으로 변하였다. 그러나 좀더 멀리를 바라보면 검푸른 빛이었다.

"철, 철, 철썩, 주르르, 주르르, 철썩."

하고, 하나, 둘, 셋. 하나, 둘, 셋 하는 삼박자로 소리를 내었다. 그러다가는 한 박자 쉬는 일도 있고 또 한 박자를 둘에 갈라서 자주 치는 일도 있었다.

"철, 철, 처르르. 철, 철, 처르르."

하고는 한 박자 쉬고, 이번에는

"처르르, 철, 철."

이 모양으로 박자를 바꾸는 것이었다.

서울 태생으로 바다와는 인연이 먼 옥남에게는 이것은 처음으로 듣는 바다의 곡조요, 바다의 노래였다.

* * *

옥남은 가만이 누어서 하늘을 바라보고 있었다. 얼른 보면 그저 한빛으로 푸른 하늘같지마는 가만히 들여다보면 눈에 보일락 말락 한 구름들이 수없이 오락가락 하였다. 그것은 마치 상긋한 베일과 같았다. 더 오래 바라 보느라면 그 베일폭들이 더러는 동으로, 더러는 서으로, 또 더러는 북으로 흘러가는 방향이 달랐다. 그것은 높이를 따라 기류의 방향이 다른 것이었다.

어떤 때는 높은 산이 있는 서쪽으로부터 꽤 큰 구름장이 가장자리에 여러 가지 변화를 일으키면서 동쪽을 향하여 흘러왔다. 구름은 한참 동안 온 하늘을 덮을 듯한 형세를 보이더니마는 바다 위로 한참을 흘러 나가서는 마치 눈 녹듯이 슬슬 녹아버리고는 다시 아까 모양으로 베일 같은 눈에 보일락말락한 엷은 구름들이 종종 중중 다름질을 하였다. 그 중에 약간 두께 있는 구름장은 강한 일광이 반사되어 언저리에다가 무지개와 같은 광채를 발하였다. 이루 헤아릴 수 없는 푸른 하늘의 변화였다.

(하서, 1994)

■ 이광수「산중일기」

죄리알, 떡갈, 보섭, 피, 자작, 참나무, 동백나무, 머루 다래 우거진 그늘 침착한 속으로 한 걸음 한 걸음 걸어오며 버섯도 보고 보랏빛 나는 꽃도 보며 고개로 올라올 때에 문득 숲 속의 고요함을 깨뜨리는 소리에 나는 우뚝 발을 멈추었다. 푸드득, 세차게 급하게 날개를 치는 소리가 두어 번, 뒤를 이어 "삐아 삐아"하고 찢어지게 우는 소리가 서너 번, 그리고는 다시 고요해 지고 쓰르람이의 연속음만이 새삼스럽게 들릴 뿐이다. 내 발은 땅에 붙고 내 눈과 귀는 팽팽하게 캥겨졌다.

날카로운 울음소리 뒤이어서 깊은 침묵
죽음의 격투려냐 사랑의 포옹인가
자연의 기막히는 순간을 이에 본가하노라

도시 생활을 오랫동안 하면 자연이 낯이 설고 무서워진다. 법화경의 비유에 오래 나가 돌아다니면 방탕한 자식이 돌아와서 제 집을 무서워하는 것과 같다. 그야 자연에게는 무서운 것도 있다. 짐승도 무섭고 산이 높은 것, 물이 넓고 깊은 것, 수풀이 어두운 것 다 무서울 만도 하다. 그러나 원래 자연 속에 사는 사람들은 그것을 무서워하지 아니한다. 제 집이요, 제 식구이기 때문이다. 도시의 부자연한 생활이 우리의 생각을 전도하여서 안 무서워 할 것을 무서워하고 무서워할 것을 안 무서워하게 만들어 놓는 것이다. 도시에야말로 무서운 것이 많다. 자동차, 화재, 도적, 유치장, 독한 술, 그 보다도 더 무서운 것은 속이고 미워하고 시기하는 인심이다.

***

　예불이 끝나고 절을 나와서 수풀 속으로 들어갔다. 일찍 깬 까막까치가 짖는다. 맺힌 이슬이 높은 나뭇잎에서 길바닥에 고인 물에 떨어지는 소리가 크게 울린다. 나무들은 희미하게 보일 뿐이요 무슨 나무인지 구별할 수는 없다. 오직 하늘을 찌르고 쑥쑥 솟은 잣나무 젓나무만을 알아 볼 수가 있을 뿐이다.
　물소리가 쏴 하더니 나무들 사이로 개울 비가 번쩍 보인다. 밤비에 물이 불었다.
　내 발자국 소리가 이슬방울 떨어지는 소리를 들으면서 나는 걸어간다. 징검다리를 건너 수풀 속을 걸어 또 징검다리를 건너 잡목 수풀 속에 들어섰다. 도토리가 떨어진다.
　마루턱을 올라서니 멀리 천마산 마루가 훤하다. 해가 오르는 것이다. 그 때문인지 고요한 수풀에 문득 바람이 일어서 발아래 넓은 경사면에 나무가지들이 흔들려서 새벽빛을 반사하고 있다. 이슬이 비오듯 우수수 떨어진다. 조금만 더 하면 서리가 될 이슬이다. 벌써 단풍이 연한 빛을 보이는 잎새들도 있었다.
　해가 빗죽 솟는다. 바람은 더욱 설레고 골짝이마다 안개가 피어오른다. 잣나무에서 안개가 일어난다. 나무 가지에 걸린 거미줄이 무수한 이슬구슬을 달고 번쩍거린다. 나는 솔잎을 씹으면서 절로 돌아왔다.

***

　내가 걷고 있는 적은 길은 늙은 솔밭으로 산줄기 마루터기를 타고 서남쪽으로 올라간다. 보기 좋은 소나무들이 이리 비틀 저리 비틀 서로 얼키어서 사람의 손 아니 닿는 솔밭에서만 볼 수 있는 경치었다. 솔 수풀에는 언제나 바람소리가 있는 모양이어서 우수수 소리가 은은히 울리고 산새들의 연연한 노래도 들렸다. 대단히 고요하고 내 마음에 드는 경치었다.
　이름을 지으라면 무슨 '대' 라고 할만한 봉오리에 올라섰다. 노송들이 드문 드문 들어서고 머리에는 평평한 데가 있었다. 내 몸은 마치 인간에서 멀리 떠난 곳에 와 있는 것 같았다. 기실은 평지에서 얼마 아니 되는 곳이지만은 나무에 가리운 까닭이었다. 어디를 보아도 나무 천리 만리를 가도 인간은 없을 것 같았다. 가엾은 우리 육안의 착각이다.

　한 구비 또 한 구비, 한 봉오리 또 한 봉오리 돌고 오르는 동안에 어느덧 처음 가는 길의 불안도 없어지고 좋기만 하였다. 가슴 속은 후련하고 머리 속은 시원하여서 오래 떠났던 내 집에 돌아온 것도 같고 반가운 벗의 집에 간 것도 같았다. 그러나 다음 순간에 문득 같이 걷는 이가 있었으면 하는 생각이 났다. 나는 평생에 그리워하던 그림자들이 차례 차례로 내 앞에 나타나는 것 같이 상상하면서 허전한 생각을 안고 걸음을 옮겼다. 내 마음 구석 구석에서 평생에 억제되었던 사람들이 반항하고 원망하는 소리를 치고 일어나는 것도 같았다. 나는 한 걸음 한 걸음 더 깊이 더 높이 산으로 올랐다. 고운 버섯들도 보고 이름 모를 이끼들도 보았다. 모두 생명이었다.

　점점 길은 분명치 아니하고 나무는 보인다. 거미줄이 많이 앞을 가리웠으나 거미는 추워서 벌써 들어가 숨은 모양이었다. 이제는 거미줄에 걸릴 버러지도 없다. 그 거미줄들은 이제는 고물이오 역사적 유적에 불과하다. 나는 지팽이로 아낌없이 거미줄을 후려갈겨서 길을 내면서 젊은 솔이 자욱한 속으로 헤여 올랐다. 내 키보다 위는 가지와 잎으로 빽빽하고 아랫도리는 줄기만이 얼레 빗살 같다. 붉은 빛 누른빛 섞인, 비둘기보다는 크고 꿩보다는 적은 새 한 마리가 땅으로 기다가 나를 힐긋 보고는 용하게도 빗살 같은 나무 틈을 헤여서 날아간다.

　나는 이 산줄기에서는 제일 높은 봉오리인 듯한 곳에 올라섰다. 소리봉의 엄전한 양자가 바로 내 이마 앞에 나선다. 나는 지팽이에 의지하여 사방을 둘러보았으나 보이는 것은 나무와 산뿐이었다. 다만 내 마음이 세상에서 멀어졌다는 것만이 분명 하였다.

〈삼중당, 1971〉

■ 이광수 「서울열흘」

하늘에는 풍운이 대단하였다. 검은 구름이 바람에 불려서 남산에서 인왕산 쪽으로 달리고 가끔 구름 쪼각이 행렬에서 떨어진 모양으로 우리 머리위에서 헤매었다. 성랑 위에 선 나무들이 쏵 쏵 소리를 내이며 몸을 굽혔다 폈다 하였다. 비가 뚝뚝 떨어지기도 하고 홱 홱 뿌려지기도 하였다. 우산을 펴들면 내 몸까지 달고 다라나려 하였다. 까치들이 방향을 잡을 힘을 잃고 이리 뒤치고 저리 뒤치면서 바람결을 벗어나려고 애를 썼다. 문득 나무잎 하나가 펄럭 펄럭 바람에 불려서 오르락 나리락 하는 것이 눈에 띄었다. 그것은 유난히 내 눈을 끌었다. 나무잎으로서는 너무 보드랍고 또 심히 미약하나마 그 동작에는 저항하는 약간의 힘이 보이기 때문이었다. 얼마동안 바람에 떠 놀던 그것의 있는가 없는가 싶은 힘은 마침내 그것을 큰 나무 무성한 잎사귀를 속으로 끌어드리기에 성공하였다. 그것은 흰 나비 한 마리였다.

(삼중당, 1971)

■ 이광수 「유정」

호숫가의 나불나불한 풀들은 벌써 누렇게 생명을 잃었고 그 속에 울던 벌레 웃던 가을꽃까지도 인제는 다 죽어버려서, 보이고 들리는 것이 오직 성내어 날뛰는 바이칼호의 물과 광막한 메마른 풀밭뿐이오. 아니 어떻게나 쓸쓸한 광경인고.

* * *

부랴트족인 주인 노파는 벌써 잠이 들고 석유 등잔의 불이 가끔 창틈으로 들이쏘는 바람결에 흔들리고 있소. 우르르 탕하고 달빛을 실은 바이칼의 물결이 바로 이 어촌 앞의 바위를 때리고 있소.

* * *

내가 탄 차가 F역에 도착하였을 때에는 북만주 광야의 석양의 아름다움은 그 극도에 달한 것 같았소. 둥긋한 지평선 위에 거의 걸린 커다란 해! 아마 그 신비하고 장엄함이 내 경험으로는 이곳에서 밖에는 볼 수 없는 것이라고 생각하오. 이글이글 그러면서도 둥글다는 체모를 변치 아니하는 그 지는 해!

게다가 먼 지평선으로부터 기어드는 황혼은 인제는 거의 다 덮어버려서 마른 풀로 된 지면은 가뭇가뭇한 빛을 띠고 사막의 가는 모래를 머금은 지는 해의 광선을 반사하여서 대기는 짙은 자줏빛을 바탕으로 한 가지각색의 명암을 가진, 오색이 영롱한 도무지 내가 일찍 경험해 보지 못한 색채의 세계를 이루었소. 아 좋다!

그 속에 수은같이 빛나는, 수없이 작고 큰 호수들의 빛! 그 속으로 날아오는 수 없고 이름 모를 새들의 떼도 이 세상의 것이라고는 생각하지 아니하오.

* * *

해가 지평선에서 뚝 떨어지자 자줏빛은 남빛으로 변하였소. 오직 해가 금시 들어간 자리에만 주홍빛의 여광이 있을 뿐이오. 내 눈앞에서는 남빛 안개가 피어오르는 듯 하였소. 앞에 보이는 호수만이 유난히 빛나오. 또 한 떼의 이름 모를 새들이 수면을 스치며 날 저문 것을 놀라는 듯이 어지러이 날아 지나가오.

그들은 소리도 아니하오. 날개치는 소리도 아니 들리오. 그것들은 사막의 황혼의 허깨비인 것 같소.

* * *

사막의 밤은 참 어둡소. 하늘빛도 땅의 어두움과 같이 어둡소. 하늘과 땅이 온통 한 빛으로 칠갈은 나연빛 같던 호숫물 조차도 인제는 거의 빛을 잃어서 가만히 한참이나 들여다보아야 희끄무레한 것이 어렴풋이 보일 뿐이오.

* * *

꿈은 이것뿐이오. 꿈을 깨어서 창 밖을 바라보니 얼음과 눈에 덮인 바이칼호 위에는 새벽의 겨울 달이 비치어 있었소. 저 멀리 검푸르게 보이는 것이 채 얼어붙지 아니한 물이겠지요. 오늘 밤에 바람이 없고 기온이 내리면 그것마저 얼어붙을는지 모르지요. 벌써 살얼음이 잡혔는지도 모르지요. 아아, 그 속은 얼마나 깊을까. 나는 바이칼의 물속이 관심이 되어서 못 견디겠소.

* * *

바람은 없는 듯 하지마는 그래도 눈발을 한편으로 비끼는 모양이어서 아름드리나무들의 한쪽은 하얗게 눈으로 쌓이고 한 쪽은 검은빛이 더욱 돋보였다. 백 척은 넘을 듯한 꼿꼿한 침엽수(전나무 따위가)들이 어디까지든지, 하늘에서 곧추 내려 박은 못 모양으로, 수없이 서 있는 사이로 우리 썰매는 간다. 땅에 덮인 눈은 새로 피워 놓은 섬같이 희지마는 하늘에서 내리는 눈은 구름 빛과 공기 빛과 어울려서 밥 지을 때에 굴뚝에서 나오는 연기와 같이 연회색이다.

바람도 불지 아니하고 새도 날지 아니하건마는 나무 높은 가지에 쌓인 눈이 이따금 덩치로 떨어져서는 고요한 수풀 속에 작은 동요를 일으킨다.

(삼중당, 1971)

■ 이광수 「흙」

숭이와 정선은 말없이 앉아서 강물을 들여다 보았다. 기쁨에 찬 봄의 강물은 소리없이 흘렀다. 청춘이 흐르는 것이다. 인생이 흐르는 것이다. 살구꽃 한 송이가 떠내려 온다. 잔고기들이 먹을 것인 줄 알고 모여들어서 꽃을 물어 끌다가 놓아버린다. 꽃은 물에 사는 모든 생명에게 봄소식을 전하는 체전부 모양으로 고기들이 붙들면 붙들리고 놓으면 떠내려간다. 숭과 정선의 눈은 그 꽃송이를 따라서 흘러 내렸다.

* * *

알을 밴 벼와, 누렇게 고개를 숙인 조와 피와, 머리를 풀어헤치고 피를 흘리는 용사와 같은 수수를 보았다. 아침 햇빛이 물 묻은 물동이를 비치어 금빛을 발하였다. 물동이를 인 여자는 한 손으로 물동이에서 떨어지는 물방울을 쳐내어 버리고, 한 손으로는 짧은 적삼 밑으로 나오려는 젖을 가리었다. 기차가 우렁차게 달리는 소리를 듣고, 빨강댕이 아이들이 만세를 부르고 내달았다.

* * *

'살여울!' 어떻게 정다운 이름이냐, 하고 숭은 철교 밑으로 흐르는 물을 들여다보았다. 아직도 여름밤을 머금은 검은 물. 눈이 그 물줄기를 따라 올라가면 초가을의 특색인 골안개가 뽀얗게 엉긴 것이 보인다.

촉촉하게 젖은 땅 위에, 들릴락 말락한 소리를 내이고 흘러가는 물 위에 꿈같이 덮인 뽀얀 안개, 그것은 자연의 아름다움 가운데 가장 인정다운 아름다움의 하나다.

살여울의 좌우 옆은 살여울 물을 대어서 된 논이다. 한 마지기에 넉 섬씩이나 나는 논이다. 본래는 그것은 풀이 무성한 벌판이었을 것이다. 혹은 하늘이 아니 보이는 수풀이었을 것이다.

사슴과 여우가 뛰노는 처녀림 속으로 살여울 맑은 물이 흘렀을 것이다.

* * *

날은 맑고 더우나 차창으로는 서늘한 바람이 들어왔다. 차가 남쪽으로 내려올수록 모내는 일이 바쁜 듯하였다. 어제, 그저께 이틀 연해서 온 비가 넉넉지는 못해도 모를 낼 만하게는 논에 물이 닿았다. 해마다 모낼 때는 가문다, 죽는다는 소리가 난다. 그러나 사흘만 더 가물면 죽겠다 할 만한 때에는 대개가 비가 오는 법이다.

* * *

살여울 보에 기다리던 물이 늠실늠실 불었다. 삼사 일 이어 오는 비에 살여울 강물이 소리를 내며 흘러, 오랜 가물에 늦었던 모를 내게 된 것이다.

＊ ＊ ＊

　우물 위에는 거미줄이 걸리고, 그 거미줄에는 눈물방울과 같은 이슬이 맺혀서 새벽빛에 진주같이 빛났다.

　　　　　　　＊ ＊ ＊

　동편 하늘에 남빛이 돈다. 이것은 서울서는 못 보던 빛이다. 그 남빛이 점점 짙어져서 자줏빛으로 변해온다. 산들의 모양이 더욱 분명하게, 그러나 아직도 검은 한 빛으로 푸른 하늘면에 나타난다. 흐르는 물조차도 좀더 소리를 내는 것 같았다.
　늦은 여름 새벽 보는 골안개가 일어났다. 아직 저 안개가 일어나기에는 이른 때지마는 높은 산과 강이 있는 탓인가, 여기저기 부유스름한 안개가 피어올랐다. 오른다는 것보다도 소리없이 끼었다.

　　　　　　　＊ ＊ ＊

　불끈 솟는 해―먼지와 연기 없는 깨끗한 대기 중에 해는 잠 깬 혈색 좋은 어린애가 고개를 번쩍 드는 것 같았다. 누런, 신선한 햇빛이 우물 기둥에 기대어 괴로워하는 정선의 몸을 비추었다. 그것은 한 폭의 그림이었다.

　　　　　　　＊ ＊ ＊

　살구꽃 한 송이가 떠내려온다. 잔고기들이 먹을 것인 줄 알고 모여들어서 꽃을 물어 끌어다가는 놓아 버린다. 꽃은 물에 사는 모든 생명에게 봄소식을 전하는 체전부 모양으로 고기들이 붙들면 붙들리고 놓으면 떠내려간다. 숭과 정선의 눈은 그 꽃송이를 따라서 흘러내려 갔다. 그러나 그들의 마음만은 꽃송이를 따라서 한가하게 흐르지를 못하였다.

　　　　　　　＊ ＊ ＊

　음산한 바람결이 한 번 휘돌면 굵은 빗방울이 콩알 모양으로 뚝뚝 떨어졌다. 하늘에는 구름이 뭉게뭉게 날아 달아났다. 땅 위에는 비록 바람이 많지 아니하더라도 하늘로 올라가면 바람이 센 모양이었다. 그뿐더러 검은 구름층이 간혹 터질 때면 밑의 구름은 서쪽으로 흘러 들어가는데 그 위층 구름은 북으로 북으로 흘러가고 또 잠깐만 지나면 구름의 방향이 바뀌었다.

* * *

해는 뉘엿뉘엿 넘어간다. 지평선 위에는 구름 봉오리들이 여러 가지 모양과 여러 가지 색매로 변하였다. 논김을 매는 사람들이 석양을 비낀 볕에 마치 신기루 모양으로 커다랗게 떠오르는 것이 바라보였다.

* * *

봄의 황혼은 유난히도 짜르고 또 어둡다. 해가 시루봉 위에 반쯤 허리를 걸친 때부터 벌써 땅은 어두워진다. 마치 축축한 봄의 흙에서 어둠이 솟아 오르는 듯 하였다.

* * *

숭은 굉장하게 빛을 발하고 거드름을 피우면서 흰 하늘이 고개로 올려 솟는 햇바퀴를 바라보았다. 여러 해 막혔던 자연의 아침해 – 숭의 가슴은 눈과 함께 환하게 트이는 것 같았다.
"그빛, 그힘!"
하고, 시인 아닌 숭은 간단한 찬미의 단어로 아침해를 찬탄하였다.
독장산, 살여울 벌, 달래강 물 – 모두 빛과 힘에 깨었다. 환하다. 강과 논에 물, 풀 잎 끝에 이슬 구슬이 모두 황금빛으로 빛났다. 더위와 물것과 근심으로 밤새 부대낀 살여울 동네도 학질 앓고 일어난 사람 모양으로 빛 속에 깨어났다.

* * *

서울은 금년에 눈이 적었으나 눈이 오면 반드시 아름다운 경치를 보았다. 오늘밤 눈도 그러한 아름다운 눈 중의 하나였다. 음산한 찬바람에 나리는 부서진 눈이 아니라 거침없이 사뭇 나려오는 송이 눈이었다. 성난 가루

눈이 아니요, 눈물과 웃음을 머금은 축축한 눈이었다. 그들은 사뿐사뿐 지붕과 나무가지와 바위와 길에 굴러다니던 쇠똥 위에까지도 내려와서 가만히 앉는다. 가는 가지가지 연한 잎이 그 무게를 견디지 못하여 고개를 흔들면은 놀랜 새 모양으로 땅에 떨어지지마는 그러하지 아니한 동안, 그들은-눈송이들은 하느님의 둘째 명령을 가만히 기다리고 앉아 있다. 언제까지든지.

땅은 희고 하늘은 회색이다. 천지는 밤 눈 빛이라 할 특별한 빛에 쌓인다. 고요하고 깨끗하고 부드러운 천지의 싸인. 이것은 천지의 아름다운 싸인 중에서도 가장 아름다운 것 중의 하나다. 누가 이것을 보나 사람들은 잔다. 새들도 짐승들도 잔다. 달도 별도 다 잠이 들었다. 이 평화로운 싸인을 보내는 이는 오직 하느님 자신과 시인의 꿈뿐이다.

(삼중당, 1971)

■ 이국자 「동오리 과부들의 손목수」

앞산에 몽글몽글 피어오르는 봄꽃들과 어린 나무 잎새들의 연녹색 빛깔도 동양화 한 폭 같았다.

30여 년이 넘게 한결같이 봐 왔던 앞산이었건만 올해는 좀 특별나게 보였다. 그동안은 앞산에 봄이 찾아오고 진달래가 빨갛게 물이 들었어도 한숨이 절로 나왔었다. '또 봄이 찾아왔구나. 올 한해를 어찌 보내나. 농사일이 이젠 정말 지겹다…….' 하는 생각은 이제 안했다.

진달래와 개나리가 만발하고, 노오란 산수유꽃이 앞산을 뒤덮고 있고, 사이 사이에 흰 배꽃이 어우러져 그야말로 이 마을이 텔레비전에 나오는 경치보다 더 좋게 보이는 것도 그녀로서는 처음이었다.

(『동국문학』, 2002)

■ 이국자 「사랑의 전설」

어둠이 조금씩 물러가고 짙은 안개가 서서히 흩어지기 시작했다.

희뿌옇게 드러나는 마을, 약 15호 가량 되는 초가집들이 새벽 안개 속에 조용히 엎드려 있었다.

그녀는 마을을 둘러보았다.

집 뒤로는 지리산 자락이 흘러져 내린, 산 끝자리가 병풍처럼 둘러싸여 있고 대숲이 울창했다.

마을은 아직 깊은 잠 속에 빠져 있는 듯 조용했다.

그녀는 집 뒤를 돌아 대나무 숲 속의 오솔길로 불편한 걸음걸이를 조심스럽게 옮기고 있었다.

이른 아침 대나무 숲의 냄새에 그녀는 심호흡을 했다.

그녀의 조심스런 발걸음에 놀란 새가 푸드득 날아가고 대숲 속에 숨죽이며 움츠리고 있던 뱀의 숨소리도 그녀는 이제 느낄 수 있었다.

(지혜네, 1997)

■ 이국자 「아름다운 이별」

나는 벽난로 앞에 앉아 계속 나무를 집어넣으며 타오르는 불길을 바라보고 있었다.

타닥타닥 소리를 내며 불길은 붉은 혀를 날름거리며 새로 넣은 나무를 애무하듯 핥으며 어느덧 새 나무도 불길이 되어 함께 춤을 추고 있었다.

나는 불을 바라보며 어쩌면 젊은 날의 사랑과 정열도 저 불길처럼 내 몸도 태우고 또 곁에 있는 사람도 태웠던 것이 아니었던가.

그와 나는 덜 마른 생나무로서 한번 제대로 타 보지도 못하고 타다만 숯처럼.

화로의 잿속에 불씨를 꼭꼭 눌러 두었다. 이제는 뜨겁게 탈수도 없고 오랜 세월 동안 완전히 꺼지지 않는 불씨……

나는 불이 꺼질까 봐 밤새도록 벽난로 앞에 앉아 나무를 집어넣었다. 불은 쓰러지려다 다시 피어오르곤 했다.

『한국소설』, 2001. 여름)

■ 이규희「속솔이뜸의 댕이」

구름이 벌어질 때마다, 나무 가지 새로 달이 얼굴을 내밀었다. 등성이에 밀려 내는 바람이 그들의 숨결을 스쳐갔다. 나무 가지들이 연신 비비적대고 가랑잎이 살그락 거렸다. 바람이 산을 온통 차지하려고 심술을 부리는 모양 같았다.

* * *

금빛 햇살이 온 들에 펼쳐졌다. 눈이 부셨다. 서리 녹은 풀섶이 더운물에서 건져 뺀 모양 후줄군했다. 볕이 잘 들지 않은 길바닥은 속이 풀리지 않아 번지르르하게 겉물이 돌았다.

* * *

무더기 무더기, 두엄을 낸, 논 사잇길은 댕이는 꼬불꼬불 돌아 걸었다. 논마다 진간장 같은 검붉은 물이 치렁치렁하게 괴어 있었다. 두엄물이 우러나 논배미 물은 날마다 더 짙어가기만 했다.

* * *

황토 흙을 훑어 내려 간 푸른 줄무늬가 저편 발끝으로 부챗살 모양 오그라져 보였다. 그 줄무늬 밑으로는 씨를 뿌려 논 밭들이 층층대를 만들어 내려가고, 더 그 아래로는 갓 갈아 논 논다랑들이 질펀하게 누워 있었다. 방죽물이 남쪽 멀리에서 보석처럼 작게 반짝거리고, 오른 쪽으로 빗겨 올려다 뵈는 속솔이뜸의 아지랑이에 눌려 자기들 것만 같았다.

***

댕이는 말할 기운도 없는 모양 고개를 흔들었다. 그러나 그녀는 저편 산 밑을 바짝 붙여 돌아나간 개울둑을 바라다보았다. 개울이 있는지 없는지 잘 눈에 띄지 않던 그 산밑에 아카시아 꽃이 하얗게 피어 사람들의 눈을 모으고 있었다. 새까맣게 탄 조무래기들이 그 아래서 옴닥옴닥 매달렸다.

(법원사, 1985)

■이균영 「나뭇잎들은 그리운 불빛을 만든다」

강과 철도를 사이에 둔 배밭에 배꽃이 만발하다. 흰 배꽃은 내리는 어둠으로 더 흰빛이었다.

***

찔레꽃이, 등잔불 창호지 문에 번지듯 퍼뜨려져 어둠에 번진 봄밤이었다. 그 어둠 속에선 적당한 습도와 따스한 대기로 작은 소리도 멀리 들린다.

***

선로에서 불빛이 희게 부서지고 있었다. 어둠 속에 서 있는 나무들이 어두운 하늘의 높이를 짐작하게 하였다. 나뭇잎 사이에서 불빛이 잘게 부서져 빛을 내고 있었다. 하나의 잎이 하나의 불빛을 부수고, 하나의 불빛은 수십 불빛을 이루고, 다섯 개의 나뭇잎이 다섯 개의 불빛을 부수고, 다섯 불빛은 수백 불빛을 이루고…… 나뭇잎은 그리운 불빛을 만든다.

***

강의 흐름은 보이지 않는다.

그러나 산이 빠진 강의 표면은 어둠이 더 짙다. 커브를 돌 때 전조 등의 불빛에 잠깐 잡힌 강의 표면에서 물줄기가 주름살처럼 가늘게 떨고 있는 것이 보였다.

* * *

초겨울 밤하늘의 초승달, 앞 동네에서 들려오는 다듬이질 소리, 숨은 발소리 배어 있는 듯 대나무 밭을 지나는 바람소리, 뿌리째 파고 쪼아서 오뉴월 대낮 불볕 속에 널어두어도 다시 살아나는 잡초들, 독해서 미칠 듯한 치자꽃, 밤꽃 향내……

(민음사, 1997)

■ 이기영 「신개지」

사원 일경에는 원림이 울창해서 지금도 아름드리 소나무와 몇 아름씩 되는 느티나무가 겅성드뭇하게 섰다. 그 사이로 기암괴석이 널려 있고 바위틈과 고목나무 가지 위에는 다람쥐가 수없이 숨바꼭질을 한다. 칡넝쿨 다래넝쿨을 군데군데 덤불을 이루고 그 근처에는 작년에 떨어진 가랑잎이 발이 묻히게 쌓여있다. 길 옆으로 뚫린 골짜기에는 한줄기 석간수가 아직도 성애가 덜 풀린 바윗돌 틈으로 졸졸 흐른다.

* * *

나날이 봄철은 짙어가서 어느덧 양지에는 풀싹이 돋아나고 얼음이 풀린 달내강은 쪽물과 같이 푸른 물결이 봄바람에 굽실거린다. 그 위로 그림같은 배가 떠간다. 버들눈은 점점 푸르러 가고 강벌판 묵밭에는 보리싹이 새파랗게 돋아 올랐다. 공중에는 종달새가 높이 떠서 지저귄다.

* * *

소 모는 소리가 이따금 한적한 들녘을 울리는데 건너쪽 강펄에서는 수분을 섞은 강바람이 태양에 번득이는 연록의 포플러 숲을 불어오며 비단결처럼 부드럽게 얼굴에 스친다. 점심 닭이 마을 뒷산 밑 재뗌이 옆에서 운다. 하늘에는 솜같은 구름장이 산너머로 떠오른다. 푸른 강가로 백사장이 펼쳐나가 모래톱과 아울러 하늘과 땅의 조화된 경치가 한층 더 아름다워 보인다.

* * *

　장마비가 오락가락하는 대로 달내강은 불었다 줄었다 넘나들었다. 그렇게 맑던 강물은 다 어디로 가고 보기에도 흉측하고 시뻘건 황토물이 흉흉하게 물결을 치며 흘러간다. 그것은 마치 성난 사람과 같았다. 천성이 고운 사람이 골나면 더 무섭다더니 비단결처럼 곱고도 맑던 달내강물을 이렇게 성이 나게 한 것은 무슨 까닭인가? 농사일이 빗속에 들게 한 대신 달내강은 낚시질의 제철을 만나서 장관이다.

* * *

　아직 햇발이 퍼지지 않은 아침해는 이슬에 어린 습기를 머금고 신선하게 고요히 빛난다. 그 밑에는 달내강의 서늘한 물결이 고기비늘처럼 가늘게 움직이며 우유빛같이 부옇게 흐른다. 만록이 우거진 산과 들 사이를 뚫고 흐르는 이 강물은 아직도 비 뒤의 흐린 빛이 맑아지지 않았다.

* * *

　반반하게 대패로 민 것 같은 논둑 위로는 벼포기가 길이 차게 싱싱히 커오른다. 불룩불룩 나날이 배가 물러가는 벼줄기에서는 미구에 이삭이 팰 것 같다.

* * *

　읍내를 끼고 도는 뒷강의 회목부터는 훤—하게 큰강으로 뚫린 앞강이 내다보인다. 그 사이로 곡선을 긋고 나간 좌우의 올망졸망한 산과 산, 산 밑으로 펼친 들과 감푸른 연하 속에 아련히 잠겼는데 멀리 하늘가에 둘러선 연봉 위로는 구름이 뭉게뭉게 피어오른다.

* * *

　장마가 지난 뒤의 강물은 나날이 맑아져서 지금은 양청같이 푸른 물이, 거슬려 부는 미풍에 마치 고기비늘 같은 잔물결을 지으며 그윽히 흐른다.

* * *

그윽히 흐르는 강물 위로 월색은 은파를 번득인다. 달은 강물 위로 떨어져서 조각조각 깨진 것 같다. 그러나 강상월은 동령 위로 둥그렇게 떠올랐다. 그 사이로 무수한 별들이 달빛 속에 숨어서 숨어서 숨바꼭질을 한다.

(풀빛, 1989)

■ 이동희 「땅과 흙 (1)」

벼가 무성하게 올라온다. 여러 날 가물었지만 저수지물로 대개 흙내를 맡아 어느새 볏잎이 꺼멓게 치솟아 오른다. 들판은 온통 검푸른 물결이 하늬바람에 출렁이고 있다.

두 벌 세 벌 논도 다 매고, 이제 잠깐 땀을 들이는 때다. 들판 여기 저기에는 살포괭이를 든 사람들이 물꼬를 살피며 농가의 망중한을 즐기고 있다.

명운은 꾸불꾸불한 들길을 걸어 나와 저수지 둑에 섰다.

들판이 한눈에 바라보인다. 높고 얕고 길고 둥글고 모나고 가지각색 모양의 논다랑이에는 크고 작은 키의 벼가 하늘을 향해 솟아오르고 있다. 키가 커지자 길은 다 묻히고 그저 검푸른 들판만 보일 뿐이다. 그리고 다른 때보다 모심기 때는 길까지 바짝 대어 심어서 길은 해마다 좁아지고 있는 것이다.

* * *

그리고 명운은 소리를 지르지 않는 토끼들부터 먹이를 다시 주기 시작했다. 아마, 토끼들을 무척 굶겼던 모양으로 토끼풀잎 뜯어 다 놓은 것을 주자 그야말로 환장을 하는 것이었다.

그는 돌아가며 닭의 모이와 돼지죽을 주고는 마을로 향하였다.

저수지에 물이 제법 괴었다. 그는 둑에 올라 천천히 걸었다.

잔잔한 물은 무언가 마음을 조용히 가라앉히는 데가 있었다.

그는 마을로 바로 들어가지 않고 둑을 한 바퀴 삥 둘러 걸었다.

(빛샘, 1998)

■ 이동희「소이작도(小伊作島)·겨울)」

파도가 거칠었다. 해가 내리비치는 바다를 철선이 파도를 헤치고 끈기있게 달렸다. 그러나 넓은 바다에 한 알의 좁싸라기 같은 점에 지나지 않는 배였다. 그저 바람과 파도와 뱃바닥이 뚫어지지 않고 기름이 떨어지지 않는 요행을 바랄 수밖에 없는 것이었다.

겨울 바다의 색깔은 그가 상상하던 파아란 것이 아니었다. 파도가 세어서 속에 있는 뻘바닥을 온통 들솟구어 뿌우옇고 누우런 색깔이었다.

그러나 그것이 뻘냄새가 날 정도로 진한 것이 아니고 산더미같은 파도가 되었다가 하얀 물방울로 부서져 버리는 것이었다. 그리고 멀리서 보는 바다는 여전히 검고 푸르다. 그런 여러 가지 색깔의 복합이었다.

(풀길, 1994)

■ 이무영「농민」

강가로는 누가 심었는지도 모르는 아름드리 수양버들이 늘어졌고 큰집 서너 채 폭이나 되는 돌산이 오봉산부리에서 우뚝 솟았다. 산 위에는 큰 반송이 있고 바위틈에는 갖은 꽃나무와 화양나무가 있어 일부러 꾸민 산처럼 아담스럽다. 이 섬 좌우편으로 푹 들어온 웅덩이는 명주꼬리가 풀린다고 할만큼 깊고 섬 밑으로는 큰 굴이 뚫려 서로 통했다고 하며, 그 굴속에는 몇백 년 묵은 이무기가 산다고 전해져 있다.

* * *

아직 채 식지 않은 땅덩이에서는 더운 김이 훅훅 끼치나 멀리 내어다 보이는 피언한 들판의 파란 풀빛이 생기를 돋두어 준다. 벌써 논매기가 시작되었는지 동구 앞뜰에는 농기가 피얼피얼 날리고 있다. 농부들의 농악 소리도 한참 흥겹다. 보령산 갈미봉 위로 저녁놀이 사뭇 시뻘겋다.

* * *

초저녁에는 한줄기 할 것처럼 무덥더니만 산들바람이 불면서 모자까지 쫓아주고 구름장도 말끔히 벗기고는 은실을 늘인 듯 싶은 달빛이 감나무 잎 사이로 조록조록 지새고 있다. 여름 달밤에는 격에 맞지 않는 산비둘기 소리가 궁상맞게도 바로 담 너머 밤나무 숲에서 들려온다.

(동아, 1995)

■ 이무영 「제1과 제1장」

시냇물은 조약돌이 옹기종기 몰켜 있는 수택의 발을 지날 때마다 뭐라고 인지 종알대고 흘러간다.

(동아, 1995)

■ 이문구 「그때는 옛날」

장마만 겨우 들었지 말복을 두어, 밤으로도 숨 한 번 양껏 못 쉬게 삶는 무더위가 거의 여름살이를 도맡고 있었다.

(삼중당, 1995)

■ 이문구 「김탁보전」

날씨 탓인지도 모른다. 장마로 우울해진 농민들이 또다시 비 장만하는 하늘을 본 것이다. 하늘이 먹구름장을 덮고 몸살 한다.

(삼중당, 1995)

■ 이문구「다가오는 소리」

어제 구름이라도 한덩이 내려앉을 수 있게 바람기라곤 없어, 하늘에서 놀던 봉오리진 눈송이가 반투명한 잡목수림 속에 아무 데나 가리지 않고 엎힐 때였다.

* * *

누구와 만날 약속이 있어, 달은 저다지 일찍부터 먼 길을 밝히며 기다리는 걸까. 달이 구름따라 한 걸음 두 걸음 마중 나가는 걸 보면, 만나줄 그인 노상 서쪽에서만 사나봤다.

(삼중당, 1995)

■ 이문구「다갈라 불망비」

진여암 적조문 마당가에는 목탁깍기에 알맞은 살구나무 한 그루가 있고, 그 밑으로는 추성산 허리가 터져내려 차츰 벌어진 계곡이 사찰 맑은 물과 함께 흐르고 있었다.

(솔, 1996)

■ 이문구「명천유사」

전날 보령현과 남포현의 지경을 이루기도 했던 이 으름내는, 봉우리에 흰구름이 가로 걸리면 산빛이 더욱 푸르르고 구름도 한결 깨끗하던 옥마산에서 스며나와, 이윽고 명천폭포에 이르러 서너길이나 되는 아름드리 물기둥을 세우고 천둥 같은 폭포소리 지동같은 여울소리로 부르고 대답하기를 그치지 않거니와~

(삼중당, 1995)

■ 이문구 「몽금포타령」

가에 나앉은 사람이면 다들 흐르며 머무르는 물너울을 내려다보고 있었다. 뒷전에 있는 신 두만이도 그런 축의 하나였다. 앉아 무심히 흐름새를 보고 있노라면 물이 흐른다기보다 강이, 강기슭이 떠내려가는 것처럼 느껴지기도 하고, 때론 문득 저 자신이 물굽이에 얹혀 이렇게 흐른다는 느낌이 들기도 했다.

(삼중당, 1995)

■ 이문구 「우리동네」

무솔이 부락으로 뚫어나간 긔네를 따라 개울녘 둔치에 늘어선 미루나무 잎새들이 반짝거리고 볶이며 내뿜는 훈김에도, 파슬파슬하게 타들어 간 물길 옆에 갈밭에서는 빈차 지나간 장길처럼 익은 흙이 일었다.

* * *

둠벙은 무시로 자고 이는 마파람 결에도 물너울을 번쩍거리고, 그때마다 갈대 함께 둠벙을 에워싸고 있던 으악새 숲은, 칼을 뽑아 별빛에 휘두르며 서로 뒤엉켜 울었다. 으악새 울음이 꺼끔해지면 틈틈이 여치가 울고 곁들여 베짱이도 울었다. 김은 그것을 밤이 우는 소리로 여겼다. 하늘은 본디 조용한데 으레 땅에서 시끄러웠었다는 것도 더불어 깨우치면서.

* * *

풀떨기가 얼데쳐서 길이 난 논두렁 위로 싸게 내닫던 것들은 얼핏 보아도 햇곡에 살이 올라 둥실해진 메추리들이었다. 아직도 안 간 뜸부기가 있어 둠벙에 팔매 떨어지는 소리로 저수지 갈숲에서 물안개를 걸으며 울었다.

(솔, 1996)

■ 이문구「장한몽」

서쪽 하늘은 북새라도 필 듯 단풍이 한창이었고, 가녀린 들국화 꽃덜기에선 산그늘 따라 찾아든 바람결이 무료한 잎사귀에서 노을지고 있었다.

* * *

온종일 팽팽하게 영글었던 하늘은 어느새 풀어지며 구름이었고, 그 풍성한 구름은 이 메마른 대지 위에 깊고도 짙은 원의 무수한 상념들을 드리운 채, 모든 생명들의 꿈을 낚으려 하고 있었다. 그것은 침묵이었으나 엄중한 가름인 듯했고, 이 지상의 모든 것들은 그 침묵의 가름에 순종해야 될 어름이었다.

* * *

신작로가엔 김장밭도 많았다. 한 포기가 한 항아리는 될 호배추 포기들, 우람하게 살찐 무 밑둥 사이사이로 간직한 몇 뿌리로 한 다발이 넘을 골파 무더기들, 보기만 해도 풍성하여 입맛이 도는 것 같았다.
간난애 만큼이나한 늙은 호박들이 불그레하게 취한 채, 아무 데나 누워 있는 모습.

* * *

아카시아와 청미레 덩굴이 뒤엉키고, 참나무 등걸과 도토리나무 뿌리등 자잘하되 터가 깊고 억센 나무들만 무성하며, 미륵만이나 한 바위나 자갈 투성이었던 명주리 현장의 응달로만 가파르게 비탈진 계곡.

(양우당, 1993)

■ 이문구「해벽」

이윽고 물너울이 자치락거리며 싸우는 소리가 귓결에서 일렁거리기 시작했다. 하늘과 땅을 치며 울부짖는 처참한 싸움이 시작된 것이다. 시퍼런 물굽이, 하늘의 정기를 핥아먹어 밑바닥 끝까지 짙푸른 하늘보다 더 넓은 파도가 조의 가슴을 쳐대는 거였다.

(삼중당, 1995)

■ 이범선「갈매기」

아침 자리에 일어나 앉으면 안개 낀 포구가 유리창에 그대로 한 폭의 목화다. 칫솔을 물고 마당으로 내려간다. 마루 밑에서 기어 나온 바둑이가 신고 선 그의 흰 고무신 뒤축을 질근질근 씹어본다. 뒷산 동백나뭇잎이 아침햇빛에 유난히 반짝거린다. 어디선가 까치가 운다. 마당 한구석에 돌담을 지고 코스모스가 상냥스레 피어 웃는다. 추석도 멀지 않은 거기 감나무에는 주홍빛 감이 가지마다 세 개, 다섯 개, 네 개 탐스럽게 달렸다. 빨갛게 열매를 흉내낸 감나무 잎이 하나, 누가 손끝으로 튀기기나 한 것처럼 툭 가지 끝에서 튀어난다. 팽글팽글 팽글팽글 허공에 원을 그리고 사뿐히 땅바닥에 내려앉는다. 부엌문 앞을 돌아 나오던 흰 암탉이 쭈르르 달려온다. 쿡 하고 지금 떨어진 감나무 잎을 쪼아본다. 핏빛 볏이 흰머리 위에서 흔들거린다.

* * *

나흘 있으면 추석이다. 바람이 분다. 파도가 거세다. 집채같은 파도가 와와 소리를 지르며 밀려든다. 방파제를 때리고 부서진 파도가 허옇게 거품이 되어 등대 꼭대기를 넘는다. 훈네 집 앞 돌길은 완전히 바닷속에 잠겼다. 포구 안에는 쫓겨 들어온 어선들이 서로 어깨를 비비고 있다. 포구 가장자리에도 파도가 한 길은 넘게 뒤로 추어 오른다.

(삼정, 1959)

■ 이범선「사망 보류」

과연 단풍은 고왔다. 바위틈을 굴러 내리다가 군데군데 맑게 괸 물위에 층층이 덮인 단풍은 그 아래를 걸어오는 애들의 얼굴마저 빨갛게 물들였다. 골짜기에 꽉 차고 넘어 산마루 바위 잔등에까지 기어 오른 단풍을 보며 철은 참 오래간만에 마음이 상쾌하였다.

(책세상, 1989)

■ 이범선 「학마을 사람들」

무더기 무더기 핀 진달래꽃이 분홍 무늬를 놓은 푸른 산들이 사면을 둘러싼 가운데 소복이 일곱 집이 이 마을의 전부였다. 영마루에서 내려다보면 꼭 새 둥우리 같았다. 마을 한가운데는 한 그루 늙은 소나무가 섰고, 그 소나무를 받들어 모시듯, 둘레에는 집집마다 울안에 복숭아꽃이 활짝 피어 있었다.

(책세상, 1989)

■ 이병주 「소설 알렉산드리아」

화판 셋을 가진 아주 살이 엷은, 그리고 윤택이 없는 붉은 빛깔, 그 꽃 속에 겨자 알만큼이나 조그만, 샛노란 꽃이 또 돋아나고 있는 것이다. 꽃 속의 꽃, 붉은 꽃의 바탕 위에 샛노란 꽃.

* * *

동이 틀락말락할 무렵이면 참새들은 잠을 깨나보다. 그 중에서도 제일 먼저 잠을 깬 새가 밖으로 나온다. 당번제가 돼 있는지 모르지. 그 새가 오동나무나 벚나무에 앉는다. 그리고는, '짹 짹' 하고 운다. 이건 필경 신호일 게다. 이 구멍 저 구멍에서 새들이 기어 나온다. '짹 짹' 하고 소리가 늘어간다. 인사를 주고받는 듯 소리의 종류가 다채로워지고, 억양의 변화도 느껴진다. '짹 짹 짹' 하는 소리. '째 째 짹' 하는 소리, '째 째 짹' '째 째 짹' 하는 소리 등 여러 가지 소리의 부피가 커진다.

(범우사, 1997)

■ 이순원 「수색」

아내가 손으로 가리킨 묘 바로 뒤엔 커다란 바위가 있었고, 거기 바위 틈새로 소나무 한 그루가 밑등에서부터 두 갈래로 갈라져 큰칼처럼 앞으로 휘듯 하늘로 자라 올랐다.

(민음사, 1996)

■ 이순원 「어떤 봄날의 헌화가」

아침에 노을이 지면 낮에 비가 오고, 저녁 노을은 다음날 날이 맑겠다는 뜻이며, 또 달무리나 해무리가 져도 비가 내리고, 제비가 낮게 날아도 비가 올 것이라는 것쯤은 나도 알고 있었다.

(하늘연못, 1997)

■ 이외수 「황금비늘」

봄이 끝나가고 있었다. 날씨가 더워지고 있었다. 화단에는 눈부신 꽃들이 만개해 있었다. 이따금 나비들이 날개를 팔랑거리며 담벼락을 넘나들고 있었다. 집 뒤 구름산의 나무들이 짙은 초록빛으로 변해가고 있었다.

* * *

매미들이 극성스럽게 울어대기 시작하면 태양은 발작을 일으키기 시작했고, 태양이 발작을 일으키기 시작하면서 바람은 어디론가 종적을 감추어 버리고 말았다. 몇 달째 비가 내리지 않고 있었다. 초목들이 난사되는 햇살에 전신을 내맡긴 채 무기력한 모습으로 질식해 가고 있었다.

* * *

그런데 며칠간 날씨가 흐려지기 시작하면서 재앙도 차츰 고개를 쳐들기 시작했다. 매미들의 울음소리가 뜸해지더니 종적을 감추었던 바람이 회색 구름을 몰아오고 있었다. 담벼락 밑으로 개미들이 줄지어 어디론가 이동하고 있었다. 나비들도 보이지 않았다. 하늘이 무거운 회색으로 낮게 내려앉아 있었다. 텔레비전에서는 다시 장마에 대한 대비책에 대해 이구동성으로 떠들어대기 시작했다. 그러나 아직 비는 내리지 않고 있었다. 후덥지근한 날씨 속에서 습기찬 바람만 마당가의 화초들을 흔들어대고 있었다.

(동문선, 1997)

■ 이인직 「귀의 성」

오고 가는 공기가 마주쳐서 빙빙 회오리바람이 도동 과목밭에서 일어나더니 그 아까운 꽃가지를 사정없이 흔들어서 꽃이 문청 떨어지면서 바람에 싸여 공중으로 올라간다. 그 바람 기운이 없어지며 그 꽃이 도로 내려오는데, 허다한 너른 땅에 춘천집 안마당에로 꽃비가 내려온다.

(청목사, 1994)

■ 이인직 「치악산」

첩첩한 산중에 물소리는 그윽하고 낙락장송 휘어진 가지는 이리 뻗고 저리 뻗어서 이 솔가지가 서로 깍지끼듯 되었는데, 그 산 속에는 해 그림자를 얻어 볼락말락 하고, 머루 다래 덤불은 이리 얽히고 저리 얽혀서 그때는 낙엽 된 후이언마는 산골은 머루 다래 덤불로 거멀장식을 하여 봉한 듯이 수풀 천지라. 그 덤불 속에서 범이 기침을 하고 나오는 듯 나오는 듯하고, 머리 위의 솔 그림자 속에서는 귀신이 휘파람을 불고 내려오는 듯한데, 이 산중에 사람이라고는 나 하나뿐이라.

* * *

차차 날이 밝아오며 전후좌우에 뺑 둘린 봉우리에 아침안개가 자욱히 모여들어 지척을 불변하게 아득히 집히더니, 동쪽 하늘에서 부챗살 같은 햇살이 펼쳐지기 시작하여, 그 안개는 태양빛을 피하여 점점 사라지고 산 얼굴이 삐죽삐죽 내미는데 깎아지른 듯한 산허리에 군데군데 화전갈던 자리는 듬성듬성하고 칡덩굴, 다래덩굴이 이리 뻗고 저리 뻗어 이 나무 저 나무를 그물 뜨듯 얼기설기 얽어놓아 갈 길을 콱콱 틀어막았는지라.

(범우사, 1992)

■ 이인화 「시인의 별」

다행히 바다는 잔잔하여 차르륵차르륵 하는 물결소리가 졸린 듯 단조롭게 들려왔다.

* * *

바다엔 바람이 심했고 파도소리 높았다.

* * *

바람이 황야의 주인이었다. 몽골의 초원은 실상 사막지대로 봄 여름에도 멀리서 보면 푸른 양탄자를 깔아 놓은 것 같지만 자세히 보면 풀뿌리 주변은 온통 모래뿐이다. 늘 바람이 그 모래를, 풀잎을 훑고 지나가는 것이다. 날이 추워지면 초원은 자신의 본색을 드러낸다. 9월에도 영하 30도를 가리키는 혹한에 땅은 얼고 녹고를 반복하면서 부스러져 가루가 된다. 그 가루는 모래가 되고 황토가 되어 다시 강한 바람에 흩날리는 것이다.

(문학사상사, 2000)

■ 이제하 「나그네는 길에서도 쉬지 않는다」

꾸무럭한 날씨의 호수 저쪽으로, 그 호수의 어느 한 부분만이 얼어붙듯이 아침 햇빛에 번쩍이고 있다.

(동아, 1995)

■ 이제하 「용」

석교 부근에 이르자 길을 바꾸고, 동네 외곽을 휘돌면서 올라가는 개울 속으로 나는 들어섰다. 군데군데 쫄쫄거리는 물줄기가 보였으나 큰 자갈들은 말라 있어 발 딛기가 쉬웠고, 개울 양쪽의 흙받이 언덕을 휘덮은 잡초들 뿌리에는 쓰레기 더미와 붉은 헝겊 조각같은 것들이 너절하게 휘감겨 장사진을 이루고 있었다.

* * *

자갈들을 발길로 걷어차면서 계속 나는 올라갔다. 시커먼 잡초 더미 한 군데를 넘어서자 포구나무숲이 눈에 들어오고 마모산 초입이 보였다. 동네의 3분의 2를 우회해서 나는 올라간 셈이다. 그렇게나 엄청나고 커 보이던 포구나무숲이 눈높이를 약간 넘어서는 것에 나는 이미 놀랄 수가 없었다. 용신각(龍神閣)이 보이고, 거기에 순경과 예비군들과 사람들이 몰려서 있었다.

(문학과지성사, 1985)

■ 이철호 「이제마」

우수·경칩도 지나 청명을 눈앞에 두고 있는 절기였지만, 북녘의 봄은 아직도 저만큼에서 꾸물거리고 있었다. 남녘 땅엔 벌써 진달래가 그토록 환한 분홍빛으로 산하를 온통 뒤덮고 있음직한데, 북녘에는 이제야 동장군이 물러나고 있는 듯했다. 그래도 봄은 분명 봄이었다.

얼음 녹은 물이 흐르는 개울가에는 갯버들이 솜털 같은 눈을 내밀고 있었으며, 앙상한 나무들이 몸을 뒤틀고 있는 사이에, 그 아래서는 지난 가을에 떨구었던 낙엽을 비집고 나온 새순이 그득했다.

* * *

새벽안개가 온통 주위의 모든 것을 휘감고 있어 희미하게 보였다. 신비로운 새벽이었다. 수목과 바위들이 구름 속에 두둥실 떠있는 듯했고, 나뭇가지에는 눈꽃이 만개한 것처럼 그것들은 안개와 어우러져 있었다.

* * *

황초령은 온통 울긋불긋한 단풍으로 들떠 있었다. 그런 단풍들이 싸늘해진 햇살에 놀란 듯 파들거렸다. 남녘 땅에는 아직 한여름의 열기가 가시지 않았을 터이지만, 북쪽 고산지대에 위치한 황초령은 한여름의 한낮에도 목덜미를 선뜩하게 하는 냉기가 스며 있는 곳인 만큼 단풍도 일찌감치 찾아온 것이다.

산속의 해는 늦게 뜨고 일찍 지는 법이다. 그래서 해가 중천에 있다고 느긋해하다가는 당황하게 마련이다.

* * *

풀숲을 헤치고, 풀이슬을 밟으며 이제마는 산길을 걸었다. 얕은 나뭇가지에 죽직립이 걸리고, 가시나무가 옷자락을 할퀴었지만 그런 것이 문제될 리는 없었다. 긴 터널 같은 숲을 거의 다 빠져나갈 즈음 갑자기 눈앞이 확 트였다.

* * *

가는 길은, 올 때와는 다르게 서두르지 않아도 좋았다. 숨이 턱에 차도록 산마루를 급하게 오르지 않아도 좋았고, 가슴 조이며 계곡을 치닫지 않아도 좋았다. 무리지어 여기저기에 피어난 들꽃을 마냥 바라보기도 하고, 산자락 끝에 앉아 시시각각으로 변하는 백운산의 구름 위에 마음을 띄우기도 하며, 이제마는 곰곰이 생각에 빠지기도 했다.

(명문당, 1997)

■ 이청준 「자유인」

산비탈을 스쳐 지나가는 솔바람 소리에도 가슴이 메어오고, 먼 수평선

위를 흐르는 흰 구름덩이까지 공연히 눈물겹기만 하던 한나절, 어머니와 나는 그 막막하고 애틋하고 하염없는 심사 속에 짐짓 더 열심히 게들만 쫓고 있었다.

(문학과지성사, 1977)

■ 이청준 「흰 철쭉」

십여 년 전 가을, 이 강남의 청담동으로 신축 2층 슬라브 집을 사 옮겨왔을 때부터 담장가에는 수령이 꽤 옛되어 보이는 철쭉 한 그루가 서 있었다. 그 수령이나, 2미터쯤 되는 블록 담장을 훌쩍 웃 솟아오른 수고로 미루어 근래에 옮겨 심은 화원수가 아니었다. 강남 개발붐을 타고 강을 건너온 집 장수가 옛집을 허물고(집터 자랑으로 집 장수가 한 말이었다) 새집을 지으면서 그 철쭉 한 그루를 그 자리에 그냥 살려 남겨둔 것 같았다. 옛 된 수령이나 나무의 크기 때문이었겠지만, 철쭉은 어딘지 그 헐린 옛 집터의 사연이라도 간직하고 남아 있듯이 자태가 완강하고 확고해 보였다.

그러나 우리는 처음 그만 나무쯤에는 그리 큰 관심을 기울일 새가 없었다. 이사 일이 바쁜 데다 나무는 이미 낙엽이 끝난 철지난 나목이었다. 나무가 크다보니 옛 주인도 함부로 파 옮겨갈 엄두를 못 낸 것이려니, 그쯤 짐작하고 우리는 그 동안 벼르고 별러 모처럼 만에 새집을 사 들어간 흥분 속에 그해의 가을과 겨울을 보냈다.

그런데 겨울이 가고 이듬해 봄이 되어서였다. 우리는 비로소 담 장가의 철쭉에서 망외의 진가를 발견하게 되었다. 따뜻한 봄기운에 푸른 잎과 새 가지들이 싹터 오르는가 싶더니, 4월로 접어들자 철쭉은 그새 가지 끝마다 하얀 꽃망울들을 맺기 시작했다. 그건 뜻밖에도 흰 철쭉이었다.

달을 넘기면서 철쭉은 그 무성한 가지 끝마다 일제히 흰 꽃망울을 터뜨렸다. 그리고 5월 중순쯤에 이르자 나무는 온통 눈부신 흰 꽃무리의 덩어리로 변했다. 그것은 참으로 보기 드문 장관이었다. 나무 전체에서 하얀 봄의 함성이 집안을 온통 진동시키고 있는 것 같았다. 집안 뿐 아니라 담 장 너머 길에까지 그 눈부신 화관을 내밀고 지나가는 행인과 이웃들을 손짓했다. 신개발 주택가 담장들에서 흔히 볼 수 있는 붉은 색 줄 장미나 연산홍 따위와는 곱기나 품위를 비교할 수가 없었다.

우리에겐 축복스런 횡재가 아닐 수 없었다. 그것이 반드시 구해 갖기 힘든 재래 자생종의 흰 철쭉 이래서만이 아니었다. 꽃이 곱고 나무가 커서만도 아니었다. 그것은 차라리 하나의 경이였고 삶의 환희였다. 어떤 사연에서였던지 거기 그것을 남겨두고 간 옛 집터의 주인에게까지도 우리는 새삼 진심어린 감사와 기쁨을 전하고 싶었을 정도였다.

이듬해에도, 다시 이듬해 봄에도 흰 철쭉은 계속 그 순백의 합창의 잔치를 열곤 했다. 그리고 그때마다 우리의 봄과 생명과 삶에의 감동은 더 새로웠다.

(청아, 1991)

■ 이혜경「가을빛」

집을 지을 때 심었다는 대추나무, 아버지가 아침마다 물 주던 나무는 생생하게 물올라, 바람 불 때마다 잎을 뒤채며 반짝였다. 막 여물기 시작한 풋대추가 그 잎 사이에서 알알이 빛났다.

* * *

무심코 내다본 하늘은 수상했다. 청회색에서 연회색까지, 온갖 빛깔을 지닌 구름이 무당이 다리 잡는 천처럼 층층 떠 있었다. 그렇다고 비가 올 날씨도 아니었다.

* * *

뒤편 베란다에 들어와 닫힌 거실 문에 갇힌 바람이 우우우, 어딘가 다치거나 무언가를 상실한 짐승의 낮은 신음소리를 냈다. 낮게 웅웅거리던 바람은 점점 커지더니, 비통한 울음소리를 냈다. 베란다 문을 닫거나 거실 문을 조금만 열어도 없어질 소리라는 걸 알면서도 나는 갇힌 바람처럼 꼼짝도 못한 채, 잠든 아기 곁에 앉아 목관악기의 저음부 같은 그 탄식을 듣고 있었다.

(민음사, 1998)

■ 이혜경 「그 집 앞」

 잘 바랜 뼈처럼 하얀 줄기 위에 작고 뾰족한 잎이 다복다복 붙은 노간주나무, 숲 속에서 하늘을 찌를 듯 뻗쳐오르던 기억을 세포 속에 간직한 듯 좁다란 화분 속에서도 제법 수직으로 솟은 삼나무, 어디 마을 어귀쯤에서 오가는 사람들에게 그늘을 드리우며 그들이 나눈 이야기를 듣던 정자나무를 조상으로 둔, 널찍하게 옆으로 퍼진 느티나무. 시어머니가 온갖 정성을 들여 키우는 나무였다.

* * *

 이 나무라고, 나무에 등을 기대는 순간 근거 없는 확신이 나를 붙든다. 이 나무가 오래 전 밤마다 나를 안아주던 나무라고.
 나무를 알아보게 만든 건 기울기다. 나무에 기대어 저만큼 돋아난 별을 올려다 볼 때면 등받이가 기우듬한 의자처럼 기운 나무는 편하게 등을 감싸곤 했다. 미심쩍은 기억력을 몸이 돕는다, 이 나무라고, 나는 믿어버린다.

* * *

 언덕길을 올라서자 나무들이, 내 기억 속의 나무들이 보인다. 잡목 우거진 언덕에는 스탠드가 설치되어 있고, 그 스탠드 가장자리에 아카시아나무와 버즘나무가 한 줄로 늘어서 있다. 잎이 무성한 아카시아나무와 달리 잔가지 다 쳐낸 버즘나무는 윗동에만 새잎이 나서, 사춘기를 넘기느라 부쩍 커버린 소녀, 껑성하게 웃자란 채 내밀한 슬픔에 잠긴 여중생처럼 어설퍼 보인다. 그 아래 총생이에서 막 돋아나는 여린 잎은 붉은 빛이다. 잎이 투명하게 보일 만큼 여려서일까. 그 붉은 기운은 막 양수에서 떨어져 나온 아기의 붉은 얼굴을 연상시킨다.

* * *

나무 둥치는 낮 동안 볕을 머금어 알맞게 따뜻하다. 등을 기대고 서 있자 오래지 않아, 수피 아래를 흐르는 수액의 서늘한 기운이 느껴진다. 땅속 저 깊은 곳에서 줄기처럼 뻗어나간 뿌리들이 빨아올린 물기, 흙과 물이, 흙 속의 불과 금속의 기운이 뒤섞여 잎맥까지 밀어 올리는 유장하고도 세찬 흐름. 막힐 것 없는 흐름. 오래 전, 입시를 앞둔 야간 자습시간이면 나는 살그머니 빠져 나와 지친 인디언처럼 나무에 기대어 서곤 했다.

* * *

아침이었다. 아침 햇발은 늘, 새날이 시작되었음을 알리는 제 의무를 마지못해 수행하듯, 동북쪽으로 난 창가에 잠깐 머물다 지붕위로 넘어가곤 했다.

* * *

집을 지을 때 심었다는 대추나무. 아버지가 아침마다 물 주던 나무는 생생하게 물올라, 바람 불 때마다 잎을 뒤채며 반짝였다. 막 여물기 시작한 풋대추가 그 잎 사이에서 알알이 빛났다.

* * *

그것은 절화의 시든 가지, 인선이 꽃집에서 사다 꽂아 놓았다는 노란 대국의 가지였다. 시들며 썩어버린 꽃이 지루한 미련처럼 매달린 가지, 썩어버린 밑부분에서 삐죽 돋아난 새 잎사귀였다. 잘린 지 오래된 줄기, 물관부에 남아 있던 실낱같은 숨자락이 꽃샘바람과 비 잦은 봄날을 견뎌 뿌리 내리고 새순을 틔우다니.

(민음사, 1998)

■ 이혜경 「길 위의 집」

줄기는 벌써 물기가 말라 딱딱하고, 노란 꽃술 아래 대여섯 개 남은 꽃잎은 생기를 잃고 파삭거리며 말랐다. 손을 씻기다가 윤씨가 찌푸리는 바람에 들여다 본 손바닥, 상처 옆에 장미가시 하나가 살갗을 뚫고 들어가 있었다.

* * *

대문간 앞 작은 꽃밭엔 백일초가 한창이었다. 블록을 세워 쌓은 경계, 블록의 구멍마다 채송화가 피어있고, 하늘하늘, 종잇장 같기도 하고 입술 같기도 한 양귀비꽃 한 포기가 금방 부러질 듯이 하늘거렸다. 검붉은 꽃잎, 딱 하루 동안만 피는 꽃, 그 꽃을 볼 때마다 은용은 무엇인지 모르게 불길한, 요기롭다는 느낌에 사로잡혔다. 경찰서에서 알면 잡혀가는 꽃이라고 올케가 호들갑스럽게 말해서일까, 이상하게 흘리는 것 같은 아름다움이 은용을 불안하게 했다. 채송화처럼 소박하지도, 백일초처럼 투박하지도 않은 꽃, 저물녘이면 서러운 진분홍으로 피어나는 분꽃이 조금이나마 닮았을까 분꽃은 아직 꽃잎을 참하게 오므리고 있다.

* * *

망루 위, 망루 구멍 속에 날아와 씨를 묻은 벽오동 한 그루가, 망루 안에서 바깥으로 힘겹게 가지를 뻗어 올린 채 자라고 있다. 그걸 볼 때마다 길중씨는 안타깝고 대견스럽다. 살려고, 어쩌다가 엉뚱한 곳에 뿌리를 내렸지만 시들시들 망루 안에서 시들어 가는 게 아니라 해를 향해, 망루 구멍 바깥으로 자기를 밀어 올리는 그놈이 대견스러운 것이다. 돌로 쌓아올린, 첨성대를 닮은 망루 구멍에 삐죽 솟은 푸른잎을 보았을 때, 무슨 나무인지도 모르면서 그 푸른 잎으로 쏠리던 마음. 좀 더 자란 뒤에 보니 벽오동 나무였다. 망루가 있는 경찰서와, 큰길을 사이에 두고 대각이 되는 지점에 있는 약국 앞의 벽오동 나무에서 날아와 발을 내렸으리라. 오가며 그 나무를 볼 때마다, 바람을 타고 한길을 건너 날아와 망루 구멍 속으로 들어갔을 그 씨앗을 생각할 때마다, 몇 십 년 전, 이 읍에 와 두리번거리며 걷던 소년이 떠오르는 것이다.

(민음사, 1995)

■ 이호철 「소시민」

거기서부터 저편으로 흐린 하늘이 시작되고 있는 모양이었다. 어떻게 저렇게 일직선으로 딱 갈라져 있는 것일까. 그 흐린 하늘에 가려, 바다 끝은 음산한 기운을 띠고 있었다. 그리고 거기서부터 이편 하늘은 별이 반짝이고 쾌적한 초여름의 맑은 저녁이 펼쳐져 있는 것이었다.

* * *

이편 하늘에선 초여름 저녁의 별들이 돋아 오르고 먼 뒤편 하늘에서는 구름이 몰려오고 우릉우릉 천둥소리가 들려 왔다. 그 천둥소리는 부두 쪽의 탁한 음향과 어울려 들어 어느 것이 어느 것인지 잘 가려들을 수가 없었다. 밑 거리 전체가 웬 적요 속에 잠겨 있었다.

* * *

어느새 몰려왔는지 구름이 하늘을 덮고 굵은 빗방울이 들었다. 그리고 거리 끝의 먼 부두 불빛도 보오얀 물 연기에 휩싸여 있었다. 우리는 뛰어서 내려갔다. 천안 색시의 손은 어느 사이에 내 한 손에 잡혀 있었다. 따뜻하고 오목하면서 포동한 손이었다.

* * *

바다 끝으로 해가 지고 있었다. 해지는 광경을 나는 단순하게 아무 생각 없이 뚫어지게 바라보았다. 바다는 텅 비고 대마도의 펑퍼짐한 윤곽이 가물가물하게 건너다 보였다.

* * *

바람이 없고 하늘은 휑하게 개어 있었다. 해는 곤두박질치듯이 바다 쪽으로 떨어지고, 기운 오후의 양광이 바로 밑의 함석지붕에 말갛게 내리 부어지고 있었다. 왼편 거리도 금세 비 갠 뒤처럼 새말갛게 씻어져 있는 듯하였다.

* * *

바람은 훨씬 높은 하늘에서만 소리를 지르며 불고 있는 듯, 달을 가리며 구름이 급하게 몰려가고, 그 뒤로 달이 새로 구름에 가리고 하였다.

* * *

중천에 기운 달이 싸늘한 빛을 안뜰에다 내리붓고 있었다. 어느새 바람이 잤는가, 구름 한 점 없이 개어 오르고, 휑휑하게 빈 하늘이 싸늘하게 올려다보았다. 그러나 바람은 잔 것이 아닌 듯하였다. 여전히 높은 하늘에서는 바람이 거센 듯, 어디서 나타났는지 조각 구름 하나가 급하게 북쪽으로 달아나다가 스르르 녹아 없어졌다.

(동아, 1995)

■ 이효석 「가을과 산양(山羊)」

화단 위 해바라기 송이가 칙칙하게 시들었을젠 벌써 가을은 완연한 듯하다. 해바라기를 비웃는 듯 국화가 한창이다. 양지쪽으로 날아드는 나비 그림자가 외롭고 풀숲에서 나는 벌레 소리가 때를 가리지 않고 물 쏟아지듯 요란하다. 아침이나, 낮이나 밤이나 어느 때를 가릴까. 사람의 오장육부를 갈기갈기 찢으랴는 심사인 듯하다.

* * *

창 밖은 조그마한 뜰이 되어서 몇 포기의 깨끗한 백양나무가 여름 한철 깊은 그늘 속에 이슬을 뿜고 있는 것이 이역 어느덧 가을을 맞이해서 병들어 가는 잎들이 바람도 없건만 애잔하게 흔들리고 있다. 가을은 어느 구석에든지 숨어드는구나. 여기도 밤에는 벌레소리가 얼마나 요란할까–

(계용묵 『문장사전』, 1953)

■ 이효석 「노령근해」

동해안의 마지막 항구를 떠나 북으로 북으로! 밤을 새우고 날을 지나니 바다는 더욱 푸르다.

하늘은 차고 수평선은 멀고.

뱃전을 물어뜯는 파도의 흰 이빨을 차면서 배는 비장한 행진을 계속하고 있다.

마스트 위에 깃발이 높이 날리고 연기가 찬바람에 가리가리 찢겨 날린다.

(동아, 1995)

■ 이효석 「녹음(綠陰)의 향기」

꽃은 다 좋은 것이요, 길바닥에 밟히우는 하찮은 한 송이라도 버리기 어려운 것이지만 꼭 한 가지만 고르려면 장미를 취할까. 모양이며 빛깔이며, 향기며 장미는 뭇꽃을 대표할 만하다. 장미의 상징이 고통되고 단일함도 그 까닭인 듯하다. 장미의 호화로운 특징은 누구에게나 직각적이요, 선명하다. 비언즈가 노래한 장미도, 르노와르가 그린 장미도, 그 속뜻과 상징은 같은 것이다.

* * *

장미 냄새는 늘 무슨 냄새 같을꼬. 생각하면서 송이를 코끝에 시험해보니 쉽게 떠오르지 않는다. 과실냄새 같음에도 의견이 일치하나 무슨 과실이라고는 아무도 대번에 단정하지 못한다. 한참이나 후에야 나는 비로소 그것이 별 것 아닌 서양 배의 냄새인 것을 큰 발견이나 한 듯이 – 그것은 동양의 냄새가 아니다. 장미 냄새는 바로 구라파의 냄새인 것이다. 동양의 아무 냄새도 그 같은 것이 없다.

(동아, 1995)

■ 이효석 「독백」

나의 두 귀는 조개 껍질이 아니나 그리운 바다소리가 너무도 또렷이 들려온다. 이것도 가을 하늘이 지나치게 맑은 탓이겠지. 화단을 어정거릴 때마다 방에 누웠을 때에나 그 무엇을 생각할 때에는 한결같이 또렷이 울려오는 바닷소리-굿은비 같은 바닷소리-느껴 우는 우름과도 같은 바닷소리-가을 바다는 소리만 들어도 처량해.

* * *

아침에 세수할 때 어디서 날아왔는지 버들잎새 한 잎 대야물 위에 떨어진 것을 움켜드니 물도 차거니와 노랗게 물든 버들잎의 싸늘한 감각! 가을이 전신에 흐름을 느끼자 뜰 저편의 여윈 화단이 새삼스럽게 눈에 들어왔다. 장승같이 민출한 해바라기와 코스모스-모르는 결에 가을이 짙었구나. 제비초와 애스터와 도라지꽃-하늘같이 차고 푸르다. 금어초, 카카랴, 샐비어의 붉은 빛은 가을의 마지막 열정인가. 로틴제-종이꽃같이 꺼슬꺼슬하고 생명 없고 마치 맥이 끊어져 버린 처녀의 살빛과도 같은 이 꽃이야말로 바로 가을의 상징이 아닐까. 반쯤 썩어져 버린 홍초와 글라디올러스, 양귀비의 썩은 육체와도 같은 지저분한 진홍빛 열정의 뒤꼴, 가을 화초로는 추접하고 부적당하다-가을은 차고 맑다. 마치 바닷물에 젖은 조개껍질과도 같이.

(동아, 1995)

■ 이효석 「들」

꽃다지, 질경이. 냉이, 딸장이, 민들레, 솔구장이, 쇠민장이, 길오장이, 달래, 무릇, 시금치, 씀바귀, 돌나물, 미름, 능쟁이.
들은 온통 초록전에 덮여 벌써 한 조각의 흙빛도 찾아볼 수 없다. 초록의 바다.
초록은 흙빛보다 찬란하고 눈빛보다 복잡하다. 눈이 보얗게 깔렸을 때에는 흰빛과 능금나무의 자줏빛과 그림자의 옥색빛 밖에는 없어 단순하기 옷 벗은 여인의 나체와 같은 것이—봄은 옷 입고 치장한 여인이다.

흙빛에서 초록으로— 이 기막힌 신비에 다시 한 번 놀라 볼 필요가 없을까. 땅은 어디서 어느 때 그렇게 많은 물감을 먹었기에 봄이 되면 한꺼번에 그것을 이렇게 지천으로 뱉어 놓을까. 바닷물이 고래같이 들이켰던가. 하늘의 푸른 정기를 모르는 결에 함빡 마셔 두었던가. 그것을 빗물에 풀어 시절이 되면 땅 위로 솟쳐 보내는 것일까. 그러나 한 포기의 풀을 뽑아 볼 때 잎새만이 푸를 뿐이지 뿌리와 흙에는 아무 물들인 자취도 없음은 웬일일까. 시험관 속 붉은 물에 약품을 넣으면 그것이 금세에 새파랗게 변하는 비밀— 그것과도 흡사하다. 이 우주의 비밀의 약품— 그것은 결국 알 바 없을까. 한 톨의 보리알이 열 낟으로 나는 이치를 가르치는 이 있어도 그 보리알에서 푸른 잎이 돋는 조화의 동기는 옳게 말하는 이 없는 듯하다.

야들야들 나부끼는 초목의 양자는 부드럽게 솟는 음악. 줄기는 굵고 잎은 연한, 멜로디의 마디마디이다. 부피있는 대궁은 나팔 소리요, 가는 가지는 거문고의 음률이라고도 할까. 알레그로가 지나고 안단테에 들어갔을 때의 감동— 그것이 봄의 걸음이다. 풀 위에 누워 있으면 은근한 음악의 율동에 끌려 마음이 너볏너볏 나부낀다.

꽃다지 질경이 민들레…… 가지가지 풋나물들을 뜯어먹으면 몸이 초록으로 물들 것 같다. 물들어야 옳을 것 같다. 물들지 않음이 거짓말이다. 물들지 않으면 안될 것 같다.

새가 지저귄다. 꾀꼬리일까.

지평선이 아롱거린다. 들은 내 세상이다.

(계몽사, 1994)

■ 이효석 「메밀꽃 필 무렵」

조선달 편을 바라는 보았으나, 물론 미안해서가 아니라, 달빛에 감동하여서였다. 이지러는 졌으나 보름을 갓 지난 달은 부드러운 빛을 흐뭇이 흘리고 있다. 대화까지는 팔십 리의 밤길, 고개를 둘이나 넘고 개울을 하나 건너고, 벌판과 산길을 걸어야 된다. 길은 지금 긴 산 허리에 걸려 있다. 밤중을 지난 무렵인지 죽은 듯이 고요한 속에서 짐승같은 달의 숨소리가 손에 잡힐 듯이 들리며, 콩포기와 옥수수 잎새가 한층 달에 푸르게 젖었다. 산허리는 온통 메밀밭이어서 피기 시작한 꽃이 소금을 뿌린 듯이 흐뭇한 달빛에 숨이 막힐 지경이다. 붉은 대궁이 향기같이 애잔하고, 나귀들의 걸음도 시원하다. 길이 좁은 까닭에 세 사람은 나귀를 타고 외줄로 늘어섰다. 방울소리가 시원스럽게 딸랑딸랑 메밀밭께로 흘러간다. 앞장 선 허생원의 이야기소리는 꽁무니에 선 동이에게는 확적히는 안 들렸으나, 그는 그대로 개운한 제멋에 적적하지 않았다.

(금성, 1992)

■ 이효석 「성부수」

사람을 시키니 반달 동안이나 깊은 산을 헤맨 뒤 두 대의 굵은 전나무를 베어 왔다.

초목이란 초목은 모두 아름다운 것이지만 전나무의 아름다움은 새로운 발견이었다. 곧은 줄기, 검푸른 잎새, 탐탁한 자태, 욱신한 향기―바꿀 것 없는 산의 선물을 방 복판에 세워놓고 나는 무지개를 쳐다볼 때와도 같은 감격을 느꼈다. 산의 정기와 별의 정기를 담뿍 머금은 두 포기의 생명은 잎새의 끝끝 줄기의 마디마디에 가지가지의 전설과 가지가지의 이야기―별 이야기, 밤 이야기, 바람 이야기, 눈 이야기, 새 이야기, 짐승 이야기―를 가지고 있을 것이나 둔한 신경으로는 그것을 드러낼 수 없는 것만 안 된다.

(동아, 1995)

■ 이효석 「성화」

산 속은 시절에 대하여 한결 예민한 듯하다. 가을을 잡아들었을 뿐이나 나뭇잎들은 물들기 시작하였고 마을길은 쓸쓸하게 하얗게 뻗쳐있다. 길 위에도 나무 사이에도 별장 베란다에도 피서객 남녀의 그림자는 벌써 흔하게 눈에 뜨이지 아니한다. 그들은 한여름 동안 기르고 익힌 꿈을 싸 가지고 푸른 능금이 익으려 할 때 손을 마주잡고 하얼빈으로 상해로 달아난 것이다.

* * *

먼지와 해어 냄새의 항구를 지나 고개를 넘은 높은 산기슭에 등대가 있다. 파란산, 푸른 바다의 짙은 배경 속에 뜬 하이얀 집들은 호수 위에 뿌려진 조개껍질이다. 일면으로 깔린 조약돌, 우윳빛 뼁끼, 조촐한 화단 — 모두가 종이 위에 채색된 수채화의 인상이지 흙덩이 위에 선 현실의 풍경은 아니다. 바다로 깎아 내린 산등에 솟은 등대는 꿈속의 탑. 속세를 떠난 그 아름다운 그림 속에는 사람의 거동조차 유장하고 넉넉하다. 우리의 청을 승낙하고 등대 안으로 길을 인도하는 젊은 당직 간수의 걸음은 게걸음 같이 느렸다. 아직도 세상에는 그렇게 아름다운 곳이 남아 있었던가 하는 감격을 못 이기면서 한 조각의 풍도 놓치지 않겠다는 면밀한 주의로 길 구석구석을 살피며 간수의 뒤를 따랐다.

* * *

가을 하늘이 유리조각같이 단단해 보인다. 바로 산기슭의 푸른 한 폭은 때리면 깨뜨러질 것 같이 맑다. 산허리의 단풍이 날이 새롭게 물들었고 그것이 고기비늘 같은 조각구름과 아름답게 조화되었다. 이런 자연의 풍물을 한 폭 한 폭 감상할 만한 마음의 여유조차 잊었던 모양이다. 유례와의 마지막 산보의 한걸음 한걸음을 아깝게 여기면서 피서촌으로 향하였다.

(동아, 1995)

■ 이효석 「악령기」

밤이 이슥하였을 때, 학수는 울타리 밖 우물에 물 길러 온 금옥이에게 눈짓하여 성 밖에서 만나기로 하였다. 달이 너무도 밝기에 따로따로 떨어져 학수는 먼저 성 밖으로 나가 능금밭 초막 뒤편에 의지하여 금옥이가 나오기를 기다렸다.

보름달이 박덩이같이 희다. 벌판 끝에 바다가 그윽한 파도 소리와 함께 우련한 밤 속에 멀다. 윤곽이 선명한 초막의 그림자가 그 무슨 동물과도 같이 시꺼멓게 능금밭 속까지 뻗쳐있고 그 속에 능금나무가 잎사귀와 꽃이 같은 푸르스름한 빛으로 우뚝 솟아있다. 달밤의 색채는 반드시 흰빛과 목화빛만이 아니다. 달빛과 밤빛이 짜내는 미묘한 색채 – 자연은 이것을 그 현실의 색채 위에 쓰고 나타난다. 이것은 확실히 현실을 떠난 신비로운 치장이다. 그러나 달밤은 또한 이 신비로운 색채뿐이 아니다. 색채 외에 확실히 일종의 독특한 향기를 품고 있다. 알지 못할 그윽한 밤의 향기 – 이것이 있기 때문에 달밤은 더 한층 아름다운 것이다. 인류가 태고적부터 가진 이 낡은 달밤 – 낡았다고 빛이 변하는 법 없이 마치 훌륭한 고전과 같이 언제든지 아름다운 달밤!

그러나 괴롬 많은 학수에게는 이 달밤의 아름다운 모양이 새삼스럽게 의식에 오르지 않았다. 금옥의 생각이 달보다 먼저 섰던 것이다. 만나는 마지막 밤에 다른 생각 다 젖혀 버리고 금옥이를 실컷 생각하고 그 아름답고 안타까운 마지막 기억을 마음속에 곱게 접어두고 싶었다.

* * *

통곡하는 마음을 부둥켜안고 학교에도 갈 생각없이 그는 아침부터 바닷가로 나갔다. 무슨 심술로인지 공교롭게도 훌륭한 날씨이다. 너무도 찬란히 빛나는 햇빛에 학수는 얼굴을 정면으로 들기가 어려웠다. 한들한들 피어난 나뭇잎이 은가루같이 반짝반짝 빛났다. 굵게 모여와서 깨뜨려지는 파도 조각에 눈이 부셨다. 정어리 냄새와 해초 냄새와 - 그의 쇠잔한 가슴에는 너무도 센 바다 냄새가 흘러왔다.

(동아, 1995)

■ 이효석「화분」

개나리가 지더니 찔레꽃 봉오리가 연지같이 진하게 맺혔고, 라일락이 만발했다. 몇 포기 안 되건만 덤불을 이루어서 송이송이 불그런 자색 꽃망울이 풍준한 향기를 휘날리고 있다. 라일락 향기는 유난스럽게 진하고 세어서 한 포기 덤불의 향기가 집 구석구석에 배어 뒤꼍에서나 방안에서까지도 가장 가까운 곳에서 흘러오듯 코끝에 찰락거린다.

(청목사, 1994)

■ 임철우「그 섬에 가고 싶다」

그 순간 나는 수화기 저쪽으로부터 들려오는 이상한 소리를 듣고 있었다. 바람소리. 스산하고 허허한 바람소리가 난데없이 내 빈 고막을 끊임없이 두드리고 있는 것이었다. 그건 어린 시절 고향 앞바다로부터 언제고 내 불어오던 바로 그 아련히 귀에 익은 솔바람 소리, 그리고 파도소리였다.

* * *

나는 도시가 싫었다. 회색빛 도시의 하늘에도 흐린 별들은 역시 돋아났지만, 도시의 하늘에 돋아나는 별들은 어째선지 낯설고 멀어 보이기만 했다. 밤하늘을 올려다보기가 왠지 점점 두렵고 싫어지기 시작했다. 그러다가 마침내 나는 별을 완전히 잊어버리고 말았던 것이다.

* * *

잠들기 전 어린 나는 곧잘 홀로 마당으로 나가곤 했다. 고개를 젖히면 거기, 별들을 언제나 변함없이 은빛 황홀한 지느러미를 헤적이며 밤하늘을 헤엄쳐 다니고 있었고, 나는 가슴에 두 손을 모은 채 그 별들을 헤아리며 눈망울을 반짝거리곤 했었다.

할머니의 말에 따르면, 밤하늘은 내가 두고 온 고향이었다. 그리고 먼 훗날 이 지상에서의 피곤한 여정을 마치고 나면 우리들 누구나가 다시 되돌아가야 할 그리운 안식처였다. 그러므로 그 무수한 별들은 알고 보면 사랑하는 내 이웃들의 정겨운 얼굴이었으며, 나 역시 잠시 그들 곁을 떠나 온 하나의 떠돌이별에 지나지 않는 거였다.

(살림, 1991)

■ 임철우 「등대 아래서 휘파람」

멀리 갈매기 몇 마리가 번갈아 펄렁펄렁 날아오른다. 오늘따라 바다는 유난히 잠잠하다. 태풍이 올 조짐인지도 모르겠다. 폐유 찌꺼기로 번들거리는 항구의 더러운 물살을 따라 저만치 쓰레기들이 너저분하게 떠가고 있는 게 보인다. 세상의 어느 항구에 가더라도, 바다엔 늘 별의별 잡동사니들이 흡사 내팽개친 추억의 파편들처럼 어수선하게 떠밀려 다니는 법이다.

* * *

그 밖의 다소 덜 뚜렷한 영상들—이를테면 이제 막 곱게 단풍 물이 오른 길가 플라타너스, 멀고 가까운 산자락마다 꽃무늬처럼 박혀 있던 갖가지 가을 나무들의 자태, 추수 끝난 들녘을 휘감으며 소리없이 허공으로 피어오르던 볏단 태우는 연기, 새볏짚으로 말쑥하게 갈아 앉은 초가지붕의 둥글고 부드러운 선들, 개울 둔덕을 따라 하얗게 피어난 억새풀, 혹은 이름 모를 시골 국민학교 담장 옆에 무더기로 피어 흐드러져 있던 코스모스의 군락……

그런 저마다의 화려하고 현란한 빛깔까지도, 어째서일까, 내 기억의 풍경 사진 속에선 하나같이 흐릿하게 지워져 있을 뿐이다. 그렇다고 몹시 우중충하게 흐렸다거나 빗줄기라도 질금대는 날씨였던 건 결코 아니다. 되레 기가 막히게 좋은 날씨였다. 햇살은 눈부시게 투명하고 가벼웠으며, 쿡 찌르면 금방이라도 푸른색 유리알들이 좌르르 쏟아져 내릴 듯 하늘 또한 맑고 높았으니까.

* * *

고무신을 찾아 신고 수챗가로 나갔다. 대야에 물을 퍼 담았다. 세수를 하려던 나는 문득 손을 멈추었다. 거기, 대야 속에 하늘이 고여 있었다. 구름 한점 없이 말갛게 개인 가을 아침의 하늘. 잉크를 풀어 넣은 것처럼 한없이 푸르고 고운 하늘이었다.

(한양, 1993)

■ 임철우「아버지의 땅」

해마다 앞산 나무숲이 누런빛을 떠올리기 시작하고 가을 햇볕이 차츰 온기를 잃어갈 무렵이면 우리는 뒷산 등성이를 넘어 날아오는 그 철새들의 행렬을 이따금 볼 수 있었다. 그것들은 대단히 높다랗게 떠서 목을 길게 잡아 뺀 채 끊임없이 날아가고 또 날아가곤 했다. 나는 새들이 그렇게 우리 마을을 지나서 앞산 너머에 있는 바다를 향해 날아가는 것이라는 사실을 알고 있었다.

* * *

철새들이 날아오는 가을 무렵이면 나는 늘 그렇게 하늘을 바라보고 서 있는 어머니의 모습을 볼 수가 있었다. 하지만 꽤나 나이가 들었을 때까지도 나는 왜 그 하찮은 새들의 이동이 어머니의 눈빛을 아득하게 풀리도록 만들곤 하는 것인지, 그리고 사람보다도 먼저 계절을 알아차리고 따뜻한 남녘으로 날아온다는 새들의 그 지극히 자연스럽고도 어김없는 본능이 왜 하필 그녀에게만은 그토록 새삼스러운 의미를 지녀야 하는 것인지를 알지 못했다. 그러던 어느 때인가 끼륵기륵 이상한 울음소리를 남기며 우리 마을을 지나가는 철새의 무리를 바라보면서 어머니는 어쩌면 누군가를 기다리고 있는 것인지도 모른다는 생각을 나는 하기 시작했다. 그러고 보니 단지 그것 뿐만은 아니었다. 한여름 땡볕 속에 쭈구리고 앉아 비탈진 밭고랑을 호미질 해나가다가도 이따금 고개를 들어 동구 밖으로 뻗어나간 고갯길을 하염없이 멍한 눈으로 바라다보기도 하고, 빨래를 줄에 널거나 마당 귀퉁이에서 푸성귀를 다듬고 있다가도 깜빡 넋을 놓아버린 사람처럼 허공으로 시선을 물빛으로 풀어 던지며 문득 긴 한숨을 내쉬기도 한다는 사실을 나는 새로이 알아냈던 것이었다. 그때가 아마 열두 서너 살이었으리라.

* * *

노인은 손가락을 들어 멀리 산을 가리켰다. 반도의 등줄기라고들 하는 태백산맥의 거대한 모습이 잔뜩 찌푸린 하늘 한 쪽을 가리운 채 몸을 틀고 엎드려 있었다. 그러고 보니 사방 어디에나 험준한 산으로 시야가 꽉 막혀 있는 지형이었다. 어디를 향해 나아가든지 이내 깎아 세운 듯한 산허리에 맞부딪치고 말게 뻔했다.

(동아, 1994)

■ 임옥인 「낙과(落果)」

익어 가는 논과 밭. 푸른 산과 강물줄기에 조화되어 번득이고 하늘은 수심을 걷운 사람의 눈동자 같이 맑게 개었다.

(『문예』, 1950)

■ 장용학 「비인 탄생」

이름 모를 잡초만이 제 세상 만난 듯 우거진 이 폐허에 그래도 시가 하나 있다면, 저기 산으로 올라가는 어귀가 되는 곳에 한 그루 솟아 있는 목련화의 나뭇가지에 송이송이 맺혀 있는 흰 곡성(哭聲)이 그것일 것이다. 도시 땅이 선 꽃이다. 사람의 마음을 '무위(無爲)'로 꾀는 밀화(密話)이다.

* * *

서녘 하늘은 황금의 음향 속에서 시뻘건 태아가 꿈틀거리고 있는 정밀(靜謐)에 짙어 가고 있었다. 해면처럼 지상의 모든 빛을 빨아들이고 있는 것이다. 그것은 밤의 질서를 배어 내는 진통, 화석된 그 아우성이요, 참해와 환락이 서로를 찬미하는 향연이기도 하였다.

(어문각, 1975)

■ 장용학 「역성서설」

전설이 걷히고 동화가 자리잡는 계절……
여기 하늘이 가까운 산협(山峽)에도 남풍이 불었다. 응달진 곳을 찾고 헤매던 잔운(殘雲)도 이제는 하는 수 없이 그 없어진 절개를 허물어 버리는 것이었고, 태고의 어금니를 하늘에 꽂고들 섰는 봉우리로 도피해 올라갔던 백운(白雲)들은 흰 곡성을 울리며 호소하는 것이지만, 하늘은 오무관언(誤繆關焉)하고 지상의 약속에는 상관하지 않는 것이었다.
봄, 봄, 봄이었다.
바위 그늘에도 봄이요, 가지 끝에도 봄이었다. 흐르는 물소리에도 봄빛이 완연하여 오히려 남풍이 시리다. 지난 가을에 떨어진 낙엽이 이제 썩는 냄새에 골짜기는 잠에서 깨어난 처녀의 가슴처럼 들먹였다. 겨우내 부덕(婦德)을 지켜오던 바위도 소복(素服)을 벗어 놓고 푸른 치마를 두르고 있었다.

* * *

물줄기를 더듬었다. 남쪽이 되는 절벽 아래를 바투 흐르는 물줄기를 얼마쯤 올라가니, 대패로 민 것처럼 바위가 경사를 이루었고 거기를 물은 널따랗게 미끄러지는 것처럼 흐르고 있었다.

네 발로 기어 올라갔다.

간신히 그 경사를 기어서 그 위로 머리를 내밀었던 그는 그만 거기서 떼밀릴 뻔했다.

와아 고함을 지르면서 떨어지는 폭포에 비하면 그의 몸은 낙엽이었다.

천군만마(千軍萬馬)의 말굽 소리를 그대로 새겨 놓은 것 같은 폭포가 하늘을 장사 지내는 시포(屍布)처럼 걸려 있었다.

* * *

폭포는 멋도 모르고 하늘에서 떨어져선 전국시대(戰國時代)에 볶이다가, 간신히 몸을 빼내어 저 아래 관료(官僚)의 밭을 바라고 봉건(封建)의 계곡을 흘러내리고 있다. 떨어지는 물, 떨어져서는 흘러가는 물, 그 물에 시선을 얹어 놓고 있노라면, 몸은 어제 상석의 바위에 받쳐져서, 위로 위로 청동시대를 지나 석기시대의 무위에 젖어드는 것이었다.

* * *

그러는 사이에 여름은 아주 수해(樹海)가 되었다.

계곡은 수액과 엽록소가 빚어내는 밀도(密度)에 파묻혔고, 안개가 흐르는 날이면 희끗 희끗, 푸르름이 흔들리는 베일 사이로 들려오는 폭포 소리는 해안선을 씻는 파도 소리와 같아서, 여기를 흐르고 있는 것은 용궁(龍宮)의 시간이었다.

* * *

봄에 난 모든 것을 태워 버리고 업화(業火)가 지나간 그 터전에 운이 내린다. 훌 훌 내려서 상처를 싸서 덮는다. 세계는 흰 상(裳)을 입었다.

백설(白雪)이 만건곤(滿乾坤)하였는데 마치 소리만 독야청청(獨也靑靑)이었다.

* * *

거기서 7, 8미터 남으로 떨어진 곳에 서 있는 노송 잔가지는 타버렸는지 밋밋하지만 굴뚝 쪽으로 거의 수평으로 굽어졌다가 다시 위로 곧추서 오른 그 쌍기역(ㄲ)자형……

(『사상계』, 1958, 3월호)

■ 장용학 「요한 시집」

우러러보니 여름 날의 구름이 본토로 본토로 희게 떠가고 있다.

나도 그의 옆에 누워 푸른 하늘로 눈을 떴다. 지상의 검은 그림자는 티 한 점 비치지 않는 거울같이 평화로운 하늘……

* * *

해는 지붕 위에 있었다.

서산에 기울어버린 햇발이었지만 이렇게 지붕 위로 보니, 내려앉으려던 황혼은 뒤로 밀려가고 하늘이 도로 밝아 오르는 것 같다.

* * *

눈이 온다. 밖에서는 펑펑, 함박꽃 같은 눈이 온다. 온 하늘이 내려앉는 것처럼 눈이 내린다. 눈이 온다. 눈이 와서 내린다. 와서다. 온 누리가 눈 속이 된다. 눈이 이불이 되었다. 그래도 눈은 와서 쌓인다. 지붕까지 쌓였다. 봉우리까지 쌓였다. 하늘까지 쌓인다. 세계는 눈이 되었다. 공기가 걷히고 바람이 죽었다. 눈 속이 세상이다. 생물 교본을 고쳐야 한다. 눈을 마시고 사는 새살림이 시작된 것이다. 좀 있으면 건망증이 그들은 공기를 마시고 살았다는 것을 잊어버릴 것이다.

(신구문화사, 1965)

■ 장용학 「원형의 전설」

그 길을 얼마쯤 가니 앞에 물이 나타났습니다. 저 위에서부터 저 아래까지 보이는 한 일직선으로 흐르는 강물이었습니다. 지도에서 보면 신대륙

같은 데에는 이렇게 직선으로 된 국경이 있었지만 자연이 이렇게 자로 잰 것처럼 구획이 되어도 좋을까?

* * *

차창 밖으로 내다보니 무밭인 줄 알았는데, 심산유곡이라고 인삼밭이었습니다. 밭도 아닙니다. 아니 밭이라고도 할 수 있었습니다. 몇백 년 묵었으리라 싶은 나무들이 하늘을 가리고 쭉쭉 뻗어 서 있는 비탈인데, 관목과 잡초가 엉클어져 있는 사이사이에 보이는 것은 불로장생한다는 인삼이고, 안개가 자욱해서 저 멀리까지는 보이지 않지만 또박또박 일정한 사이를 두고 나 있는 것으로 보아 그것은 산삼이 아니고 가삼(家蔘)인 듯 싶었습니다.

(동아, 1995)

■ 장용학 「현대의 야」

허리가 끊어져 나간 거기에서 다시 새 가지가 네댓 하늘을 향해 줄기를 뻗어 올리고 있는 것이 마치 만세를 부르고 있는 것 같은 담밖 포플러나무에서 매미가 두세 마리 요란스럽게 말복이 가까운 더위를 누비고 있었다.

(어문각, 1975)

■ 전경린 「내 생에 꼭 하루뿐인 특별한 날」

해가 지는 무렵이어서 이제 막 가로등 불이 켜졌고, 마을의 집들도 차례로 불을 켰다. 하늘에 돋는 저녁 별들처럼 아직은 빛을 발하지 않는, 그저 그 집에 산다는 신호를 보내는 듯한 가냘프고 창백한 빛들. 마을 아래 계단식으로 펼쳐진 보리밭은 어스름 속에서도 환영처럼 밝은 초록빛이었다.

* * *

6월이 되자 개망초 꽃이 일제히 피어 언덕길을 하얗게 뒤덮었고 숲에는 밤꽃이 피어나 자극적인 향기를 집 안에 까지 가득 채웠다. 그리고 마을의 집들엔 접시꽃들이 무리를 지어 층층이 피어났다. 처음 보는 붉고 희고 분홍색인 접시꽃들은 이름처럼 순박하고 화려하고 예뻤다. 아카시아꽃은 모두 떨어졌고 산딸기는 너무 익어서 검게 짓물러 더 이상 따먹을 수 없었다.

* * *

우리가 자리를 잡은 곳은 널따란 공터를 낀 산기슭에 있는 버려진 선착장이었다. 한때는 멸치막이었던 것 같은 널따란 공터엔 엉겅퀴, 토끼풀, 오이풀, 괭이밥풀, 달개비, 쐐기풀 같은 여름풀들이 뒤엉켜 자라고 있었고 목조 창고 세 채가 일정한 거리를 두고 띄엄띄엄 서 있었다. 마침 산그림자가 선착장을 덮어 그늘에서 낚싯대를 드리울 수 있었다. 바닷바람이 유난히 그곳으로만 불어와 공터에 서 있는 세 그루 플라타너스 나뭇잎이 쏴쏴 소리를 내었다.

* * *

숲은 빈약했고 어린 잡목들로 얽혀 있었고 송진 냄새와 나뭇잎 마르는 냄새와 젖은 흙냄새와 푸른 잎사귀 냄새와 그 모든 더위에 지친 습기로 어지러웠다. 그는 어느 허물어진 무덤가에서 우뚝 멈추어 섰다. 하루 종일 햇볕에 데워진 여름 숲은 지열로 인해 훈증탕처럼 수증기가 피어오르고 있었다.

* * *

장마가 시작되었다. 한설같은 빗줄기가 손님이 들지 않는 때문은 중국집의 긴 주렴처럼 지겹도록 내렸다. 한결같은 소리로 한결같은 굵기로, 한길같은 속도로. 가끔은 거센 바람이 불고 한낮이 밤처럼 캄캄해지며 천둥과 번개가 지붕을 쪼듯이 무섭게 내려치는 날도 있었다. 하늘이 뽑혀 나온 고목의 흰 뿌리처럼 새하얗게 갈라지고 어디선가 내달려온 휘파람 소리가 소용돌이치며 집을 침침 휘감았다. 번개가 떨어질 때면 집안에서 젖은 종이에 불을 붙여 연기를 피웠다. 언젠가 할머니들에게서 그렇게 해야 한다고 들은 기억 때문이었다.

　　　　　　　＊ ＊ ＊

　나의 키 높이만큼 자란 토란밭을 지나 산길로 들어설 때쯤엔 벌써 공사의 굉음은 들리지 않았다. 오히려 바람이 몰고 오는 나뭇잎 쏠리는 소리에 휩싸여 깜짝 놀라고 말았다. 해일이 일어나듯 커다란 소리가 지나가자 나뭇가지들 사이로 햇빛이 어룽대는 고요와 짙은 산향과 초록의 사치스러움이 나를 어리둥절하게 했다. 빗물에 씻긴 숲은 푸른색 레이스 실에 은사를 섞어 한 잎 한 잎 촘촘히 짜서 만든 것같이 눈부셨다. 다시 바람이 불고 해일이 일어나듯 나뭇잎 쏠리는 소리가 몰려왔다.

　　　　　　　＊ ＊ ＊

　나는 나프탈렌 냄새가 폴폴 나는 스웨터를 꺼내 입고 새벽 숲으로 들어갔다. 기온이 갑자기 떨어져 초겨울 같은 날씨였다. 숲에는 깊은 가을이 와 있었다. 생강나무는 노랗고 옻나무는 피가 맺힌 듯 붉고 칡넝쿨 잎은 황금빛을 내었다. 나뭇잎이 단풍 드는 것은 엽록소의 생명이 다해 푸른빛이 떠나기 때문이라고 했다. 생명의 환이 소멸된 자리가 불꽃이 튀어 오르듯 아름다운 것은 또 어떤 비의인지…… 물푸레나무, 단풍나무, 산벚나무 잎들이 모두 제각기 물들어 잎사리에 바람에 떨어뜨릴 때, 순순히 받아들이는 자의 결의처럼 공중에서 잠시 멎는 것 같았다. 돌아오는 길에 화염의 편린 같은 낙엽 몇 잎을 주웠다. 두꺼운 책에 끼워 넣어 예쁘게 말린 뒤 코팅을 해 수의 식탁 받침으로 써야겠다고 생각했다.

〈문학동네, 1999〉

■ 전영택 「화수분」

　첫겨울 추운 밤은 고요히 깊어간다. 뒤뜰 창 바깥에 지나가는 사람 소리도 끊어지고, 이따금 찬바람 부는 소리가 획―우수수 하고 바깥의 춥고 쓸쓸한 것을 알리면서 사람을 위협하는 듯하다.

(어문각, 1973)

■ 정비석 「고고」

 그러자 얼마 후에 공교롭게도 갑자기 난데없는 검은 구름이 뭉게뭉게 솟아오르더니 삽시에 온 하늘을 휘덮고 숲 위에까지 두터이 내리 엎었다. 그리고 그것이 마침내 비가 되어 삽시에 밥알같은 빗방울이 드문드문 떨어지기 시작했다. 험악한 기세가 한 소나기 내리 쏟을 징조여서 낚시꾼들은 제각기 서둘러 낚시와 다랭이를 거두어 메고 집으로 내뺐었고 나도 떠날 채비를 다 차렸으나, 그러나 춘파 선생만은 비가 쏟아지거나 우박이 퍼붓거나 오불관언이란 듯이 태연부동한 자세로 따부만 견주어 보고 있었다.

* * *

 달 없는 하늘에는 별이 유난히 총총하여 야기는 차츰 차가워 오고 귀뚜라미의 울음 소리는 쏟아지는가 싶게 자못 소란스럽다.
 나는 귀뚜라미의 울음 소리에 귀를 기울이며 멀리 산밑에 있는 마을을 굽어보았다. 검은 장막이 찰가분이 내리 덮인 골짜기에서는 반딧불같이 빨간 불들이 집집의 창호지에 비쳐 개똥벌레처럼 아름답게 보인다.
 하나 둘 셋 넷…… 세어 가는 동안에 반딧불은 이 구석에서도 방끗 저 구석에서도 방끗 수효가 차차 늘어가더니 마침내는 하늘의 별들과 같이 자꾸만 불어 가서, 나는 혹시 저 불이야말로 별들이 땅 위에 내려앉은 것이나 아닐까 생각하였고, 일단 그렇게 생각하고 나니, 나는 무턱대고 저기까지 내려가 보고 싶은 충동을 막아 낼 수 없었다. 그리하여 나는 험한 산골길을 걸어 내려가는 위험을 돌아볼 새 없이 저도 모르게 어둠 속의 길을 더듬고 있었다.

(백수사, 1971)

■ 정비석 「귀향」

가을치고는 유난히 맑은 날씨였다. 씻은 듯이 첩첩한 하늘은 무한제로 트였고, 우뚝우뚝 반공에 솟은 검푸른 산봉우리들은 먼 하늘가에 잠든 듯 의젓하다. 첩첩이 쌓인 산과 산을 타개하고 기운차게 뻗어나간 군용도로 위에는 다사로운 가을볕이 무르녹고 있다.

(어문각, 1973)

■ 정비석 「성황당」

아까부터 퍼지기 시작한 검은 구름이 이제는 하늘을 휘덮고 써늘한 바람이 휙 지나간다. 굵은 빗방울이 드문드문 떨어진다. 산에서는 별안간 나뭇잎 갈리는 소리가 소란하였다.

* * *

어느덧 황혼이 짙었다. 깊은 산골짜기에서 피어나기 시작한 황혼은 나무를 에워싸고 개울을 덮고 산허리로 해서 야금야금 산마루로 뻗기 시작하였다. 바람이 여느 때보다 차갑게 불었다. 갓 나온 떡갈나뭇잎이 바람을 맞아 사르륵 사르륵 소리를 내고 있었다. 길 옆 숲 속에서는 금방 범이나 산돼지가 튀어나오지 않을까 싶게 굴속같이 캄캄하였다.

* * *

해는 중 낮이 되었다.
볕 곁듯 빽빽이 서 있는 나무숲 속도 훤히 밝았다. 겹겹이 쌓인 숲 속에서는 졸졸졸 얼음 녹는 물이 흐르고 있다.
온 산은 적막 속에 잠겼다. 산새도 울지 않았다. 다만 보이지 않는 곳에서 종달새 소리가 들려 올뿐이었고, 그것마저 구름 속에 잠겨지자, 생각난 듯이 미라부리가 한 곡조 부르면서 멀리로 날아갈 뿐이었다. 순이는 나물을 캐다 말고 미라부리 사라진 먼 하늘을 고요히 우러러보고 있었다. 그런 때에는 순이도 자연의 한 부분에 지나지 않았다.

* * *

산 속의 봄은 유난히 짧다. 뻐꾸기가 울어서 봄이 왔나 보다 하고, 한겨울의 칩거(蟄居)에서 해방되어 산으로 오르기 시작하면, 벌써 두견새와 꾀꼬리가 노래를 부르고, 뒤이어 매미가 맴맴맴 맴맴맴 하고 한가로운 산 속의 여름날을 돕는다. 그러기에 산사람들에게는 봄보다는 여름이 더욱 친근하였다.

하루하루 산은 무성하는 나뭇잎으로 무거워가고, 각색 새들의 노래노래에 산사람의 마음은 흐들겨간다.

할미꽃·앉은뱅이·진달래가 한물 지나고, 도라지꽃·제비꽃·학이꽃·범부채·물구지·소리채……가 먼저 다투어 필 무렵이면, 스러졌던 잔디밭에서도 새싹이 머리를 들고, 그러노라면 풀밭에서는 밈충이, 식세리, 귀뚜라미가 노래를 부른다.

토끼가 춤을 추고, 여우, 노루가 양지쪽에서 낮잠을 자는 것도 그런 때이다.

한나절이 되자 날은 점점 무더워졌다. 사방이 병풍으로 휘두른 듯 산으로 감싸여 있었고, 게다가 나무가 들어차서, 바람 한 점 얻을 수 없었다.

(혜문서관, 1994)

■ 정비석 「신호등(信號燈)」

어스름 달빛이 시내에 흘러 잔물결이 고기 비늘처럼 번득거렸다. 어디서 밤나무 꽃향기가 훈훈히 풍겨오는 늦은 봄밤이었다. 기차가 들어오려는지 먼 철로 둑에서 시그날의 푸른 등불이 졸리는 듯 깜박이고 있었다.

(계용묵 「문장사전」, 1953)

■ 정비석 「장미의 계절」

바다는 저녁노을이었다.

해는 바야흐로 수평선 뒤에 잠가지고, 가루 비낀 한줄기 노을이 넘실거리는 바다 위에 붉은 피를 토하고 있다. 저녁물에 감돌아드는 갈매기의 흰 날개조차도 노을에 반사되어 타오르는 듯이 붉었다. 저무는 하늘 아래 가로누운 바다는 바람맞은 채일처럼 기운차게 꿈틀거린다.

* * *

산 위에서 굽어보는 한강 경치는 밑에서 올려다보기와는 또 딴 정취가 있었다. 하늘도 푸르거니와 강물은 더구나 압두(鴨頭)로 푸르다. 가볍게 스치기만 하여도 손이 금새 남빛으로 물들어 버릴 듯이 파란 하늘이요, 한웅큼 움켜 마시기만 하면 몸이 대뜸 파래질 것같이 푸른 강물이다. 구비 구비 흐르는 강물과 어울리며 전개되어 있는 흰 모래 사장.

* * *

벌써 여름도 한창이어서 뜰에는 나뭇잎이 무성하였다. 습기 먹음은 바람에 불려 어디선가 꽃향기가 훈훈하게 풍겨왔다. 까닭없이 서글퍼서, 분별없이 울고 싶어지는 여름의 황혼이었다.

* * *

사월도 반 넘은 서울 거리는 꽃바다였다. 창경원 덕수궁에는 진달래 개나리가 한창이었고, 낡은 집 울타리 안에는 살구 복숭아꽃이 수집은 처녀처럼 얼굴을 붉힌다. 오고 가는 사람마다 만나는 첫 인사가 꽃 소식이요. 바람에 나붓기는 여인의 치마폭에는 봄 향기가 무르녹았다. 봄은 꽃피는 시절이요. 향기의 계절이다.

(계용묵 『문장사전』, 1953)

■ 정비석 「항구풍경」

항구에서는 오늘도 푸른 파도가 이랑 이랑 넘실거리고 있고, 푸른 파도 위에서는 흰 갈매기가 너훌 너훌 날개를 치고 있고, 또 그 위에는 남빛 하늘이 훤출하니 개어 있어 하늘과 바다 사이의 창창한 공간을 어선들은 아득한 수평선을 향하여 바다로 바다로 기운차게 달려 나가고 있다.

(계용묵『문장사전』, 1953)

■ 정안길 「백마강」

이 섬의 사계절은 나름대로 원시의 아름다움이 깃들여 있지만 해뜰녘과 해질녘은 퍽이나 인상적인 모습이다. 해는 으레히 가마득한 수면 위 멀리 보이는 봉두정이 물목의 파진산 마루에서 솟아오른다. 불그레한 아침 노을을 한껏 수면 위에 띄워 놓은 채 태양은 주홍빛 유리알 마냥 산등성이로 솟아오른다.

그처럼 찬란하고도 영롱한 빛을 물위에 쏟아 놓으면 물결은 저마다 금빛을 머금고 출렁거린다. 그 빛무리들은 물결 위에서 해가 허공으로 훨씬 높이 떠오를 때까지 그렇게 마냥 실려 다닌다.

실로 장엄한 모습으로 떠오르는 태양은 어제의 태양이 아닐성 싶었다. 언제든 새롭고 희망찬 태양만이 새로이 새로이 떠오르는 것만 같았다. 그렇게 솟아오른 해는 온종일 산그림자 하나 없이 금섬에 밝고 따뜻한 빛을 쏟아 내려준다.

그러다 해가 서녘으로 기울 때면 구렁 개펄 머나먼 지평선 끝 진등머리까지 거슬러 올라간 이옥강에 붉은 노을이 타오르기 시작한다. 그리고 노을의 여광은 이내 보랏빛으로 변한다. 그런 뒤 대지는 까맣게 숯검정처럼 어둠 속으로 침잠해 들어가곤 한다.

그즈음 금성 연변으로 썰물제 드러난 모래톱이 어둠 속에서 꿈처럼 하얗게 번져간다.

(미래문학사, 1996)

■ 정연희 「꽃잎과 나막신」

시원스럽게 뽑아 올린 듯한 대추야자나무가 하늘 높은 곳에서 아래를 굽어보고 있었다. 싸이프러스나무는 그늘을 넓게 드리우고 한낮에 달았던 대지를 식혀주었고 진홍색의 부겐베리아는 해질녘의 저무는 하루가 아쉬운 듯 한낮보다 짙은 핵으로 타 붙는 듯했다.

* * *

입구로 들어서니 낙원이었다. 아름드리 유칼리 나무들이 뿌리를 울근불근 드러낸 길 한옆으로 사철나무와 협죽도가 우거져 꽃으로 뒤덮여 있었다. 종려나무가 하늘을 찌를 듯이 치솟은 한옆으로 불꽃나무가 불꽃같은 꽃더미로 타오르고 있었고 넝쿨로 휘돌아 올라간 부겐베리아 꽃이 찬란했다. 소금기가 있는 석회암과 그 암염 틈으로 샘이 솟구쳐, 맑고 시원한 작은 내를 이루고 있는 길에는 갈대가 우거져 있었다.

(지혜네, 1999)

■ 정연희 「나비부인」

스위트피. 순백색 스위트피가 꽂혀 있는 테이블이 있었다. 나비부인은 자기도 모르게 그곳으로 다가가서 앉았다.
청순한 수줍음을 담고 뽀오얗게 피어 있는 꽃. 콩꽃을 곱게 단장시켜 논 것과도 같은 귀엽고 상냥한 것이었다.

(정한출판사, 1975)

■ 정연희 「바위눈물」

  매화도 벚꽃도 지나가고 화개 골짜기는 꽃놀이 뒤끝의 미적지근한 허망함에 빠져 있었다. 산은 농담의 연둣빛으로 싱그럽게 물들어가고 있었다.

* * *

  천리향의 향기가 울타리를 넘어 길에까지 넘쳐 났다. 작약과 모란이 몽오리를 맺고, 해가 기울었지만 산에서 흘러 화강암 돌확으로 떨어지는 물소리는 청청했다.

(지혜네, 1999)

■ 정연희 「사막을 향하여」

  울울청청 전나무도 있었고 침엽수 울타리도 있어, 집들은 숲에 감싸여 햇빛 못 보고 지내는 집들처럼 보일 정도였다. 그래도 눈여겨보니 발코니며 테라스에 제라늄, 베고니아, 페츄니아 등 갖가지 꽃들이 자라고 있어 사람 사는 따뜻함이 번져났다.

* * *

  숲 사이로 보이던 바다가 수은빛으로 무거워지면서 날이 아주 저물었다. 바다 건너 마을의 불빛들이 수면을 타고 미끄러져 섬으로 올라왔다. 손을 내밀면 알알이 손안에 집힐 듯했다. 밤하늘도 청청했다. 별들이 당장 숲으로 내려올 듯 가깝다. 하늘을 올려다보던 그는 자신의 뺨이 젖는 것을 알았다.

(지혜네, 1999)

■ 정연희 「순결」

  수원까지 가는 동안, 벌판의 논은 고호의 보리밭 그림보다 더 찬란한 빛으로 황금빛을 띠고 있었다. 하늘은 어찌 그리도 사무치게 푸르르던지. 몇 점 흐르는 구름이 하늘의 푸르름을 더욱 가슴 설레게 만들었다. 살아 있다는 것은 아름답구나. 이런 느낌 때문에 사람들은 이 지상을 떠나지 않으려 하는가…… 미구에 결혼할 남자를 찾아 부대로 면회를 가는 처녀…… 소박한 그림이네…… 그렇지? 나는 달리는 기차 창밖으로 가을 풍경을 바라보며 웃었다.

* * *

 달이 이즈막이 올라와 있었다. 식당 밖은 푸르른 얼음궁전이었다. 몇 시간 전에 걸어왔던 두 사람의 발자국은 달빛 속에서 두 줄의 얼음 조각이 되어 있었다. 눈을 이고 있는 솔숲은 하얀 동굴이었다. 몇 시간 사이에 기온이 내려가고 눈밭이 얼기 시작했는지 사각사각 발자국 소리가 났다. 우리는 두 줄로 이어진 우리들의 발자국을 되돌려 짚으며 걸었다. 차가운 물 속 같은 달빛 속에서 두 사람 입김이 흔들렸다. 문득 윤후가 무엇인가를 말하려다가 그만 두는 듯했다.

* * *

 낙엽에 흩날리고 있다. 낙엽교목들은 잎을 떨구며 헐벗은 가지를 허공으로 들어내고, 한여름의 생기를 조용하게 반납한 풀잎들은 한해살이의 인사로 마른 몸을 목마르게 비벼대고 있다.

(문화마당, 1999)

■ 정연희「우리가 사람일세」

 양로원 울타리에 개나리가 만개한 뒷면 담장가에 심어 놓은 진달래가 흐드러진다. 진달래가 꽃을 다 밀어낼 무렵이면 담장 밖의 벚나무가 꽃구름을 이루고 그 벚꽃이 한숨 한 번 내쉬는 동안 부신 듯이 꽃잎을 날리고 나면 애민관 화단의 꽃들이 너도나도 고개를 내민다. 재래종 철쭉, 양철쭉, 봄이 되면서 화단에 심겨진 군자란에서부터 장미도 몽우리를 맺는다.

(지혜네, 1999)

■ 정연희 「한낮에 촛불을 켜고」

　지난 해 늦여름, 이름 모를 풀 한 포기가 내게로 왔다. 말이 한 포기의 풀이지, 포기라는 말에는 당치도 않을 초라하고 가냘픈 풀이었다. 스티로폴의 일인용 아이스크림 곽에 들어앉아 있었으니 그 크기에 있어서나 볼품에 있어서나 심난하기 그지없는 모양새였다. 그 담긴 그릇이 직경 5,6센티미터나 될까…… 그리고 운두래야 손가락 마디도 채 안되는 그런 소꿉 그릇 같은 아이스크림 곽이었으니 담겨 있는 흙이라야 밥숟가락으로 두어 술 될 성싶지도 않은 그런 푼수였다.

* * *

　겨울산, 흰 눈이 덮인 골짜기에서 마른 풀더미를 만난다. 청청하게 높이 자란 소나무 잣나무 느티나무들 말고는 산 속의 모든 것이 눈 속에 덮혀 있는 그곳에 제멋대로 발돋움을 하고 서 있는 잡초의 마른 대를 만난다.
　한여름 길길이 자라다가 가을을 겪고 겨울을 견디고 있는 마른 풀더미. 아리도록 눈부신 흰눈 속에서 까칠한 몸으로 겨울 산바람을 타는 이름 모를 풀대, 그 적요한 겨울 산 속에서 무엇을 하고 있는가 숨죽여 들여다 보느라니 그들은 씨앗을 영글려 아래로 떨구고 있었다.
　이름을 알 수 없는 잡초들, 잡초, 사람들은 풀이름 하나하나를 만들어내기가 귀찮아 그들을 묶어서 잡초라고 불러버린다. 그들은 노래방에서도 살고 깊은 산 나무 그늘에서도 살고 들에서도 잘들 산다.

* * *

　풀솜망울과도 같은 씨앗인가 하면 좁쌀알을 퍼뜨려 놓은 것과도 같은 씨앗이 있었다. 더러는 꽃잎 마른자리에서 더 영글기를 기다리는 씨앗도 있었고 엉겅퀴 마른 가시는 작은 해바라기처럼 따뜻한 노란색으로 빛나고 있기도 했다.

* * *

이른 봄, 큰 나무들이 아직 겨울 속에 갇혀 있을 때, 제일 먼저 겨울을 가볍게 벗어버리고 나서는 것이 할미꽃이다.

사람의 발길이 닿는 일도 없는 산 속 호젓한 자리에서 조그맣게 조그맣게 피어나는 할미꽃을 본다. 소나무, 잣나무, 오리나무, 피나무, 전나무, 자작나무, 모두가 하늘을 향해 치솟아 오르는 당당한 나무들뿐인데, 그 그늘에서 있는 듯 없는 듯 할미꽃이 눈을 뜬다.

* * *

파도의 손길에 예각을 버린, 매낀매낀한 조개껍질들이 아침 햇빛에 반짝이고 있다. 날카로운 데라고는 없이 물결을 닮아 있었다.

하나 둘 주워 본다. 손가락 끝에 닿는 감촉이 미끄럽고 다정하다. 조개의 원 모습을 버리고 파도의 손길 속에서 닦이고 닦여 손톱만 하게 이즈러진 것이 있다. 제 생명을 잃는 것, 그리고 제 모양까지 버린 것. 그런데 예쁘고 다정하다. 순하고 곱다. 고집을 버린 동화의 아름다움이, 순응에서 비롯된 새 생명이 빛나고 있었다. 내가 그 모랫벌 위에 널린 조개껍질을 들여다보고 있는 동안에도 파도는 쉬지 않고 기슭을 일어댄다.

* * *

경포대 사흘째, 숙면 못한 무거운 몸을 일으켜 떨치고 나서니, 경포대 솔숲에는 아직 새벽의 입김이 희뿌옇다. 언덕 너머 바닷가에서는 밤을 부셔내는 새벽 바람이 밀려온다.

몇 걸음 둔덕 너머로 바다는 그렇게도 충충했다. 시야에 가득 차 넘쳐나는 바다. 아침해를 씻겨 올린 바다는 이제 마악 아침 햇빛으로 낯을 썩으며 청청하다.

온세상 그득하게 바다였다. 거칠 것 없는 푸르름. 그런데 그 한정 없는 바다의 기슭에서 일고 있는 파도는 순한 흰 거품. 그 무변대한 몸체가 기슭에서 일렁이는 모양은 수줍다.

* * *

어느 해, 한 그루의 양철쭉 가지가 휘어지도록 꽃을 피웠던 때가 있었다. 해마다 제철이면 제 분수대로 꽃을 보여주던 나무였으니, 꽃이 피었다고 해서 새삼 신기해 할 것이 없었으나 그 해에는 가지가 찢어지도록 꽃이 많이 피었다. 꽃이 하도 탐스러워서 눈길을 자주 보내고 또 오래 멈추고 했으나 어느 날 갑자기 그 나무는 놀랄 만큼 초췌해져 버렸다.

꽃을 다 피워낸 나무라 그 꽃이 빛깔을 잃기 시작하자, 잎뿐이 아니라 목피마저 까칠해져 있었다. 제 목숨을 다해서 꽃을 피워낸 나무는 사철 어느 때보다 목말라 했다. 물을 동이동이 여다가 주어도 좀체로 추스리질 못하고 끝없이 지쳐 힘들어했다.

(문학사상사, 1988)

■ 정을병「겨울나무」

무덤가에는 목백일홍이 심어져 있었다. 남쪽의 무덤에는 흔히 볼 수 있는 나무다. 그 나무의 타는 듯한 꽃 색깔도 겁이 났고, 무서웠으며, 기분이 좋지 않았다. 그것은 지금도 마찬가지다.

(삼우당, 1987)

■ 정을병「그래서 아름다운 선택」

하늘에 매연이 잔뜩 끼어 있어서, 여의도 쪽이 잘 보이지 않지만, 강물만은 바닷물처럼 시원하게 출렁이고 있다. 파리나 런던, 뉴욕에도 시내를 가로지르는 강물이 있지만, 그들의 강과 한강은 근본적으로 다르다. 그 강들은 죽어있지만, 한강은 싱싱하게 살아서 움직이고 있다. 실은 그 반대지만······

(훈민정음, 1996)

■ 정을병 「백년을 더 사는 인간」

나무가 무성해지면서 메마르고 삭막해 보이던 산이 풍성해지고, 흙도 거무스레하게 변해갔다. 나무가 자라기 아주 좋은 땅으로 되어갔다. 곤충이 생기고, 그것을 잡아먹는 조류가 생기고, 그것을 또 잡아먹는 짐승이 생겨났다. 비가 오고, 홍수가 잘 나던 땅에 비가 잘 오게 되고, 강물이 항상 넘쳐 흘러갔다. 거의 농사라고는 지을 수 없는 땅이 천천히 옥토로 변해갔다. 잠시 동안에 삼십 년이라는 세월이 흘러가 버린 것이다.

(진화당, 1982)

■ 정을병 「세례요한의 돌」

그는 안으로 성큼성큼 걸어 들어가서는, 진열대 위에 놓인 돌들을 정신없이 들여다보았다. 여태 자기가 잊고 있었던 고향의 산이 있고, 강이 있고, 들이 있었다. 그리고 이미 추억으로 녹아 들어가 버린 소와 고양이와 원숭이와 새가 있고, 또 못난 이웃집의 아낙네가 있고, 또 머슴이 있었다. 늙었지만 단정한 할머니도 보이고, 파안대소하고 있는 할아버지도 보였다.

그런가 하면…… 무언지 모르게 마음속에서 그리고 있던 꿈과 이상을 확연하게 거울 속처럼 들여다볼 수 있는 그런 추상적인 현상도 그곳에 진열되어 있었다. 돌 그것은 바로 박영환 자신이었다. 여태 자신을 볼 수 없었던 것을, 진열된 돌을 봄으로써 환히 들여다볼 수가 있었다. 인간의 몸 속에 차분히 가라앉아 있는 본질적인 무형의 사념들이, 구체적인 형상을 한 돌을 봄으로써 한꺼번에 확 피어오르는 것 같았다.

(진화당, 1985)

■ 정을병 「천혜향초」

난초는 마당에다 나무로 높은 평상을 만들어 가지고 그 위에다가 가지런히 세워 놓고 있었다. 크게 들어오는 것 같지도 않았지만, 갈대발로 햇빛을 가려 놓고 있었다.

분은 붉은 색이 나는 딱딱한 토분이었고, 식재는 가는 제주경석이었는데, 윗부분이 상당히 축축해 보였다. 대체적으로 일조량이 조금 부족하고, 습기가 많게 키우고 있는 것 같은 인상이었다.

그래서 그런지 초세는 그렇게 좋은 편이 못 되었다. 이미 세월을 상당히 많이 잡아먹어서, 포기는 커져 있었지만, 잎이 삼분지일 정도는 모두 가위로 몽땅몽땅 썰어져 있었다. 잎이 검게 썩어 들어오니까 썩어 들어오는 것을 막기 위해서 가위로 잘라 버린 것이다.

제주한란은 잎이 넓적하고 윤이 많이 나는 것이 특징인데, 워낙 상태가 나쁘다 보니까 그럴 힘을 발휘할 능력이 없어서, 꺼칠꺼칠하게 보였다.

* * *

나는 한란 두 분을 책상 위에다 올려놓고 이상한 기분이 되어 오랫동안 들여다보고 있었다. 한란으로서의 아름다움은 전혀 구경할 수가 없었다. 잎이 잘라지고, 검은 점병이 박혀 있는데다가, 개 각층과 흰 가루병이 잔뜩 붙어 있어서, 마치 길바닥에 나동그라진 거지 아이를 데려다 놓은 것 같았다. 어디서부터 어떻게 손질을 해야 저놈이 좀 깨끗해질지 알 수가 없었다.

아무래도 분을 쏟아서 뿌리부터 검사하는 것이 순서라고 판단했다. 난초란 쏟는 것을 싫어 하지만, 저런 상태로는 더 뿌리가 썩게 될지도 모르니까 일단은 쏟아서 내용을 확인하는 것이 좋을 것이다.

나는 떨리는 기분으로 조심스럽게 분을 쏟았다. 아니나 다를까, 바루 밑의 뿌리는 하나도 살아 있는 것이 없었다. 해면질은 모조리 썩어버리고 철사처럼 생긴 가는 뿌리만 죽은 사람의 뼈다귀처럼 앙상하게 드러났다. 가는 경석에, 물을 잘 먹지 않는 딱딱한 토분에 심은데다가, 일조량은 부족했고, 물은 너무 자주 준 것이 틀림없었다. 그런데도 새 봄을 맞아 어김없이 가냘픈 발부를 만들어 낸 것이 신기했다. 말하자면…… 죽지 못해서 간신히 살아 있는 형국이었다.

(진화당, 1987)

■ 정을병 「피임사회」

지금은 비가 오고 있다. 비와 안개와 구름이 하늘 위에 꽉 차 있어서 햇볕이 땅에 전달되지 못하였고 그래서 그런 자극적인 냄새보다는 구역질을 재촉하는 생크림 냄새가 안개를 타고 뭉게뭉게 피어오르고 있었다.

* * *

수도꼭지 곁에는 어른 키만한 향나무가 두 그루 꽂혀 있었다. 가꾸지 않아서 모양이 없게 자라고 있었다. 벌써 저녁놀이 향나무의 가지에 다소곳이 내려앉고 있었다.

(삼성, 1974)

■ 정한숙 「금당벽화」

담징은 다시 금당 벽면을 향하여 섰다. 벽면엔 아침 햇빛이 훤히 들이비치고 있었다. 담징은 정제해 두었던 채색 통을 날라 놓게 하고, 우거진 숲 사이에 흐르는 냇물로 가서 속세의 때를 벗기려는 듯 몸을 깨끗이 닦고 닦았다. 어쩔 수 없이 터져 오르는 환희를 경건한 불심으로 바꾸어, 벽화를 그리려는 마음에서였다.

붓을 든 담징의 손끝이 무학같이 벽 앞에 나는가 하면, 진한 빛이 용의 초리같이 벽면을 스쳤다.

거침없는 선이여,
그 위엔 고구려 남아의 의연한 기상이 맺혔고,
부드러운 색조여,

그 속엔 백제의 다사로운 꿈이 깃들인 속에 남국적인 정열이 어렸도다.

동방을 제패한 조국 고구려의 환희는 관음상의 미소를 자아내게 하고, 담징의 싱싱한 예술적 포부는 여기 무르익어 관음상의 블룩한 유방 위에 흘렀다. 이른 봄같이 다사로운 감촉이 숨은 보살의 손끝엔, 지금 막 멸망당한 수많은 오랑캐들의 죽음을 조상하는 자비로운 불심이 흘렀다.

목에 걸린 구슬이여,
이는 소식조차 아득한, 조국 땅에 남아 있는, 잊혀지지 않는 사람들의 얼굴이런가?
알알이 빛나고 줄 이어 맺혔으니, 국난을 막기 위한 단결된 그들의 정성이 여기 있도다.

담징은 비로소 붓을 놓고 이마에 흐르는 땀을 씻었다. 그리고는 한 걸음 물러서서 눈을 가늘게 뜨고 화면을 바라보았다. 온갖 정성을 다 기울였건만 어딘지 모르게 허전한 것 같았다. 그는 눈을 감았다. 조국 땅에 두고 온 여인의 모습이 떠올랐다. 담징은 다시 눈을 크게 뜨고 화면을 들여다보았다. 여인의 모습이 더욱 뚜렷해졌다. 담징은 몹시 괴로웠다. 그것은 열반의 세계를 구현한 것이 아니라, 사바를 모방한 것 같은 생각이 들었던 까닭이다.
다시 붓을 든 담징은 한 걸음 물러섰다가 앞으로 나갔다. 그대로 화면을 지워 버리고 싶은 충동이 일었던 것이다. 담징은 다시 주춤 서 버렸다. 초승달 같은 아미, 열반의 세계가 그 속에 있어야겠는데, 거친 속세의 모습만이 떠도는 것 같았다. 넓은 듯 좁은 듯한 그 미간에 떠오르는 여인의 모습, 담징은 속세에 대한 마지막 미련을 씻기라도 하듯, 온 정성을 다하여 그 미간에다 일점을 찍었다. 그건 다시는 그의 의식에서 그런 생각이 일어나지 않도록 하기 위한 필사의 노력이기도 했다. 그의 입가엔 비로소 미소가 떠올랐다.

　범할 수 없는 관음상이여.
　그리운 사람의 환상마저 잊으려는 담징의 각고의 노력으로 열반의 상징 보살이 이루어졌도다.

　벽면에 저녁놀이 물들기 시작했다. 담징의 등 뒤에 서 있던 주지가, 구현된 지상열반의 세계에 도취하여 그만 합장한 채 꿇어 엎드렸다. 담징을 비방하던 모든 왜승들도 모두 합장을 하고 주지의 옆과 뒤에 꿇어 엎드렸다.
　조국의 승전의 쾌보를 받지 못했던들 금당 벽화는 한낱 승 담징의 관념의 표백에 그쳤을런지도 모른다.

　윤기 흐르는 생기여! 그것은 조국에 대한 담징의 충성이었다.

　화면은 바라보던 담징도 그냥 서 있을 수가 없었다. 붓 대신 염주를 든 그도 뭇 승들과 같이 합장하며 꿇어앉았다. 누가 피워 놓았는지 향이 피어오르고 있었다. 오고가던 속세의 뜬마음도 향불 연기를 따라 사라졌다.
　가사를 입은 주지가 맨 앞에 앉아 목탁을 두들겼다. 누구인지 뒤에서 법고를 울렸다. 그 때마다 뭇 승은 일제히 일어섰다가 앉으며 배례를 했다. 자기 손에서 이루어진 관음상이건만, 지금 담징에겐 그것이 자기 의식의 세계가 아닌 것만 같았다. 벽면엔 관음상의 미소가 빛나는데, 타오르는 향 연기 속에 목탁과 법고가 울리며, 뭇 승들의 합장 배례가 그칠 줄 몰랐다.

(『사상계』, 1955, 7월호)

■ 조경란 「동시에」

　아주 오래 전부터 이 땅에는 나무들이 자라났고 그 나무들이 모여 숲을 만들었고 사람이 생겨났단다. 나무들이 울창하게 자라면 신들은 나무를 쪼갰다. 쪼개진 나무 조각들이 사람이 되었다고도 하고 나무들이 스스로 쪼개져서 여러 쌍의 사람이 되었다고도 한다. 누군가는 열매를 맺는 대신 남자와 여자를 낳는 나무에 관해 이야기하곤 했었다. 그 남녀는 키가 몹시 작은 탓에 나무 안에서 살았고 사람들은 바람이 불면 이들의 몸이 얼음처럼 차가워졌다가 바람이 멈추면 다시 건조해졌다고도 하는구나. 먼 나라에서는 양을 낳는 나무도 있었으며 열매 대신 흰 거위가 주렁주렁 달린 나무도 있었다고 전해진다.

바람과 안개와 눈과 비속에서 나무들은 자랐고 봄이 되면 나무의 씨앗털들로 인해 세상은 눈가루를 뿌린 것처럼 희고 환해지기도 했다. 씨앗은 점점 더 멀리 퍼져나가 새로운 나무와 사람을 만들었으나 그들은 태초의 기억을 차츰 잊어버린 채 각각의 이야기를 만들며 늙고 병들어 갔단다. 기억을 잃어버린 탓에 사람들은 제가 어디서 왔는지 숲은 어떻게 만들어지고 한 그루의 나무들은 어떻게 씨앗이 만들어졌는지 모두 잊어버리고 말았지. 그래서 숲과 함께 형성된 크고 작은 지역들은 한때 모두 큰 강의 하류였다는 것, 강 하류에는 원래 울창한 숲이 형성되어 있었으며 물이 풍부해졌거나 사막이 되어버렸다. 숲이 사라졌기 때문이지. 곡식을 심고 경작하게 되면서부터 사람들은 숲을 파괴하기 시작했단다. 나무들은 점점 잘려나갔고 상류 지대까지 숲이 파괴되었으며 이로 인해 홍수와 가뭄이 반복되었다. 호수 바다 퇴적물인 꽃가루 분석을 통해서 과거에 살았던 식물의 종류와 양을 조사한 결과 사하라 사막도 그 옛날에는 숲이었다는 사실이 밝혀지기도 했단다.

(푸른사상, 2002)

■ 조경란 「식빵을 굽는 시간」

노을이 번지고 있는 마당에는 담장 주위로 희게 보이는 등나무꽃이 고개를 수그리고 있었다. 해가 저물기 전에는 은은한 연보라 빛깔일 터였다. 이제 꽃잎을 떨군 라일락들은 한층 키를 더하고 있을 따름이었다. 작은 화단에는 이름 알 수 없는 꽃나무들이 심어져 있었다. 한눈에 보아도 아담하고 손길이 많이 간 정원이었다. 요람처럼 아득해 보였다.

(문학동네, 1996)

■ 조정래 「아리랑」

압록강은 여름 강답게 강폭이 넓어져 물결이 넘실거리고 있었다. 자주 내리는 여름비로 수량이 불어나 강폭은 얼음이 얼었을 때보다도 훨씬 넓어져 있었다. 물이 불어난 만큼 물살도 거칠고 물빛도 맑지가 않았다. 가을철의 투명하면서도 짙푸른 빛깔에 비하면 여름의 압록강 물빛은 연갈색을 내비치는 탁한 푸른빛이었다. 그러나 그 폭넓게 흐르는 도도한 물결은 탁한 푸른빛과 함께 오히려 장강 대하의 위용을 더해 주고 있었다.

* * *

가지들이 휘도록 주렁주렁 달린 새빨간 석류껍질들이 쩍쩍 벌어지고 있었다. 그 벌어진 사이로 해맑은 분홍빛 석류알들이 곧 쏟아질 것처럼 촘촘하게 박혀 있었다. 석류알들은 마치 영롱한 보석처럼 그 색깔이 곱고 탐스러웠다. 억세게 돋은 긴 가시들 사이에서 유난히 동글동글한 탱자들도 황금색으로 물들어 있었다. 잎들과 함께 진초록색 일 때는 별로 눈에 띄지 않던 탱자들이 잎이 지면서 황금색으로 변하면 마치 꽃같은 화사함을 드러냈다.

* * *

유달산이 아침 햇살을 받으며 그 자태를 우람하게 드러내고 있었다. 온갖 형상을 한 크고 작은 바위 봉우리들이 청옥색 투명한 겨울 하늘을 배경으로 한층 더 우아하고 신비스러움을 자아내고 있었다. 수많은 바위 봉우리들로 이루어진 유달산은 언제나 전설적인 신비를 간직한 한 폭의 입체화였다. 그런데 아침 햇살이 한쪽에서 비껴 비치면서 봉우리들과 골마다 음양을 그려내자 유달산을 더욱 신묘한 입체화가 되고 있었다. 유달산은 그다지 높지도 그리 크지도 않았다. 그러면서도 바위산이라 우람한 무게감을 지니고 있었다. 그런데 거대한 바위 몇 덩어리로 이루어진 산이었더라면 육중하기는 하되 둔중해 보이고 싱거웠을지 모른다. 유달산은 바위산으로 태어나되 기기묘묘한 봉우리들을 수많은 자식인 양 품어 듬직하면서도 아기자기한 조화를 이루어 내고 있었다. 그런데 아무리 다양한 바위 봉우리들로 모양을 갖추었다고 하나 바위만으로는 산의 구색이 모자란다고 생각한 것일까. 중턱 아래로는 차츰 나무들을 키워 내 산자락에 이르러서는 넉넉한 숲이 어우러져 있었다.

* * *

폭넓은 강을 뒤덮은 빙판은 강줄기 따라 양쪽으로 끝없이 뻗어나가고 있었다. 물빛이 맑고 푸르기를 오리의 청록빛 머리빛깔 같다고 하여 선사받은 이름 압록강. 저 백두산 천지에서 발원하여 수많은 골짜기 골짜기들을 감돌고 휘돌며 2천 리가 넘는 긴긴 자태를 드리우며 대륙과 반도 사이를 무슨 운명인 것처럼 흐르고 있는 강. 대륙에서 흘러드는 크고 작은 물줄기와 반도땅에서 흘러드는 크고 작은 물줄기들을 다 거두어 받아들여 흘러내릴수록 커지는 몸피를 스스로 감당해 내며 수수천년 묵묵히 흐르고 있는 강. 몇천 년에 걸친 대륙과 반도의 각축하는 역사 속에서 헤아릴 수 없이 많은 사람들의 피가 낭자하게 흘러 그 몸을 더럽혀도 그저 담담하고 초연하게 그 피를 씻어내려 제 모습을 갖추어 흐르고 있는 강. 수없이 많은 험준한 산봉우리들을 호위병처럼 거느리고 온갖 종류의 무성한 나무들을 장식처럼 드리우고 장엄한 자태로 흐르고 있는 강.

겨울새벽의 적막은 한없이 깊기만 했다. 그 적막 속에서 길고 큰 강은 출렁거림을 멈추고 죽은 듯 깊은 잠에 빠져있었다. 그 모습은 마치 몇 천년을 그렇게 잠이 들어 있는 것처럼 아득하고 막막했다. 이 땅의 사람들이 또다시 피흘리는 기구한 삶을 시작한 것을 아는지 모르는지 압록강은 깊은 적막 속에서 그보다 더 깊은 침묵의 잠을 자고 있었다.

* * *

고목들과 가지가지 꽃들은 한데 잘 어우러져 오래된 도시의 봄 정취를 무르익게 하고 있었다. 포근한 햇살 속에 세월의 흐름 같은 것은 무감한 듯 고적들은 의연하게 서 있었고, 꽃과 벌 나비들은 한가롭게 벗하며 고도의 봄을 한껏 아름답고 풍성하게 꾸며내고 있었다.

* * *

아흔 아홉 골짜기를 거느린 지리산 준령에도 봄은 오고 있었다. 한 발 늦은 봄이었지만 4월의 양광은 지리산 준령에 쌓였던 눈을 다 녹이고, 골짜기 골짜기의 응달에 숨은 눈까지 녹이면서 나무마다 풀마다 새 움을 틔워내고 있었다. 웅장하고 장엄한 자태의 지리산은 우아하고 환상적인 유록색 비단옷을 갈아입고 있었다. 백설로 치장했을 때의 지리산은 신령스러웠고, 눈이 녹으며 흑회색의 모습을 드러냈을 때의 지리산은 위엄이 충만했고, 이제 싱그러운 유록색이 번지고 있는 지리산은 자애스러웠다. 산 높고 골 깊으되 그 준령 또한 몇 십리에 뻗치며 산맥을 이루어내고 수많은 골짜기를 거느렸으니 누구나 함부로 범접하지 못하고 멀리서 바라보며 감탄하는 산, 그것이 지리산이었다.

(해냄, 1995)

■ 조정래 「태백산맥」

울타리를 치고 있는 탱자나무를 윗가지마다 해맑은 연초록빛 새순들이 한 뼘 길이로 솟아오르고, 그 연하디 연한 새순들에는 또한 연한 가시들이 서로 엇갈림하며 돋아나 있었다. 그 연초록 새순들은 한 해를 지낸 바로 밑가지와, 여러 해를 지낸 더 아래쪽 밑가지들이 띠고 있는 진 초록빛과 확연하게 구분되었다 …(중략)… 그런데 무성해진 탱자 나뭇잎들은 그런 모습들을 자연스럽게 가려주는 초록비단이 아닐 수 없었고, 그런 흉스런 모습을 안 보여도 되는 겨울이 오면 탱자나무 울타리도 잎 다 떨군 가시울타리로 바뀌어 있었다.

* * *

밤이 깊어갈수록 바람소리는 사납고 거칠어져가고 있었다. 바람 소리는 가지가지였다. 휘이, 휘이, 휘이, 휘이익 – 높은 음으로 휘파람을 불어제끼듯 하는 그 소리는 전기줄을 울리는 소리였다. 씨이웅, 씨잉, 씨이웅, 씽씽 – 싸리회초리를 세차게 휘둘러대는 것 같은 그 소리는 나뭇가지들을 괴롭히는 소리였다. 쌔이잉, 쌔앵, 쌔앵, 쌔이잉 – 여자의 날카로운 비명이 자지러지는 듯한 그 소리는 양철지붕 끝에 바람이   기 는 소리였다.

* * *

산이란 산은 검푸른 초록색으로 뒤덮여 있었다. 나뭇잎들은 무성할 대로 무성해져 울창한 숲을 이루어내면서 산마다 진초록빛으로 윤기나는 두꺼운 옷을 입혔다. 쑥빛의 초록으로 치장한 산들은 겨울산에 비해 넉넉하고 푸근하고 부드러워 보였다. 한여름인 칠월 말의 녹음은 새잎들이 돋아 오르는 사오월의 그 다양한 색감의 초록빛이 아니었다. 잎들이 무성하게 자라나면서 어린 때의 색깔들을 벗어 던지고 짙은 초록빛으로 물이 들었다. 산들은 무성한 나무숲들 속에 제 모습을 감추어 어느 산줄기나 골짜기도 강파르게 보이지 않았다.

* * *

마당바위는 사방 어느 쪽에서 보나 빼어나게 생긴 바위 봉우리였다. 산줄기 위에 우뚝 치솟은 그 모습은 바위의 무게감으로 장중했으며, 위로 뻗치는 기상으로 장쾌했고, 군더더기 없는 담백함으로 수려했다. 그 바위 봉우리는 여러 개의 바윗덩어리들로 이루어진 것이 아니라 봉우리 자체가 하나의 어마어마하게 큰 바위였다. 그 바위는 이십 미터 이상의 높이로 직립 상태를 이루며 치솟아 있었다. 그런데 그 거대한 바위가 산 위에 그냥 덩그라니 놓인 형상이 아니고 그 뿌리를 그 산 속 깊이 박혀 아랫부분과 유연하게 연결을 이루어 자연스러운 조화의 아름다움을 한껏 들어내고 있었다.

* * *

눈바람 속에서 제일 먼저 피는 진홍빛 동백꽃에서부터 찬바람이 비쳐서야 꽃망울을 여는 보랏빛 들국화까지 꽃은 헤아릴 수 없이 많았다. 그러나 동백꽃은 한스러운 아름다움이 있었으나 그 나뭇잎이 너무 억세어서 싫었고, 작약은 흐드러진 큰 꽃송이에 넘치는 붉은 빛이 눈시리게 고왔지만 어딘지 거만스러운 것 같아 친해지지 않았고, 연보랏빛 수선화는 꽃 모양도 특이하고 곧게 뻗은 진초록 잎새도 정갈해서 좋았지만 꽃이 너무 연약해 빨리 지는 것이 아쉬웠고, 진하게 붉은 칸나의 선명함도 마음을 시원하게 해 주지만 턱없이 큰소리로 웃어대는 실없는 가시네 같이 마음에 닿지 않았고, 보랏빛 잔 꽃송이가 풍성한 덩이를 이루는 수국은 먼발치에서 보면 구름덩이 같아 가슴을 설레게 하지만 가까이 가면 쿠린 느낌의 향기가 역해 마음을 돌리게 했고, 마치 와와 소리치기라도 하는 듯 무더기로 일시에 피었다가 꽃샘바람을 타고 숨 자지러지도록 나부끼는 벚꽃의 그 지향없는 슬픔이 가슴 저리게 했지만 일본놈들의 꽃이라서 미움이 앞섰고, 땅바닥에서 반 뼘도 자라 오르지 않고 연분홍 꽃을 피우는 채송화의 그 앙증스러움도 귀여웠으나 그건 예뻐할 수는 있어도 이쪽 마음을 담을 수는 없었고, 장닭의 붉은 볏을 빼 박은 맨드라미는 친근한 꽃이었지만 계절이 바뀌어도 시들거나 변할 줄을 모르는 그 둔감이 지루했고, 보랏빛 꽃망울을 열어 가을을 장만하는 것 같은 들국화는 그 외로움이 마음을 끌어당겼지만 한편으로 그 외로움이 앞으로 팔자가 될까 두려워 뒷걸음치게 했다.

* * *

그 나무들 사이에 구름덩이마냥 탐스럽게 부풀어오른 연보라빛 꽃송이

들이 흐드러지게 피어 있었다. 수국이었다. 아아, 곱기도 해라! 소화는 그 복스럽게 생긴 꽃덩이들을 보는 순간 감탄이 절로 솟았다. 수국은 자신이 유독 좋아하는 꽃이었다. 야하지 않으면서 고왔으며, 유별나지 않으면서 풍성했고, 별스럽지 않으면서 경건했다. 그리고, 수줍은 듯하면서 어딘가 슬픈 그늘을 간직한 꽃이었다. 먼발치에서 보면 풍성한 하나의 꽃송이로 보이는 것이 실은 한 개의 꽃송이가 아니었다. 그건 수십 개의 작은 꽃송이들이 모여 한 덩어리를 이루고 있는 꽃덩어리였다. 그래서 수국꽃은 뭉게뭉게 피어오르는 구름덩이 같기도 했고, 더없이 넉넉하고 풍요로와 보이기도 했다.

* * *

너무 맑고 투명해 티끌 하나 없는 물줄기는 반들거리는 넓은 바위 위를 미끄러지듯이 매끄럽게 흘러내리고 있었다. 물줄기의 그 유연한 흐름은 물기 젖은 긴 머리카락을 빗겨 내린 것 같기도 했고, 볏잎 푸른 들녘이 부드러운 바람을 타고 느린 물이랑을 이루며 흔들리고 있는 것 같기도 했다. 그러나 물줄기의 흐름은 언제까지나 그렇게 부드럽고 얌전하지만은 않았다. … (중략)… 물줄기는 장애물들을 만날 때마다 부딪치고, 깨지고, 부서지고, 휘돌고, 솟구치고, 나뒹굴고, 처박히고, 맴돌이질 쳤고, 그러면서도 흩어지거나 멈추지 않고 하나로 뭉쳐 끝끝내 목적하는 곳까지 도달하는 것이었다.

* * *

노을이 타고 있었다. 서쪽 하늘이 온통 불붙어 타고 있었다. 그건 광채찬란한 불바다였다. 눈부신 찬연함으로 불타는 노을의 색깔은 이글거리는 불덩이의 싱그러운 생명력이었다. 여름해의 그 뜨거운 열정만큼 노을도 장엄하고 현란하게 타오르고 있었다. 아침노을이나 저녁노을이나 햇살이 아래서 뻗어 오르기는 마찬가지였다. 그러나 아침노을은 아래서부터 사위어 오르고, 저녁노을은 위에서부터 변색해 내려왔다. 그리고 아침노을은 경쾌한 느낌이 많은데, 저녁노을은 장중한 느낌이 강했다.

***

파라오의 맑고 맑은 바다는 청록색으로 이루어진 무지개였다. 바닷물이 어찌나 맑은지 물 속의 검은 바위들이 꿰비치는 것은 말할 것도 없었고 잔 물고기들이 헤엄치는 것도 환히 들여다보였다. 그리고 더 아름다운 것은 그 색깔이었다. 물의 깊이에 따라 녹색과 청색이 연한 색에서부터 진한 색까지 여러 층을 이루면서도 자연스럽게 어우러져 청록색 무지개로 피어나고 있었다.

***

노고단에 오르는 순간 그들이 마주친 것은 커다랗고 둥근 불덩어리였다. 상상하기 어려울 정도로 큰 그 불덩어리는 해였다. 해는 하늘 가운데 떴을 때보다 열 배는 더 커진 것 같았다. 하늘 끝에서 떨어져 내리기 직전인 해는 스스로의 몸을 그렇게도 크게 키워 하루를 마감하는 모습을 찬연하게 장식하고 있었다. 해는 서쪽 하늘을 스스로의 빛으로 온통 붉게 물들여 자신의 모습을 떠받치게 하는, 세상에서 제일 큰 휘장을 만들어내고 있었다. 그 휘장의 붉은색은 생기 퍼득이는 하늘을 그리도 곱고 아름답게 물들이느라 제 빛을 다 써 버려서 그러는 것일까. 하늘 가운데 머물 때는 눈이 시다 못해 눈물이 나도록 강한 빛을 내쏘아 그 모습을 보지 못하게 하더니만 이제는 그 빛을 거두어 자신의 모습을 그대로 드러나 보이고 있었다. 한낮의 작은 해는 작으면서 맵고 거만했는데, 저물녘의 해는 크고 부드럽고 친근했다. 노고단이 장만해놓은 하늘은 사람의 눈으로는 감당해낼 수 없도록 넓고도 넓었다. 그 서쪽을 물들인 휘장만으로는 모자라는 것인지 해는 무슨 큰 깃털들처럼 옆으로 뻗친 구름층을 거느리고 있었다. 그 엷고 가볍게 뜬 구름들도 층층이 붉게 물들어 찬란한 색조로 빛나고 있었다. 커다란 불덩어리는 이글거리는 황금빛 몸을 아래서부터 느리게 감추어가고 있었고, 그 주변의 하늘은 커다란 황금빛 동그라미를 그리며 빛나고 있었고, 그 빛이 엷어지면서는 청적색으로 바뀌고 있었다. 그 자연스러운 빛의 변화와 조화를 따라 구름의 층도 색감을 달리해가고 있었다 …(중략)… 마침내 해가 그 모습을 감추었다. 그러자 하늘을 물들였던 색으로 넓게 퍼지면서 황적색과 섞이고, 황금색이 묽어지자 하늘은 더 붉게 물들었다. 하늘은 이제 온통 붉은 색조의 바다였다. 그 붉은 색조는 살아서 뛰는 빛으로 넘치고, 그 빛들이 부딪쳐 불꽃을 일구고 있었다. 그래서 하늘은 마침내 불붙어 타고 있었다. 구름들도 그 불길에 휩싸였다. 그러면서 자취를 감춘 해가 쏘아 올리는 빛살을 받아 구름들의 아랫부분은 눈부신 흰색으로 현란하게 빛나고 있었다. 구름들은 열도 높은 흰색을 발산하는 발광체가 되어 있었다. 해가 사라져 간 그 언저리에서 뻗어 오르는 빛살이 차츰차츰 약해지면서 하늘을 뒤덮은 붉은 색조에서도 싱그러움과 싱싱함이 서서히 사그라지고 있었다. 그러면서 황적색이 적색으로 변해 하늘은 더욱 붉은빛으로 칠해졌다. 그 진해진 붉은빛은 이세 불길이 아니었다. 불길이 잦아든 그 진한 붉은빛은 환상적인 핏빛이었다. 하늘은 처연한 핏빛으로 물들어 침묵하고 있었다 …(중략)… 노을은 그래도 핏빛인 채 가장자리가 적보랏빛으로 변하기 시작하고 있었다. 노을은 윤기를 잃어가며 서서히 사위어 들고 있었다. 엷게 뜬 구름들도 어느새 그 눈부시던 흰빛의 현란함을 잃고 회백색으로 칙칙하게 변해 있었다. 그리고 겹겹이 물결 이루며 뻗어 나가고 있는 먼 산들도 서로의 그림자에 묻혀가며 어슴푸레한 기운데 잠기고 있었다. 어둠살이 내리고 있었던 것이다.

* * *

언제 떠올랐는지 모를 그믐달이 서편 하늘에 비스듬히 걸려 있었다. 밤마다 스스로의 몸을 조금씩 조금씩 깎아내고 있는 그믐 달빛은 스산하게 흐렸다. 달빛은 어둠을 제대로 사르지 못했고, 어둠은 달빛을 마음대로 물리치지 못하고 있었다. 달빛과 어둠은 서로를 반반씩 섞어 묽은 안개가 자욱히 퍼진 것 같은 미명을 만들어내고 있었다. 그 아슴푸레함 속으로 바닷물이 실려 있는 포구와 햇솜 같은 흰 꽃의 무리를 이루고 있는 갈대밭이 아득히 멀었다. 바닷가를 따라 이어지고 있는 긴 방죽 위의 길은 희끄무레한 자취를 이끌며 뻗어나가고 있었다.

(한길사, 1986)

■ 조창인 「가시고기」

망연히, 성급하게 찾아드는 첩첩산중의 어스름을 바라보았다. 어느 골짜기에선가 배고픈 소쩍새가 울어댔다. 옥수수, 가을 채비를 서두르는 나무들이 잎사귀 털어 내는 소리가 아우성으로 들려왔다.

* * *

연이틀 비 뿌리고 바람 부는 을씨년스런 날씨가 계속되었다. 낙엽들과 더러는 푸른빛을 간직한 채 가지를 떠난 은행 잎새들이 풀칠해놓은 듯 길바닥에 달라붙어 있었고, 설악산 정상에는 올해의 첫눈이 내렸다.

* * *

등나무 벤치에서 소아병동으로 이어진 길에는 연보랏빛 보도블록이 깔려 있었고, 비둘기 한 마리가 보도블록 위의 가을 햇살을 부지런히 쪼아댔다. 언뜻언뜻 바람이 불었다. 하늘에는 가늘고 긴 구름이 서녘을 향해 빠르게 흘러갔다.

(밝은 세상, 2000)

■ 조해일 「매일 죽는 사람」

마악 퍼지기 시작하는 가을 아침의 햇살이 흘러가는 낯익은 풍경들의 껍질을 야금 야금 벗겨가고 있었다. 그것은 죽은 사람의 눈꺼풀이 서서히 걷어 올려져서 마침내 눈동자가 반짝 드러나기라도 하듯 건물의 유리창에서 반짝 빛을 발하기도 했다. 그는 마음의 눈이 활짝 떠지는 듯함을 느꼈다.

(동아, 1995)

■ 조해일 「아메리카」

　두 야산 사이를 완전히 빠져 나와 다시 좀 커다란 야산 하나를 끼고 돌아서서야 공동묘지가 보이기 시작했다. 야트막한 벌거숭이 야산 하나가 통째로 공동묘지였다. 토산이라고 했지, 하고 나는 그 벌거숭이 야산의 이름을 상기하며 마른 황톳길을 이제보다 좀 재촉해서 걸었다. 그 산은 점점 가까이 다가오기 시작했다. 완전히 붉은 흙만의 산, 그리고 그 붉은 피부에 생겨난 수많은 육종같은 붉은 무덤들. 그리고 쏟아지고 있는 가문 햇볕. 그리고 죽은 사람들의 동네다운 겸손한 침묵. 그러한 것들에 압도당하며 그러나 나는 똑바로 그 죽은 자들의 동네를 향해 걸어 올라갔다.

(동아, 1995)

■ 주요섭 「추운 밤」

　몹쓸 바람은 여전히 나를 모른다 하는 듯이 요란히 문창을 울리고 방 안으로 차고 흰눈을 들이밀었다. 가늘고 흐린 등불이 조상하는 듯이 바람에 펄럭이고 있었다. 따라서 모든 불 그림자들이 역시 우줄우줄 슬픔을 띠고 조상을 하는 듯하였다.

(동아, 1995)

■ 채만식 「명일」

　오늘도 해도 아니 뜨고 비도 아니온다. 날은 바람 한 점 없이 숨이 탁탁 막히게 무덥다.
　멀리 건너다보이는 마포 앞 한강도 물이 파랗게 잠겨 있는 채 흐르지 아니한다. 강 언저리로 동리 뒤 벌판으로 우거진 숲의 나무들도 풀이 죽어 조용하다. 지구가 끄윽 멈춰 선 것 같다.
　내려다보이는 행길로 마포행 전차가 따분하게 움직거리고 기어가는 것이 그래서 스크린 속같이 아득하다.

(창작과비평사, 1989)

■ 채만식 「보리방아」

오월이라고 하지만 윤달이 들었었기 때문에 유월 폭이다.

뒤 울타리로 숱하게 뻗어 올라간 호박덩굴의 탐진 호박잎들이 내리쪼이는 불볕에 맥이 없이 처져 있다. 울타리 너머로 다가선 언덕의 솔숲에선 향긋한 송진내가 나른한 미풍에 섞여 자취없이 스며내린다.

울타리 밑으로 기다랗게 두어 두둑 되는 고추밭에는 시커멓게 자란 고춧대에 세 살박이 같은 고추가 벌써 열렸다. 앵도나무에 양도가 구슬처럼 새빨갛게 다닥다닥 들어 붙었다.

암탉 데린 장닭이 그늘진 울타리 밑에서 꼬꼬거리며 메를 헤적거리다가 갑자기 생각난 것처럼 홰를 치며

"꼬꼬—"

길게 한마디 운다. 뒤미쳐 신사에서 치는 오정 북소리가 감감히 들려오다가 그친다.

그리고는 사방은 다시 바스락 소리도 없이 고요하다.

해는 태고적부터 이렇게 낮은 듯이 늘어지게 길다. —촉촉한 밤은 잊어버린 것처럼.

마을도 할머니의 옛이야기같이 조용하다. 졸립게도 조용하다.

열어놓은 앞뒷문으로 마주치는 가는 바람이 땀이 스민 용희의 이마와 등을 가볍게 스치고 지나간다. 그럴 때마다 짜릿한 쾌감에 그는 갸름한 눈을 더욱 개소름하게 뜨곤 한다.

노인이라면 그대로 슬며시 일감을 놓치고 졸았으리라. 그러나 용희는 초랑초랑한 눈으로 바늘 잡은 손을 바지런히 놀린다.

(창작과비평사, 1989)

■ 채만식 「인형의 집을 나와서」

남방의 봄은 이르다.
사월 열흘껜데 봄은 질대로 살이 졌다.
노라는 어머니와 부엌에서 아침 설거지를 마치고 올라오다가 마루에 서서 앞뜰을 바라보았다.
나무 끝마다 언덕마다 푸른빛이 돈는다.
동리집 울안에 섰는 수양버들이 비단실같이 처져 있다.
소복소복 자란 보리밭은 우단결같이 보드랍다. 텃논에 가득 잡힌 봄물이 둔덕을 넘친다.
여인네가 두엇 하얀 빨래를 빨고 있다.
물 마른 논바닥에는 자운영이 가득 덮여 전에 못 보던 운치다. 집안에 섰는 한 포기 포플라는 젖살 오른 갓난아기같이 토실토실한 순이 금시로 잎새가 터져 나올 것 같다. 울타리 밖에 개나리는 어제보다 더 훨씬 많이 피었다.
모든 것이 하룻밤 사이에 생겨난 별천지 같다.
노라는 못 견디다가 마음이 싱숭거렸다. 훨훨 돌아다니기라도 하고 싶었다.

(창작사, 1987)

■ 채만식 「팔려간 몸」

동산 마루에서 시뻘건 해가 두렷이 솟아오른다. 들 위로 얇게 덮인 아침 안개가 소리없이 사라지고 누른 볏목들이 일제히 읍을 한다.
약오른 풀 끝에 맺은 잔이슬들이 분주히 반짝거린다. 꼴을 먹는 소목에서는 끊이지 않고 요령이 흔들린다.

(창작과비평사, 1989)

■ 천승세 「낙월도」

 봄기운이 혼연스러워지면서부터 모진 샛바람이 불었다. 뭍 같으면 꽃샘바람이 물오른 가지에 훈김을 주겠지만 섬 형세가 용강 넓은 바닥을 달랑 빠져 까막섬 허리까지 시오리는 물 속으로 뻗친 참이라, 으레 샛바람질이 온종일 다 섬을 할퀴고 살았다.
 이엉이 통째로 들먹거리고, 나룻강이 뒤집혀 모래톱에 해파리 멱질하듯 발랑 뒤집혔다간 스르르 밀려가고 하는 판에, 해마다 이맘때면 구강진 턱으로까지 박혀들어 길을 못 트던 가라지떼들도 웬일인지 꼬리질 한번 물비늘에 튀는 때가 없다.

(예술문화사, 1993)

■ 천승세 「혜자의 눈꽃」

 훈기 하나 없는 방에서 인동의 눌눌한 잠을 보채이다가 선뜩해서 깨어나면, 노송들은 가지가 휘는 겨운 설화들을 얹고 있었고, 그 설화들의 밀밀한 틈새에서 다시 태어나는 눈부신 햇살들이 스물대는 솔잎 그늘을 올올이 적시며 눈밭에 와 닿아 있곤 했다.
 나는 이 노송밭의 설화들과 시리디시린 아침 햇살에 취해 가슴 저리는 가난도 잊고 있었다. 이런 경치에다가 굳이 하나를 더 보탠다면, 나의 판자집 뒷 봉창께로 바짝 잇대어 뻗은 산길도 무척 좋았다.
 눈밭을 밟는 발짝 소리들이 사각사각 봉창을 흔들 때면 나는 화급스레 일어나 봉창 문턱에다 턱을 얹곤 했었는데, 형형색색의 차림들로 산속을 향해 걷는 등산객들의 모습은 어찌보면 조금씩 허물어져 내리는 눈사태 위를 밀리는 꽃덤불을 보는 듯한 착각마저 일으켜주곤 하던 것이다.

(금성, 1981)

■ 최기인「시바」

깃털이 겨우 비치는, 날기에 힘이 부치는 새 새끼 같은 푸른 아침이었다. 경추가 사랑채에 딸려 세워진지 환갑이 지난 대문을 밀치고 들어서자 마당 가에 핀 꽃들이 다정하게 목례를 하였다. 함박꽃 같은 백록색 호랑가시나무꽃, 분홍색 밥테기나무꽃, 자목련화, 홍도화 그리고 흑적색의 단풍나무 이파리도 꽃이 핀 것 같았다.

(남양문화사, 1998)

■ 최명희「혼불」

그다지 쾌청한 날씨는 아니었다. 거기다가 대숲에서는 제법 바람소리까지 일었다. 하기야 대숲에서는 바람소리가 일고 있는 것이 굳이 날씨 때문이랄 수는 없었다. 청명하고 볕발이 고른 날에도 대숲에서는 늘 그렇게 소소(簫簫)한 바람이 술렁이었다. 그것은 사르락 사르락 댓잎을 갈며 들릴 듯 말 듯 사운거리다가도, 솨아 한쪽으로 몰리면서 물소리를 내기도 하고, 잔잔해졌는가 하면 푸른 잎의 날을 세워 우우우 누구를 부르는 것 같기도 하였다. 그래서, 울타리 삼아 뒤안에 우거져 있는 대밭이나, 고샅에 저절로 커 오르는 시누대, 그리고 마을을 에워싸고 있는 왕대잎의 대바람소리는, 그저 언제나 물결처럼 이 대실을 적시고 있었다.

* * *

그저 저희끼리 손을 비비며 놀고 있는 자잘하고 맑은 소리, 강 건너 강골 이씨네가 살고 있는 마을에서 이쪽 대실로 마실 나온 바람이 잠시 머무는 소리, 어디 먼 타지(他地)에서 불어와 그대로 지나가는 낯선 소리, 그러다가도 허리가 휘어질 만큼 성이 나서 잎사귀 낱낱의 푸른 날을 번뜩이며 몸을 솟구치는 소리, 그런가 하면 아무 뜻없이 심심하여 제 이파리나 흔들어 보는 소리, 그리고 달도 없는 깊은 밤 제 몸 속의 적막을 통소 삼아 불어 대는 한숨소리, 그 소리에 섞여 별의 무리가 우수수 대밭으로 떨어지는 소리까지라도 얼마든지 들어낼 수가 있었다.

* * *

아랫몰의 개울가에 세워진 인월댁의 초가 토담 옆에는 각시복숭아 나무 한 그루가 애잔하게 서 있었다. 그 개울가를 경계로 저쪽은 거멍굴이었고 이쪽은 문중의 마을이었다. 열매도 탐스럽게 맺지 못할 각시복숭아의 꽃잎은 무엇하러 그렇게 진분홍으로 고울 일이 있었던가. 기껏 설레게 꽃잎이 피어도, 결국은 도토리만한 열매를 맺고는 그만일 것이. 인월댁이 안서방네의 안내로 그 초가의 사립문을 들어서려 할 때, 복숭아 꽃잎은 하염없이 날리며 개울로 졌다.

* * *

숲 속 사이에는 분홍 진달래가 수줍은 듯, 자지러질 듯 피어 있어서 강모를 깜짝 놀라게도 하였고, 으름이며 머루, 다래들이 손만 뻗치면 얼마든지 잡히기도 하였다. 그뿐이랴, 만지기도 아까운 빨간 열매를 줄넝쿨로 달고서 다른 나무줄기를 휘감고 있는 맹감이 지천으로 익어 있기도 했다. 그리고 뻐꾸기며 소쩍새, 멧새들의 울음소리들이 저희끼리 부르고 화답하며 포르릉 나뭇가지를 차고 날기도 하였다. 꼭 참새처럼 생겼는데도 강모의 손가락 길이 두 배는 될 것 같은 밤색 꽁지를 흔들며 날아오르는 멧개의 앙징스러움이라니.

담적갈색, 암갈색, 검은색, 회색이 물들여 놓은 것처럼 자르르 윤이 나는 깃털 사이에, 유독 얼굴과 목이 하얗던 어여쁜 멧새가 날아가는 고개의 수풀은 진한 솔향기를 뿜어내곤 하였다.

* * *

대문 양쪽에 서 있는 늙은 대추나무는 스산한 잔가지를 덩굴처럼 늘이운 채 저녁 바람에 흔들리고 있다.

춥다……

암·수가 마주 보고 서있는 은행나무도, 앙상한 가지를 손가락같이 뻗치며 겨울 하늘을 향하여 떨고 있다.

* * *

별이 스러져 솜은 자리에 박꽃이 하얗게 피어나 있어 소담하게 보인다. 그 함초롬한 모양이 어쩌면 청승스럽기조차 하다. 흰 박꽃 때문에 그러지 살구나무 둥치와 무너질 듯한 잎사귀의 무성함이 더욱 검은 것 같다. 가뭄이라 제대로 물도 못 먹었을 나무가 그래도 뿌리 덕으로 저렇게 우거진 것이 신통하였다.

* * *

붉은 꽃이 핀 닭이장풀의 달개비 같은 꽃잎사귀, 밭두렁에 줄기를 뻗고 있는 참비름의 연두꽃, 습지에 눅눅하게 핀 자귀풀의 황색꽃, 난쟁이처럼 땅바닥에 엎드린 채 피어오른 질경이의 흰꽃과, 길가에 버려지듯 피어 있는 바랭이의 실가닥 같은 꽃줄기의 꽃잎들이, 단단하게 뭉쳐진 어둠의 돌멩이에 정수리를 맞으며 소스라친다.

민들만초의 흰 꽃, 담자색 꽃이 새끼손톱만한 꽃모가지를 부러뜨리며 쓰러진다. 가문 여름의 들판에서 하찮은 비노리풀, 갈퀴덩굴까지도 아우성치며, 꽃대가 부러진다.

* * *

다가봉의 육도목은 나무의 크기와 굵기가 몇 십 년, 몇 백 년을 넘는 것이었건만, 벼랑에 선 채로 말라죽어 갔다. 그 잎사귀나 가지 줄기들의 생김새가 영락없이 감나무로 속아 넘어가기 알맞았는데 그것은 입하(入夏)무렵이면 하얗게 피어났다.

벼랑으로 쏟아지는, 실로 낭자한 신록을 뒤덮는 육도화는 흡사 백설같은데, 그 품(品)의 놓고 맑고 깨끗한 향기와 더불어 반공(半空)을 휘황하게 하였다. 그런데 이 여름에는 이상하게도 빛 바랜 누르께한 꽃잎을 날리다가 말았다.

***

며칠 사이에 벌써 여름 기운이 끼친다.

달구어진 햇볕에도 훅 놋쇠 냄새가 난다. 더위가 익어가고 있는 것이다. 이렇게 덥다가도 한번씩 비가 쏟아져서, 초목은 날로 무성하여지고, 집 안 팎에는 파리, 모기가 극성이다. 고샅에도 토담 밑에도 잡초가 검푸르게 우거질 지경으로 농부들은 일손이 바쁘다. 봄보리, 밀, 귀리를 베어 내고, 논밭에 서로서로 대신하여 번갈아 들면서 김매기를 하느라고, 땀이 흘러 흙이 젖고, 땅에서 올라오는 지열(地熱)과, 위에서 내리쪼이는 놋쇠 같은 햇볕 때문에 헉, 헉, 숨이 막힌다.

***

꽃밭에도 여름은 무성하였다. 자라나는 것들이 더욱 뻗어가며 자라나고 있는 여름 꽃밭에는 햇빛이 눅진하게 녹아내리고 있다. 저마다 빛깔을 내뿜으며 피어 있는 꽃송이와 잎사귀들이 녹아내리는 햇빛을 양껏 빨아들이고 있다.

그러나 그 햇빛은 조청처럼 무겁다.

그래서 꽃잎과 잎사귀에는, 먼지가 부옇게 앉는 것도 같다.

어찌 보면 식물들이 햇빛을 빨아들이는 것이 아니라, 햇빛이 끈적이처럼 꽃잎과 잎사귀에 엉겨서, 소리없이 그 진을 빨고 있는 것처럼도 보인다. 꽃잎의 입술과 대궁이 허옇게 말라들어 미농지로 만든 조화같이 변하다.

***

촉규화, 붉은 작양, 흰 작양, 황적색 꽃잎에 자흑점이 부려진 원추리들. 그 현란한 꽃밭 그늘에 꽈리가 몇 그루 모여 서 있는 것이 눈에 띈다. 그것들은 등롱(燈籠)같은 열매를 조롱조롱 푸르게 달고 있다.

지금은 그 꽈리 초롱에 물이 돌아 초록으로 열려 있지만, 저것은 가을이 되면 익으면서 주홍으로 투명해진다. 그것이 영락없는 등롱의 모양이어서 이름도 등롱초(燈籠草)라고 불리던가.

* * *

날이 저문다.

그렇지 않아도 진종일 낮은 잿빛으로 가라앉아 있던 하늘은, 구름이 가린 볕뉘마져 스러지는 저녁이 되면서, 그 젖은 갈피에 어스름을 머금어 스산하게 어두워지는데.

하늘은 마치 아득히 펼쳐진 전지(全紙)의 회색 창호지 같았다.

아니면 담묵(淡墨)을 먹인 거대한 화선지라고나 할까.

검은 새 한 마리 날지 않는 동짓달의 빈 천공(天空)에, 노적봉은 메마른 갈필(渴筆)로 끊어질 듯 허옇게 목메이며 스치어 간 비백(飛白)의 능선을 긋고 있었다.

이 능선 너머 아슴한 곳으로 드리워진 한지(韓紙)의 하늘 끝자락은 수묵(水墨)의 연지(硯池)에 닿아 있어, 거기 저절로 스며든 어둠이 서서히 그림자 누이며 번져 온다.

소설(小雪)·대설(大雪)이 지난겨울 저녁, 흐린 하늘의 박모(薄暮)를 노적봉은 제 가슴 쪽으로 지그시 모아들인다.

그 어스름이 검불의 가루같이 내리며 모여 앉은 바위 벼랑 골짜기와 숨은 계곡 언저리는 어느새 어둠이 고여 검은빛으로 우묵하고, 희끗희끗 눈이 묻은 산마루와 흰빛 씻긴 등성이는 호적하게 쓸쓸하여.

검댕이와 적소(積素)가 얼룩이 져 어스름에 저무는 산의 모경(暮景)은 삭연(索然)하기 그지없다.

몇 점 눈발이라도 금방 날릴 것 같은 하늘의 젖은 회색은 그 자락을 더욱 낮추어 노적봉 능선에 걸리고, 문득 끼친 바람이 성긴 빗자루로 능선의 귀퉁이를 쓸고 간다. 그 부서진 금으로 어스름은 스며들어, 칼칼하게 목마른

선(線)을 천공에 곧추세우고 있는 붓자국을 적시며, 어르며, 지우는데.

* * *

마지막 푸른 비늘이 가시는 어스름은 어둠과 섞이면서 오류골댁 살구나무 묵은 둥치 검은 가지 끝으로 내려와 앉는다. 마른 잎사귀 하나도 달지 않은 살구나무 고목은 희부윰한 반공중에 굽이를 튼 아름드리를 거멓게 드러낸 채 빈 가지를 뻗치고 있었다.

나무는, 그 까칠한 가지가 우거진 그물 사이로 내리는 어스름을 마치 목 마른 것처럼 깊이 빨아들인다. 나무의 몸 속으로 빨리어 들어간 어스름은 숙묵(宿墨)의 어둠으로 가라앉아 그 전신에 차오른다.

그래서 아까보다 더 무섭게 검어진 몸통이 위로 오르다가 누일 듯 구부러지면서 뒤틀어 앙바튼 둥치를 바라지게 뻗치고 선 나무의 형상은, 꼭 지심(地心)으로 뻗은 고목의 우람한 뿌리인 것만 같다.

마치 지하의 뿌리가 캄캄한 어둠 속으로부터 홀로 진한 수액을 빨아 올려 살구나무 가지의 저 먼 끄트머리까지 보내 주듯이, 가지는 천지에 내리는 어스름의 어둠을 온몸으로 빨아들여 지하의 뿌리에게로 내려보내고 있는 것만 같았다.

저 둥치가 뿌리라면, 거꾸로 뿌리는 나뭇가지일 것이다.

* * *

달빛은 바람꽃같이 자욱하였다.

큰바람이 일어날 때, 먼 산의 봉우리 너머 아득한 하늘로 구름처럼 뽀얗게 끼는 기운을, 사람들은 바람꽃이라 불렀다.

이윽고 휘몰아칠 큰바람이 그렇게 미리 꽃으로 피는 것이다.

천지를 뒤집으며 지붕을 두드리고 토담을 무너뜨리는 바람이 밤새도록 으르렁거리는 소리는 집채를 쥐어뜯으며, 문고리를 비끄러맨 방안조차도 덜컹덜컹 흔들리게 하였다.

위태로움에 긴장한 사람들이 잠을 못 이루고, 뜬눈으로 허옇게 앉아 오직 귀를 칼날처럼 세우게 하는 그런 바람도, 처음에는 황사 구름 같은 하늘의 꽃으로 왔다. 그것은 두려운 조짐이었다.

허리에 찬 밤이 이우는 노적봉 위의 중천에는 얼음 거울 같은 달이 빙경(氷鏡)이란 말 그대로 차고 맑게 떠 있는데, 아까보다 더 짙은 빙무(氷霧)가 달을 에워싸고 있었다. 추운 땅에서, 공중에 뜬 미세한 얼음의 결정으로 생기는 안개를 일컬어 빙무라 하지만, 이 대보름 밤에 서린 얼음 안개는 저 달빛의 가루인가도 싶었다. 시린 달이 부서지며 얼음 가루 안개로 산천에 내려앉는 빙무는 어느 결에 바람꽃을 일으키고 있었다.

(한길사, 1990)

■ 최수철 「고래뱃속에서」

하늘은 마치 푸른색 잉크병 속을 들여다보듯이 푸르게 맑았고, 때때로 햇살에 알맞게 데워진 바람이 지나치면서 그의 심호흡을 부추겼다.

* * *

사위는 너무도 고즈넉했고, 멀리 보이는 산들은 삐죽삐죽 하늘을 찌를 듯이 솟아 있었으며, 길가에 드문드문 서 있는 나무들은 나른하게 가지와 잎을 늘어뜨리고 있었다.

(문학사상사, 1989)

■ 최수철 「내 정신의 그믐」

달도 없는 하늘 아래로 강은 드문드문 서 있는 가로등 빛을 받아 물 위에 떠서 번들거리는 검은 기름의 모습으로만 간간이 나의 눈에 들어오고 있다.

* * *

그들 또한 한동안 멀리 많은 물과 바윗덩어리 나무와 들풀이 한데 섞여 추락하여 엷은 안개의 바닥에 가라앉아 있는 듯한 풍경에서 눈을 떼지 못하였다.

* * *

겨울의 아침 강은 어찌 보면 스모그에 잔뜩 찌든 도심의 하늘을 올려다볼 때와 흡사한 느낌을 가지게 하곤 했다.

* * *

나의 여정은 강의 흐름과 닮아 있었다. 강은 오랫동안 나의 시야에서 사라지기도 하였지만, 언제나 어김없이 나의 앞과 뒤와 옆에서 다시금 모습을 드러냈다. 강은 자동차보다 뜀박질을 훨씬 잘하고 장난을 무척이나 좋아하는 어떤 활기찬 존재처럼 훌쩍훌쩍 높은 산을 뛰어 넘기도 하고 계속 속으로 달려 들어가기도 하다가 다시 어느 틈에 내게로 튀어나와서 나를 깜짝 놀라게 하였다. 강이 홀로 산과 들을 누비며 내게 보이지 않게 되면 나는 그것에 대한 기억 속으로 가라앉았고, 그때마다 자주 강은 조금은 엉뚱하게도 동해 바다에 있는 한 섬과 짝을 이루며 다시 나의 시야 속으로 떠올랐다.

* * *

밤을 얻어 창문을 활짝 열었을 때 기대했던 대로 내 눈앞에는 산과 바다가 함께 어우러진 채 펼쳐져 있었다. 눈높이를 훨씬 상회하는 곳까지 산봉우리가 솟아올라 있었고, 그 산자락이 끝나는 곳에는 얼마간의 여유만을 두고서 어느새 시퍼런 바닷물이 산의 정기를 녹아들이고 있었다.

* * *

늦은 봄의 어느 날 저녁에 강가로 나왔을 때, 강에서는 심한 악취가 풍기고 있었고, 상류에 생긴 댐으로 인하여 수위가 형편없이 낮아진 강의 수면은 시커먼 오물들로 뒤덮인 채 멈춰 있는 듯, 간신히 몸을 뒤채어 움직이듯 흘러가고 있었다.

***

아침에 두 손으로 창문을 열어제쳤을 때, 눈앞을 가로막은 흰 들과 산과 계곡의 모습이 차고 건조한 바람과 함께 방안으로 쓸려 들어왔다. 나는 그 희고 푸른 자연의 광경이 찌렁찌렁 거리는 소리를 내는 것을 들을 수 있었다.

(문학과지성사, 1995)

■ 최 윤「집·방·문·벽·들·장·몸·길·물」

감나무 때문이다. 저녁나절의 가을하늘을 지키는 오렌지색 램프처럼, 무수한 감을 달고 멀리서 오는 모든 이를 반기던 감나무, 미남 자손을 많이 두었던 때문일까, 작은할아버지는 아들을 여럿 잃었다. 넓은 뜰 안을 조금은 쓸쓸하게 지키고 있던 과꽃, 그리고 집 뒤뜰을 뒤덮던 알밤송이. 나는 나무들이 줄 수 있는 친밀한 경이의 깊이를 이곳에서 배웠다.

***

봄의 야산에는 수줍게 철쭉과 진달래가 덮고 있고 드문드문 구기자나무, 오미자나무의 약소한 키와 가지가 보인다. 작은 골이 여럿, 잡목숲 사이의 빈터도 여럿, 봉긋한 무덤도 여럿. 9대조, 8대조, 7대조 할아버지 할머니, 그리고 홀로 있는 6대조 할머니. 어머니의 무덤. 주인의 모습을 따라 운중선좌형이라는 네 어머니의 자리에서 반대편 산을 보면 겹겹의 능선이 시원하고도 슬프다. 삼월 초에 돌아간 분이기에 포천의 선산을 봄에 자주 가거니와 봄이 가장 예쁘다. 포천시를 지나 이동 쪽으로 가기 위해 차가 계곡을 지날 때면, 차만 타면 자는 너를 어김없이 깨운다.

"일어나! 네가 제일 좋아하는 데 지나간다!"

가끔 뒤에서 몰려오는 소나기구름과 달음박질 내기를 하기도 하고 친구들에게 주기 위해 이동막걸리도 몇 병 산다. 이 야산은 가꾸어지지 않았고 땅도 기름진 편이 아니다. 반쯤은 버려진 그 작은 들과 둔덕이 좋아 너의 마음은 틈만 나면 이곳으로 달린다. 여름에는 정글 이상으로 살찐 동물성 잡초가 무성하고 겨울에는 마른 풀의 정경이 너무 산한하다. 단풍을 즐기기에 이 야산을 드문드문 지키는 나무는 전나무, 잣나무, 소나무, 상수리나무 같은 멋없이 소박한 나무들뿐이다.

* * *

너는 너무 부드러워 얼굴을 묻고 울고 싶을 정도로 완만히 깊어지는 바다를 택한다. 모래밭이 길어서 땅과 바다의 경계가 모호한 그런 해안. 그러니 너의 바다는 닫힌 바다여서는 안 된다. 동해나 서해나 지중해 혹은 흑해나 발트해, 홍해나 남지나해, 셀레베즈해나 아드리아해 같은 바다를 너는 극구 사양하고 싶다. 그것은 너의 상상이 미치는 저 먼길까지 시야를 막는 점 하나 없는 열린 바다여야 한다.

(민음사, 1994)

■ 최인훈 「광장」

양쪽으로 트인 창으로 바람이 달려 들어와서, 바늘로 꽂아놓는 해도의 가장자리를 바르르 떨게 한다. 갈매기들은 바로 옆을 날면서 창으로 테두리진 넓이를 내려가고 치솟으며, 맞모금을 긋고 배꼬리 쪽으로 휙 사라지고 한다. 햇빛이 한결 환해지면서 멍한 느낌이 팔다리를 타고 흘러간다.

* * *

대학로에서 종로로 나오는 길가에 늘어선 플라타너스 잎사귀는 거의 다 지고, 가지 끝에 드문드문 매달린 나뭇잎새가, 바람이 불면 망설이듯 하늘거리다가, 그제는 선선히 바람에 몸을 맡기고 팔랑개비처럼, 빙글빙글, 떨어져온다.

* * *

늦은 봄 아지랑이 일렁이는 기왓장 곁에서 햇빛은 얼마나 뜻깊은 소용돌이를 쳤던가. 믿음직한 데생을 떠올리는 늙은 밤나무의 하늘로 뻗친 튼튼한 가지. 맑은 날씨 탓으로 쨍 소리나게 뚜렷하게 그어진 금들이, 아늑한 그림의 기쁨을 주는 맞은편 언덕 살림집들. 오손도손 타이르는 듯하던 5월달 궂은 빗소리. 몰래 다가드는 삶의 목소리가 호젓이 느껴지는 첫 여름밤. 삶을 이루고 있는 이런 따위 일들이 그에게 정말로 뜻있는 일이 된 것은 하기는 그리 오래된 일이 아니다.

* * *

바다에는, 배 그림자도 없다. 탐스럽게 푸짐한 뭉게구름만, 우쭐우쭐 솟아 있다. 희고 부드러운 덩어리에는, 햇빛 때문에, 유리처럼 반짝이는 모서리가 있다.

* * *

그는 다시 구름을 바라본다. 반짝이는 작은 물체가, 흰 바탕 앞에서 날고 있다. 구름조각이 따로 노는 것처럼 보이는 그것은 갈매기다. 마음을 가다듬고, 눈을 홉떠, 물밑에 있는 먹이를 노리고 있는 모습이련만, 떼어놓고 보기에는 날개를 기울이며 때로 내려꽂히고, 때로 번 듯 뒤채이며, 스르르 미끌어지는, 노곤한 그림 한 폭이다.

* * *

어느 날 그는, 놀이터 지붕 한 모서리를 쌓아올리는 발판 위에 있었다. 아래를 내려다보니 까마득했다. 아직도 날씨는 쌀쌀한 이른 봄이었다. 먼 데 가까운 데, 산과 들에도, 봄소식이라고 할 만한 것은 눈에 띄지 않았으나, 구름이 둥둥 뜬 하늘은 별 수 없이 철을 말하고 있었다. 뚜우하고 한낮을 알리는 고동이 울렸다. 어디서 오는 열찬지, 줄줄이 꼬리를 물고 벌판을 기어드는 모습에도 아늑한 맛이 풍기는 듯했다. 아마, 활짝 갠 하늘에 가득한 햇빛 때문이었으리라. 북녘에서 처음으로 맞는 평양의 봄이었다. 좋은 철이 곧 올 터이었다.

***

맑은 겨울 날씨였다. 비쳐 보이는 하늘의 푸름에 대면, 바다는, 그보다는 짙은, 풀빛으로 그늘져 보였다. 오른편으로 멀리 두 마리 세 마리 갈매기들이 너울거린다. 이런 하늘밑에서 사람이 즐겁지 말란 법이 있을까. 내 나라의 하늘은 일류 풍류객이야. 결코 찌푸리지 않거든. 울부짖지 않거든. 멋쟁이야.

(동아, 1995)

■ 최인훈 「만가」

밤의 호수. 묵화처럼 둘러선 산 그림자 속으로 밖으로 차단한 여린 빛의 티끌들이 스르르스르르 떠돈다. 그것들은 ─ 반딧불들은 호수 위에도 흐른다. 갈대숲 사이사이로 인불처럼 흐르고 줄기에 매달린다. 깜박 내려앉은 태양을 미쳐 따르지 못하고 달은 뜨기 전 한결 어두운 하늘에 은하수가 흐른다. 별들은 호수로 떨어져 내려와 물속에 잠기고 갈대숲 사이사이로 인불처럼 흐르고 묵화처럼 둘러선 산 그림자 속에서 밖에서 차단한, 여린 빛의 티끌이 스르르스르르 떠돈다.

(민음사, 1995)

■ 최인호 「깊고 푸른 밤」

날씨는 기가 막히게 좋았다. 미국에서도 가장 좋은 캘리포니아의 날씨였다. 비록 겨울이긴 했지만 햇볕은 귤과 오렌지와 그 풍성한 캘리포니아의 채소를 익히는 부드러운 입김을 갖고 있었다. 햇빛은 작은 미립자로 형성된 분말 같았다. 습기가 깃들어 있지 않은 햇빛이었으므로 쥐면 바삭 부서져 버릴 것처럼 햇볕은 건조해 있었다. 햇빛은 그늘 속에서도 빛나고 있었으며 야자수의 열매 위에서도 빛나고 있었다. 그늘은 햇빛이 눈부신 만큼 짙었지만 금박의 햇볕은 비늘처럼 모여 있었다.

* * *

바다가 활짝 젖혀진 커튼 뒤에 나타나는 무대 위의 풍경처럼 돌연 그들의 앞을 가로막았다. 그것은 예기치 않았던 풍경의 전개였다.

바다는 푸르다 못해 검었으며 거친 파도가 벼랑을 할퀴고 있었다. 시야는 막힌 데 없이 투명했다. 이미 도로는 2차선으로 좁아 졌으며 길 아래로 칼에 베인 것 같은 벼랑이 끊임없이 이어지고 있었다.

태양은 이글이글 불타고 있었으며 바다의 수평선은 좀더 하늘로 밀착되려는 욕망으로 팽팽히 긴장되고 있었다. 벼랑 아래는 분노에 뒤틀린 바윗덩어리들과 붉은 황토가 입을 벌리고 아우성치고 있었고 거센 파도가 산기슭을 질타하고 있었다.

우와와- 우와와- 거센 바닷바람이 열린 차창 틈으로 쏟아져 들어오고 있었으며 하늘로는 바람에 쓸려 가는 갈매기들이 목쉰 소리로 울며 날고 있었다. 그들이 가야 할 도로는 바다로 흘러내린 벼랑과 깎아지른 듯 붉은 단애(斷崖)의 산기슭 사이로 도망치고 있었다. 바닷가로 흘러내린 벼랑에는 쓸모 없는 풀 더미들이 웅크리고 웃자라고 있었다.

(나남, 1993)

■ 최인호「사랑의 기쁨」

분홍, 하양, 빨강, 그리고 노란 철쭉과의 영산홍들이 진초록의 잔디밭 위에 스테인드글라스의 색유리처럼 햇빛을 반사하며 반짝이고 있었고 화분 속에는 각종 빛깔의 채송화도 피어나 있었다. 붉은 비단을 펼쳐 놓은 것 같은 목단 꽃들은 이미 절정이 지나 큼직한 꽃잎들이 떨어져 잔디 위를 구르고 있었고 장미나무들도 꽃망울을 터뜨리고 있었다. 봄이 오면 제일 먼저 피는 매화꽃도 한창이었고, 담벽에 바짝 붙은 모과나무에도 분홍빛 꽃들이 피어 있었다.

그 꽃들이 합심해서 뿜어 대는 방향(芳香)이 코를 찔렀으며, 꽃들 사이를 날아다니는 흰 나비들과 꿀을 모으는 꿀벌들의 잉잉거리는 날개짓 소리도 꽃밭 속에서 선명히 들려오고 있었다.

(여백, 1997)

■ 최인호 「저 혼자 깊어 가는 강」

갑자기 안개 속 깊은 곳에서 누런 빛깔이 섞였다. 누런 빛깔은 점점 짙어졌다. 그것은 햇빛이었다. 누런빛은 점점 강렬해져서 견고한 안개를 녹이고 있었다.

가는 쇠파이프 끝에서 부딪치는 강렬한 불꽃이 두터운 쇳조각을 녹이듯, 단단한 안개의 벽은 한줄기 침투한 햇빛의 집요한 노력으로 갑자기 허물어졌다. 눈 깜짝할 사이에 어디라고 할 수 없는 온 천지에 노오란 아침 햇살이 돌연 쏟아져 들어왔다. 눈이 부셔서 나는 눈을 감았다. 미친 바람도 돌연 기세를 꺾이우고, 손바닥 사이로 바라본 시야는 놀라우리만큼 투명했다. 안개는 거짓말처럼 사라져 있었다. 그러나 아직 안개는 구석구석 흔적을 남기고 있어서 햇볕 속에 드러난 풍경을 타오르게 하고 있었다. 섬은 바닷가 수평선 위에 오선지 위의 음표처럼 떠 있었다. 배는 뿌앙뿌앙 울면서 그곳을 향해있었다. 나는 마치 사정하는 사람처럼 흥분과 고조되는 쾌감에 떨면서 난간을 붙들고 제주도를 쳐다보았다.

(청맥, 1987)

■ 최일남 「서울 사람들」

그 산은 꽤 높은 산이었는데 계곡이 퍽 깊어 보였고 동네 사람 말이 중간쯤에 조그마한 폭포가 하나 있으며 그 근처에는 화전민이 몇 가구 있으므로 쉬었다 오기에 무방할 것이라고 하였다.

(나남, 1993)

■ 최일남「쑥 이야기」

두 봉우리가 쫑긋하게 솟아 있는 산 모양이, 토끼 귀를 닮았대서 토이산이라 부른다는 냇물 건너 먼 산에는 아른아른 아지랑이가 산허리를 둘러싸고, 먼지를 뿌린 듯한 부우연 대기 속에 보이는 산봉우리는 졸리도록 아득하다. 봄볕은 이불 속같이 따스하고 꼭 꿈꾸는 것 같다.

(신구문화사, 1981)

■ 최일남「시작은 아름답다」

마침 가을은 옷을 벗어가고 있었다. 화사하게 시작된 단명의 한시절을 접고, 우중충한 끝머리를 거쳐 추운 겨울 속으로 들어가는 판이었다.

(해냄, 1988)

■ 최일남「장씨의 수염」

엊그제 동지를 지난 초겨울 바람이, 돌멩이로 붙잡아맨 포장의 한자락을 미친년 치마 걷어올리듯 살짝 치켜올리고, 그 사이를 비집고 들어온 마른 바람이, 요염하게 하늘거리고 있는 칸델라불을 은밀하게 핥았다.

(나남, 1993)

■ 최정희「지맥」

마당 복판의 흰 달도 어느새 옆집 오동나무 엉성한 가지 너머로 희미해지고 난데없던 검은 구름이 갑자기 쭉 퍼졌다. 내 우스꽝스럽던 그림자도 없어지고 바람이 싸르륵싸르륵 더 매서웠다.

(어문각, 1976)

■ 최정희 「천맥」

구름이 띄엄띄엄 낀 아침, 하늘이 시원히 그들 위에 푸르렀다. 붉은 햇살이 포플러와 향나무 사이로 퍼져들고 바람이 쾌적하게 불었다.

(어문각, 1976)

■ 최 학 「산행」

암흑의 밤이면 산중은 산짐승의 세상으로 변한다. 바람을 쐬기 위해 뜰에 나서봐도 문명의 소리는 전혀 들리지 않는다. 승방에 켜진 희미한 촛불마저도 별빛보다 더 비문명적인 빛으로 보인다. 캄캄한 숲에서 들려 오는 이름 모를 새소리만 어둠을 지키는 생명의 소리다. 호곡처럼, 비명처럼, 웃음처럼 소리 내는 새들, 짐승들이 밤 산중엔 수도 없이 많다. 이런 소리에 익숙하지 못한 이는 전신으로 무섬증을 느낄 만한 괴이한 소리도 암흑의 산중에서 들린다. 그들이 서로를 부르고 대답한다.

(민음사, 1989)

■ 하근찬 「흰 종이 수염」

읍 들머리에 냇물이 흐르고 있었다. 물밑에 깔린 자갈들이 손에 잡힐 듯 귀물스럽게 떠올라 보이는 맑은 시내였다.

(일신서적, 1959)

■ 하성란 「내가 사랑한 것은 그녀의 등허리였을까」

발가락과 손가락 끝이 곱아들기 시작했다. 벌떡 일어서서 창문을 소리나게 닫았다. 창문을 닫기 전, 국수를 빤 물 같은 하늘은 길 건너편 아파트 꼭대기, 풍향계 위로 낮게 날고 있었다.

(문학동네, 1997)

■ 하일지 「경마장에서 생긴 일」

비바람이 몰아치고 있는 청사 밖 뜨락에는 대단히 장대한 해송들이 대여섯 그루 서 있었다. 그 해송의 가지들은 몰아치는 바람을 받아 웅웅 소리를 내고 있었다. 뜨락 저편에는 키가 큰 종려나무들이 일정한 간격으로 서 있었는데 종려나무의 긴 잎사귀들은 몰아치는 바람을 지탱하지 못하고 한켠으로 쓰러지고 있었다. 종려나무 뒤편으로는 동백나무, 측백나무, 그 밖에 이름을 알 수 없는 상록수들이 우거져 짙은 숲을 이루고 있었는데 그 청록색의 숲을 배경으로 하얗게 사선을 그으며 빗줄기들이 쏟아지고 있었다. 그 청록색 숲 너머로 다소 척박해 보이는 구릉이 있고 구릉 너머 저 멀리에는 바위산 하나가 우뚝 서 있었는데 그 꼭대기 부분은 온통 비안개에 가리어 보이지 않았다. 그런가 하면 동백나무 숲 너머 저 멀리 다른 쪽에는 현대식 고층건물 하나가 숲에 반쯤 가린 채 서 있었다.

(민음사, 1993)

■ 하일지 「경마장의 오리나무」

그날 오전에는 창밖에 잠시 눈발이 흩날리기도 했다. 그러나 눈은 그다지 많이 내리지 않았다. 아침에 흩날린 눈발은 나의 방에서 건너다 보이는 제방 저편 산봉우리의 소나무들을 희끗희끗하게 변색시켜 놓기는 했지만 평지에는 흙바닥을 약간 축축하게 만들어 놓았을 뿐 전혀 쌓이지 않았다. 게다가 열 시가 조금 지나면서부터는 해가 났고 적당히 바람도 불어주었다. 따라서 오후부터는 틀림없이 건초들은 불에 탈 수 있을 만큼 충분히 말랐을 것이다. 나의 방에서 내다보이는 논벌 저 멀리 제방 건너편 산봉우리의 소나무에 희끗희끗하던 눈은 오전 중에 이미 녹고 없었다.

(민음사, 1992)

■ 하재봉 「쿨재즈」

비가 조금 더 세게 내린다. 유리창에 내리꽂히는 비를 바라보자 기분이 조금 가벼워졌다. 이렇게 잠깐의 자연의 변화로도 우리는 행복해진다. 빗방울들이 몸을 던져 유리창에 만드는 수천 수만의 둥근 지붕을 바라보며 저 안에 들어가 같이 흘러갈 수 있다면, 하고 다다는 생각했다.

* * *

안개가 얇은 띠처럼 강물 위를 흐르고 있다. 해는 떴지만 짙은 구름에 가려져 보이지 않는다. 강물의 표면이 노인들의 얼굴처럼 잔주름으로 출렁거린다. 나룻배 하나가 강 저쪽에서 이쪽으로 노 저어오고 있다.

* * *

날이 어두워졌다. 아직 낮이었는데도 창 밖의 풍경이 보이지 않았다. 밤처럼 캄캄했다. 그리고 가까운 곳에서 하늘이 쩍, 갈라지는 소리가 나면서 천둥이 울리고 비가 내렸다. 유리창에 빗줄기들이 악마들처럼 부딪쳤다.

* * *

가을비다. 가을비는 뼈 속까지 을씨년스럽게 만든다. 잎을 버린 나무들의 마른 몸이 검게 젖어갔다. 아직 땅 위를 굴러다니는 낙엽들은 빗물과 뒤섞이면서 창녀처럼 더러워져 갔다.

* * *

미리는 봄날 지상을 박차고 솟아오르는 아지랑이처럼, 가볍고 맑은 목소리로 묻는다. 몇 달 전, 살아 있는 동안 다시는 만나지 않을 거라고 생각했던 그녀였다. 꿈속에서도 듣기 싫다고 생각했던 그 목소리였지만 다다는 왠지 싫지 않다.

* * *

정말 눈이 내리고 있었다. 하얗게 찢긴 상여 길의 만장처럼, 조각조각 흩날리고 있었다. 고개를 들어 하늘을 보니, 하늘이 점점이 박힌 상처들로 가득 차 있었다. 오늘은 크리스마스 이브인 것이다.

* * *

태양은 날마다 새롭게 떠오른다는 말이 옳다. 빛이 어둠의 외투에 닿는 순간, 커다랗게 부풀린 풍선 끝에 바늘이 닿은 것처럼, 어둠은 순식간에 꼬리를 내리며 움츠러들기 시작한다. 한강변에서 보는 일출도 그런 대로 괜찮다. 추억의 마포나루가 있던 시절처럼 강변에 나와 세수를 하고 두 손으로 물을 떠 마실 수는 없어도, 그래도 등 굽은 물고기가 살던 시절에 비하면 훨씬 나아졌다.

* * *

여름날 저녁의 해는 낙타처럼 느리게 걸어간다. 이제 곧 해가 질 것이다. 지평선 밑으로 태양이 가라앉고 박쥐의 날개 같은 밤이 찾아 올 것이다. 해질 무렵, 창가에 나무처럼 서서 먼곳을 바라보는 그를 발견하는 것은 쉬운 일이다. 해질 무렵이면 그는 늘 창 밖을 본다. 창밖에 무엇이 있는가?

* * *

바람이 머리카락을 스친다. 짙은 녹색 선글라스를 낀 다다의 눈에는, 빠르게 스쳐 가는 주위의 강물과 빌딩들이 녹색의 옷을 입고 서있는 것으로 보인다.

(해남, 1995)

■ 하재봉 「황금 동굴」

그리고 달맞이 고개에서 바라본 밤바다를 생각했다. 하얀 거품을 물고 달려드는 파도, 그 위에서 커다란 눈을 뜨고 웃고 있는 둥근 달, 어디까지 바다이고 어디서부터가 하늘인지 경계가 지워져 버린 밤바다의 여기저기 환하게 불을 밝히고 떠 있는 고기잡이배들.

* * *

　태양은 앞으로 울부짖게 될 그 캄캄한 날들의 시간을 서러워하며 저렇게 피 흘리고 있는지 모른다. 서쪽 하늘에서는 비행기들이 물고기처럼 헤엄치며 날아오르고 있었다. 비행기들의 날개가 불타듯 타올랐다. 노을을 배경으로 서 있는 모든 것들은 몇 그램씩 슬픔의 빛깔을 띠고 있다.

(이레, 1999)

■ 한말숙「아름다운 영가」

　고모의 뼛가루는 바람에 날리면서 한동안 공중에 떠있는 듯 하더니, 이윽고 아득히 아래에 있는 바다로 잔잔히 내려가는 것 같았다. 그 때 석양이 뒷산으로 떨어지며 순식간에 온 하늘이 오색 찬연히 물들었다. 거기에 화답하듯 절벽 아래 검푸른 바다에는 육중한 파도가 밀려와서 차례차례 산산이 깨어지며 새하얀 물방울을 하늘 높이 뿜어 올렸다. 유진은 눈앞에 펼쳐진 장관에 감동되어 전율했다.

* * *

　동녘의 하얀 연봉 위로 빨간 해가 불덩이처럼 떠오르기 시작했다. 약수객들이 또 한 무리 올라오고 있었다. 먼저 올라온 사람들은 남녀노소 할 것 없이 약속이라도 있는 듯 일제히 떠오르는 붉은 해를 바라보고 말없이 섰다. 햇살은 천천히 퍼져가고 햇살을 받은 연봉은 은빛으로 눈부시게 빛났다.

(인문당, 1981)

■ 한말숙「행복」

　학생이 설명한 대로, 절벽 바로 밑에 바다가 있는 것이 아니라, 호텔의 건물이 높아서 찻길이 조금만 보이기 때문에 바다가 바로 아래인 것처럼 보였다. 달빛을 받은 파도가 소리 없이 절벽에 부딪치고는 깨어지며 물러

가곤 한다. 동쪽 창 멀리 보이는 바다에서는 고기잡이 배인지 너덧 개의 불빛이 달빛 아래 가물가물한다. 한없이 고요하다.

* * *

그녀는 창가에 섰다. 바다의 표면이 달빛을 받아 금가루를 뿌린 것처럼 반짝이고 있다. 그 밑은 수심을 알 수 없는 검고 무서운 바다다. 파도가 소리 없이 절벽에 부딪치고는 물러가고, 또 부딪치고는 물러간다.

정희는 한참 동안 그 두렵고도 아름다운 파도에 넋을 잃었다. 그 속에 훌쩍 빠지고 싶은 충동이 파도처럼 그녀의 가슴을 휩쓸고는 가고 또 물러간다.

* * *

짙은 안개 속에 가로등이 희미하게 꿈처럼 흐르고 있다. 그녀는 발걸음을 멈추고 서서 한껏 숨을 쉬어 안개를 들어 마셨다. 차가운 이슬이 상쾌했다. 그녀는 다시 걷기 시작했다.

(풀빛, 1999)

■ 한무숙 「돌」

언젠가 해질 무렵, 강에 비낀 무지개를 본 일이 있는데, 그렇게도 치밀하게 결합되었던 빛[光]이 일곱 가지 색으로 찬란하게 흐트러지는 것에 넋을 잃었다. 그것은 아름답기보다는, 황홀하였다. 아침 해에 아롱지는 풀 이슬같이, 불안한 아름다움이기도 하였다. 무지개는 오분을 그대로 지탱하고 있지 못하여, 이내 사라지고 무지개가 사라진 하늘에, 엷은 구름이 모래처럼 흐르고 있었다.

허전하고 아쉬우면서도, 무지개가 사라지고, 언제나 같은 하늘이 거기 그렇게 펼쳐져 있는 것을 보았을 때, 체념이라고 할까, 무슨 안도(安堵)같은 느낌이 가슴에 번져갔던 것이 잊혀지지 않는다.

＊　＊　＊

　바람은 동풍이니 남풍이니 하는 그런 것이 아니었다. 동에서, 서에서, 남에서－마구 불어 일어나, 서로 부딪치고 악물고 미끄러지고 하며 언덕에 타오른 풀 단풍을 헤쳐 흔들고 짓이기고, 풀포기 아래에서 다시 일어 회오리를 그리며, 뛰어 올라가, 다른데서 불어오는 바람과 맞부딪쳐 엉엉거리는 것이었다. 나는 두 손으로 바바리 깃을 귀 밑에서 누르며 나도 모르는 사이에, 어느덧 뒷걸음질을 하고 있었다. 천마산을 내려 훑는 성난 바람이 정면에서 얼굴을 때렸기 때문이리라.

(문학과 현실사, 1993)

■ 한무숙 「만남」

　청명한 날씨였다. 산중의 나무들은 온통 곱게 단풍져 비단을 펼쳐 놓은 듯 화려하고, 머리 위에는 높은 하늘이 슬프도록 파아랗게 펼쳐져 있었다.

　　＊　＊　＊

　흐렸던 날씨는 어느덧 맑아지고 청회색 하늘은 흘러내릴 듯한 별빛으로 찬란하다. 삼경이 지나고 있는지 늦게 뜨는 가느다란 하현달이 처량하게 기울고 있었다.

　　＊　＊　＊

　동구 밖은 한수(漢水)가 구비 흐르는 곳이라 앞이 탁 트이고 뒷산의 진달래는 꽃 잔치를 벌이고 있는데 수양버들의 연두색 실가지는 실실이 풀어 늘어져 봄은 한창 무르녹고 있었다.

　　＊　＊　＊

　그날 아침에는 약천에 들운 채 자라지 못한 채 핀 것 같은 가녀린 꽃이 빛깔만큼은 선명한 진홍으로 반쯤 꽃잎으로 열고 있었다. 이런 날 아침은 언제나 소소한 기쁨을 느끼곤 했다. 오솔길 옆에 파아란 하늘 가루를 뿌려

놓은 것같이 달개비꽃이 피는 여름 아침이라든가, 풀잎 속에 숨어 있던 뱀딸기가 이슬에 젖은 빨간 열매를 드러낼 때라든가, 무심히 지나던 길에서 꽃 때를 놓친 차나무꽃 몇 술이 청아한 향기를 뿜으며 외롭게 피고 있는 모습을 볼 때라든가, 산비둘기가 흥얼거리듯 울 때면 식어 버렸다고 생각했던 가슴이 머언 추억같이 아려 오는 것이었다.

* * *

뿌우연 젖빛 안개가 걷히고 청회색으로 맑게 개인 밤하늘이 나타났다. 그 하늘을 가리듯 무수한 반디가 어지럽게 날고 있었다. 그것은 어두운 밤하늘에 투고 있는 파아란 불꽃같았다. 밤하늘에 떠 있던 가장 크고 빛나는 별 하나가 떨어지면서 부서져 파아란 별 가루를 뿌려 놓은 것 같기도 했다.

* * *

마음이 씻기어질 것 같은 푸르름이었다. 밤, 은행, 느티, 감, 산수유, 목련 있는 대로의 나무들이 다하여 마구 녹색을 뿜어 올리고 있는 것이다. 가슴속마저도 녹색 공기를 들이마셔 녹색으로 물들어 있는 느낌이다. 어디선지 숨막힐 듯한 달콤하고 강렬한 꽃향기가 푸른 바람에 실려 온다. 밤골인 양주 지방답게 초여름 마재는 밤꽃 향기로 공기마저 농밀하다.

다산은 사위를 돌아보았다. 바로 눈앞에 목수국이 뭉게구름 한 자락이 떨어져 내린 듯 하얗게 피고 있다. 등꽃이 꽃술을 드리우고 함박도 활짝 피었다. 눈이 머문 곳의 보리밭은 녹색의 바다처럼 초여름 바람에 물결치고 있다.

* * *

잠시 잤던 바람이 또 불기 시작했다. 눈 아래 강기슭의 수양버들가지가 어지럽게 흩어진 여인의 긴 머리카락처럼 엉키며 흔들린다. 바람이 잤다 일었다 하는 것은 자연의 기상 현상이지만 새삼 신비로움을 느낄 때가 있다.

(을유, 1992)

■ 한상칠 「개의 아픔」

우물이 눈앞에 떠오른다. 아버지가 손수 파셨다는 우물은 깊이가 한길도 안됐었다.

이끼 낀 돌들 사이에선 노상 맑은 물이 떨어졌다. 형과 나는 집안에서 놀 때면 우물 속을 오래도록 들여다보는 버릇이 있었다. 하늘과 구름은 눈으로 바로 보는 것보다도 물속에 드리워진 게 더 맑아 보였다.

(금성, 1987)

■ 한수산 「모든 것에 이별을」

그때 덕수궁 옆의 그 공연장으로 향하던 날은 하늘 가득 잿빛 비둘기가 날아오르는 듯 했다. 하늘은 흐려 있었다. 비둘기가 있기는 했다. 시청 건물, 그 돌집 위에서 비둘기가 날고 있는 것을 나는 쳐다보았다. 그리고 그 비둘기 색깔과 똑같은 하늘이 머리 위로 펼쳐져 있는 것을 나는 보았었다.

* * *

호텔방 창문의 커튼을 걷고 나는 희뿌옇게 흐린 바다와 하늘을 바라보았다. 바다 위에 비가 뿌리고 있다. 물속으로 물이 떨어지고 있다. 이 세상에서 가장 거대한 물인 바다 속으로 가장 작은 물인 빗방울이 떨어지고 있다.

* * *

겨울이 와도 잎을 떨어뜨리지 않는 나무들이 있다. 푸르게 그 잎을 간직한 채 겨울을 나는 나무들, 우리는 그 나무들을 침엽수라 부른다. 그 푸른 잎 위에 눈이 쌓이면서 그들은 겨울을 난다. 그러나 다른 나무들은 가을이면 잎을 떨어뜨린다. 옷을 벗듯이…… 혹은 노랗게, 혹은 붉게 물들었던 잎들을 땅 위로 떨어뜨리며 겨울을 맞는다. 찬비가 뿌리고 간 어느 늦은 늦가을, 그들은 나신이 되어 서 있다. 누가 약속할 수 있으랴. 다시 봄이 왔을 때 그들이 푸르게 잎을 틔우고 하늘을 향해 팔을 벌리며 무성한 잎을 키워 가리라고 누가 그 겨울에 믿을 수 있으랴. 어느 봄날, 아침의 눅눅한 안개 속에서 우리는 본다. 잊혀졌던 기억처럼 그 나무가 살아 있었음을 깨닫는다. 푸르게 새싹이 돋고 껍질에 윤기가 돌며 물이 오르는 나무들을 본다. 그 긴 겨울의 침묵은 죽음이 아니라 기다림이었음을 그렇게 나무는 가르친다. 모든 만남은, 기다림이나 헤어짐도 그렇게 겨울을 나는 나무들처럼 약속되어 있는 것은 아닐까. 다만 우리들의 눈먼 마음들이 내일을 보지 못하는 것이다. 언젠가는 봄이 오리라는 것을, 겨울은 그렇게 지나가야 하고 그리고 언젠가는 다시 또 돌아온다는 것을 우리가 모르고 있는 것이다. 나무가 가르치는 저 세월들을.

* * *

서울의 밤거리에서 생각하는 바다는 아주 먼 어느 이국의 도시처럼 느껴졌다. 그림엽서 속의 어떤 도시, 숲 속에 솟아올라 있는 성, 강물 위에 드리워진 아치형 다리, 은발의 여인이 앉아 뜨개질을 하고 있는, 꽃이 가득한 공원. 바다라는 이름은 그 여름에 나에게는 그렇게 생각되었다.

* * *

한라산엘 올라갔다 온 날이었다. 저녁에 혜련과 나는 바다로 나갔다. 밤바다 위에 떠 있는 고깃배의 불빛들은 아주 멀어져 추억같이 흔들려 보이고, 파도 소리는 모래를 핥고 있는 것이 아니라 어둠을 쓸고 있는 것처럼 들려왔다.

* * *

철썩이는 파도 소리가 텐트 안에까지 스며들고 있었다. 핏빛으로 번져나가던 노을이 잦아들면서 바다는 어두워져 갔다. 먼 바다의 배들이 켜놓은 불빛이 무슨 신호처럼 반짝이고, 이따금 새 우는 소리가 들려왔다. 통통거리며 고깃배 하나가 섬 쪽으로 사라져갔다.

(삼진기획, 1997)

■ 한수산 「모래 위의 집」

 거실 창 밖으로 햇살이 소복이 쌓여 있었다. 바람에 나뭇잎이 날아와 거기 모여 있는 것 같았다.

* * *

 갑자기, 이 세상에 살아 있지 않았던 것처럼, 툭 소리를 내며 하나의 열매가 떨어지듯 목련꽃은 떨어져 내려서 그녀는 하마터면 아, 하고 소리를 지를 뻔했다. 그것은 마치 한 마리의 새가 날아오는 것 같았다. 푸득푸득 날개를 치며, 그리고…… 목련은 아무 일도 없었던 것처럼 거기 그렇게 서 있었다.

* * *

 어정어정 마당을 거닐던 그녀의 눈길이 목련꽃에 가서 얽혀 들었다. 아침에 꽃이 떨어졌다. 청상 소복이 서 있는 것 같더니, 아침에 꽃이 지기 시작했다.

* * *

 숲에서였다. 펼쳐 놓은 비치 가운은 너무 작았다. 경혜는 목덜미와 종아리에서 스적이고 있는 풀을 느꼈었다. 그리고 별을 보았다. 숲은 너무 고요해서 조금 무서웠다. 그 무서움이 경혜에게서 그 애의 가슴에 엎드리는 두려움을 앗아가 주었다. 별을 보았었다. 경혜의 손이 감싸고 있는 어깨 너머 하늘에 별이 떠 있었다. 별이 추상명사가 아니라는 것을 그때 경혜는 처음 알았다. 별은 정말로 떠 있었던 것이다. 그것은 아무런 느낌도 없었다. 끊임없이, 누워 있는 자신의 목 둘레와 종아리에서 스적거리고 있는 풀의 감촉만이 기억에 남았다.

* * *

 경미는 돌아섰다. 윤씨는 등 뒤에서 문이 닫히는 소리를 들었다. 안개 가득한 어둠 속에서 목련꽃이 하나 떨어진다. 나비가 내려앉듯이. 떨어지던 목련꽃이 다른 꽃송이를 건드린다. 힘없이 밑동이 부러지며 다른 꽃도 떨어진다. 이제 안개는 움직이지 않는다. 밤이다.

(중앙일보사, 1992)

■ 한수산「부초」

천막이 떨어져 내리는 한순간에 허옇게 드러난 잿빛 하늘이 그의 앞에 펼쳐져 있었다. …(중략)… 멀리 봄빛이 스민 하늘, 잘 갈린 칼날처럼 푸른 빛이 돋아나는 겨울 하늘을 바라보는 덕보의 눈이 가느다랗게 좁아들어 간다. 하늘이 저런 빛일 땐 고향에서 두엄을 내곤 했는데…… 보리밭에도, 비탈진 고추밭 자리에도. 덕보 뒤쪽이 시끄러워진다.

* * *

흰 모랫길과 바다와 그 길에 은회색으로 빛나던 수평선의 망연한 색깔을 어린 가슴에 담으며 외삼촌을 따라 어머니와 함께 걷던 그 모랫길을 걸어서 외가로 갔었다.

(동아, 1995)

■ 한수산「진흙과 갈대」

'바다…' 라고 속삭일 때, 어느 여행지의 바다. 지난 여름 피서여행에서 모래알이 몇 개 남아 있는 몸으로 누군가를 껴안았던 바다. 맨발로 거닐던 모래밭의 감촉이 아직 발바닥에 남아 있는 바다, 그것은 그림엽서 속의 바다일 뿐이다. 박제가 된 바다인 것이다. 어부에게 있어 바다는 밭이다. 노동요가 필요한 일터이다. 뱃노래는 그렇게 해서 만들어지고, 어부의 아내는 시신 없는 남편의 장례를 치른다. 창조의 자궁처럼 어두운 그 물 속에서 고기들이 살아가지만, 우리에게 바다보다 더한 황폐는 없다. 바다는 절대의 폐허이다.

***

가을 들판이, 더러는 추수를 시작한 논과 밭이, 눈을 감은 듯이 엎드린 마을의 지붕들과 우두커니 서 있는 느티나무가 차창을 지나갔다.

***

저녁밥을 짓느라 마을마다에서 피어오르고 있는 연기가 오히려 그녀의 마음을 사로잡았다. 강가에 서 있는 포플라는 잎이 물들고 있었다. 소를 몰고 돌아가는 아이들, 논가에 우두커니 서서 마을을 바라보고 있는 농부들, 거기에 가 서 있으면 깃을 찾는 새들의 울음소리로 요란할 것만 같은 동네 어귀를 그녀는 이제는 영영 돌아올 수 없는, 가슴에 새겨두지 않으면 안될 모습처럼 내다보았다.

(중앙일보사, 1992)

■ 한승원 「검은 댕기 두루미」

그녀는 바다로 눈길을 돌렸다. 그녀 앞에 둔갑한 여우 한 마리가 앉아 있었다. 그 여우에게서 찬바람이 날아오고 있었다. 그 종이쪽 내주지 않으면 이 여우가 내 눈두덩에 상처를 입히고 빼앗아 가겠지. 먼바다에서 달려온 파도가 모래톱에서 하얗게 말리고 있었다. 한 스님의 잘린 목에서 솟구쳤다는 흰 피 같은 포말을 날리며. 그녀의 가슴속에도 그 말림 현상이 일고 있었다.

***

먼바다에서 달려온 파도들은 모래톱에서 양파의 흰 속껍질처럼 벗겨지고 있다. 양파는 알맹이가 없다. 껍질로만 되어 있다. 벗겨지고 또 벗겨지면 허무만 남는다.

* * *

바다로 눈길을 돌렸다. 먼바다에서 달려온 파도가 모래톱에서 두루말이처럼 하얗게 말리고 있었다. 한 스님의 잘린 목에서 솟구쳤다는 흰 피 같은 거품이 일고 있었다.

* * *

바다가 모래톱과 검은 갯바위를 물어뜯고 있었다. 갈매기는 요동치는 파도 속에서 고기 사냥을 하고 있었다. 쾌속선 두 척이 푸른 물굽이 속에 묻혀 있는 지퍼를 하얗게 찢으며 나아갔다.

* * *

쇠꼬챙이와 유리 조각들을 꽂은 담 위에서 흐드러진 핏빛 덩굴장미꽃들이 그녀를 향해 입이 찢어지게 웃고 있었다.

* * *

찻길 위쪽의 산등성과 골짜기에는 바야흐로 불끈 일어서는 듯한 거인이나 공룡같은 푸른 형상들이 널려 있었다. 오래 전부터 그 자리를 선점하고 있는 산딸기나무 소나무 상수리나무 떡갈나무들을 뒤늦게 솟구쳐 올라온 칡덩굴들이 휘감고 덮어 버린 것이었다.

* * *

그 말을 하는 순간 어디에서인가 금방 까놓은 생바지락이나 생굴의 향기가 날아오고 있었다. 그 향기가 어디에서 날아올까 하고 주위를 두리번거렸다. 자기 내부에서 솟고 있었다. 수묵처럼 깔리고 있는 땅거미 저쪽의 꽃심 위에서 치자빛 같은 까치노을이 뜨고 있었다.

(문학사상사, 1999)

■ 한승원 「사랑」

하늘 한복판에 뜬 해는 불비 같은 햇살을 쏘아 날리고 있었다. 대기는 땡볕으로 말미암아 뜨겁게 달구어지고 있었다. 바다는 우중충했다. 안개가 이내 빛 망사 속치맛자락으로 거대한 물너울을 덮고 있었다. 여느 때 지척에서 눈 또렷또렷하게 뜨고 두리번거리곤 하던 섬들이 아스라한 곳에 떨어져 앉은 채 졸고 있었다.

* * *

들판 한가운데를 양쪽으로 갈라치기 하고 있는 검은 아스팔트길 가장자리에 늘어선 어린 실버들나무들은 불바람에 학대를 당하고 있었다. 몸체 중동이 꺾일듯이 흔들리고, 휘늘어진 가지들이 떨어져 날아갈 듯이 너울거렸다. 몸을 감춘 수컷 괴물이 몸을 감추지 못하고 있는 암컷 괴물의 머리칼들을 움켜잡아 당겨대고 있는 것 같기도 했다.

* * *

마당에서 쓰레기통과 종이상자와 화분 하나가 우당탕 퉁탕 하고 넘어져 뒹굴고 있었다. 바람에게 정면으로 얻어맞고 있는 알루미늄 창문이 진저리를 치며 떨었다. 새끼손가락 하나가 겨우 들랑거릴 정도로 열려 있는 화분 창문 틈에서 야만스러운 남자들이 두 손가락을 입 속에 끼워 넣고 부는 휘파람소리가 났고, 그것과 함께 불바람 보듬고 요동치는 갈대숲의 부끄럼 모르는 감창소리가 새어 들어왔다.

* * *

바야흐로 붉은 노을이 꺼진 자리에 땅거미가 밀려들기 시작했다. 붉은 노을과 검은 땅거미는 두 개의 거대한 파장이었다. 노을의 너울이 미치지 못한 곳에서부터 그을음 같은 땅거미가 밀려들었다. 그것은 미세한 가루들이었다. 그것들을 관장하는 양쪽의 두 주인이 그 파장의 끝자락에 숨은 채 조종하고 있는 그 두 개의 세계는 서로를 밀고 당기고 있었다. 힘겨루기였다. 아직 세대교체 시기가 이르다고 여기는 노을과 그 시기가 너무 늦다고 여기는 땅거미 사이의 거친 실랑이질.

* * *

거대한 괴물 같은 검은 구름장의 그늘이 새까만 깃털 날개를 너울거리면서 갈대숲 위를 휘질러가고 있었다. 선창의 출렁거리는 물결 위에서 깨어진 은빛 유리조각들 같은 달빛이 퍼덕거렸다. 물속의 고기들이 수면 위로 솟아올라서 낄낄거리고들 있는 듯싶었다. 미친바람, 구름장의 그늘, 갈대숲, 바닷물들이 모두 취한 그 여자의 이야기를 알아듣고 나름대로 반응들을 하고 있었다.

* * *

대밭과 늙은 은행나무들이 지천으로 널려 있었다. 정교하게 쌓은 돌담 옆으로 개울물이 흐르고 있었다. 커피 빛 돌, 마호가니 빛 돌, 흑갈색 돌, 적갈색 돌들이었다. 개울물 속에는 피라미들이 헤엄을 치고 있었고, 개울둑에는 흰 민들레 노랑 민들레꽃들이 햇살하고 호랑나비하고 놀고 있었다.

* * *

넋을 잃은 채 비자림을 향해 우두커니 서 있었다. 그 비자림이 무슨 사연인가를 말해주고 있었다. 비자림에 덮여 있는 산줄기는 몸을 사린 채 상대를 노리고 있는 독사의 머리 같았다. 끝에 황소만한 바위가 누워 있었다. 그 바위에는 희뿌연 이끼가 끼어 있었다. 하늘을 찌를 듯이 촘촘히 서 있는 키 큰 비자나무들 사이사이에는 키 작은 녹차나무들이 군락을 이루고 있었다. 암팡진 그것들은 비자나무들의 밑동을 끌어안고 있었다. 녹차나무는 음기를 뿜어내고 비자나무는 양기를 내뱉고 있었다. 그 음기와 양기는 옥빛 이내가 되어 사방으로 퍼져 나가고 있었다.

* * *

그 여자는 그를 이끌고 비탈이 완만한 자드락길로 들어섰다. 그 길은 골짜기로 이어졌고, 거기에는 너덜경이 있었다. 묽은 잿빛의 바위 옷을 걸친 바윗덩이 사이사이에는 키 작은 산죽들이 군락을 이루고 있었다. 산밑에서 달려 올라오는 바람에 산죽들이 몸을 흔들어댔다. 산죽 군락 너머에 시냇물이 흐르고 있었다. 시냇물이 구비진 곳에 드러누운 송아지만한 바위 하나가 있었다. 그 여자는 그 바위 위에 걸터앉았다. 자기 옆자리를 손바닥으로 두들기며 그를 쳐다보았다.

* * *

그 여자가 커튼을 양옆으로 걷어 젖히자 잣두 들판과 병풍 같은 방림소 절벽의 이른 봄 풍경이 펼쳐졌다. 절벽의 위아래에는 소나무와 노간주나무와 아직 잎사귀 돋아나지 않은 여러 나목들이 위태위태하게 매달려 있었다. 소는 잉크 빛이었다. 소 가장자리 길에는 실버드나무 여남은 그루가 줄지어 서 있고, 바야흐로 연초록의 눈을 뜨기 시작한 가지들을 흔들어대고 있었다.

* * *

그는 그 여자의 등 뒤에 선 채 방림소와 절벽을 보고 있었다. 휘늘어진 실버들가지들이 바람에 흔들리고 소의 짙푸른 물결이 춤을 추고 있었다. 절벽 끝에 몸 전체를 모로 외튼 소나무 한 그루가 있었다. 가지들을 노송처럼 양옆으로 뻗고 있었다. 분재에 능한 원예사가 멋을 한껏 부려 가꾸어 놓은 것 같았다.

(문이당, 2000)

■ 한승원 「새끼 무당」

당고개는 연뿌리처럼 길쭉한 그 섬 서남쪽의 나지막한 산허리 고갯길을 말했다. 바다가 한눈에 내려다보이는 그 산허릿길 가장자리의 약간 음습한 노송숲 속에 서낭당이 있어 붙여진 이름이었다. 그 당고개는 해매포에서

나루를 건너 모래밭길을 따라 걷다가 별로 가파르지 않은 산줄기를 타고 담배 한 대 참쯤 걸어가다가 보면 나왔다.

(문예중앙, 1994)

■ 한승원 「새터말 사람들 2」

그놈의 희고 번번한 얼굴은 천장에 붙어 어른거리고, 하늘에 걸리어 웃음 웃고, 바닷물에 떠서 일렁거렸다. 나무 잎사귀에 얹히어 고갯짓을 하고, 냇물과 함께 소리치며 흐르고, 구름에 실리어 춤추며 날아가고, 배추흰나비가 되어 마당 안으로 너울너울 날아오고, 소쩍새가 되어 봄 여름 가을 동안 피맺히게 울어대고, 반딧불이 되어 날고, 흰 눈이 되어 마당과 지붕 위에 내려 덮이었다.

* * *

간밤에는 그놈의 바다가 어찌 그리도 서럽게 울어쌓던지, 그 소리 때문에 풍길댁은 잠을 한숨도 이루지 못했다. 잿몰 쪽의 바다가 울면 날이 개면서 춥고, 넓바우 선창 쪽의 바다가 울면 비가 오고, 큰 동네 앞벌 쪽의 바다가 울면 날이 흐린다고 했었다. 간밤에는 내내 잿몰 쪽의 바다가 그악스럽게 앓으면서 소리를 질러댔었다.

* * *

설 쇤 뒤의 높바람은 돌부처도 눈물을 흘린다고 했다. 아들을 데려간 것도 그 바람이었다. 아들을 그 바람 속에서 옷을 벗어 던지고 바닷물 속으로 들어갔다던 것이었다.

(문학사상사, 1993)

■ 한승원 「포구의 달」

천관산 머리에는 아직 변한 황혼의 여운이 남아 있었지만, 산골짜기에는 검은 어둠이 두껍게 덮여 있었다.

* * *

운용이는 응 하고 코대답을 하면서 옹암 연안의 짙푸른 수면을 내려다보았다. 호랑이나 사자가 입을 크게 벌리고 있는 형국인 옹암 연안이었다. 윗이빨에 해당되는 동남쪽 산줄기 끝의 큰 장사바위와 아랫이빨에 해당하는 동북쪽 산줄기 끝의 작은 장사바위에는 먼 바다에서 달려온 파도가 하얗게 깨어졌고, 그 파도 조각이 햇살을 되쏘고 있었다. 옹암 연안의 바다는 잔잔했다. 호리병의 배 밑바닥같이 넓고 둥그레한 연안의 모래밭에는 잔파도들이 가끔씩 재주를 넘고 있었다. 파도 소리가 마른 숲을 헤치는 바람과 함께 올라오고 있었다.

* * *

해숙의 가게를 향해 가면서 그는 하늘을 쳐다보았다. 바람이 불었다. 남풍이었다. 그는 바람이 되고 싶었다. 구름이 떠가고 있었다. 구름이 되고 싶었다. 눈앞에는 찬란한 햇살이 유리 기둥처럼 가지런히 땅에 내리막히고 있었다. 그 햇살에 눈이 부셨다. 눈을 게슴츠레하게 뜨면서 그는 엿장수의 가위질소리를 생각했다. 반의 반 박자가 두 번 반복되다가, 갑자기 반의 반 박자에 못 갖춘마디를 섞어 넣어 치는 경쾌한 가위질 소리였다. 유리 기둥 같은 햇살 저 편으로는 바람 가득 담아 놓은 반투명의 비닐 자루같이 부풀어난 채 반짝거리는 바다가 있었다. 선창의 부두 쪽에서는 짐 풀고 싣는 소리와 사람들의 떠드는 소리가 울려오고 있었다.

* * *

투명한 햇살이 그 자갈과 모래 표면의 유리질에 부딪쳐 어지럽게 반사되었다. 성진은 그 길바닥에 뿌렸던 거친 뼛가루들을 생각했고, 그 반짝거림에서 아버지와 어머니의 눈길을 느꼈다.

* * *

　먹장구름이 천왕봉과 장군봉 위에 앉아 숨을 멈추고 있다가 조팝나무의 하얀 꽃 같은 눈송이를 펑펑 쏟아댔다. 숲과 산이 순식간에 눈발 속에 가라앉고 있었다. 저녁 공양 설거지를 하던 공양주 보살이 공양간 문앞에 나와서 숲에 쌓이고 있는 눈을 보고 있었다.

(계몽사, 1995)

■ 허근욱 「내가 설 땅은 어디냐」

　마을에서 꽤 떨어져 있는 해변가의 풍경은 마치 먼 신화 속의 한 폭 그림처럼 나의 기억을 수놓곤 한다. 떫은 송진내와 해조의 비린 내음을 풍겨 주며 불어오는 바람을 안고 나는 소나무 숲과 모래사장을 뛰곤 했다. 그리고 녹색 해수욕복을 입었었다. 송림이 있는 해변가에서 좀 떨어진 곳에는 아침 저녁으로 고기잡이배들과 어부들과 아낙네들과 마을 아이들이 웅성거렸다.

* * *

　시내에서 좀 떨어진 교외. 풀 냄새, 흙 냄새, 거름 냄새가 나는 좋다. 새들이 지저귐이 피리소리처럼 들려오는 아름다운 숲 속. 자작나무, 개암나무, 밤나무의 짙은 향기, 구수한 흙냄새를 맡을 수 있는 전원은 행복과 생명감으로 숨쉬고 있었다. 나는 화단을 지나 샛문을 빠져 뒷마당으로 들어갔다.

* * *

　6월의 햇살이 숲에서 반짝였다. 나는 도랑가를 내려 덮은 깨끗한 덤불숲을 지나 대동강변으로 나가는 낯익은 오솔길로 들어섰다. 수양버들이 파들파들 떨고 있는 대동강 기슭. 조용히 흐르는 강물, 눈부신 햇살이 내리쏟아져 수면은 금구슬을 굴리듯 아름다웠다.

(인문당, 1992)

■ 홍성암 「어떤 귀향」

하늘을 쳐다보니 캄캄했다. 별들이 보이지 않았다. 도회의 불빛 때문에 하늘의 별들이 죽은 거다. 먼지가 너무 많아 별빛이 지상까지 내려오지 못한다. 도회의 빌딩들이 너무 높아서 수로(水路)처럼 좁아진 하늘에는 별들이 자리잡을 틈이 없는 걸까?

* * *

그가 보고 있는 사이에 강줄기는 물고기로 둔갑하기 시작했다. 희번덕거리는 물결 사이로 비늘이 솟고 그 틈새로 지느러미가 너풀거렸다. 그러다 그 지느러미는 어느 사이에 날개가 되어 퍼덕였다.

* * *

어둠이 깃들기 시작하자 계곡은 제법 냉기마저 떠돌았다. 물안개도 피어올랐다. 강줄기는 산모롱이 저쪽에서부터 굽이쳐 오다가 갑자기 급경사의 낭떠러지에 부딪쳐 폭포를 이루었다. 물결 소리가 지축을 흔들었다. 어둠이 깃들고 있는 수면은 이상한 빛으로 희번덕거렸다. 그것은 정갈한 민물고기의 비늘처럼 번득였고 그래서 비릿한 생선 비린내를 풍기는 것도 같았다.

* * *

선인장은 뿌리 채 옮겨 심으면 좀처럼 살아나지 않아요. 아예 뿌리 부분을 칼로 싹 도려내고 일주일쯤 그늘에 말려 두는 게 좋습니다. 그는 낚싯대를 챙기기 시작했다. 낚시질은 새벽녘이 피크라는 말을 잊기라도 한 듯싶었다.

"그렇게 말려서 수분을 증발시키면 선인장은 바짝 위기감을 느끼게 됩니다. 그러니, 죽음의 직전에 와 있는 셈이지요. 그때 그 놈을 땅에다가 심고 물을 흠뻑 주어 보십시오. 선인장은 몸뚱이에 일체의 수많은 잔뿌리를 뻗어서는 허겁지겁 물을 저장합니다. 그렇게 살려고 발버둥치는 선인장의 생명력은 참으로 굉장합니다. 누구나 감탄을 하지 않을 수 없지요. 그리고 그 강렬한 생명력에 대해서 저절로 머리가 숙여지기도 합니다.

* * *

　길 옆의 나무들이 흰눈을 뒤집어쓰고 있었다. 소나무나 전나무와 같은 상록수들은 크리스마스 트리의 솜뭉치처럼 소담한 광경이었지만 이미 잎이 떨어진 관목들은 찔레나무 꽃덤불처럼 꽃대가 모두 은백색이었다. 길가의 마른 갈대와 쑥대공도 새삼스레 눈꽃을 매달기 시작했다.

* * *

　눈이 왔다 하면 키를 넘었다. 집들의 처마까지 눈으로 뒤덮였다. 한 집에서 다른 집으로 가자면 눈 터널을 뚫어야 했다. 쌓인 눈이 녹는데 한 달이 넘게 걸리기도 했다. 비도 그랬다. 한번 내렸다 하면 온 시가지가 물바다가 되었다. 제방이 무너지고 도도한 흙탕물이 들판을 뒤덮었다. 초가집 지붕이 물길따라 빙빙 돌았다. 그리고 그 위로 넝쿨박이 매달려 있고 더러 한두 마리의 닭이 날개를 퍼덕이는 모양을 볼 수 있었다.
　바람도 예외가 아니었다. 불었다 하면…… 특히 봄바람이 심했는데…… 봄이 되면 석달 내내 바람이 분다. 높새바람이었다. 산 위에서 평지로 내리부는 바람인데 어찌나 메마른지 곡식의 씨앗을 말려 버리고 나무의 껍질을 말려 버리고 들판의 풀뿌리마저 말려 버렸다. 그래서 닿은 노란 흙먼지만 날렸다. 봄철 내내 그 모양이었다.
　그렇게 모두 말려 버려도 기다리고 기다리면 마침내는 곡식이 자라고 나무에 물이 오르고 풀뿌리가 다시 살아났다.

(새로운 사람들, 1997)

■ 홍성암 「퇴근길」

　갈대숲에서 잠자던 새들이 날개를 퍼득이며 날아올랐다가는 금방 제자리에 내려앉았다. 금방 잠잠해진 정적 속에 문득 꾹꾸욱 꾸욱 하는 가냘픈 울음소리가 잠깐 들려오기도 했다.

(새로운 사람들, 1997)

■ 홍성원「먼동」

쌀뜨물 같은 구름에 가려 달빛이 유난히 충충하다. 초저녁에 물이 들기 시작하여 축방에는 어느새 들물이 벙벙히 차올라 있다. 개펄에 얹혀 있던 거루 따위의 잔 배들도 지금은 모두 물에 떠서 축방을 가득 메우고 있다. 당두리 굵은 중선들만이 십여 간 저쪽으로 멀리 떠 있을 뿐, 외대박이 야기리거나 돛대 없는 너벅선 따위들은 물 들어찬 축방 안쪽까지 빈틈없이 들어차 있는 것이다.

(문학과지성사, 1993)

■ 홍성원「주말여행」

계류는 오랜 가뭄에도 불구하고 많은 물을 저수지로 흘려보내고 있다. 암반과 바위 사이로 흐르는 물은 얼음처럼 찼고 아주 맑았다.

(동아, 1995)

■ 홍성원「폭군」

햇빛에 바랜 흰 자갈들이 아래쪽 강가로 질펀히 깔려 있고 일행들이 서 있는 발 밑의 자갈들은 작은 둑처럼 약간 높게 쌓여 있다. 둑은 붉은 황톳길에서 시작되어 살얼음이 잡힌 강가에까지 연결되어 있고 강물과 둑이 맞닿은 곳에는 굵은 말뚝들이 장방형으로 박혀 있다. 말뚝으로 된 장방형 울타리 속에 자갈들이 황토와 섞여 제단처럼 편편히 다져졌다. 배가 닿고 떠나기 좋도록 나루터에 만든 발판이다.

강은 수심이 얕은 탓인지 물보라를 일으키며 아주 빨리 흘러간다. 아직

본격적인 추위가 닥치지 않아 강심에는 얼음이 얼지 않았다. 자갈이 드러난 얕은 강기슭에만 유리처럼 투명한 살얼음들이 잡혀 있다.

　바람이 강 위쪽에서 살을 엘 듯이 차갑게 불어온다. 바람 속에서는 강물 특유의 야릇한 물비린내가 풍겨 온다. 강은 아래로 내려갈수록 폭이 좁아지고 수심이 깊어지고 있다. 이쪽에서 시작된 모래 섞인 자갈밭은 높게 깎아지른 바위산 밑까지 연결되었고 석양을 정면으로 받고 있는 바위산에는 몇 그루 안 되는 소나무 따위의 침엽수들이 강쪽을 향해 위태롭게 박혀 있다. 강은 그 바위산을 돌아 물보라를 일으키며 시야에서 사라진다. 바위에 부딪는 높은 물이랑들이 마치 작은 물총새 떼처럼 석양에 하얗게 반사되고 있다.

* * *

　그들이 서 있는 강 상류 쪽은 유난히 물살이 세고 많은 물보라가 일고 있다. 수심이 얕고 바닥에 자갈이 깔려 있어서 그쪽은 강물이 더욱 빠르게 흐른다. 강 복판에는 자갈로 이룩된 작은 둔덕이 섬처럼 솟아 있고 강물은 그 자갈밭을 사이에 두고 물보라를 일으키며 급하게 흘러가고 있다.

* * *

　타이어 밑으로 얼음 조각들이 콩깍지가 부서지듯 와삭와삭 건조하게 부서진다. 맞은편 강가에는 자갈 대신에 희고 고운 강모래가 어느새 짙은 그늘 속에 묻혀 있다.

* * *

　서로 맞닿아 하늘을 가린 침엽수 가지들로 길은 완전히 굴속처럼 좁고 캄캄하다. 잔가지가 무성한 왼쪽 덤불 속에 잔돌들로 높게 쌓아 올린 거대한 돌무더기가 나타난다. 띠처럼 기다란 색색의 헝겊들이 잔가지와 돌무더기 사이에 어지럽게 감기거나 널려 있다. 돌무더기에 가까워지자 색색의 띠 같은 헝겊들은 좀더 선명히 불빛 속에 드러난다. 바람이 드세게 고개위로 불어서 헝겊들이 온통 춤을 추듯 펄럭이고 있다.

* * *

　숲은 길에서 한 걸음만 벗어나도 인적이 미치지 않는 자연 그대로의 원시림 상태다. 표고가 차츰 높아질수록 나무들은 활엽수 대신 침엽수가 많아진다. 소나무, 전나무, 잣나무, 홍송들이 하늘을 찌를 듯 컴컴하게 들어차 있고 숲 아래쪽은 햇빛이 미치지 않아 이끼나 잡초 외에는 만목들조차 볼 수가 없다. 바람이 침엽수의 높은 가지 위로 파도 소리처럼 쏴하니 지나간다. 차가 침엽수의 숲을 통과하자 눈앞에 문득 높은 절벽이 막아선다.

* * *

　두터운 눈이 침엽수들의 큰 가지 위에 마치 햇솜처럼 무겁게 얹혀 있다.

* * *

　높이가 열 길도 넘는 수십 년 된 우람한 거목들의 숲이다. 상수리 나무들은 겨울철에도 연갈색의 마른 잎들을 빽빽하게 달고 있다. 말라서 비틀린 무수한 잎들이 세찬 바람에도 용케 견디며 요란하게 서걱거리고 있다. 그러나 지금은 눈들이 뒤덮여 잎 무성한 큰 가지 쪽은 일산처럼 큰 그늘은 만들고 있다. 가지들이 하늘을 짙게 가려서 숲 안엔 눈들이 얼룩처럼 흩어져 있다. 낙엽과 이끼로 뒤덮인 지표에 굵은 고목의 뿌리들이 꿈틀꿈틀 솟아 있고 밤알 크기의 상수리 열매들이 마치 강변의 자갈처럼 사방에 널려 있다.

* * *

　놀 속으로 휘날리는 눈가루가 마치 잘게 썬 쇳가루처럼 칙칙하고 무거워 보인다. 해가 벌써 산너머로 저물어서 주위에 어둑어둑 땅거미가 내리고 있다. 그는 지금 협곡 중간쯤의 경사가 완만한 떡갈나무 숲 속에 서 있다. 맞은편 산비탈은 경사가 급해 거대한 침엽수가 층계처럼 층층으로 박혀 있다.

* * *

　산밑으로 뻗은 계곡에는 흰 갈대들이 무성히 뒤덮여 있고 골짝에 흩어진 크고 작은 바위들은 눈들을 덮어써서 흡사 작은 무덤들 같다. 족적은 다시 산비탈을 내려와 계곡 쪽으로 기다랗게 찍혀 있다.

(동아, 1995)

■ 황석영 「섬섬옥수」

함석지붕을 올린 낮은 오두막과 물가에 매어 놓은 나룻배가 보였다. 제법 큰 물이었다. 강변의 이쪽은 기다란 자갈밭이었고, 건너편은 물에서부터 키가 넘는 풀들이 계속되어 있었다. 아마도 왕골이나 갈대일 것이다. 그 뒤로는 아직 어린 소나무들이 빽빽해서 흙이 보이질 않았다. 모든 것이 내게는 제법 그럴듯한 영화의 무대장치로 보였다. 어쩐지 가슴이 두근거리기 시작했다.

* * *

푸른색과 주황색으로 반쯤 익은 고추밭 가운데서 수건을 쓴 임산부와 노인이 일을 하고 있었다. 차갑게 열린 하늘 위로 고추잠자리가 우쭐거리고 있었는데 나는 저 사람들을 넣은 주변의 경치를 사색하고 싶어졌다. 그림 같은 가을이었다. 그가 풀숲을 향해 돌아섰다.

* * *

소년이 신나게 배를 밀어재고 익숙한 솜씨로 배를 저어 나갔다. 뱃머리에 앉은 내게로 물 냄새를 묻힌 바람이 불어와 머리털과 옷깃을 날렸다. 잘게 일어난 물결이 찰싹이며 뱃전에 부딪치고 있었다. 배가 길게 자라난 왕골 줄기를 좌우로 쓰러뜨리며 낮은 기슭으로 올라갔다. 뭔가 물탕을 튀기고 수초들 사이로 재빨리 사라졌다.

(동아, 1995)

■ 황석영 「입석 부근」

넓은 바위벽은 아래로 내려오면서 기역자로 굽어지고, 그것은 지붕이 되었다. 능선의 마지막 잘린 곳에 바위 몇 개가 겹쳐 있었다. 몇몇 바위는 사방의 벽이 되고 큰 바위벽은 둥글게 안쪽으로 패어 지붕과 방안을 이루는 작은 집이 되어 있었다. 굴 옆으로는 왕모래가 깔린 미끄러운 언덕이고 입구에서 앞으로 나오노라면 그 밑은 절벽이었다. 나무들이 굴 앞을 가려 주고 있었다.

* * *

위를 올려다보았다. 내 앞에 직각으로 뻗어 올라간 바위는 머리가 M형으로 되어 있었다. 바위 가운데에는 세로로 틈이 갈라졌다. 그 갈라진 틈은 거의 바위 꼭대기에 이르고, 그것이 그친 곳에서부터는 한 뼘 넓이의 바위 틈이 가로로 벌어지면서 점점 넓어 가고 있었다. 그 좁은 통로는 이 바위의 뒤편으로 돌아갔다. 바위 뒤편에서부터 새로운 절벽이 시작되어 있었다. 이 바위 꼭대기까지의 높이는 약 이십 미터쯤, 가로로 돌아간 좁은 통로의 길이는 십 미터쯤이었다.

(창작과비평사, 2000)

■ 황순원「곡예사」

저녁때가 가까워서 부둣가로 나갔다. 거기 장사진을 이루고 있는 목 노상에서 대포술을 한잔 마시기 위함이었다. 술 사발부터 내었다 보니, 방파제 너머 저 쪽에 범선 두세 척이 가는지 오는지 떠 있다. 야, 바다란 아무 때 봐도 좋다. 가까운 눈앞에 갈매기란 놈들이 껑충 뛴다. 야, 멋들어졌다.

(일신, 1993)

■ 황순원「그늘」

이날도 청년은 담뱃대 그림이 불었던 빈자리를 쳐다보며 스케치북을 펴려 하다가 대동강으로 나갔다. 강물은 한창 밀물이 찌는 때여서 검은 석탄

배가 힘들이지 않고 아래로 내려가고 있었다. 강기슭에는 아직 풀지 않은 솔가리와 장작을 가득 실은 배며, 독과 각색 항아리를 실은 배가 들어와 닿아 있었다.

(일신, 1993)

■ 황순원「꿈만은 시절」

바다는 지금 파도가 약간 세일 뿐, 크고 작은 흰 물머리가 깔려 있는 망망한 바다에는 일견 아무 것도 없다. 그저 이 바다와 맞닿은 하늘에 솜반을 아무렇게나 뜯어 흐트러친 것 같은 구름이 몇 조각 떠 있다. 그리고 이 구름에서 떨어져 나온 듯한 것이 또 몇 점 떠 있다. 갈매기다. 그리고는 아무 것도 없다.

그러나 실은 아무 것도 없는 게 아니었다. 저어기 까마득이 머언 수평선 너머에 검정 점 같은 게 하나 찍혀 있다. 마치 사진의 흠집인양 그러나 그것은 또 사진의 흠집은 아니었다. 자세히 보면 이 점은 아련한 연기 같은 것을 끌고까지 있는 것이다. 배였다. 수평선 너머로 가는 것인지, 이리로 오는 것인지는 도저히 분간하기 어려우나, 배임에는 틀림없었다.

(일신, 1993)

■ 황순원「나무들 비탈에 서다」

낮게 드리웠던 하늘에서 빗방울이 듣더니 억수로 퍼붓기 시작했다. 거기에 어제보다도 센 동남풍이 불었다. 채찍 같은 빗발이 휘뿌려지면서 비안개를 뿜었다. 뽀야니 시야가 가려져 전방이 잘 보이지가 않았다.

* * *

등성이 밑 부대 옆으로는 밭두둑의 흔적만 남아 있는 황무지였다. 삼 년 동안이나 보습과 호밋날을 받아보지 못한 땅은 곳곳에 거친 황토를 드러내

보이면서 잡초가 성해 있었다. 그 잡초들이 저번 왔을 때보다 누런 기운이 더해져 있었다. 그 위를 온갖 열매의 씨를 굳히는 시월 열흘께의 햇볕이 구김살없이 내리쬐고 있었다.

* * *

이 눈은 겨울 동안 곳에 따라 녹으며 다시 그 위에 새로 눈이 덮이고 하면서 응달진 산골짜기의 것은 다음해 봄 풀싹이 파릇거릴 때까지 남아있게 마련인 것이다.

* * *

하늘에는 얼음을 부스러뜨려 뿌린 듯한 차가운 별들이 박혀있었다. 그 아래 눈 덮인 땅이 별빛에 희뿌옇게 드러나 거리가 멀어짐에 따라 차츰 그 빛을 잃어가다가 나중에는 어둠과 뒤섞여지고 마는 것이었다.

(문학사상사, 1999)

■ 황순원 「내 고향 사람들」

거기 초생달이 뜬 차가운 별 하늘에 대추나무가 검은 자태를 드러내고 있었다.

(일신, 1993)

■ 황순원 「눈」

밤 들면서부터 눈이 내리기 시작했다. 처음에는, 열어 보는 문 밖에 그저 흰 재같은 것이 희끗거리더니, 어느덧 함박눈으로 변했다. 툇돌에 올라서며 신발을 털고 어깨를 털고 들어서는 마을꾼의 등 뒤에 함박눈이 펑펑 쏟아져 내린다.

(계용묵 『문장사전』, 1953)

■ 황순원 「별」

하늘에 별이 별나게 많은 첫 가을 밤이었다. 아이는 전에 땅 위의 이슬같이만 느껴지던 별이 오늘밤엔 그 어느 하나가 꼭 어머니일 것 같은 생각이 들어, 수많은 별을 뒤지고 있었다 …(중략)… 그러나, 아이의 눈에는 이제야 눈물이 고였다. 어느새 어두워지는 하늘에 별이 돋아났다가 눈물 고인 아이의 눈에 내려왔다. 아이는 지금 자기의 오른편 눈에 내려온 별이 돌아간 어머니라고 느끼면서 그럼 왼편 눈에 내려온 별은 죽은 누이가 아니냐는 생각에 미치자 아무래도 누이는 어머니와 같은 아름다운 별이 되어서는 안 된다고 머리를 옆으로 저으며 눈을 감아 눈 속의 별을 내몰았다.

(판, 1991)

■ 황순원 「별과 같이 살다」

지금 막 수백 길의 뽀오얀 먼지 바람이 선교리 한복판을 남에서 북으로 휩쓸어 가고 있는 것이다. 그리고 이 바람이 채 선교리 북단을 지나 꼬리를 감추기 전에, 남단에서는 새로운 바람이 일어, 북쪽에로 휩쓰는 것이다.

산옥이는 홀린 듯이 바라보고 있었다. 저만큼이나 큰 바람이 불제는 그 밑의 함석 지붕을 들추고, 전선줄을 울리고, 빨래 감을 휘날리련만, 이곳에서는 그저 고요한 거리와 인가 위를 조용한 먼지 바람이 지나는 것으로밖에 더 뵈지 않았다.

그리고 저어기 휩쓰는 먼지 바람은 그게 먼지가 아닌 듯이만 느껴졌다. 무슨 연기거나 안개가 아니면, 무슨 꽃가루 같은 거로만 느껴졌다. 단지 강을 하나 새에 두고 이런 조화가 어디 있다니?

(어문각, 1970)

■ 황순원 「산골아이」

눈이 오련다. 진정 오늘밤 안으로 첫눈이 올 것만 같다. 이제 바람만 자면, 곧 눈이 내리리라. 정 함박눈이 펑펑 쏟아졌으면 좋겠다.
산골아이는 화로에서 도토리를 새로 꺼내면서, 이제 눈이 내려 눈 속에 도토리를 묻었다 먹으면 덜 아리고 덜 쓰리라는 생각을 한다.

(계용묵 『문장사전』, 1953)

■ 황순원 「소나기」

그러하나 어떤 날, 소년은 전에 소녀가 앉아 물장난을 하던 징검다리 한가운데에 앉아보았다. 물 속에 손을 잠갔다. 세수를 하였다. 물 속을 들여다보았다. 검게 탄 얼굴이 그대로 비치었다. 싫었다.
소년은 두 손으로 물 속의 얼굴을 움키었다. 몇 번이고 움키었다. 그러다가 깜짝 놀라 일어나고 말았다. 소녀가 이리로 건너오고 있지 않으냐.
숨어서 내 하는 꼴을 엿보고 있었구나. 소년은 달리기 시작했다. 디딤돌을 헛짚었다 한 발이 물 속에 빠졌다. 더 달렸다.
몸을 가릴 데가 있어 줬으면 좋겠다. 이쪽 길에는 갈밭도 없다. 메밀밭이다. 전에 없이 메밀꽃내가 짜릿하니 코를 찌른다고 생각했다.

(집현전, 1994)

■ 황순원 「인간접목」

밤들면서 별이 한층 더 총총해진 밤이었다. 무심코 종호는 하늘을 쳐다보았으나 은하수라 생각키는 곳은 발견되지 않았다. 그동안 하늘가 어디에 은하수 같은 엷은 안개구름이라도 끼었다가 스러져버린 것일까. 지금은 그저 물에 씻은 듯한 별들이 밤하늘에서 약간 밑으로 도드라져 나와 빛나고 있을 뿐이었다.

(신원문화사, 1995)

■ 황순원 「일월」

뜰에 서 있는 나무들이 이리저리 마구 휘둘리고, 잎새들이 가지에서 떨어지지 않으려고 몸부림치는 것처럼 보였다. 한 나무를 타고 뻗어 올라갔던 나팔꽃 줄기가 꼭대기 부분에서 끊어져 두어 송이의 꽃을 단 채 허공에 온갖 곡선을 그리며 날리고 있었다.

＊＊＊

비에 젖어 번들거리는 아스팔트에 여기저기 떨어진 플라타너스의 잎이 찰딱 달라붙어 있었다. 검게 빛나는 아스팔트와 어울려 그 잎들은 나무에 달려 있을 때보다도 더 생생한 빛을 띠고 있었다. 그 위를 빗줄기가 때리고 있었다.

＊＊＊

검은빛이 더해진 바다는 여전히 흰 물머리를 일으키며, 처얼썩 쏴아, 처얼썩 쏴아, 기슭에 밀려와서는 부서지고 밀려와서는 부서지곤 했다. 소금기 낀 습한 바람이 모래판을 불어 올리고 있었다.

(학원출판공사, 1992)

■ 황순원 「저녁노을」

참으로 황홀한 저녁 노을이었다. 크나큰 부채를 펴 놓은 듯, 그리고 모르는 새 이 부챗살을 접는 듯 한, 그러면 또한 맑디 맑은 지금 껏의 주홍 노을빛은 맑디 맑은 다음의 주홍 노을빛으로 변하는, 실로 찬란한 저녁 노을이었다. 이런 저녁 노을이란, 이제 가을로 접어들려는 절기에, 바로 전에 소나기가 뿌리고 막 개인 하늘 탓일까 지금 서편 하늘에 엷게 편지어 놓은 솜구름 탓일까.

(계용묵 『문장사전』, 1953)

■ 황순원 「카인의 후예」

갯버들가지가 얼음에 붙어 있었다. 가지에는 숱한 버들개지가 달려있었다. 그중 적잖은 버들개지가 얼음에 붙어 있었다. 그런데 이 버들개지들이 자기 둘레의 얼음을 두어 푼씩 녹여 가지고 있는 것이었다. 어느 버들개지나 모두 한결같이 그랬다. 아직 털도 제대로 피우지 못한 버들개지들이 그처럼 자기 둘레의 얼음을 녹여 가지고 있다는 것에, 훈은 절로 가슴속이 따사로와짐을 느꼈다.

* * *

책상머리로 갔다. 버들개지가 뽀오얗게 털을 피우고 있었다. 저번 오작녀가 개울에서 꺾어 온 버들개지였다. 병의 물이 거의 잦아있었다. 훈은 버들개지 몇을 따 가지고 아랫목으로 가, 배를 깔고 엎드렸다. 버들개지를 일자로 세워놓고 구들바닥을 두드렸다. 버들개지들이 별로 움직이는 기색이 뵈지 않았다. 딱딱한 장판이라 그런 모양이었다. 어려서 장난할 때는 버들개지들이 잘도 경주를 해주었다. 삿자리에 놓고 두드리면 꼭 무슨 복실강아지들처럼 털을 보르르 떨면서 달리는 것이었다. 열심히 옆으로만 달리는 놈도 있었다. 삿꼬챙이에 걸려 댁실댁실 구르는 놈도 있었다. 여간 재미가 있지 않았다.

* * *

비도 오지 않고 뽀오얗게 운애가 끼었던 하늘이 벗겨졌다. 이렇게 해서 하늘도, 얼었던 땅이 풀리듯이 한 걸음 한 걸음 봄으로 옮겨지는 것이었다.

* * *

훈은 잡목 사이로 내다보이는 들판에로 눈을 주고 있었다. 거기에는 어제까지도 모르겠던 아지랑이가 아물거리고 있었다. 그리고 농머리 개울둑에 서있는 미루나무 가지에도 뽀오얀 운애같은 게 끼어있었다. 별로 바람이 없는 것 같은데 앞 잡목들이 그냥 흔들렸다. 이렇게 봄바람이 처음에는 산꼭대기에서부터 불기 시작하여 점점 산밑으로 불어 내리면서 급기야는 땅속의 얼음을 풀고 저렇듯 들판에다 아물거리는 아지랑이와 함께 나뭇가지에다 운애를 끼어놓는 것이었다. 하늘은 또 하늘대로 때아닌 때 추적추적 비도 뿌리고, 그러는가 하면 하루 이틀 비도 오지 않는 꽃구름에 싸였다 벗겨졌다 하며 땅과 더불어 봄을 마련해놓는 것이다. 훈이 들판에 주었던 눈을 앞 할미꽃 싹으로 옮겼다. 하룻동안에 키도 알아보게 자라고 진자줏빛 꽃봉오리도 눈에 띄게 보풀었다. 이렇게 눈에 보이는 것이 모두 쉴새없이 움직이고 있는 느낌이었다.

* * *

훈은 시골 나와 이 과수원에서 비로소 나무의 잎눈이나 꽃눈이 언제 생겨 어떻게 큰다는 걸 알았다. 그때까지 그는 나무의 눈이란 봄에 생겨나 잎과 꽃이 되는 것으로만 알고 있었다. 그렇지가 않았다. 가을에 단풍이 들어 낙엽이 지기 전에 벌써 눈들을 장만해 놓는 것이었다. 이 작고 연약한 눈이 그대로 추운 겨울을 겪고 나서 봄에 싹이 트고 잎과 꽃을 피우는 것이었다. 처음 이것을 발견했을 때 훈은 무슨 신기한 것이나 발견한 것처럼 혼자 가슴까지 두근거렸던 것이다.

(삼중당, 1990)

동물 묘사편

■ 강신재 「상」

 분야는 찌그러진 바구니에서 풀을 집어내서 토끼의 입에 대우 주었다. 토끼는 모두 세 마리고 흰 것과 노랑과 까만 것이었다. …(중략)… 토끼에게 풀을 먹이는 것은 신나는 일이었다. 토끼는 분홍빛 코를 오물거리면서 풀을 베어먹었다. 때로는 목을 비꼬아 쓱하니 풀을 잡아당겨 안으로 가져가기도 했다.

* * *

 낭떠러지 밑에서 닭이 울었다. 홰를 치고는 꽤꽤애 하고 한 번 더 길게 뽑아댄다. 문야는 아직 잠이 덜 깨어 중심이 안 잡히는 걸음걸이로 마당 끝에 가 닭을 내려다보았다. 그가 짐작한 대로 홰를 치고 운 놈은 갈색에다 빨강과 남빛의 털이 섞인 수탉이었, 하얀 놈은 멀찌감치 떨어진 데서 모이를 주워먹고 있었다.

(민음사, 1996)

■ 계용묵 「금순이와 닭」

 우두커니 쭈그리고 앉아서 눈만 껌벅거리던 닭은 성큼 일어서 모이를 쪼아먹는다. 몇시간 아니어서 목숨이 끊길 것도 모르고 그저 먹어야 살겠다는 듯 그냥 그냥 쪼아먹는다.

(학원, 1994)

■ 계용묵 「백치 아다다」

 짝을 찾아 도는 갈매기떼들은 눈물겨운 처참한 인생 비극이 여기에 일어난 줄도 모르고 '끼약끼약' 하며 흥겨운 춤에 훨훨 날아다니는 깃 치는 소리와 같이 해안의 풍경만 돕고 있다.

(어문각, 1970)

■ 계용묵 「청춘도」

어디로 들어왔는지도 모를 한 마리의 생쥐—바르르 책상귀로 기어올라 꿰어진 양말짝을 하릴없이 쏜다. 그리던 그림에 붓대를 대다 말고 조심스레 손을 이어 돌려 책상뒤로 늘어진 꼬리를 붙드는 찰나, 날쌔게도 고놈의 생쥐가 팩 돌아서며 손잔등을 물고 늘어진다.

(동아, 1991)

■ 구효서 「물 속 페르시아 고양이」

현관 앞에 놓인 몇 개의 돌계단을 올라 그녀의 집 앞으로 들어섰을 때 누렁색 바탕에 옅은 갈색 털이 세로줄 모양으로 나 있는 페르시아 고양이 한 마리가 그녀의 가슴으로 뛰어올랐다. 삼각형의 귓바퀴를 쫑긋 세운 낭묘였다. 견갑부의 노랑나비 문양이 인상적이었다. 고양이가 숨을 쉴 때마다 노랑나비가 살아 꿈틀거리는 것 같았다. 어떤 고양이든 고양이란 놈은 생긴 것부터가 사람의 심기를 공연히 휘저어놓으면서 막연한 경계심을 불러일으키는 동물이었다. 고양이를 애완용으로 키우는 사람들이야 펄쩍 뛸 얘기겠지만 나라는 사람은 고양이를 보면 부드러운 털과 게으른 등줄기 속에 감추어진 야멸차고도 날카로운 야성이 인간과 문명을 비웃으며 잔뜩 벼르고만 있는 것 같아 기분이 썩 좋지 않다. 발톱과, 고기를 물어뜯는 열육치는 다 감출 수 있겠지만 눈빛만큼은 저도 어쩔 수가 없을 터. 응달에서 응달대로 깊게 뻥 뚫린 눈으로 태초의 밀림 그늘을 무서운 그리움으로 응시하고, 양달에선 양달대로 적대 동물의 동작을 바늘 끝처럼 노려보는 고양이가 내게는 달가운 존재일 수 없었다.

(세계사, 1999)

■ 구효서 「포천에는 시지프스가 산다」

그러나 용준이의 좋아는 겉모양새부터가 잡아먹게 생기질 않았다. 고기라고 여기기에는 너무 덩치가 작았고 ,그나마 조금 있는 몸뚱어리라는 것도 거의가 풍성한 털로 덮여 있었던 것이다. 귀와 눈썹으로부터 흘러내려온 긴 털들, 그리고 사람을 바라보는 영롱한 두 눈은 만화 주인공에게서나 볼 수 있는 것이었다.

(세계사, 1999)

■ 김동리 「사반의 십자가」

분명히 마리아가 안고 간 하닷의 단사의 매가 떠난 지 엿새만에 이곳으로 돌아왔다. 매일매일 한 번씩 전날의 그 상수리나무 위에 와서 앉는다. 내가 짐작컨대 그녀가 있는 궁전에서 날아오는 듯하다. 그것은 매일 저녁 때가 되면 어디론지 날아가 버렸다가 이튿날 아침이나 낮에만 오로지 날아와 앉기 때문이다.

(민음사, 1995)

■ 김동리 「살벌한 황혼」

메리는 지프차에 기대어 서 있는 주호에게서 다섯 미터 떨어진 고기와 가마보코와 과자 부스러기를 먹고 있다. 요만한 거리에서, 일찍이 경희는 주호에게 속이 상하는 일이 있다거나 또는 그와 반대로 무척 가까운 일이 있다거나 할 때엔 언제나 메리의 목을 쓸고 있었던 것이다.

그러한 경희가 어쩌면 이렇게 가엾게도 메리를 버리고 저 혼자만 피난을 떠났을까 경희는 데리고 가자는데 어머니나 오빠가 반대를 했을까 그렇지도 않으면 메리 생각은 감쪽같이 잊은 채 떠나가 버린 것일까.

(민음사, 1995)

■ 김동리 「저승새」

비둘기보다 조금 작고 야윈 듯한, 빨강, 파랑, 노랑, 주황, 그리고 잿빛의 오색실을 꿈속같이 은은하게 감은 그 새는 앉아 있었다.

(민음사, 1995)

■ 김병총 「사라지는 것은 아름답다」

비둘기의 몸은 그렇게 크지 않고 부리도 비교적 작다. 식도에 큰 모이주머니가 있어 먹이를 한꺼번에 저장해둔다. 날개는 크고 다리는 짧다. 부리의 전반은 각질이고 후반은 육질이며, 삼림에서 암컷과 수컷이 한 쌍을 이루어 살거나 혹은 떼를 지어 산다.

(한국경제, 1995)

■ 김영래 「숲의 왕」

가문비와 다루, 둘은 정말이지 기이한 한 쌍이었다. 그러면서도 둘은 어지간히 닮은 구석이 많았다. 작은 눈과 퉁명스러움, 민감한 후각, 코를 들이밀고 사물의 본질까지 파고드는 집요함과 무심함. 1백 킬로그램은 족히 나갈 성싶은 검은 털의 다루와 1미터 오십이 조금 넘은 왜소한 체구의 가문비가 서로의 그림자를 밟지 않을 정도의 간격으로 두고 산책하는 모습은 두고두고 사람들의 웃음을 자아냈다.

* * *

당나귀였다. 큰 눈에 하얀 뺨을 가진, 녀석도 갑작스레 마주친 낯선 사람으로 인해 조금 놀란 듯했다. 하지만 검실검실한 두 눈을 아래로 떨군 채 다소곳하게 서 있는 모습에서 어딘지 송구스러워하는 기색을 느낄 수가 있었다.

* * *

6월 2일, 돼지 다루, 제 주인만큼이나 무뚝뚝하고 뻣뻣한 녀석. 곁을 주지 않는 건 고사하고 아예 녀석은 나를 상종 못 할 종자라고 못 박아버린 듯하다. 불신과 업신여김, 놈을 보면 고대 그리스인이 인간을 오직 두 종류, 헬레네스와 바르바로이로 구분했던 것이 생각난다.

* * *

정원에는 개나 고양이를 제외한 많은 짐승들이 있다. 토끼, 오리, 닭, 거위, 염소, 소, 사슴 등. 이들은 생울타리로 정당히 구분된 마당과 과수원이 있는 뒷동산에서 자유롭게 집단을 이루며 살고 있다. 사람이 다가가도 피하는 일이란 없다.

* * *

녀석은 내가 건네준 감자를 그 자리에서 맛있게 먹어치운다. 그러면서도 그의 코와 귀는 쉬지 않고 나를 탐지하고 있다. 이윽고 그는 흰자위가 없는 축축한 눈으로 나를 올려다본다.

* * *

그런데 잠시 후 새들이 숲 가장자리로 모여들기 시작했다. 대개가 곤줄박이. 진박새. 쇠박새와 같은 박새류였지만, 그 중에는 붉은머리오목눈이나 딱새. 어치 등도 섞여 있었다. 새들은 나뭇가지에 앉아 지줄대다가 무리 중 한 마리가 성치의 어깨 위로 날아가 앉자 앞다투어 그의 주위에 내려앉기 시작했다. 어떤 새는 그의 손바닥에 앉아 감자를 쪼아먹는가 하면, 어떤 새는 그의 머리 위에서 목청껏 노래 한 소절을 불러 젖히기도 했다. 어치나 물까지 같은 비교적 몸집이 큰 새들은 우리의 존재가 눈에 거슬리는 듯 꽁지만 안타깝게 까불 뿐 냉큼 날아가려 들지 않았다. 이를 읽은 성치가 감자를 잘게 떼어 공중으로 던지자 녀석들은 익숙한 동작으로 감자를 받아먹었다.

(문학동네, 2000)

■ 김유정「동백꽃」

　점순네 수탉 (대강이가 크고 똑 오소리 같은 실팍하게 생긴 놈)이 덩저리 작은 우리 수탉을 함부로 해내는 것이다. 그것도 그냥 해내는 것이 아니라 푸드득하고 면두를 쪼고 물러섰다가 좀 사이를 두고 또 푸드득하고 모가지를 쪼았다. 이렇게 멋을 부려 가며 여지없이 닭아 놓는다. 그러면 이 못생긴 것은 쪼일 적마다 주둥이로 땅을 받으며 그 비명이 킥킥할 뿐이다. 물론 미처 아물지도 않은 면두를 또 쪼이어 붉은 선혈은 뚝뚝 떨어진다. 이걸 가만히 내려다보자니 내 대강이가 터져서 피가 흐르는 것같이 두 눈에 불이 번쩍 난다. 대뜸 지게막대를 메고 달려들어 점순네 닭을 후려칠까 하다가 생각을 고쳐먹고 헛매질로 떼어만 놓았다.

(학원, 1990)

■ 김용우「마르크스를 위하여」

　한 번은 치이타가 열심히 달려서 가젤 한 마리를 잡았다. 그런데 너무 많이 달린 탓에 지구력이 부족한 치이타는 겨우 쓰러진 가젤 앞에 주저앉아 숨을 헐떡인다. 지친 것이다.
　그 때 하이에나란 놈이 이 광경을 보고 나타나 치이타가 보는 앞에서 가젤을 물어가 버린 것이다. 힘들여 잡은 사냥감을 두 눈 빤히 뜨고 도둑맞는데도 치이타는 숨을 헐떡일 뿐 속수무책이다.
　그런데 웃기는 사건이 벌어졌다. 하이에나란 놈이 가젤을 물어다놓고, 치이타를 바라보며 거들먹거리는 순간, 죽은 줄 알았던 가젤이 벌떡 일어나 줄행랑을 치는 게 아닌가, 어처구니없는 듯 하이에나는 치이타와 달아나는 가젤을 번갈아 보고 있을 뿐이다.

＊＊＊

　생명의 탄생이 얼마나 고통스러운 일인가를 실감하면서 어머니를 떠올렸죠 머리와 앞다리는 자궁 밖으로 나왔으나 아직 완전히 나오려면 더 많은 몸부림이 있어야 할 것 같았습니다. 놈은 안간힘을 하면서 출산을 마치려고 하지만 그리 수월한 일 같아 보이지는 않았습니다.

* * *

그런데 놀라운 일은 그 하이에나란 놈이 어슬렁거리며 다시 나타나 어미 누우의 주변을 무슨 냄새라도 맡으려는 듯, 서너 바퀴 맴돌다가 갑자기 달겨들어 숨통을 물어 죽이는 거였습니다. 어미 누우는 아무런 저항도 하지 않더군요. 모든 것을 초탈한 듯 죽음을 받아들이고 있었습니다.

* * *

뒷다리를 물고 한 바퀴 내돌리자 새끼는 마치 심통난 아이가 동물모형의 봉제완구를 내동댕이친 것처럼 풀밭에 나가 떨어졌죠. 죽은 새끼 누우를 물고 놈은 멀지 않을 풀 섶 속으로 유유히 사라졌습니다.

* * *

요동치며 저항하던 붕어가 수면 위로 머리를 내민 것은 불과 서너 차례의 겨루기가 끝나고 나서였다. 머리가 들린 채 천천히 끌려오는 붕어는 마치 길들여진 강아지 끌려오듯 한다. 끌려오면서 붕어는 입을 뻐끔거리며 거푸 공기를 마시고 있다.

* * *

붕어를 비롯한 물고기에는 부레라는 공기 주머니가 있다. 물고기들은 이 속에 들어있는 공기의 압력을 조정하여 물 속에서의 회유층을 결정한다. 그런데 노인은 붕어를 천천히 끌어당기므로 해서 붕어에게 계속 공기를 마시게 하는 게 아닌가, 즉 부레의 공기압을 높여 붕어가 민첩하게 행동하거나 저항할 힘을 갖지 못하게 하는 한편 아울러 포획의 즐거움을 느긋하고 여유있게 누리는 것이었다.

* * *

그런 물에 붕어와 잉어가 살고 있다는 것을 나는 도저히 믿을 수 없었고 반포 샛강에서 잡은 붕어라면서 동네 사람이 보여주는 사십 센티가 넘는 붕어를 마치 괴물을 바라보듯 했었다. 오폐수에 감염되어 종의 변화를 일으킨 별종 물고기로 말이다

* * *

내 낚시에 걸린 녀석은 서너 번 겨루기를 하더니 드디어 나에게 백기를 들고 천천히 고개를 수면 위로 내밀고 말았다. 물고기란 그 뱃속에 부레라는 공기주머니가 있다. 그 공기 주머니로 공기의 양을 조절하여 회유층을 정하여 물 속을 돌아다니는데, 낚시에 걸려 고개를 수면 위로 내밀고 서너 번 공기를 들어 마시면 필요 이상의 공기로 부레의 압력이 높아지면서 조절 기능을 일시적으로 잃어버리게 된다. 그래서 대개의 경우 아무리 큰 놈이라도 낚시에 걸려 수면 위로 고개를 내 놓게 하고 서너 번 뻐끔거리며 공기를 마시게 하면 승부는 결정난 것이나 마찬가지인 것이다. 그러니까, 붕어의 머리가 물 밖으로 나오기만 하면 다 잡은 것이나 마찬가지가 되는 것이다.

* * *

발 아래 널부러진 녀석 몸에서는 수백 개의 보안등이 빛나고 있었고 찬란한 금빛 비늘로 근방의 물을 모두 금빛으로 바꾼다.

* * *

창조주가 우리 새물의 조상들에게 지상에서 발을 떼고 드디어 날개를 치며 창공을 향해 날아오르도록 은혜와 축복을 주셨을 때, 그래서 두렵게 날개짓하며 땅을 박차고 날아올랐던, 그 때의 순수한 의지가 내 마음속에 되살아나고 있었는지도 모를 일이지요.

* * *

대개의 경우 날개를 접고 두 발을 오무린 채 굳어 있는 것이 새들의 죽음

에서 볼 수 있는 보편적 모습이다. 도대체 무엇이 새의 머리를 깨뜨려 죽게 했을까, 만일 방안에 쥐가 들었다면 이미 새장 안은 북새통이 되어 있을 것이고, 새의 시체도 온전할 리 없을 것이다. 더군다나 댓가지 울이 부서진 곳도 없다. 다만 댓가지 울의 굵은 기둥 하나에 녹두알 크기의 혈흔이 남아 있을 뿐이다.

* * *

박새 무리 몇 마리가 풋풋 날개 소리를 내며 제 둥지를 찾아 왔다가 낯선 침입자를 발견하고 화들짝 놀라 되 날아간다. 키작은 소나무 가지에 총신을 걸치고 몸을 숨긴 채 핏발선 눈으로 정면을 응시하고 바위덩이처럼 앉아 있는 모습에서 무서운 살기를 느꼈음일 것이다.

* * *

등과 배와 다리를 각각 구분하듯 검은색과 연갈색의 털에서는 윤기가 흘렀고 강건함이 엿보였다. 앞다리에 비해 약간 짧고 굵어 보이는 뒷다리는 금방이라도 수십 척을 뛰어 오를 것 같은 폭발적인 힘이 축적되어 있었다.

* * *

가을 석양 속으로 게르만은 떠났다. 한 쪽 앞다리를 절뚝거리며 어디론가 제나름으론 황급한 내달림이었으나, 그 모습은 불안해 보이기만 했다. 그렇게 가을 석양 속으로 사라지고 말았다.

* * *

그리고 자신은 꼬리를 늘어뜨리고 귀도 숙은 채, 마치 바보스런 마을의 잡종견같은 모습을 하고 어슬렁 어슬렁 산비탈 밭을 멀리 우회하여 올라간 뒤 산 위에 숨어서 꿩들이 밭에 내리기를 기다리는 것이다.

* * *

한 길 정도는 날아가기도 하고, 까치처럼 깡충깡충 뛰어다니기도 한다는 까치독사는 맹독성의 뱀이다. 혈관을 물리기라도 하면 치명적이어서 매우 위험한 놈이다. 더욱 더 가을철 독사는 독이 가득 고여 있다는 충고를 들은 적이 있다.

* * *

게르만이 자가치료를 하고 돌아온 것이다. 독사에게 물리면 수렁 속에 몸을 담그고 찜질을 하면 뱀독이 빠진다고 한다. 철분과 인성분이 많아 제독작용을 하는데, 실제 그 같은 방법은 응급 민간요법으로 지금도 쓰이고 있다는 것이다.

(새로운 사람들, 1999)

■ 김원일 「악사」

고추잠자리는 호들짝 몸을 날려 하늘로 치솟았다. 양광 속을 춤추며 먹이를 쫓기 시작했다. 겨울이 닥쳐 몸이 시들기 전까지 그놈은 자유를 만끽하고 있었다.

(삼중당, 1995)

■ 김원일 「어둠의 혼」

나는 싸리문 앞에 쪼그리고 앉아 다시 하나, 둘 하고 수를 세기 시작한다. 옆집 박선생네 검둥이가 지나간다. 힘이 없어 보인다. 언제 보아도 그 개는 야위었다. 우리 오누이들처럼 뼈만 앙상히 남았다. 곧 죽을지도 모른다.

(솔, 1996)

■ 김이태 「독신」

내가 난간을 잡고 누워 있던 곳인 이층이었고 개는 콜리 종이었다. 종이를 꼬아 만든 보통의 노끈이 목에 매어 있었고 개는 노끈조차 뜯어내지 못

할 정도로 작았다. 코가 뾰족하고 온몸에 길다란 털이 덮인 콜리 종은 텔레비전에 나와도 손색이 없이 귀족스럽지만, 내 손목을 핥고 있는 놈은 그렇지 않았다. 몸집이 아주 작았다. 골격은 콜리인데 몸의 어딘가가 이상했고 일어나 앉아서 보자 이내 개의 지나치게 부른 배가 보였다. 왁자하게 공장으로 들어가는 직공들의 소리가 들렸다.

(민음사, 1997)

■ 김지연「개구멍받이」

그런데 상여집 앞머리의 썩은 지붕 위에 갈색의 늘무리 한 마리가 길게 몸을 늘어뜨린 채 양자를 향해 혓바닥을 날름거리고 있는 것이 아닌가, 양자는 천천히 멈추어 섰다. 언젠가 상여집 후미 켠의 돌 구멍에서 대가리를 내밀고 있던 바로 그놈인 것을 알 수 있었다. 갈색 늘무리는 마치 양자가 당한 좀 전의 일을 비웃기라도 하듯이 대가리를 양자 쪽으로 서서히 치켜들고 언제 봐도 기분 나쁜 쌍갈래 혓바닥을 날름거렸다.

(신원문화사, 1996)

■ 김지연「연(緣)」

비몽사몽간이었다. 내 좌측 의자에 엄청난 굵기의 흑갈색 구렁이 한 마리가 사방에 푸른빛을 뿜어내며 둘둘 또아리를 틀고 앉아 있었다. 겉껍질인 검은 비늘이 번들번들한 윤기와 요사스런 빛깔로 혼색되어 현란한 빛살을 만들어내면서 쌍갈래 긴 혓바닥을 가증스럽게 낼름대고 있었다. 가끔은 여남은 살 소년의 머리통만한 대가리를 꼿꼿이 위로 솟구쳐 불거진 작은 눈알과 혓바닥을 동시에 뒤굴리며 나를 찍듯 째려보기도 했다.

(신원문화사, 1996)

■ 김지연 「천태산 울녀」

지렁이도 삼킨다는 칠복이네 삽살이와 엉덩이를 맞붙이고 끙끙거리던 껌둥이는 울녀를 발견하자 콧숨을 쉬는 것 같다니 슬그머니 고개를 돌려버리는 것이었다. 쏟아지는 햇살에 껌둥이의 반지레한 털이 한층 빛나는 것 같았다.

(범우사, 1978)

■ 김지원 「집」

물위를 우아하게 떠다니는 것만 보았지 백조가 찻길에 나와 버티고 있는 것은 처음이었다. 가까이 본 백조는 생각보다 거칠고 또 컸다. 이것은 한 가족이라고 짐작이 갔다. 큰 놈 두 마리는 부모이고 어린놈 셋은 자식인데 큰 놈 중 하나가 찻길 가운데까지 나와 지나가는 차를 기웃거리고 다른 큰 놈 하나는 어린 자식 세 놈이 돌아다니지 않도록 모아놓고 지키면서 그 모습을 보고 있었다.

(한국문화예술진흥원, 1997)

■ 김채원 「달의 몰락」

갈매기는 보통 새보다 크기가 크다. 많아지면 공포의 분위기가 있을 테지만 그럴 만큼의 숫자가 아니었다.

갈매기들은 사선을 날다가 휙 아래로 떨어져 내리거나 빠르게 날아오르는가 하며 바다 위에 잠시 날개를 쉬기도 했다. 그런 싱싱한 움직임이 여기저기서 일어나므로 눈앞이 가득 차오르므로 어지러울 지경이었다.

* * *

어떤 갈매기는 두 날개를 퍼덕이며 배의 갑판과 평행한 위치에서 기를 쓰고 따라오고 있었다. 잠시 쉬거나 사선으로 날거나 휙 날아오르거나 급강하거나 물 위에 앉았다가 다시 빠르게 갑판을 스치는 법도 없이 그저 열심히 이런 두 날개짓을 하며 평행선으로 쫓아오고 있었다. 그 모양새가 유머러스하기도 하고 어이없기도 하여 D는 웃음이 났다. 새대가리라는 말이 있듯이 바로 새대가리를 한 새 같았다.

D는 우연히 어떤 새 한 마리에게 눈을 주기 시작했다. 그 새를 놓치지 않고 쫓았다. 그 새는 사선으로 날다가 바다 위에 앉아 잠시 날개를 쉬다가 다시 미친 듯이 쫓아오다가 다시 사선으로 날아오르고 내리고 했다. 넓은 바다를 사선으로 휙 비켜갈 때 그 시원함이 몸 속에 전달되었다.

그 많은 새들 가운데서 시선을 놓지 않자 그대로 시선이 따라지는 게 이상했다. 너무 멀어 놓치게 되려는 찰나에 그 새는 다시 기운을 내어 줄기차게 쫓아왔다. 그렇게 하기를 십여분, 그러나 어느 순간 새는 쫓아오기를 그만두고 물결 저쪽에서 멈추어버렸다.

그 새 쫓기를 그만두자 다시 전체 새들의 아름다운 율동이 D의 눈에 들어왔다. 바다 위를 크게크게 무대로 쓰는 춤이었다.

(청아, 1995)

■ 김채원 「봄날에 찍은 사진」

어두운 집 안 저쪽에서 개가 달려나와 길길이 뛰며 짖어대었다. 검은 털을 가진 망아지만큼 큰 개였다. 늙어서 몸놀림이 둔하고 콧잔등에 흰 수염이 나있다.

(청아, 1995)

■ 김채원 「아이네 크라이네」

버스에서 내려 명여는 안개 속을 걸었다. 조금 걸으면 철망 안에 커다란 개들이 매어져 있는 곳이 나온다. 그곳을 지날 때면 언제나 짐승만큼 큰 개들이 컹컹 짖는다. 안개가 많이 낀 아침은 개들이 안개 속에서 보이기도 하고 보이지 않기도 하는데 개들이 안개를 먹고 있는 것 같기도 토하고 있는 것 같기도 하다. 그것은 참 특이한 분위기다.

(청아, 1995)

■ 김현영 「냉장고」

그녀는 녀석, 아니 년의 둥그런 눈동자와 기타 줄처럼 가느다란 늑골이 두러난 마른 몸집을 볼 때면 애처로운 아기 사슴을 보는 것만 같다며 아름다운 눈에 금방 눈물방울을 만들어 달곤 했다 내게는 녀석, 아니 년의 애처로움이 내숭으로밖에 보이지 않았지만 그녀의 진주 같은 눈물방울을 안경인 양 쓰고 보면 카트린의 내숭이 바로 내숭이라는 이유로 애처로워 보이기도 했다.

* * *

거미는 그의 엄지손가락 한마디와 크기가 비슷했고 아주 새카맣다. 낮은 곡선을 그리며 아래로 꺼지다가 마디에서 불끈 솟은 후 직선으로 뻗은 여덟 개의 다리가 피아노를 치는 손가락처럼 제자리에서 바쁘게 움직인다.

* * *

어려선 그저 둥근 구슬로만 보이던 잠자리의 눈은 징그럽게 여러 개로 갈라져 있었으며 그의 손등을 간질이던 잠자리의 앙증맞은 다리엔 불쾌하게 털이 숭숭 나 있었다.

* * *

우리는 녀석은 '디어헌터'라고 불렀다. 디어헌터의 사냥 실력을 내 눈으로 확인한 적은 없었다. 그럼에도 불구하고 나는 믿었다. 디어헌터가 수렵견의 혈통을 더럽힌 적이 한번도 없다는 녀석은 정말 명예로운 사냥꾼이라는 아버지의 말을. 그만큼 디어헌터는 잘생긴, 품나는 수렵견이었다. 그러나 아버지가 사냥에 시들해지고부터 디어헌터는 집에만 매여 있게 되었다. 녀석은 온종일 컹컹 짖었다. 원래 야생견은 잘 짖지 않는다. 그런데 야생견을 가축으로 길들이면 요란하게 짖어 댄다고 한다. 디어헌터도 집에 남아 있다 보니까 스트레스가 쌓이는 모양이었다. 그래서 어머니의 잔소리처럼, 짜증처럼, 히스테리처럼, 짖어대는 것 같았다. 운동량이 적어졌는데도 녀석은 엄청 먹어댔다. 그 바람에 개소리를 내는게 이상하게 여겨질 정도로 녀석은 몸이 변해버렸다. 디어헌터는 마치 곰 같았다. 그런가 하면 발이 닿는 곳에 자란 꽃을 죄다 뽑아서 정원을 엉망으로 만들기 일쑤였다. 그런 디어헌터를 볼 때마다 어머니는 표독스런 목소리로 아버지에게 시비를 걸었다.

(문학동네, 2000)

■ 문순태 「그들의 새벽」

산에 가면 봄부터 겨울까지 아름다운 새소리를 들을 수 있었다. 봄이 되면 맨 먼저 노래쟁이 흰배지빠귀가 목청껏 울기 시작했다. 야산의 나무 우듬지에 날렵하게 앉아서 힘차게 울기 시작하면 숲 속에는 어느덧 달콤한 울음소리로 가득 울려 퍼진다. 연초록빛 어린 고사리가 썩은 나뭇잎 사이를 뚫고 삐죽삐죽 솟아오를 때쯤이면 흰배지빠귀 울음에 이어 장끼가 푸드득 날며 여기저기서 "꿩꿩 장서방" 하고 울라치면 뻐꾸기가 나뭇가지를 옮겨 다니며 "뻐꾹 뻐꾹" 화답을 한다. 여름에는 또 두견새가 슬프게 울기 시작한다. 수컷은 "쪽박 바꿔 줘, 쪽박 바꿔 줘"하고 암컷은 "삐, 삐, 삐" 운다. 월순이는 두견새 우는 소리를 들으면 괜히 마음이 울적해지면서 갑자기 죽은 아버지가 보고 싶어지곤 하였다. 가을이면 딱새들과 지빠귀새들이 찔레나무 덤불 위를 낮게 나르며 울고 솔새는 딱총나무 위에서 "쪼리쪼리"하고 꼬리를 흔들어댄다. 겨울에는 참새를 닮은 멧새가 소나무 숲 속에서 신나게 운다. 굴뚝새는 봄부터 겨울까지 언제 어디에서고 볼 수 있다. 촘촘한 관목 숲이나 나무덤불 속에서 가슴을 낮추고 꼬리를 곧게 세운 채 바쁘게 움직이는 굴뚝새는 월순이를 볼 때마다 반갑게 맞이하는 듯 떨리는 목소리로 경쾌하게 울곤 했다.

(한길사, 2000)

■ 박경리 「시장과 전장」

죽은 벌이 벌통 돌레에 여러 마리 굴러있다. 뒹굴며 몸부림쳤는지 흙이 뿌옇게 묻은 놈, 다리를 공중으로 쳐들고 나자빠진 놈, 날개를 모로 접고 누운 놈, 싸움이 지나간 빈터에 남은 병사들의 시체같이.

(중앙일보, 1987)

■ 박경리 「토지」

봉순이는 마구간 앞에 갔다. 나귀 두 마리는 산으로 가고 없었으며 마구간이 텅 비어 있었다. 나머지 한 마리가 멍청한 눈을 하고 봉순이를 바라본다. 봉순이는 마구간 앞에 쭈그리고 앉는다. 쌉쌉한 마구간의 냄새가 풍겨왔다. 나귀는 유리구슬 같은 눈을 꿈벅꿈벅했다. 갈기는 여름보다 빛깔이 짙고 윤이 났다. 나귀는 희유끄럼하고 푸르뎅뎅한 것 같고 불그스름한 것 같기도 한 혓바닥을 내밀어 마른풀을 입 속에 말아 넣는다. 봉순이는 커다란 콧구멍을 열심히 드려다 본다. 나귀는 다시 혀를 내밀고 풀을 입속에 말아 넣더니 맷돌 갈 듯 으석으석 소리를 내며 씹는다.

* * *

대막대기의 여기저기 구멍난 곳에서, 갈라진 틈 사이에서 개미떼가 마구 쏟아져 나오는 것이 아닌가. 대막대기 마디 속에 개미집을 지었던 모양이다. 징그럽게 떼지어 나오는 개미들 속에 두드러지게 큰놈이 보였다. 여왕개미다. 길상은 조심스럽게 본시대로 돌담에다 대막대기를 기대어 놓았으나 왠지 마음이 꺼림칙하였다. 마당에 나가떨어진 개미의 수도 수월찮았지만 대막대기의 마디 하나하나가 다 독립된 방이라면 그 여왕개미에서부터 졸개에 이르기까지 제 집을 찾아 무척 헤맬 것 같았다. 언제였던가, 한번 철쭉 옆에 놓인 돌을 들어낸 일이 있었다. 돌 밑은 개미집이었다. 하얀 쌀알 같은, 쌀알보다 훨씬 작았지만 개미 알이 수북이 쌓여 있었다. 어리석은 개미들은 사람의 눈 두 개가 지켜보고 있는 것도 모르고 미친 듯이 알을 물어 나르며 감추려고 기를 쓰는 것이었다.

* * *

재작년, 지금은 화재 때문에 집 뒤의 숲은 황폐했지만 그해 여름은 비가 많이 내렸다. 완만한 언덕을 이룬 집 뒤의 숲은 소나무 전나무 느릅나무가 제법 우거져서 인가를 끼고 도는 참새 떼뿐만 아니라 여러 가지 새들의 좋은 보금자리였다. 철따라 새들의 종류에는 다소 변동이 있는 듯 싶었으나 변함없이 숲에 죽치고 사는 것은 까치와 참새인 듯, 바람이 몹시 불고 비가 억수로 내린 다음날이었던가, 길상은 무심히 들어 넘길 수 없는 새 울음소리를 들었다. 숲에서는 노상 새들이 지저귀었으므로 새 울음이 조금도 이상할 것이 없겠는데 그 울음소리는 마치 뇌수 어느 곳에 망치질을 하는 것 같은 이상한 느낌을 주었다. 한 곳에서 계속하여 우는 것이었다.

* * *

새끼 새는 여치, 지렁이를 매우 좋아했다. 개똥도 약에 쓰려면 없다던가? 길상은 밤에 초롱을 들고 여치우는 소리를 따라 풀숲을 뒤졌다. 낮에는 도약력이 굉장하던 여치도 밤에 불을 들이대면 꼼짝없이 풀잎에 매달려 있어 잡기가 수월하였다.

오래간만에 비가 개고 해가 솟았다. 뿌옇게 햇살이 퍼지는데 뒷 숲에서 고약한 괴성이 울려왔다. 호호호—하며 아름답게 울다가도 어떤 서슬에선지 꾀꾀 콰콰콰콰아—하고 터무니없는 소리를 내지르는 꾀꼬리를 모르는 바 아니나 이때는 마치 여러 갈래의 소리와 소리가 서로 맞부딪쳐서 소리끼리 처참한 상처를 입으며 밀려나온 것 같은, 새끼를 찾은 울음임이 틀림 없다. 길상은 엄지손가락에 새끼 새의 발을 올려 가지고 뒷 숲을 달려갔다. 꾀꼬리는 숲 위를 날며 괴성을 지르고 새끼는 손가락에 앉아서 삐옥! 삐옥! 하며 울었다. 길상은 본시 있던 자리에 새끼 새를 올려놓고 멀찌감치 숲 속에 숨어서 지켜보았다. 꾀꼬리는 맴을 돌며 여전히 우는데 길상의 손가락에서 떠난 새끼는 왠지 침묵을 지킨다. 늘 암 수 두 마리가 사이좋게 이 가지 저 가지로 옮겨 앉으며 쾌쾌거리기도 하고 호호호오 하며 화창한 노래를 뽑기도 하더니, 한 마리는 어디로 갔는지 아마도 그 심한 비바람 소동에 꾀꼬리 일가에는 기막힌 사건이 벌어졌음이 틀림없다. 새끼를 찾아온 놈이 어미인지 아비인지 그것도 알 수 없고 다른 새끼들은 어디에 흩어졌는지 그것도 알 수 없고. 꾀꼬리는 한 참을 맴돌다가 새끼에게는 접근해 보지도 못하고 어딘지 날아가 버린다. 길상은 발소리를 죽이며 다가갔다. 긴장하며 돌덩이같이 새끼는 앉아 있었다.

(지식산업사, 1979)

■ 박계주 「나상」

우리가 반겨한 바 목숨 가진 것은 그 집에서 기르던 영국 포인터의 종의 개 한 마리뿐이었다. 웬일인지 그 개는 전신의 털이 다 탔고, 주둥이도 데 벗어졌고, 두 다리를 절면서 세 걸음도 못 걷고는 와들와들 떨었고, 네 걸음도 못 가서는 끙끙거리며 땅에 쓰러지곤 했었다. 그런데 그 개는 불을 겁내어 피함인지, 몸을 일으켜 애써 집 모퉁이를 돌아가 누웠다가는 얼마 뒤에 다시 불 붙는 집 앞에 간신히 기어오고, 또 피했다가는 기어오고 또 피했다가는 기어오고 하였다. 주인이 돌아왔는가를 살핌일까, 혹은 어린 주인들이 불 속에서 나오기를 기다림일까.

* * *

개는 살 가망이 없어 보였다. 눈도 별로 뜨지 못하고 언 땅에 푹 엎드린 채 덜덜 떨기만 했다 그리고 고통을 견디지 못하여서 신음하고 있었다. 그러나 그 신음소리도 시간이 감에 따라 점점 적어갔다. 우리는 모두 개에게 연민의 정을 보내며 거적을 가져다가 덮어주었다. 개는 거적 밑에서 신음하다가도 자기 앞에 사람이 오는 기척만 있으면 간신히 머리를 들어 누군가를 살피고는 도로 머리를 떨어뜨리며 눈감아버리곤 하였다. 주인이나 그 주인의 어린 자녀들을 기다리는 눈치였다.

(계몽사, 1994)

■ 박덕규 「날아라 거북이」

처음에 이곳 N시의 한 해변에서 횟집을 경영하는 한 사내가 마을 앞 바다에 쳐 놓은 정치망에 장수거북이 한 마리가 걸려들었는데, 이튿날에는 그 보다 몸집이 약간 작은 암거북이가 또 걸려들었다. 거북이는 대개 백 살에 한 번 목에 테가 생기는데, 이번에 잡힌 몸무게가 1000kg 내외의 초대형 장수거북이 쌍은 놀랍게도 목테가 12개씩이나 있었다. 천년된 나무를 구경하는 일도 거의 없을 것인데 천 이백 년 된 거북이를 그것도 쌍으로 보게 된 셈이었다.

(민음사, 1996)

■ 박양호 「슬픈 새들의 사회」

그 좁은 양철통 속에서 우리는 먹고 찧고 까불고 그러면서 조금씩 오리의 모습으로 변해갔다. 주둥이는 점점 더 길게 그리고 넓적하게 커서 오리 주둥이가 되었고 물갈퀴를 가진 발도 자꾸 자랐다. 그리고 참 희한한 것은 우리 이십 마리 오리들이 처음에는 똑같이 색깔들이 노랬는데 시간이 지나면서 각자의 털 색깔이 드러나기 시작한 것이었다. 하얀 놈, 검은 깃털이 드문드문 난 친구, 완전히 검은 놈, 그것들이 적당히 섞인 놈, 그런 식으로 각자의 모습이 달라져 갔다 뿐만이 아니라 암놈과 수놈의 구별이 생겨나기

시작했다. 사람이나 짐승이나 성기란 두 가지 용도가 있지 않은가, 한 가지
는 오줌의 배설이고, 다른 한 가지는 거시기에 사용하는 것 말이다. 닭과,
소와 개와 마찬가지로 암놈의 그것은 확실히 달랐다. 그러나 우리는 단지
그것은 약간씩 다르다 하는 생각만을 할 뿐이었다.

* * *

밤이었다. 아주 깜깜한 밤, 혼자서 눈을 부릅뜨고 있다가 정말로 참을 수
없는 졸음에 깜빡 졸다가 사방을 둘러보니까 이상한 불이 내 눈에 띄었다.
파란 두 개의 인광, 쥐는 아니었다. 파란 두 개의 인광이 헛간 위쪽에서 번
뜩였다. 그리고 그 불빛이 자동차의 헤드라이트처럼 우리들을 비추더니 그
높은 헛간 담 위에서 사뿐히 우리 앞으로 뛰어내리는 것이 아닌가. 나는 그
게 처음에는 말로만 듣던 날짐승인 줄로만 알았다. 날짐승이 아니고서야
그렇게 높은 헛간 위에서 사뿐히 뛰어내릴 수 있는 짐승은 없다고 생각했
기 때문이었다.

* * *

향어였다. 보기에도 늘름한 35cm쯤 되는 그 웬수놈의 향어. 너를 찾아
너를 쫓아다닌 지가 벌써 몇 년째냐. 이박삼일에도 겨우 한 마리 구경하기
힘들다는, 썰어 놓으면 이만 원짜리 현찰 향어.

* * *

해가 지자 쓰레기 속에서 놈들이 사운드 오브 뮤직을 하기 시작했다. 요
놈 낚시꾼아 소리나 듣고 까무러쳐라! 펄떡, 우당탕. 아이고 저 녀석들 색
쓰네, 안 줄거면 조용히나 할 것이지, 사람 약올려 죽이네, 아이구, 심지어
는 내가 쓰레기를 겨우 던진 옆에서 시뻘건 잉어가 껑충 뛰어오르면서 얼
굴을 보여주면서 용용, 하기도 했다.

* * *

검은색과 자색과 붉은 색으로 우중충한 장판 위로 개미가 나타나고 있었

다. 한 마리, 놈은 먼저 꿀이 떨어진 쪽에 가서 거의 잘 눈에 띄이지도 않는 더듬이로 몇 번 정찰을 하고 이어서 과자 부스러기로, 다음 설탕 무더기로 몇 번 맴을 돌아 나갔다. 그리고는 다시 먼 길을 돌아가기 시작했다.

〈동아, 1991〉

■ 박종화「금삼의 피」

사슴 한 쌍은 잡혀서 대궐로 들어왔다. 우릿간에 든 사슴은 이삼년의 긴 세월을 허비하여 차츰차츰 길들기 시작했다. 요사이 와서는 우릿간도 집어 치우고 그대로 담만 둘린 동산에 놓아두게 하였다. 우릿간을 면해 제풀로 돌아다니는 사슴은 제법 살찌기 시작했다. 인제는 사람을 피하지도 않는다. 도리어 먹을 것을 달라고 사람의 뒤를 어슬렁어슬렁 따라다닌다.

〈동아, 1995〉

■ 배수아「부주의한 사랑」

검은 모기가 가녀린 연연의 온 어깨에 붙어있어도 연연은 어두운 마당 한가운데 흰 개의 곁에 앉아서 모령을 기다리고 있었다. 피부병에 걸린 흰 개는 곧 죽을 듯이 울어댄다. 흰 개는 산에서 독풀을 먹고 병에 걸렸다. 여름이 깊어가도 마을 사람들은 개를 훔쳐다가 잡아먹으려고 하지 않았다. 친구가 없는 연연은 흰 개를 사랑했다. 산 위에 있는 개울에 개를 목욕시키면 병이 나으리라고 해서 매일 뜨거운 빛의 숲을 헤치고 산으로 올라가 한여름에도 얼음처럼 차가운 개울에서 목욕을 시켰다.

*　*　*

새들은 모이를 보고 분수대의 지붕이나 박물관의 베란다에서 내려와 벤치 주변으로 몰렸다. 새들은 목에 살이 찌고 인형처럼 동그란 눈동자를 갖고 있었다. 남자아이는 빵을 사 가지고 와서 새들에게 주었다. 비둘기들이 해가 지는 동상의 위에서 구구구 운다.

(문학동네, 1996)

■ 서영은 「수화」

그때 연탄재 옆에 있던 하늘색 쓰레기 주머니에서 살이 피둥피둥한 쥐 한 마리가 튀어나와 기사 식당의 열려진 문 안으로 쏜살같이 사라졌다.

(문학과 비평, 1990)

■ 서정인 「붕어」

그녀가 개새끼 한 마리를 얻어왔다. 가죽 털이 주둥이는 검고 발은 희고 몸뚱이는 옅고 짙은 잿빛이었다. 젖 갓 떨어진 강아지는 젖살이 통통하게 올라서 걸음걸이가 불편했다. 메리야, 이리와봐, 그녀는 암컷이든 수컷이든 언제든지 메리였다.

(세계사, 1994)

■ 성석재 「이른 봄」

아버지는 내가 알에서 깨어나기도 전에 가버렸지만 젊을 때의 내 생김새로 미루어 아버지의 모습은 짐작할 수 있다. 몸무게는 대개 일 킬로그램 안팎, 황금과 구리, 자주색이 섞인 광택 나는 구릿빛 긴 꽁지, 흥분하면 부풀어오르면서 한층 붉은 빛을 띠는 볏, 그 아래 목을 두른 흰 때, 늘 한 발을 들고 사방을 살피면서 세상과 삶의 균형을 유지하려는 모습. 말하다보니 이만하면 아버지와 나는 어느 조류, 어느 동물과 비교해도 나무랄 데 없이 잘생겼다는 생각이 든다.

* * *

붉은 볏이 얼룩덕룩해지고 깃털을 빠져서 볼품이라고는 없었지만 눈빛은 지혜로 맑았고 가슴은 후손에 대한 애정으로 가득 찼다.

(강, 1996)

■ 손소희 「남풍」

개구리 소리가 멎으면 꼬루룩 꼬루룩 물방울 섞는 소리도 나고 미묘한 여운을 가진 음향도 들려온다. 거머리. 달팽이. 잔고기들이 물장난을 치는 모양이다. 그러나 그러한 갸날픈 소리 따위는 다시 악마구니같이 울어대는 개구리의 떼 울음에 지워져버린다.

* * *

대문 쪽에서 누렁이가 컹컹 짖어댄다 조금 전까지도 부엌에서 턱을 고이듯이 하고 앉아있던 누렁이였다.

* * *

이는 사람의 피부에서 창조되는 샘물로 사람의 피가 그 양식이다. 그러므로 사람들은 그놈을 잡아 피를 빨고 껍질을 뱉아 버린다. 수박씨나 해바라기씨를 입에 넣고 알맹이를 뽑아 먹는 것 하고는 다르게 생각하지 않는 모양이다.

* * *

마부의 채찍이 공중에서 원을 그리듯 돌아가고 두 필의 회색 빛 말은 갈기를 날리며 열심히 뛰고 있었다. 어디까지라도 그렇게 뛰어 갈 태세이다.

* * *

등무로 꾸며진 정자 안에 놓여 있는 벤치에 앉아 있었다. 축산의 괴석을 만지며 놀고 있는 여닐 곱 살 사내아이 곁에서 깨갱거리며 누렁 머리에 흰 동체의 얼룩 발발이가 뛰어다닌다.

(을유, 1963)

■ 손장순 「이 모순과의 화해」

빌라 단지 안의 잔디 위에서 강아지들이 서로 핥고 물어뜯고 뒹굴면서 놀고 있다가 그녀의 주위로 꼬리를 흔들면서 몰려든다. 예쁘고 앙증맞은 새끼들은 친지들이 떼어가서 보기 싫은 새끼들만 남은 것이다. 그런데도 여전히 귀엽고 앙증맞다. 삐삐는 그녀만 보면 땅에 드러누워 재주를 피운다. 반비는 그러는 삐삐를 질투하여 그녀의 바지 끝을 발로 툭툭 차거나 다리를 슬쩍 건드리며 자기의 존재를 알린다.

(문화공간, 1997)

■ 신경숙 「딸기밭」

내가 웃었더니 떠돌아다니느라고 털을 못 깎아 더펄더펄거리고 다니니까 아이들이 더펄아 더펄아, 자연스럽게 불렀던 것이 더펄이가 되었다고 하더군요. 떠돌이 개가 되어서 목욕을 못하고 털을 안 깎아서 그렇지 자세히 보면 아주 수려하고 잘 생긴 족보가 있는 개라고 그러더군요.

* * *

그르케 큰 쥐도 아니랑게, 왜 생쥐 있잖여, 동물원 같은 데서 뱀 먹이로 주는 쪼그맨 것……그런 게 한 마리 싱크대 밑에 있었던가 벼. 샛노래져 가지고 우리집으로 올라왔데, 금서 나보고 쥐 좀 잡어 달래여. 잡아줄까 하고 따라가는디 하는 말이 잡기는 잡되 저 논이나 밭이나 아무 데나 멀리 놓아주라는 것여, 아이구, 나 참, 거 쥐가 어디 쓰잘데기가 있는 것이라야 말이지, 병이나 옮겨 가지고 댕기고, 뿐이간, 쥐가 많아지믄 사람도 안 무서워해요, 먼젓번 저 아랫동네서는 잠자는 갓난애기 손가락을 쥐가 물어뜯어 놔 가지고 난리가 났었지이. 그런 쥐를 놓아주라는 것여.

* * *

저 뒤터에서는 그렇게 자유롭고 명랑하고 거칠 것 없던 개가 0.1평도 안

되는 우리에 갇혀 있다구요. 천진하고 귀엽고 사랑스럽던 눈이 이제는 축 처지고 아무것도 기대하지 않는 슬픈 눈이 되어버렸다구요.

* * *

　연어들은 꼬리 지느러미로 자갈을 밀어내느라 온몸이 상처투성이였다. 그러잖아도 거슬러 온거리가 8,000킬로미터다. 암연어는 부지런히 산란터를 팠다. 지느러미가 산산조각이 나도록 파내고 다진 산란터에 붉은 알을 쏟아내면 숫연어가 그 위에 흰 정액을 뿌렸다. 그리고 그들은 최후의 힘을 꼬리지느러미에 모아 산란한 자리를 자갈로 덮었다. 그러는 동안 그들의 몸은 상처투성이가 되어갔다. 찢기고 뜯기고 멍들고 갈라졌다. 그리고는 결국 까맣게 타 죽었다. 태어나서 그토록 먼 곳까지 갔다가 다시 태어난 곳으로 돌아와 단 한 번 알을 낳고 마감되는 연어의 생이었다.

(문학과지성사, 2000)

■ 심 훈 「상록수」

　앞논과 뒷개울에서는 개구리가 제철을 만난 듯이 운다. 밤새도록 울고도 지칠 줄을 몰라서 대합조개 껍질을 마주 비비는 듯이 와글와글하는 소리가 시끄러울 지경이다.

* * *

　어디서 무엇에 놀라서 날아가는지 물새 한 마리가 젖을 보채는 어린애처럼 삐액삐액하고 울면서 머리 위를 지나간다.

* * *

　만세! 여러 사람이 고함지르듯 하는 만세소리에 새로 심은 사철나무에 앉았던 참새들이 깜짝 놀라 푸르르 날아갔다.

(범우사, 1990)

■ 손창섭 「공휴일」

　너희의 주인이, 혼자만의 세계와 시간을 침범당했는데 어찌 너희들만이 무사해서 될 법이냐고, 너희들도 어디 좀 그래보라고 하며 도일은 펜대 꼭지로 어항속에서 공격을 가해 보는 것이었다. 그러나 미꾸라지와 붕어 새끼는 그 행동이 도일이 보다는 훨씬 민첩한 데가 있어 날쌔게 몸을 뒤채 상하 좌우로 용하게 펜대 끝을 피해 버리는 것이었다. 도일은 더욱 고놈들의 재빠른 동작이 얄밉기까지 하여 모도한 폭군처럼 펜대를 물 속에서 마구 휘저어 보는 것이었다. 난데없이 재난에 부딪친 요 조그만 생명체들은, 과연 당황해서 연방 흰 배때기를 뒤집어 보이며 유리벽에 대가리를 들이받을 뻔도 하는 것이었다.

(민음사, 1952)

■ 송기숙 「오월의 미소」

　큼직한 도미가 저만치 물속을 휙 스쳤다. 한참 승강이를 쳤다. 이내 수면 가까이 은빛 모습을 드러냈다. 박사장은 나한테서 뜰채를 받아 조심스럽게 물속으로 집어넣었다. 빗전 아래서 거세게 휘지르던 도미가 뜰채 속으로 쑥 머리를 처박았다. 이쁘다. 도미가 공중에서 사뭇 요동을 쳤다.

* * *

　"끈기로 말하면 두꺼비는 또 고양이보다 몇수 윕니다. 이놈은 작당한 자리에 목을 잡아 아예 다 재놓고 돌덩어리처럼 멍청하게 버티고만 있습니다. 그렇게 버티고 있으면 곤충이나 지렁이, 지네 따위 먹이들이 안심하고 주변에서 나대잖겠습니까? 그래도 가만히 두고 있다가 먹이들이 맘놓고 일정한 거리 안에 들어오면 혓바닥으로 번개같이 낚아챕니다. 먹이를 낚아채는 두꺼비 혀는 보이지 않습니다. 저는 그 혀를 보려고 두꺼비처럼 끈질기게 지켜봤지만 딸꾹 하는 입놀림밖에 끝내 혀는 못 봤습니다. 딸꾹 하는 순간 먹이가 없어져버린 꼴입니다. 생존경쟁에서는 아무짝에도 쓸모없는 뭉툭한 몸뚱이와 굼뜬 동작 속에 번개 같은 혓바닥이 숨어 있었던 겁니다."

(창작과비평사, 2000)

■ 송기숙 「은내골 기행」

강 한가운데 등을 내민 바위에 자라가 두 마리나 올라앉아 있었다. 자라들은 반질반질한 바위 위에서 태평스럽게 햇볕을 쪼이고 있었다. 등에 물기가 걷혀 있는 게 올라앉은 지가 꽤나 오래 된 것 같았다.

* * *

숲이 터진 사이로 여유있게 날고 있는 모습이 다시 나타났다. 비둘기만 했으나 제비처럼 날렵하고 날개 양쪽에는 흰 점이 박혀 있었다. 동전 짝보다 조금 큰점이 신기하리만큼 희고 똥그랬다. 마치 그려놓기라도 한 듯 똥그란 점이 너무도 선명했다.

* * *

한참만에 파랑새가 훌쩍 날아와 날렵하게 구멍 아래 붙었다. 공중에서 아래로 내리박히듯 매끄럽고 날랜 동작이었다. 새끼가 입을 빼내자마자 날렵하게 나뭇가지 사이로 멀리 미끄러져 갔다. 새끼들은 제비 새끼들처럼 먹이를 다투느라 소리를 지르지도 않았고, 어미 입에서 먹이를 받아먹는 것도 눈 깜짝할 사이였다.

* * *

다람쥐였다. 두 마리, 세 마리, 가 구멍에서 줄줄이 나왔다. 새끼 다람쥐들이었다. 크기도 그렇고 아직 털도 제 색깔이 아니었다. 세 마리가 나뭇가지에서 제법 날랜 동작으로 장난을 쳤다. 여간 귀엽지 않았다.

* * *

자빡뿔이 물 발라놓은 어린아이 머리처럼 납작하게 붙은 황소는 제 주인

보다 더 온순해 보였다.

* * *

공선이가 진배미댁 앞을 가리키며 소리를 질렀다. 진배미댁이 찔끔 뒤로 물러섰다. 꽃뱀이 개구리를 물고 있었다. 공선이가 뱀 꼬리를 잡아 훌쩍 쳐들었다. 개구리를 반쯤 삼키던 꽃뱀이 굼뜨게 고개를 내둘렀다.

(창작과비평사, 1996)

■ 오성찬「종소리 울려 퍼져라」

이때 하필 TV화면을 통해 보았던 살모사가 새끼를 낳는 장면이 떠오른 건 전혀 예기치 못했던 일이었다. 묽은 죽 같은 양막에 싸여서 태어난 살모사의 새끼들은 한 마리의 어미가 열 두 마리 정도를 낳았는데도 그 중 반만이 살아남고 나머지는 즉시 죽고 마는 것이었다. 그 양막을 헤치며 나오는 살모사 새끼들의 영악한 모습이 떠올랐다.

* * *

그리 멀지 않은 보리밭에서 장끼가 까투리를 부르는 소리가 들려왔다. 저 놈도 발정을 한 모양이구나. 꿩의 속성에 대해서는 이미 소년기에 알만큼 알고 있었기 때문에 나는 속으로 중얼거렸다. 시골의 아이들도 가끔은 영악한 구석이 있어서 청미덩굴 새순으로 피리를 만들어 그것으로 츳, 츳 까투리 소리를 내어 장끼를 유인하곤 단발의 새총으로 거꾸러뜨려 잡고 있었다. 입 안에 들어가는 손톱만한 피리가 생명을 죽이는 덫이 된 경우였다. 꿩 소리를 의식하고 있음인가, 그녀가 더 바짝 내게 몸을 밀착시켜왔다.

* * *

아, 그런데 분명 회백색의 수면 위에 솟구치는 고등어 빛 등때기가 있었다. 그 거대한 물체는 고등어 빛 등때기를 드러내더니 슉, 폭포수 같은 물줄기를 하늘을 향해 뿜어댔다. 저건 고래구나. 그 나비학자가 적어놓은 장수고래가 분명해, 나는 속으로 쾌재를 불렀다. 그러면서 눈을 한번 더 껌뻑이니까 등때로 물을 뿜어내는 고래는 두 마리로 불어났다. 다시 한번 더 껌뻑이니까 세 마리, 그것들은 무수히 불어나며 하늘을 향해 물을 뿜어대는 것이 아닌가.

(답게, 1999)

■ 오정희 「불놀이」

선생님의 돌아서자마자 여기저기서 종이비행기가 하얗게 날아오르기 시작했다. 떠도는 벌을 겨냥하고 솟구쳐 오른 비행기는 전장의 비둘기처럼 불안정하고 짧은 포물선을 그리며 날아오르다 곤두박질로 아이들의 머리통을 때리며 내려 꽂혔다. 소리 죽인 웃음과 낮은 탄성, 부산스레 공책 장이 찢겨나가는 소리에도 아랑곳없이 벌이 스칠 듯 낮게 내려오면 여자아이들은 엄마야, 자지러지는 소리를 내며 책상 아래로 기어들거나 머리를 감싸쥐고 엎드렸다 종이비행기에 설맞은 벌의 몸놀림이 다급하고 분주해졌다. 아이들의 우우, 아아 따위 낮은 함성과 탄식에 몰리듯 널찍한 창문이 모두 열려 있건만 출구를 찾아 헛되이 벽에 부딪치며 불안하게 맴돌았다. 벌의 조바심이 문득문득 흰 동그라미 안에 검은 무늬로 스쳐갔으나, 드디어 뜨겁게 팽창한 빛의 정점으로부터 희미한 연기가 피어오르고 누릿누릿 종이가 타 들어가기 시작했다.

* * *

열린 창으로 벌이 한 마리 날아들었다. 길을 잘못 들었다는 것을 모르는 양, 아직 남아 있는 점심시간의 단무지와 소시지, 채 소화되지 않은 조림반찬의 냄새를 휘저으며 벌은 둥근 원으로 천천히 맴돌았다. 조용하고 천연한 날개짓, 미미하게 닝닝대는 소리에 비로소 몽롱한 가수 상태에서 깨어난 아이들의, 갑작스런 기대와 활기로 반짝이는 눈길이 벌을 좇기 시작했다. 그러나 아이들이 바라던 대로 벌이 선생님의 콧등에 앉는다거나 다른 아이의 머리통을 따끔히 쏘는 일은 일어나지 않았다. 쉼없이 날아야 하는 긴긴 오후가 겨운 듯 싫증을 참지 못해 하는 몸짓으로 날개를 편 채 꼼짝 않고 떠 있다가는 다시금 나른히 맴돌 뿐이었다.

(동아, 1987)

■ 오정희 「불의 강」

창틀의 바로 위는 옥상이다 그곳에 설치된 비상용 물탱크에서는 뚜렷한 틈도 보이지 않으면서 늘 조금씩 물이 흘러내려 벽에 더러운 얼룩을 만들고 용케도 그 물기를 피한 곳에 거미줄이 쳐져 있다. 그리고 거기에는 엄지손톱 크기의 회흑색 거미가 등에 새끼를 잔뜩 진채 거미줄 사이를 힘겹게 마이 곡예를 하듯 기고 있었다. 거미 새끼는 어미 등을 파먹으며 산다지, 그래서 껍질만 남으면 훅 불어버린대. 그러니깐 거미는 눈에 띄는 대로 잡아 죽이렴, 거미는 집요하게 좇고 있는 이쪽의 시선을 느꼈음인지 심상찮은 입김을 느꼈음인지 때로 죽은 듯 다리를 사리고 멈추기도 한다.

* * *

거미줄이 물결치듯 흔들리자 속임수를 간파 당한 거미는 더 이상 죽은 체 해봐야 소용없다는 것을 알아채고 위태로운 걸음으로 달아나기 시작했다. 그 서슬에 어미 등에서 떨어진 새끼들은 더러 거미줄에 매달리기도 하고 6층 아래로 추락하기도 했다. 그래도 어미는 떨어진 새끼를 위해 걸음을 멈추는 배려를 하지 않았다.

* * *

노파의 머리맡께에서 잠들어 있던 고양이가 게으르게 기지개를 켜며 다가올 듯 귀를 쫑긋거리다가 다시금 누워버린다. 잿빛 고양이는 베개 위에 헝클린 실꾸리처럼 놓여진 노파의 머리털과 다르게 보이지 않는다.

(문학과지성사, 1999)

■ 오정희 「새」

　우일이의 말이 맞았다. 우리가 이 집으로 오던 첫날 저녁 희미하게 들은 것은 새소리였다. 마당 건너 우리 방과 엇비껴 마주보게 되어있는 그의 방문이 열려 있었고 그 안에서 새 소리가 시끄럽게 들려왔다. 우리가 방문 안을 기웃거리자 그는 새장을 밖으로 내왔다. 잿빛 털의 가슴팍만 흰 작은 새장 쇠창살에 매달려 주둥이를 비비며 울고 있었다. 새장 안으로 소꿉놀이처럼 앙증맞게 조그만 좁쌀통과 야채통, 물통 따위가 있었다. 거울도 있었다.
　친구하라고 놓아 준 거야. 제 동무인 줄 알거든.
　새는 거울에 비치는 제 모양을 보고는 날개를 퍼덕이며 수선을 떨었다.
　바보 새야.
　내가 말했다. 새가 내 말을 알아들은 듯 점처럼 찍힌 동그란 눈으로 나를 빤히 바라보았다 우일이도 새처럼 둥그렇게 뜬눈을 한번도 깜짝이지 않고 새를 바라보았다.

*　*　*

　장선생의 집 대문가에는 개가 한 마리 묶여져 있다. 누런 털의, 귀가 축 늘어지고 몸집이 송아지만큼 커다란 개는 우리가 들어서자 낮게 조용히 위협적으로 으르렁대는 소리를 내고는 관심없이 제 집 속으로 들어가 버렸다. 우일이는 그 개가 우리를 알아본다고 말했지만 아마 귀찮아서든지 자기 주인에게 돈을 벌게 해주는 손님이라는 것을 알기 때문일 것이다 그 개는 우일이가 제 집 속까지 손을 넣고 살살 쓰다듬어도 가만히 있었다. 가지런히 모은 앞발 위에 얼굴을 얹고 조용히 하늘을 보았다. 무언가 깊은 생각에 잠겨 있는 듯이 보이기도 했다. 나는 개의 눈을 유심히 바라보았다 투명한 눈동자에 노란 빛 테가 둘려져 있다.

*　*　*

해가 높이 퍼졌다. 흘러내린 땀이 눈으로 들어가 눈이 쓰라렸다. 밥을 다 먹은 개는 다시 개 집 곁의 그늘에서 어슬렁거리다가 피곤하고 권태롭게 털썩 몸을 뉘었다. 게으르게 배를 핥기도 했다. 늘어진 배가 한곳으로 쏠리면서 불룩불룩 움직였다.

* * *

장선생이 개 줄을 풀었다. 개는 게으르게 무거운 몸을 일으켰다. 배가 무겁게 늘어져 힘들어 보였지만 산책을 나가기 전의 익숙한 몸짓으로 허리를 쭉 펴며 기지개를 켰다. 기쁘게 꼬리를 치며 장선생의 손을 핥았다. 얼굴이 붉게 익어 땀을 흘리며 문밖에 서 있던 이씨 아저씨가 개의 입에 재빨리 올가미를 씌웠다. 개가 네 발로 버퉁기며 그르렁거렸으나 입이 막혀 그것은 무력한 저항이었다. 개는 집까지 오는 동안 내내 끌려오지 않으려고 안간힘을 썼다. 눈에 푸른 불이 이는 듯 싶었다.

(문학과지성사, 1996)

■유금호「내사랑 농장」

다만 기억 속에서 그놈들은 넓은 그 갯벌 위를 종종거리며 한 방향으로 후르륵 밀려 왔다가 약속이나 한 듯 방향을 바꿔 다른 한쪽으로 종종종 움직여 가곤 했다.

(개미, 1999)

■유금호「새를 위하여」

낮 동안 꼬리를 뒷다리 사이로 사리고, 음침한 곳에 숨어 있던 들개떼들이 어둠과 함께 무법자들처럼 카이로의 거리로 진출한 것이었다. 이곳 사람들은 녀석들을 보면 무조건 발길질을 하거나 돌멩이를 던진다고 했다. 사막에 내다버린 저희 조상의 시체를 뜯어먹는 놈들이라고 해서 녀석들을 미워하긴 해도 카이로는 또 그들과 공생관계를 유지하고 있는 듯이 보였다. 이곳은 집안의 쓰레기를 무조건 길바닥에다 내다버린다. 밤이면 굶주린 들개들이 그 쓰레기를 적당히 흐트려 놓고, 아침이면 낙타며, 마차며, 자동차들이 흩어진 쓰레기들을 적당히 다져주고, 그래서 카이로의 도로들은 집보다 자꾸 높아지고 있다는 것이다.

"광견병 주사 맞느라고 죽을 고생을 한 관광객들도 있다던데, 저놈들이 다 병이 있는 건 아니래도 공격도 해오는 모양이야."

들개들은 우리에게 접근해 오지 않았지만, 어둠 속에서 퍼렇게 야광으로 빛나는 그 눈들은 분명 적의를 띠고 있다는 듯이 느껴졌다.

* * *

짐승은 너무 오래 키우는 것이 아니라면서 우리와 매일을 뒹굴어 온 누렁이를 아버지는 내가 없는 사이 멀리서 온 개장수에게 팔아 버렸다. 황구가 없어진 걸 알고 나는 이틀을 꼬박 울고, 그러다가 기진해서 펄펄 열이 올라 쓰러져 버렸었다. 나를 달래다가 지친 아버지는 어디로 향했는지도 모를 떠돌이 개장수를 찾아 집을 나섰고, 개장수를 만나지 못한 아버지는 하루가 지나고 나서 삽살강아지 한 마리를 사 안고 해질녘 대문을 들어섰다.

황구가 없어지고 나서 닷새 째였다.

저녁이 되고 있었다. 마당 귀퉁이에 열이 오른 얼굴을 무릎에 묻고 쭈그리고 있던 나는 갑자기 팅기듯 일어섰다. 저녁 어스름을 배경으로 흙투성이의 늙은 개가 뒷다리를 끌며 죽을 힘을 다해 내게로 뛰어오는 것을 발견한 때문이었다. 황구였다. 황구야. 나는 목이 터져라고 황구를 부르면서 두 팔을 벌렸다. 헐떡이며 뛰어오던 황구가 무슨 일인지 잠시 멈추어 섰다. 그리고는 뒷걸음질을 시작했다. 황구의 한쪽 눈이 찌그러져 핏물이 엉켜 있었다. 주둥이도 심하게 다친 듯 한쪽이 일그러졌고, 우선 며칠 사이 녀석은 몰라보게 말라 있었다. 황구야. 내 울먹이는 부름에 잠시 한쪽 눈으로 나를 올려보던 황구는 몸을 돌려 절름거리며 산쪽을 향했다. 대문을 들어서던 아버지도 황구를 발견한 듯, 저녀석이, 저녀석이, 말을 잇지 못했고, 안고 왔던 강아지는 땅바닥으로 흘러내리듯 미끄러져 내렸다. 아버지와 나는 망연하게 황구가 사라져버린 오솔길에 내려앉는 어둠을 바라보았다. 오솔길의 흔적이 어둠에 섞여 버렸을 때 나는 아버지 품 속을 파고들며 울음을 터뜨렸다. 괜찮아, 괜찮아, 다시 열이 치솟기 시작했다. 어머니는 황구의 밥그릇에 여러 날 누룽지를 가득 부어주곤 했는데도 황구는 집 주위에서 잠깐씩 모습을 보였을 뿐, 대문 안으로 들어오지 않았다.

"배가 고파 송장을 파먹은 거래. 전쟁 때 숱하게 그런 일, 어른들은 많이 봐왔다는데. 전쟁통이 피맛을 본 놈들은 주인한테 못 돌아와. 저도 지은 죄가 있으니 옛 주인한테 못 오는 게지 그래서 개들은 영물이라 하잖아?"

원이 내게 말했다.

"거짓말 마."

나는 주먹으로 원의 가슴팍을 내지르며 악을 썼다.

"한 번만 그런 말 더 해봐. 너, 황구는 임마, 우리 황구는, 황구는……"

황구는 때때로 밤 늦게 울타리 뒤에 와서 낑낑거리며 울었다.

그러나 식구 중에 누가 나가기라도 하면 녀석은 금방 어둠 속으로 빨려 들어갔다.

해질녘이면 황구가 집 마당이 내려다보이는 언덕 위에 앉아서 집쪽을 멀그머니 바라보는 일이 생겨났다. 가끔 내게만은 고개를 들어 보이는 듯 했지만 절대로 더 이상 집 가까이 내려오진 않았다. 날마다 황구는 눈에 띄게 마르고 초췌하여 기운이 없어져 보였다.

아무래도 안되겠다. 어느 날 밤 아버지는 고통스럽게 선언을 했다.

(큰산, 1996)

■ 윤정모 「딴나라 여인」

문득 템스 강에서 본 크고 흰 갈매기가 생각난다. 그래, 그 갈매기는 비둘기를 껴안고 있었지, 다리 난간에서 아주 다정하게 말이야, 그리고 갈매기는 비둘기를 먹더란다. 꼭 껴안고는 내장을 파 먹더란다.

(열림원, 1999)

■ 윤후명 「산역」

그녀는 플라스틱 용기속에 갇혀 체념한 듯 헤엄치고 있는 물고기며, 꽁무니에 긴 창자를 매달고 있는 해삼, 여드름이 극심한 남학생 같은 멍게 따위를 들여다보면 잠시 우울을 달래려고 하였다.

(좋은느낌, 2000)

■ 윤흥길 「묵시의 바다」

집게발이 한쪽은 큼직하고 다른 한쪽은 있으나마나 해서 기형인 듯이 보이는 달랑게 한 마리가 갑각을 통과하는 중이었다. 그는 냉큼 구둣발을 들어 달랑게를 덮쳐버렸다. 지긋이 내리누르는 구두 밑창을 뚫고 딱딱한 두 흉갑의 필사적인 버른적거림이 다리까지 뚜렷이 올라왔다.

(문학사상사, 1978)

■ 은희경 「마지막 춤은 나와 함께」

종태가 개를 먹지 않게 된 데 제법 사연이 있긴 했다.

어렸을 때 그의 집에서 멍청한 똥개 한 마리를 키웠다고 한다. 하루 종일 하는 일이라고는 찌그러진 양은 밥그릇을 반짝반짝 윤이 날 정도로 깨끗이 핥아먹은 다음 그것을 이리 차고 저리 차는 짓뿐이었다. 거리를 재기도 하고 한번 으르렁거려보기도 하면서 제깐에는 개밥그릇과 심각하게 전투를 벌이는 모습은 한심하기 짝이 없었다.

"동네 형들은 오다가다 그 장면을 보고는 그때마다, 똥개새끼 하는 짓이라고는, 하면서 한번씩 걷어찼지. 그런데 하루는……"

이런 이야기는 '하루는……'이라고 하는 부분에서부터 비로소 사건이 전개된다. 종태는 이야기 솜씨가 꽤 좋은 편이었다.

"동네 어른들하고 아버지가 뒷산으로 그 똥개를 끌고 가는 거야. 어쩐지 긴장과 기대가 감돌고, 뭐 재미있는 일이 있을 것 같더라구. 나도 촐랑촐랑 따라갔지. 근데 어땠는 줄 알아? 어른들이 갑자기 개로 돌변하는 거야. 개 잡는 개로. 멍청한 똥개라도 제가 죽을 것만을 눈치를 챘던 모양이야. 평소 밥그릇과 훈련했던 그 전법으로 이리 뛰거 저리 뛰고, 와 전열을 마구 교란 시키면서 도망치는데……"

종태의 머리가 절레절레 흔들어진다.

"어찌나 필사적인지 어른 몇 가지고는 상대가 안되더라구. 시간이 지날 수록 똥개는 눈이 이상하게 빛나면서 더욱 힘이 뻗치는데 어른들은 완전히 녹초가 됐어. 그때 아버지가 나를 손짓으로 부르는 거야.

종태의 아버지는 어린 종태에게 똥개를 불러오라고 명령했다. 그의가족 중에는 똥개를 발로 차지 않는 것은 어린 종태 뿐이었다. 아버지도 똥개가 그쯤은 알고 있으리라는 데에 생각이 미친 것이다.

종태의 아버지는 그 일로 인해 사나이 종태의 마음속에 배신자의 낙인이 새겨진다는데 대해서는 그다지 유의하지 않고 있었다. 종태는 자신에 대한 똥개의 믿음을 그런 식으로 배신하고 싶지 않았다. 그러나 눈을 부릅뜬 아버지의 명령을 거역할 수는 없었다.

종태는 똥개에게 들리지 않기를 기대하며 기어들어 가는 소리로 백구야. 하고 불렀다. 종태의 목소리를 듣자 똥개의 귀가 쫑긋하더니 냉큼 종태 쪽을 쳐다보았다. 이때다 싶어서 아버지가 그의 어깨를 툭 치며 신호를 보냈으므로, 종태는 얼른 손을 쳐들어 똥개를 불러야 했다. 똥개는 잠깐동안 망설이는 듯했다. 똥개의 눈을 보면 의심을 완전히 떨쳐버리지 못하고 있다는 걸 알 수 있었다.

동물 묘사편

이윽고 똥개의 네 발이 엇박자로 균형을 잡으며 무겁게 종태 쪽으로 다가오기 시작했다. 약간은 순교자적인 걸음걸이였다. 입에서는 질질 침이 흘렀지만 종태를 쳐다보는 눈빛은 꽤나 고결하게 빛났다.

똥개가 걸음을 떼기 시작하자 입을 쩍 벌린 어른들이 못 참겠다는 듯이 한꺼번에 들려들어 박달나무 몽둥이로 머리를 내리쳤다. 똥개의 짧은 생은 그렇게 끝이 났다.

(문학동네, 1998)

■ 이광수 「무정」

함롱 밑 유리로 만든 파리통에는 네 다섯 놈 파리가 빠져서 벽으로 헤어오르려다가 빠지고 헤어오르려다가는 빠지고 한다. 어디로서 얼룩고양이 하나가 낮잠을 자다가 뛰어나오는지 영채의 방 앞에 와서 하품을 하고 기지개를 하면서 형식과 우선을 본다.

(동아, 1995)

■ 이광수 「사랑」

순옥도 인원도 소년을 따라서 뒤 툇마루에 나서서 바라보았다. 늙은 소나무 밑에 철망을 두르고 그 속에 토끼장을 지어 놓았는데 하얗고 발그스레한 토끼들이 귀를 쫑긋쫑긋하고 입을 오물오물하면서 가댁질을 하고 있었다.

* * *

새끼가 난 지 4,5일쯤 지나서 새끼 아홉 마리를 감추었더니 어미 개는 한참이나 슬픈 소리를 하며 헤매었고, 그 이튿날 새끼 한 마리만을 남겨 놓고 여덟 마리를 감추었을 때에는 어미개의 슬퍼하는 양은 차마 볼 수가 없다. 입과 앞발로 땅바닥을 후비고 짖는 소리 끙끙대는 소리는 애통 그 물건인 듯하였다. 그가 미친 개 모양으로 꼬리를 축 늘이고 애원하는 눈으로 사람을 바라보는 눈에는 눈물조차 어린 것 같았다.

(하서, 1994)

■ 이광수「유정」

한 필은 키 큰 말이요, 한 필은 키가 작은 말인데 키 큰 말은 아마 늙은 군마 퇴물인가 싶어서 허위대는 좋으나 몸이 여위고 털에는 윤이 없었다. 조금만 올라가는 길이 되어도 고개를 숙이고 애를 썼다. 작은 말은 까불어서 가끔 채찍으로 얻어맞았다.

(문학과 현실사, 1994)

■ 이규희「속솔이뜸의 댕이」

쳇바퀴 같은 것이 머리맡에서 돌돌거리며 구르다가, 이마를 들입다 받아치는 것 같아 댕이는 깜짝 놀라 눈을 떴다. 쥐들이 뒷문 문틀을 타고 기어오르려고 빠득거리는 소리였다. 문살을 물어뜯고, 찍찍거리다가 한꺼번에 몸을 던져 문을 부수는 것 같은 요란한 소리를 내고, 다시 쳇바퀴를 굴리듯 돌돌거리곤 했다.

* * *

쥐들이 달아났는지 조용해지자, 뒤란에서 닭이 홰를 치는 소리가 났다. 마당 건너 쪽에서 그 소리를 받아 여러 마리가 한꺼번에 목청을 뽑았다. 이어 닭 우는소리가 잠시 동안 연달아 퍼졌다.

* * *

봉당 구석 절구통 뒤에서 쟁끼가 몸을 털고 일어나 꼬리를 저었다. 누렁털에 귀가 반쯤 추켜선 수캐였다. 귀만이가 나무를 팔아 개를 살 적에 귀를 보고 탐이 났다고 했다. 귀가 아주 덮이어 터펄대지 않는 걸 보면 틀림없이 씨가 있는 종자라는 것이었다.

* * *

밭머리 잔솔포기 새에서 잠시 코를 맞대고 냄새를 맡는 시늉하던 개들이 서로 몸을 핥으며, 맴을 도는가 하는 순간이었다. 자꾸 앞발을 쳐들어 올리던 쟁끼가 바둑이의 등에 껑충 올라타 버렸다.

(법원사, 1985)

■ 이무영 「농민」

두 번째 늑대 소리가 나더니 이골짝 저골짝에서 아이우는 소리를 내고 떼늑대가 울어대기 시작한다. 저희들끼리의 무슨 암호인지 수놈이 암놈을 찾는 소리인지 응애응애 하는 갓난쟁이 우는 소리가 나는가 하면 깨옥깨옥 구역질하는 소리를 내고 울어대는 것이다.

(동아, 1995)

■ 이문구 「장한몽」

저번처럼 마파람에 떨어진 늙은 호박 빛깔의 삽살개는 두어 번 짖어보는 시늉이더니, 이내 꼬리를 사려넣으며 굴뚝 모퉁이로 돌아가곤 그만이었다.

(양우당, 1993)

■ 이병주 「마술사」

갈색에 누른빛이 섞인 주둥이, 끝이 그다지 날카롭지는 않습니다. 그 신월형 주둥이를 타고 올라가면 에머랄드에 붉은 빛이 섞인 듯한 눈동자가 있습니다. 슬픈 듯한 눈동자, 그 언저리에 은회색의 눈썹이 있지요. 머리 모양은 달걀형으로 예쁘고 벼슬은 새빨간 빛깔, 왼편으로 약간 기우뚱합니다. 곱게 흘러내린 목덜미, 윤택이 나는 하얀 빛깔의 털, 털을 통해서도 탐스럽게 살이 찐 몸집을 알 수 있습니다. 꼬리엔 갈색의 반점이 보일락 말락 찍혀있고, 발은 이 우아한 몸뚱어리에 비해 어설픕니다. 진회색이 빛깔이다 굵다랗게 금이 겹친 듯한 다리, 한 다리를 올렸습니다.

(삼성, 1972)

■ 이효석「돼지」

옛성 모롱이 버드나무 까치둥우리 위에 푸르둥한 하늘이 얕게 드리웠다. 토끼우리에서는 하아얀 양토끼가 고슴도치 모양으로 까칠하게 웅크리고 있다. 능금나무 가지를 간들간들 흔들면서 벌판을 불어오는 바닷바람이 채 녹지 않은 눈 속에 덮인 종묘장 보리밭에 휩쓸려 도야지우리에 모질게 부딪친다.

우리 밖 네 귀의 안에 얽어매인 암토야지는 바람을 맞으면서 유난히 소리를 친다. 말뚝을 싸고도는 종묘장 씨돌[種豚]은 시뻘건 입에 거품을 품으면서 말뚝의 뒤로 돌아 그 위에 덥썩 앞다리를 걸었다. 시꺼먼 바위 밑에 눌린 자라 모양인 암토야지는 날카로운 비명을 올리며 전신을 요동한다. 미끄러진 씨돈은 게걸떡거리며 다시 말뚝을 싸고돈다. 앞뒤 우리에서 응하는 도야지들 고함에 오후의 종묘장 안은 떠들썩한다.

(동아, 1995)

■ 이효석「메밀꽃 필 무렵」

가스라잔 목 뒤 털은 주인의 머리털과도 같아 바스라지고, 개진개진 젖은 눈은 주인의 눈과 같이 눈꼽을 흘렸다. 몽당비처럼 짧게 쓸리운 꼬리는 파리를 쫓을려고 기껏 휘저어 보아야 별써 다리까지는 닿지 않았다. 닳아 없어진 굽을 몇 번이나 도려내고 새 철을 신겼는지 모른다. 굽은 벌써 더 자라기는 틀렸고 닳아버린 철 사이로는 피가 빼짓이 흘렸다. 냄새만 맡고도 주인을 분간하였다. 호소하는 목소리를 야단스럽게 울며 반겨한다. 어린 아이를 달래듯이 목덜미를 어루만져 주니 나귀는 코를 벌름거리고 입을 부르르 거렸다. 콧물이 튀었다.

(집현전, 1992)

■ 이효석 「수탉」

그 두 마리 중에서도 못난 한 마리의 수탉—가장 초로한 꼴이었다. 허울이 변변치 못한 위에 이웃집 닭과 싸우면 판판이 졌다. 물어뜯긴 맨드라미에는 언제 보아도 피가 새로이 흘러 있다. 거적눈인데다 한쪽 다리를 전다. 죽지의 깃이 가지런하지 못하고 꼬리조차 짧았다. 어떤 때는 암탉에게까지 쫓겼다. 수탉 구실을 못하는 수탉이 보기에도 민망하였다 요사이 와서는 민망한 정도를 넘어 보기 싫은 것이었다. 더구나 한달의 운명을 우리 안에 더 붙이기 된 것이 을손에게는 밉살스럽고 흉측스럽게 보일 뿐이었다.

* * *

저녁때였다.

닭이 우리 안에 들어 각각 잠자리를 차지하였을 때 마을 갔던 수탉이 어슬어슬 돌아왔다.

또 싸운 모양이었다.

찢어진 맨드라미에는 피가 생생하고 퉁겨진 죽지의 깃이 거꾸로 뻗쳤다.

다리를 저는 것은 일반이나 걸어오는 방향이 단정치 못하다. 자세히 보니 눈이 한쪽 찌그러진 것이었다. 감긴 눈으로 피가 흘러 털을 물들였다.

참혹한 꼴이었다.

측은한 생각은 금시에 미움의 감정으로 변하였다. 을손은 불같은 화가 버럭 났다.

'그 꼴을 하고 살아서는 무엇 해'

살기를 띤 손이 부르르 떨렸다. 손에 잡히는 것을 되고 말고 닭에게 던졌다.

공칙하게도 명중되어 순간 다리를 뻗고 푸득거리는 꼴에서 을손은 시선을 피해 버렸다. 끊었다. 이었다 하는 가엾은 비명의 을손의 오장을 뒤흔들어 놓는 듯하였다.

(동아, 1995)

■ 이효석「산(山)」

돌을 집어던지면 깨끔알같이 오드득 깨어질 듯한 맑은 하늘, 물고기 등같이 푸르다. 높게 뜬 조각구름떼가 햇볕에 뿌려진 조개껍질같이 유난스럽게도 한 편에 옹졸봉졸 몰려들었다.

높은 산등이라 하늘이 가까우련만 마을에서 볼 때와 일반으로 멀다. 구만 리일까, 십만 리일까. 골짜기에서의 생각으로는 산기슭에만 오르면 만져질 듯 하던 것이 산허리에 나서면 단번에 구만 리를 내빼는 가을 하늘.

산 속의 아침나절은 조을고 있는 짐승같이 막막은 하나 숨결이 은근하다. 휘엿한 산등은 누워있는 황소의 등허리요, 바람결도 없는데 쉴 새 없이 파르르 나부끼는 사시나무 잎새는 산의 숨소리다. 첫눈에 띄는 하얗게 분장한 자작나무는 산 속의 일색, 아무리 단장한대야 사람의 살결이 그렇게 흴 수 있을까. 수뿍 들어선 나무는 마을의 인종보다도 많고 사람의 성보다도 종자가 흔하다. 고요하게 무럭무럭 걱정없이 잘들 자란다. 산오리나무, 물오리나무, 참나무, 졸참나무, 박달나무, 사스래나무, 떡갈나무, 피나무, 물가리나무, 싸리나무, 고로쇠나무, 골짜기에는 산사나무, 아그배나무, 갈매나무, 개옷나무, 엄나무, 산등에 간간이 섞여 어느 때나 푸르고 향기로운 소나무, 잣나무, 전나무, 향나무, 노가주나무-걱정없이 무럭무럭 잘들 자라는-산속은 고요하나 웅성한 아름다운 세상이다. 과실같이 싱싱한 기운과 향기, 나무향기, 흙 냄새, 하늘 향기, 마을에서는 찾아볼 수 없는 향기다.

(정음사, 1973)

■ 이혜경 「그 집 앞」

여자가 가리킨 건 입구에 놓인 진열장을 겸한 냉장고였어. 삼계탕거리를 찾는 사람이 많아서 닭을 벗겨 말간 살빛에 오톨거리는 살갗, 접힌 채 끼워진 날개는 앞발을 보듬는 듯하고, 포개진 다리는 앞사람 발에 얹은 발 같긴 했어. 닭은 고단한 하루를 넘기고 단칸방에 끼여 자는 식구들 같았지 천연스럽게, 잘린 목에서 긴 한숨이라도 한번 내 끼얹고 몸을 뉜 식구.

(민음사, 1998)

■ 이혜경 「길 위의 집」

똘이는 못 들은 척 하고 대문턱을 넘어서더니, 제 집이 있는 뒷마당으로 내뺐다. 내빼고 싶은 마음을 들키지 않으려 지칫거리지만, 어서 식구들을 피해 혼자 있고 싶은 게 역력했다. 인기 반 친구네 암캐에 반해서, 대문만 열면 사람의 가랑이 사이를 비집고 기어이 나가 달음질치는 똘이. 마침내 담장을 뛰어넘었던 똘이. 식구들 보기 부끄러운 모양이다.

(민음사, 1995)

■ 이 상 「날개」

허리를 굽혀서 나는 그저 금붕어나 들여다보고 있었다. 금붕어는 참 잘들도 생겼다. 작은 놈은 작은 놈대로 큰 놈은 큰 놈대로 다-싱싱하니 보기 좋았다. 내려 비치는 5월 햇살에 금붕어들은 그릇바탕에 그림자를 내려뜨렸다. 지느러미는 하늘하늘 손수건을 흔드는 흉내를 내인다. 나는 이 지느러미 수효를 세어보기도 하면서 굽힌 허리를 좀처럼 펴지 않았다. 등어리가 따뜻하다. 나는 또 회탁의 거리를 내려다보았다. 거기서는 피곤한 생활이 똑 금붕어 지느러미처럼 흐늑흐늑 허비적거렸다. 눈에 보이지 않는 끈 쩍끈쩍한 줄에 엉켜서 헤어나지들을 못한다.

(삼중당, 1979)

■ 임철우 「개도둑」

 그때 문득 어둠 저편에 무언가 파랗게 빛나고 있는 두 개의 점을 나는 발견해 냈다. 눈이었다. 산소용접기의 푸른 불꽃처럼 이글이글 타오르는 두 눈으로 누군가가 창밖에서 나를 쏘아보고 있었다. 차츰 그 얼굴의 윤곽이 뚜렷해지기 시작했다. 이윽고 그건 한 마리의 개의 얼굴이 되었다. 개의 흰자위 없는 안구는 너머로 보이는 수은등보다도 더 뚜렷하게 나의 시야를 채우며 다가왔다. 흠칫 나는 몸을 떨었다. 하필 왜 이순간에 개가 불쑥 튀쳐나오는지 모를 일이었다. 나는 급하게 담배를 빨았다. 손목이 턱없이 후두둑거리고 있었다.

* * *

 개였다. 삼층 양옥의 대문 앞 계단 위에서 개는 꼼짝없이 쪼그려 앉은 채 나를 찬찬해 노려보고 있었다. 온몸이 숯덩이같이 검은 털빛의 개였다. 놈과 배경의 어둠은 금방 분간해내기 어려웠다. 놀라울 만큼 개와 어둠은 한데 뒤섞여 있었다. 그 속에서 개의 두 눈만이 환하게 살아 있었다. 나는 한 순간 얼어붙은 듯 개와 마주 서 있었을 뿐이었다. 서치라이트처럼 날카롭게 뿜어져 나오는 놈의 눈빛이 순식간에 내 심장 한가운데를 뚫고 지나가는 듯한 충격으로 그만 전신이 빳빳해져 버리는 것 같았다. 그만큼 놈의 안광은 섬뜩하면서도 애절해 보이기조차 하는 데가 있었다.

(동아, 1995)

■ 임철우「아버지의 땅」

까마귀 떼였다. 길 양편으로 꽤 넓은 밭이 드러누워 있었다. 미처 뽑을 시기를 놓쳐 버린 배추며 무 따위가 밭고랑 여기 저기에서 된서리를 맞아 썩어가고 있는 참이었는데, 어디서 날아왔는지 수많은 까마귀들이 그 검고 칙칙한 날개를 퍼덕이며 밭고랑을 뒤적이고 있다가 인기척에 놀라 후다닥 날아오른 것이었다. 놈들은 멀리 달아나지는 않았다. 저만치 밭둑 근처까지 날아갔다가는 되돌아와 검은 헝겊조각 같은 날개를 펄럭이며 하나 둘 땅에 내려앉고 있었다. 더러는 흘금흘금 이쪽의 눈치를 살피면서도 짐짓 태연히 등을 돌리고 잇는 놈들도 있었다.

* * *

나는 다시 잠자리의 날개를 무릎 새에 끼우고 녀석이 발에 실가닥을 묶기 위해 정신을 모았다. 잠자리가 눈알을 뒤룩거리며, 연신 발을 오므락대었으므로 실을 잡아 묶기에 애를 먹었다. 나는 그놈을 이용해 다른 잠자리들을 유인 할 작정이었다.

(동아, 1994)

■ 원재길「그 여자를 찾아가는 여행」

제때 잊지 않고 물과 모이를 넣어주면 저들끼리 잘 놀았다. 하루 종일 모이를 먹는 일 이외에는 다른 일을 일절 안 하고 서로 부리를 부벼가며 뽀뽀를 즐기는 기색이었다. 모이 먹고 뽀뽀하고 똥싸고 뽀뽀하고 물 마시고 또 뽀뽀했다. 어느 날 둥지를 들여다보니까 암컷이 엄지 손톱만한 알 두 개를 품고 있었다. 이윽고 알 하나가 부화되어서 눈꺼풀이 턱없이 무거워 보이는 새끼가 태어났다. 새끼는 다리에 힘이 없어서 얼마간 눈을 절반쯤 뜨고 쩔쩔매며 뒤뚱 고렸다. 부모새가 재미있다는 듯이 고개를 갸웃거리며 쳐다보았다. 저 작은 살덩어리 속에 살아서 두근거리는 심장이 있고 허파와 뇌와 간 따위의 별의별 기관이 오밀조밀하게 담겨 있으리라고 생각하니 저절로 감탄사가 나왔다.

(문학동네, 1994)

■ 원재길 「모닥불을 밟아라」

딱따구리. 나무에 구멍을 내서 그 속에 들어 있는 벌레를 먹고 살지. 내가 세상에서 가장 좋아하는 동물이야. 집요하게 한 가지 목표를 물고 늘어져서 기어이 원하는 걸 얻어내는 자세를 사랑하기 때문이지.

* * *

그의 목에는 늘 새 장식 목걸이가 매달려 있었다. "그게 무슨 새예요?" "딱따구리. 나무에 구멍을 내서 그 속에 들어 있는 벌레를 먹고 살지. 내가 세상에서 가장 좋아하는 동물이야. 집요하게 한 가지 목표를 물고 늘어져 기어이 원하는 걸 얻어내는 자세를 사랑하기 때문이지."

(문학동네, 1997)

■ 원재길 「오해」

문학 청년 시절 그는 방안에 신문지를 깔고 개를 한 마리 길렀다. 개도 주인의 형편을 닮아서 지저분하고 깡말랐다. 나무토막으로 대충 조립한 목각 인형 같았다. 주인이 구긴 원고지를 집어던지면 낼름 입으로 받아서 휴지통에 집어넣는 게 일이었다. 먹는 거라고는 주인이 남긴 라면 국물이나 물에 만 쉰밥이 고작이었다.

* * *

개는 주인의 심정을 알아차린 듯했다. 놀란 모양으로 몸을 한껏 웅크리고 목을 어깨 속으로 깊이 파묻으며 들릴 듯 말 듯 끙끙거리는 소리를 냈다. 주인은 곧바로 개를 끌고 밖으로 나갔는데, 겁에 질려 쩔쩔맸지만 개는 주인에게 반항하지 않았다. 끌려가는 도중에 오줌을 질질 쌌다.

* * *

포장도로에서 왼쪽으로 빠지는 샛길 입구에 (강뫼마을)이라고 쓴 나무 팻말이 선 게 먼저 눈에 들어 왔다. 팻말 위에는 참새 같기도 하고 솔새 같기도 한 아랫배가 희고 등은 녹색 기운이 도는 갈색 새가 앉아서 휘이이이 흐르르륵 하고 울고 있었다.

* * *

개 한 마리가 저만치에서 웅크리고 앉아 서 물끄러미 지켜볼 뿐이었다. 늙은 개였다. 덩치는 새퍼트만 했는데, 귀가 빳빳하게 섰고 목덜미에 갈색 갈기가 자란 게 언뜻 보면 사자 같았다. 첫눈에 외국산 순종이라는 느낌을 주었다. 깊은 생각에 잠긴 듯한 눈빛은 여간 맑고 투명하지 않아서 여느 짐승 같지 않았다.

(민음사, 1996)

■ 장용학 「원형의 전설」

김사장이 돌아간 후에도 그는 그대로 벤치에 남아서, 저 멀리 나무수풀 위에서 목이 긴 흰 새들이 그려내고 있는 우아한 비상을 멍하니 바라보고 있었습니다.

* * *

황혼이 찢어져 나가는 것 같은 소리와 함께 저쪽 소나무 그늘에서 토끼가 껑충 뛰어올랐다가 그대로 솜뭉치처럼 뒹구는 것이었습니다. 사람도 맞으면 죽는 총알을 그렇게 가까이서 당한 토끼는 형체도 찾아볼 수 없는 핏덩어리가 되어 있었습니다.

* * *

탁자 위에 굴러 있는 복숭아를 집어서 지금 막 천장에서 줄을 타고, 그들 사이로 미끄러져 내려오는 일호 활자만한 거미에게 갖다 대는 것이었습니다. 거미란 놈은 허겁지겁 방향을 거꾸로 하더니 부리나케 도로 올라가 버리는 것이었습니다.

(동아, 1995)

■ 전상국 「아베의 가족」

인민군이 잡아 쥔 가죽끈에 매여 핑핑 기세좋게 내닫는 그 개를 보자 그만 우리들은 넋을 잃고 말았던 것이다. 우선 그 개의 눈에 팔팔 일고 있는 불꽃같은 빛이 그랬다. 그것은 우리들에게 무서움을 더럭 안겨 주었다. 만약 인민군이 잡고 있는 개줄을 놓기만 하면 금방 달려들어 우리들의 멱통을 물을 것 같은 기세였다.

그리고 그 개의 험악한 상관도 그것이지만 그 쭈볏 곤두선 귀와 굵직한 다리통과 꼭 어른 손바닥만한 발바닥—아무리 얕잡아 보려 해도 이것은 분명 예삿 개가 아니었다. 눈에 백태가 껴 양지쪽만 비실비실 배돌거나 털이 부숭숭한 몸뚱이를 굼지럭대는 우리 마을의 똥개들이 꼬랑지를 샅으로 말아 넣으며 꽁무니를 빼기 시작했다. 그러고 보니 그 인민군이 데리고 온 개는 분명 똥개는 아니었던 것이다.

(문학사상사, 1995)

■ 전영택 「흰 닭」

우리 집에는 한동안 햇닭 세 마리가 있었다. 다같이 암탉이었으나 그 중 한 마리는 흰닭이었다. 그 흰 닭은 처음에 사 올 때부터 우리의 주의를 끌었다. 그 하얀 털의 고른 것과 그 기름기 있는 빛깔이며, 또 고개를 까뜩까뜩하며 다니는 그 걸음걸이가 어떻게 예쁘고 점잖은지 사람으로 치면 분명히 공주의 위격을 가졌다.

***

지금 생각해 보니까 흰 놈은 다른 것과 같이 정신없이 먹을 것을 찾지 아니하고 그 기름기 있는 털이 곱게 덮인 대가리를 약간 쳐들어서 까뜩까뜩하면서 하늘을 쳐다보고, 남보다 분명히 점잖은 태도를 가지고 걸음걸이를 하였다.

(어문각, 1973)

■ 정을병 「겨울나무」

비둘기가 날아와서 마당에 깔려 있었다. 더러운 회색 비둘기도 있는가 하면 하얗게 생긴 예쁜 놈도 있었다. 눈알의 주변에는 빨간 가는 털이 나서 동그랗게 둘러싸고 있었다. 언뜻 보니 술이 취해서 벌게 가지고 있는 것 같았다. 술주정뱅이거나 바람둥이 같은 모습이었다.

(삼우당, 1987)

■ 조경란 「가족의 기원」

저녁식사를 하면서 그에게 아침에 읽은 신문 기사 이야기를 했다. 서울 대공원 돌고래가 태업에 들어갔는데 말이야……돌고래가 쇼를 위한 훈련을 거부한 원인은 지난 해말 새끼를 낳다가 사산을 한 때문이었다. 임신 중에도 계속되는 훈련과 쇼를 견디다 못해 결국 사산을 하고 말았다. 그 사건 이후 암컷 돌고래는 사육사의 말도 듣지 않기 시작했고 먹이를 줘도 거들떠보지 않았다. 공원관계자의 말에 따르면 물 속에서 슬피 울어댄다고 하였다. 그리고 한마디 더 덧붙였다. 안정을 찾을 때까지 훈련량을 줄일 계획이라고.

(민음사, 1999)

■ 조경란 「식빵을 굽는 시간」

　청색의 인도공작과는 달리 온몸이 순백색이에요. 고결해 보이는군요……저 울음소리 들려요? 까옥까옥, 그렇게 울고 있어요. 아름다운 꼬리예요. 저토록 우아한 꼬리를 가진 동물을 나는 지금까지 본 적이 없어요. 귀족 같군요. 그리고 발모가지가 아주아주 가늘어요. 듣고 있나요?

* * *

　그가 눈을 떴을 때 백색 인도공작은 그 희디흰 날개를 접고 있었다. 그는 무엇을 기다리는지 백색 인도공작 우리 앞에서 한참을 더 서 있었다. 백색 인도공작은 날개를 접은 채 기다란 꼬리만 움짓움짓거리고 있을 따름이었다. 나는 어처구니없이 초조해지는 것을 느꼈다. 그는 끝내 활짝 편 공작의 날개를 보지 못했다.

(문학동네, 1996)

■ 조세희 「내 그물로 오는 가시고기」

　창문을 덮었던 안개가 스멀스멀 밑으로 내려앉고 있었다. 늙은 개가 안개 속에서 움직이는 것을 나는 내려다보았다. 돌아간 할아버지의 개는 아직도 죽지 않고 살아 느릿느릿 안개를 헤쳐 흐트러뜨렸다. 숙부가 독일의 어느 기업인에게서 선물로 받았다는 개였다. 숙부는 자기가 받은 선물을 다시 할아버지께 바치면서 족보를 밝혔는데, 개의 계보가 그 나라의 호엔쫄레른 왕가까지 들먹이게 했다. 늙은 개의 가까운 선조들은 2차대전에 참가해 노르망디 해안을 순찰하고, 아프리카의 사막도 횡단했다. 그 이야기가 나를 흥분시켰었다. 지도자의 명령에 무조건 복종한다는 것은 좋은 일이었다. 늙은 개의 선조들은 주인과 함께 참전해 그들에게 할당된 참호를 지키고 보초를 섰다. 전진의 명령은 지도자가 내렸다. "나는 언제나 옳다. 나를 믿고, 복종하고, 싸우라"고 지도자는 말했다. 강력한 교육을 받은 유럽 국민답게 그들은 총력을 기울여 싸웠다. 나는 그들의 역사를 좋아했다. 할아버지의 개는 연못가에 앉아 있다 먹을 것을 찾아 내려앉는 참새를 앞발로 쳐 잡았다. 아버지는 그렇게 영리하고 민첩한 사냥개를 아직 본 적이 없다고 말했다. 사냥을 나갈 때마다 피묻은 짐승들을 차에 싣고 왔다. 할아버지는 그 짐승들을 거실로 끌어들이게 해 카페트를 버려 놓으며 큰 소리로 웃고는 했다. 그때 할아버지 앞으로 할아버지가 쏠 짐승을 꼼짝없이 몰아붙였던 개는 저의 집으로 들어가 적당한 양의 갈비를 뜯었다. 젊었을 때의 이야기다. 늙은 개는 천천히 움직였다. 나는 두꺼운 책을 뽑아 그 개를 향해 내리 던졌다. 빗나간 책이 풀장으로 이어진 보도 타일 위에 떨어졌고 늙은 개는 안개 속으로 사라졌다. 할아버지가 돌아갔을 때 개는 아무 것도 먹지 않았다 숙부가 그 개를 가져가라고 했다. 아버지는 안 된다고 잘라 말했다. 그 개는 이미 장년기를 지나 늙기 시작한 때였지만 아버지는 자기가 할아버지의 모든 권한을 물려받았다는 것을 숙부에게 알리고 싶었던 것이다.

(문화공간, 1991)

■ 조정래 「아리랑」

젓갈새우보다 조금씩 큰 민물새우들은 윗논에서 쏟아져 내리는 물줄기 아래서 수백 수천 마리씩 무리지어 맴놀이 휘돌이를 하고 있었다. 초여름에는 속살이 꿰비칠 듯 맑은 청옥빛이던 민물새우들은 날이 무더워지고 알을 배게되면서 미묘한 청갈색으로 변해 있었다. 8월 중순이 넘어서면서 논물이 밭는다는 것이 어찌 그리 용하게 아는지 민물새우들은 7월이면 조 알갱이보다 더 작은 알들이 수없이 많이 매달아 배불뚝이가 되어 있었다.

(해냄, 1998)

■ 조정래 「태백산맥」

꽃게는 대게 어른의 엄지손가락만한 크기였는데, 수컷의 생김새는 독특하고도 기이했다. 두 집게발의 크기가 얼토당토않은 짝짝인 데다가 그 색깔마저 같지 않았다. 오른쪽 집게발은 몸체보다 크면서 색깔이 붉었다.

그런데 왼쪽 집게발은 오른쪽 것의 이십 분의 일 정도 밖에 안 되고 색깔도 다른 다리들과 같은, 기형적 모습을 하고 있었다. 한쪽으로 치우칠 것만 같은 그런 이상스런 생김을 하고도 그렇게 기민한 동작을 취할 수 있다는 것이 또한 희한하지 않을 수 없었다.

길쭉스름하면서 둥그스름하게 생긴 몸체는 뻘색과 비슷한 윤기 나는 각질로 덮여 있었는데, 그것을 꽃게라 부르는 것은 선연하게 붉은 오른쪽 집게발 때문이었다. 넓은 뻘밭에 수없이 많은 꽃게들이 기어다니는 것을 멀찍이서 보게 되면 그 붉은 집게발들이 거무스름한 뻘과 대조를 이루어 작은 꽃들처럼 고와 보였다.

(해냄, 1995)

■ 조창인 「가시고기」

박지산 팔부 능선쯤, 두 개의 바위가 시옷 자 형태로 맞물려 사람 하나 들어가 앉을 만한 공간을 이루고 있었다. 비 긋기에 맞춤인 곳이려니 생각하며 지나치려는데 무엇인가 그의 눈길을 사로잡았다. 중개 크기의 짐승의 뼈였다. 뼈의 형체는 고스란히 남아 있었고, 머리뼈가 다리 위에 얹혀진 채 밖을 향해 있었다.

(밝은 세상, 2000)

■ 주요섭 「개밥」

바둑이는 그 동안 벌써 꽤 컸다. 바로 제법 큰 개가 되어서 모를 사람이 오면 컹컹 짖는 소리도 차차 굵어지고, 다갈색 털이 매끈매끈히 난 몸뚱아리는 살이 포동포동 찌고 기름이 반지르르 흘렀다.

(동아, 1995)

■ 최명희 「혼불」

그렇지만 다음 순간, 평순네의 눈앞으로 살진 가물치가 도대체 몇 년을 묵었는지조차 알 수 없는 탐스러운 몸채의 배를 커다랗게 뒤집으며 덤벼들었다. 그리고는 사라졌다. 영험한 물 속에서 배암과 홀레하여 낳는다는 가물치, 그것은 실제로 방죽 옆의 나무에 기어올라가, 그 가지 끝에서 제 무게를 이기지 못하고, 통, 통, 떨어진다는 신묘한 물고기가 아닌가.

* * *

그날따라 소쩍새는 온 산에서 음울하게 울었다. 그 울음의 울림이 바람을 타고, 번뜩이는 방죽의 수면으로 젖어 내리었다. 봄이 흐드러질 대로 흐드러져 여름으로 넘어갈 무렵, 밤이면 그렇게 목이 갈라져 쉰 소리로 소쩍새는 울었다.

그 몹쓸 소리. 컴컴하게 핏속으로 잦아드는 울음소리에 홀린 듯이 앉아서 해마다 몇 봄을 그렇게 그네는 쓰라리게 넘겼었는지.

* * *

그러고는 엊그제 가래질을 했던 듯 싶은데, 벌써 골짜기마다 뻐꾸기 소리가 한창인 것이다. 뻐꾸기가 한 번 울면 진달래가 피어나고, 또 한번 울면 버들잎이 피어났다. 그 새 소리에 눈짓하며 꽃들이 지난다. 종달이도 명랑하게 지저귄다.

* * *

그 소리에 누렁이가 편 듯 귀를 세우며 짖기 시작하면 위 아랫집, 건넛집의 개들이 꼬리를 이어 짖어댄다. 그러다가 온 마을의 개들이 짖는다.

"율촌양반 오늘 밤에도 또 못 주무시는가 부다."

사람들은 어둠 속에서 돌아누우며 그렇게 잠결에 중얼거리곤 하였다. 그러나 개 짖는 것도 잠깐이다. 누렁이가 싱겁게 크엉, 하면서 소리를 멈추면, 이윽고 멀리서 따라 짖던 것들까지도 잠잠해지고, 마을과 집 안은 더 깊은 정적과 어둠 속으로 빠져들어 가 버린다.

(한길, 1996)

■ 최수철 「고래뱃속에서」

그는 잔 옆에 눈에 익은 날곤충 한 마리가 부산하게 움직이고 있는 것을 보았다. 검은색에 가까운 그것은 2센티 가량의 크기였고, 등 위쪽에서 시작된 길고 갸름한 날개가 꼬리 부분까지 덮고 있었다.

(문학사상사, 1989)

■ 최수철 「내 정신의 그믐」

덩치가 큰 셰퍼드종의 개 한 마리가 긴 의자와 등받이 위에 두 발을 올려 놓고서 내 쪽으로 얼굴을 향하고 있었다.

* * *

셰퍼드는 눈에서 푸른 불꽃을 튀기며 계속하여 미친 듯이 나를 향해 짖어댔다. 긴 의자의 등받이 위로 넘어와 있던 두 다리가 나를 잡으려는 듯 공중에서 허우적거렸다. 어린 처녀가 놀라서 어쩔 줄을 몰라하며 그의 목을 껴안으려 하고 있었다. 그 요란한 야성의 울부짖음 소리에 사람들이 놀라 움직임을 멈추고 돌아보았다.

(문학과지성사, 1995)

■ 최인훈 「광장」

이런 늦은 때 무렵에 상큼하니 낯을 쳐들고, 눈이 초롱초롱한 강아지 모습이 또 때에 어울려 보이지 않는다. 하긴 사람 같으면 이부자리가 있으니까, 자다 일어났다는 걸 알 수도 있겠지만, 강아지고 보면 그렇지도 못했고,

사람은 부스스한 옷매무시나 벙벙한 낯빛으로, 자다 깬 사람은 알 수 있는 법이지만, 잠옷이 없는 이 짐승은 그것도 아니고, 어느 모로 뜯어보아도 자다 깬 사람이 가지는 그 흐트러진 김새는 찾을 수 없다. 짐승 곁에 쭈그리고 앉아서 머리를 두들겨준다. 끙끙거리며 더 꼬리를 치며 몸을 일으키려 든다. 허리를 눌러 개를 주저앉히고 개의 눈앞에 손바닥을 벌려 내민다. 메리는 얼른 한 발을 준다. 다른 손바닥을 내민다. 메리도 다른 발을 준다. 오른손, 왼발, 왼손, 오른발, 몇 번을 해도 메리는 끈기 좋게 바꿔가며 발을 준다.

* * *

그는 다시 구름을 바라본다. 반짝이는 작은 물체가 흰 바탕 앞에서 날고 있다. 구름 조각이 따로 노는 것처럼 보이는 그것은, 갈매기다. 마음을 가다듬고 눈을 홉떠, 물밑에 있는 먹이를 노리고 있는 모습이련만, 떼어놓고 보기에는, 날개를 기울이며 때로 내려꽂히고, 때로 번 듯 뒤채이며, 스스르 미끄러지는, 노곤한 그림 한 폭이다.

(문학과지성사, 1976)

■ 최일남 「노새 두 마리」

가엾게도 노새는 원래는 회색빛이었는데도 우리집에 온 뒤로는 차츰 연탄 때가 묻어 검정빛으로 변해 갔다. 엉덩이께는 물론 갈기도 까맣게 연탄가루가 앉아 있었다. 내가 깜냥으로는 지성스럽게 털어 주고 닦아주고 하는데도, 연탄 때는 속살까지 틀어박히는지 닦아 줄 때만 조금 희끗하다가 한바탕 배달을 갔다오면 도로 그 모양이었다. 하지만 노새도 내 그런 정성을 짐작은 하는지 멍청히 서 있다가도 내가 가까이 가면 고개를 위아래로 흔들어 아는 채를 했다.

* * *

모가지는 물론, 갈기며 어깻죽지, 그리고 등허리에 땀이 비오듯해서 네

다리에 물이 주르르 흐르고 있었다. 검은 물이. 노새는 벌써 한강 다리를 건너고 있었다. 노새는 얼핏 좌우로 한강 물을 훑어보더니 여전히 뛰어가면서도 길게 심호흡을 하였다.

(나남, 1993)

■ 최일남 「하얀 손」

이리 오너라 자태를 보자. 머리는 닭이요 목은 뱀이구나. 그런가 했더니 턱은 제비요 등은 거북일세 그려. 꼬리는 어쩌자고 물고기 모양을 했으며, 키가 육 촉이니 잘도 생겼다. 몸과 날개는 오색 빛이 영롱하고 거기다 오음의 소리를 낸다 했으니 더 바랄 것이 없겠다. 오동나무에 깃들이고 대나무 열매를 먹으며, 나라가 태평한 때에만 샘솟는 '예천'을 마신다니, 성천자가 나타나야만 너도 모습을 드러내는 연유를 알 만하다. 수컷을 '봉'이라고 하고 암컷을 '황'이라고 하거늘, 아조선에는, "닭이 천이면 봉이 한 마리 있다"는 속담이 떠돈다더라. 너 보기에 얼마나 무엄한 짓이냐. 우매한 백성들이라 어여삐 여기고 용서해 다오. 우리 백성은 죄 닭이고 자기는 봉이라 우기는 인사를 포함하여⋯⋯

(문학과지성사, 1994)

■ 하성란 「꿈의 극장」

개의 머리다. 진흙이 엉겨붙은 개의 눈알이 반짝 빛난다. 다른 곳보다 먼저 부패하기 시작했는지 개의 눈알은 탁구공만한 크기로 돌출되어 있다. 얼었다 녹았다 하면서 개의 껍질은 바람 빠진 고무풍선처럼 흐느적거린다.

* * *

냉동칸의 빗장이 풀려 안이 들여다보인다. 털이 벗겨지고 목이 달아는 닭들이 여드름 자국 같은 모공을 드러낸 채 푸르스름하게 얼어 파란색 플라스틱빵 상자 안에 차곡차곡 담겨 있다.

(문학동네, 1997)

■ 하일지 「새」

그것은 까마귀처럼 생긴 크고 검은 새였다. 그러나 그것은 분명 까마귀는 아니었다. 부리가 노란색인데다가 이마에는 주황색 벼슬이 나 있고, 꼬리는 길게 늘어져 있는 것이 흡사 앵무새의 그것 같았다. 그리고 날개를 펼칠 때 보면 날개 안쪽은 희끗희끗한 회색이었다. 게다가 그것이 까마귀라면 서울과 같은 대도시에 나타날 리가 없을 것이다.

* * *

그때 A의 발치에는 A의 집에서 키우는 조그마한 말티즈 종 개가 A를 따라나서려고 꼬리를 흔들며 온갖 아양을 떨어대고 있었다. 개는 이태 전부터 A의 가족과 함께 살아왔건만 최근에 이 가정에 불어닥친 불행, 가장이 실직했다는 사실에 대해서는 눈치도 채지 못하는 것 같았다.

* * *

너무나 놀란 A는 자신도 모르게 소리쳤다. 그것은 주황색 벼슬이 나 있고, 길게 늘어진 꼬리를 가진 검은 새였다. 그것은 어제 오후 대전에서, 그리고 그저께 밤 공중전화 부스 앞에서 본 것과 같은 것이었다. 새는 아무렇지 않은 듯 유유히 원을 그리며 늦게 허공을 선회하다가 그리 멀지 않은 곳에 있는 나뭇가지에 올라앉았다.

* * *

대문을 들어서자 제일 먼저 A를 맞이한 것은 늙은 개였다. 황갈색의 커다란 늙은 개는 A를 보자 다짜고짜 달려들었다. 송아지만큼이나 큰 개가 '낑낑낑' 소리를 내며 달려들자 너무나 놀란 A는 들고 있던 지팡이를 휘두르며 뒷걸음질을 쳤다.

* * *

　그런데 그때였다. 그때까지 설레설레 꼬리를 흔들며 A일행의 뒤를 따라오고만 있었던 개가 무엇인가 예사롭지 않은 것을 발견하기라도 한 듯 갑자기 이빨을 드러낸 채 혼자 으르렁거리기 시작했다. 그러더니 급기야는 저만치 앞을 향하여 내달려가기 시작했다. 약 오십 미터 앞에까지 쫓아간 개는 그런데 길 모퉁이를 향하여 마구 짖어대기 시작했다. 그제서야 부인은 큰소리로 개를 불렀다. 주인이 부르는 소리에 한두 차례 힐끔힐끔 이쪽을 돌아보기는 했지만 개는 되돌아올 기색이 아니었다. 길 모퉁이에 무엇인가 좋지 못한 것이 있기라도 한 듯 사납게 짖어대고 있었다.

* * *

　부인은 몹시 민망스러워하는 표정이 되어 다급하게 개를 불렀다. 그제서야 개는 슬금슬금 주인 쪽으로 향했다. 그러면서도 때때로 개는 장님 쪽을 돌아보며 맹렬히 짖어댔다. 어쩌면 개는 장님의 흰 지팡이를 들고 있는 것에 우협을 느꼈을지도 모른다. 급기야 부인은 화가 난 목소리로 소리쳤다. 그제서야 개는 더욱 맹렬히 짖어댔다.

* * *

　갑작스런 개 짖는 소리에 A는 약간 의아스럽게 생각했다. 그도 그럴 것이, 비록 덩치는 작지만 놈은 몹시 영리하여 A나 A의 가족 중에 누가 벨을 누르면 절대 짖는 법이 없었던 것이다. 냄새만 맡고도 주인을 알아보는 것이었다. 그런데 오늘따라 놈이 미친 듯이 짖어대고 있었으니 A로서는 의아스럽지 않을 수 없었던 것이다. 저번 날 A로부터 갑작스런 발길질을 당했기 때문에 놈은 A에 대하여 경계심을 갖게 되었을 거라고 A는 생각했다.

(민음사, 1999)

■ 하일지 「경마장의 오리나무」

　내가 앉아 있는 벤치 곁에 서 있는 나무 위에서는 새들이 짹짹거리고 있었다. 그리고 나의 앞 저만치 정사각형의 타일 바닥에는 비둘기들이 날아와 서성이고 있었다. 비둘기들은 아마도 내가 모이를 던져 주리라고 기대하고 있는 것 같았다.

* * *

　동물원의 동물들은 날씨가 추워서 그렇겠지만 대부분 밖으로 나오지 않았다. 털이 북슬북슬한 원숭이 한 마리만이 쇠창살에 매달린 채 나를 향하여 손을 내어 밀고 있었다. 원숭이는 나에게 무엇인가 먹을 것을 달라고 하는 것 같았다. 나는 주머니를 뒤져보았지만 그에게 줄 만한 것이라곤 아무 것도 없었다. 내가 아무 것도 주지 않자 원숭이는 금방 실망 한 듯 쇠창살에서 내려와 우리 저편에 있는 죽은 나무 위로 올라가 버렸다.

* * *

　예의 그 털이 북슬북슬한 원숭이는 내가 과자봉지를 들고 나타나자 재빠르게 나무에서 뛰어내리더니 나의 앞에 있는 쇠창살로 기어올라왔다. 그리고는 쇠창살 밖으로 팔을 내밀고 '끙끙끙끙' 애원하는 듯한 소리를 내고 있었다. 나는 과자봉지에서 과자 하나를 꺼내어 그에게 주었다 그는 내가 던진 과자를 낼름 손으로 받아 입으로 가져갔다. 나는 원숭이가 과자를 먹고 있는 동안 나도 과자 하나를 꺼내어 입에 넣고 와삭와삭 씹어먹었다. 이제 원숭이는 다시 쇠창살 밖으로 손을 내어 밀었다. 나는 그에게 다시 과자 하나를 던져 주었다. 그는 내가 던진 과자를 낼름 받아 입으로 가져갔다. 나도 과자 하나를 꺼내어 먹었다.

(민음사, 1992)

■ 한말숙 「행복」

쥐가 댓 마리 우 몰려서 부엌에서 툇마루로 달려갔다가 기둥에 기어오르더니 다시 툇마루 밑으로 짹짹거리며 부산하게 달음질을 친다. 홍수에는 쥐가 가장 예민하다고 한다. 물이 쥐구멍을 막는 탓이리라.

* * *

천장에서 노내기가 한 마리 부엌바닥에 뚝 떨어지더니 흰 뱃가죽을 훌렁 뒤집는다. 그 놈이 수십 개나 되는 발로 다시 지적지적 기어가려고 할 때 새댁은 신발로 꽉 눌러서 죽여 버렸다. 그러나 또 한 마리가 새댁의 어깨 위에 뚝 떨어진다. 그녀는 그것을 손으로 털어 내려 역시 꽉 밟아 버린다. 날이 습하니까 지붕의 짚 사이에 노내기가 우물우물 하다. 한여름 내내 매미 소리 한번 먼 귀뜸으로라도 들을 수 없는 벌거숭이 산이고 보니, 물의 피해는 맡아 놓은 고장이기는 하나, 숲이 없는 탓으로 뱀이 없는 것만은 천만다행이다. 물에 못 견디면 뱀을 사람에게 감기기가 일쑤다. 때문에 홍수도 무서우나 한층 더 두려운 것은 홍수 때의 뱀이다.

* * *

새끼 돼지는 여섯 달이면 새끼를 낳는다. 한 번에 대여섯 마리를 낳기도 한다. 그것들 반 년이면 또 새끼를 낳는다. 암놈은 두고 수놈은 판다. 암놈은 두고 수놈은……적어도 만 환에서 만 오천 환으로 나간다. 뿐 아니라. 돼지의 거름은 비료 중에서도 가장 좋은 것이다.

(풀잎, 1999)

■ 한수산 「부초」

풀잎으로 가던 지혜의 눈이 반짝 빛난다. 청개구리 한 마리가 잎새에 앉아 있었다. 손톱만한 크기의 청개구리는 몸을 쪼그리고 붙어서 미동도 없다. 지혜는 빗속으로 나와 가만히 손을 뻗어 청개구리를 붙잡았다. 그리고 풀잎 몇 개를 따 가지고 방으로 들어왔다. 손바닥에 붙은 청개구리는 물방울 같았다. 한구석에 풀을 깔고 그 위에 청개구리를 놓아주었지만 청개구리는 그 작은 다리를 움직여 구석으로 달아나려고만 했다. 조그만 움막처럼 풀로 그의 몸을 덮어놓고 지혜는 할딱거리는 그의 목을 바라보았다. 빗발이 천막을 두드린다.

(동아, 1995)

■ 한승원 「사랑」

아침나절의 맑은 치잣빛 햇살을 함뿍 뒤집어쓴 자드락 골목길 가장자리의 무성한 명아주풀숲에 연초록의 살찐 암컷 사마귀 한 마리가 있었다. 머리는 세모꼴이고 가슴은 성냥개비처럼 가늘고 배는 담배개비만큼 오동통하고 아랫몸 끝부분이 가지런하게 닮은 몽당붓같이 뭉툭한 그 암컷 사마귀는 오만했다.

* * *

그의 몸집은 그녀의 몸을 삼분지 일쯤으로 축소시켜 놓은 것만 했다. 더 정확하게 말한다면 이쑤시개 네 개를 합쳐 놓은 것만큼 호리호리했다. 그렇지만 부끄러워할 것이 없었다. 사마귀들의 수컷들은 모두 그러하므로.

* * *

해바라기 숲과 함석지붕 처마 사이에 왕거미 암컷 한 마리가 그물 집을 짓고 살았다. 온몸이 연기에 그을린 듯한 잿빛이고 가슴과 배 사이가 금방 끊어질 듯 잘록한데, 배가 고운 자투리 비단 헝겊들을 잔뜩 쑤셔 넣어 놓은 노처녀의 주머니 같은 왕거미.

* * *

그녀가 자기 보금자리 한가운데로 들어가 엎드려 있었다. 그녀의 등과 배와 옆구리와 꽁무니에 알 속에서 금방 나온 새끼 거미들이 엉겨붙어 우글거리고 있었다. 묽은 연둣빛의 투명한 개미떼 같은 새끼 거미들은 그녀의 살갗에 구멍을 뚫고 체액을 빨아먹고 있었다. 금방 자궁 속에서 나온 불그죽죽한 돼지새끼들은 어미의 젖을 빨아대듯이, 그들의 공격을 받고 있는 그녀는 죽은 듯이 엎드려 있을 뿐이었다.

* * *

송아지 때부터 아버지가 뿔을 그렇게 자라도록 만든 것이었다. 황소는 성깔 있게 쟁기질을 잘한다고 소문이 나 있었다. 흰자위가 유달리 많고, 머리가 여느 소들보다 크고 가슴을 씨름 선수들의 가슴처럼 넓었으며 허리는 늘씬하고 뒷다리는 튼튼하고, 발목은 강철로 만든 것처럼 짧고 가늘었고, 엉덩이는 실팍했다.

양쪽의 엉덩이에서 사타구니 사이 쪽으로는 잿빛의 솜털들이 나 있었다. 그 털들은 큰 고구마만한 불알 두 개가 달랑거리는 아래쪽으로 가면서 젖빛으로 바뀌었다. 그러나 막상 불알과 그것이 달려있는 뱃살은 붉은 빛을 띤 된장 색이었다. 또 남근이 들어 있는 곳에는 불길에 그을기라도 한 듯한 검붉은 털들이 옥수수의 곱슬곱슬한 수염처럼 늘어져 있었다.

* * *

송곳 끝 하나도 들어갈 틈이 없을 만큼 촘촘한 갈대숲 속에서 물뱀 한 마리가 허물을 벗어 던지고 있었고, 날이 선 갈대 잎사귀들을 헤치고 나아가고 있었고, 부드러운 맨살이 찢기고 있었고, 거기에서 피가 삐죽삐죽 배어 나오고 있었다. 물뱀은 살갗의 아리고 쓰라림을 무릅쓰고 갈대와 동료 물뱀들과 해와 달을 향해 한사코 유쾌하게 웃으려고 들었다.

(문이당, 2000)

■ 홍성암 「어떤 귀향」

물고기란 놈들은 강줄기를 거슬러 오르는 습성을 지니고 있다. 그렇게 상류로 기어오르다가 벼랑이 가파른 폭포를 만나면 더 이상 기어오르지 못하고 폭포가 만든 파인 웅덩이에서 배회하게 마련이다. 그곳이 보통 물고기들이 종착지가 되는 것이다. 그러나 특별한 힘을 지닌 일부 물고기는 장마 때나 소나기가 내릴 때면 불어오는 바람결에 자신의 몸을 날려서 벼랑 위로 뛰어오르는 모험을 감행하기도 하는데 더러는 성공하는 수도 있었다.

* * *

물고기가 다시 방향을 바꾸었다. 물고기가 그리는 원이 현저히 줄어들었음으로 카바이드의 불빛에 물고기의 모습이 좀더 자주 드러났다. 머리가 보이기도 하고 꼬리가 보이기도 했다. 아직 흰 배때기는 보이지 않았다. 그래서 물고기는 아직도 검은 어둠 그 자체였다.

* * *

하얀 색깔의 발바리였다. 하얀 바탕에 누런 얼룩이 드문드문 박힌 얼룩빼기였다. 아직 새끼 티를 벗지 못한 작은 놈이었다. 제딴은 길을 비켜 달라는 모양이었다. 컹컹 두어 번 짖고는 빤히 쳐다보고 그러고는 다시 컹컹 짖었다.

(새로운 사람들, 1997)

■ 황순원 「인간접목」

소년원으로 와 대문을 들어서려니까, 저쪽 창고 앞에 애들이 겹겹이 둘러서 있는 것이 눈에 띄었다. 가까이 가 애들의 어깨 위로 넘겨다보았다. 쥐새끼였다. 아직 눈도 채 뜨지 못한 생쥐 네 마리가 땅에다 배를 붙이고 배틀거리면서 뾰족한 주둥이를 연신 내젓고 있는 것이었다. 작은 몸이 움직일 적마다 연분홍빛 뾰족한 주둥이와 발끝, 그리고 회백색 잔등이 햇빛에 반짝였다. 그러나 서로의 몸이 맞을라치면 좀더 가까이 몸을 의지하려고 대들다고 도리어 방향을 잃고 떨어져 버리곤 했다.

애 하나가 손가락으로 퉁기어 한데 모아주었다. 그런데 이 작은 생물은 고만한 손가락 힘에도 못 이겨 발딱 나자빠져서는 촉수같은 발을 바둥거렸다. 배 밑은 흰빛이었다.

바라보고만 있는 것에 지친 듯 둘러섰던 애 중의 한 애가,

"인제 그만 죽여버려."

했다. 엉거주춤하고 앉아 손가락 끝으로 쥐새끼를 퉁기던 애가 냉큼 한 마리를 집어들었다. 손에 잡히자 작은 생물은 땅 위에 있을 때보다 더 잽싸게 뾰족한 주둥이를 내두르는 것이었다.

"요게 누굴 물려고!"

메어쳤다. 그대로 작은 생물은 물에 쥐어짠 솜조각모양 납작하니 되어 움직이지 않았다. 연분홍빛 주둥이 끝에서 그 연분홍빛보다 짙은 액체가 빨긋하니 내배었을 뿐이었다. 구경하던 애들의 얼굴에 알지 못할 웃음이 지어졌다. 다시 한 마리 집어들었다. 역시 그 뾰족한 주둥이를 잽싸게 내둘렀다.

"요놈도 물려고!"

메어쳤다.

구경하는 애들의 얼굴에 좀더 재미있다는 웃음이 떠올랐다. 다시 한 마리 집어들었다. 그 연분홍빛 뾰족한 주둥이를 잽싸게 내두르는 것이었다.

"임마, 거 니 물라카는 기 앙이다. 배고파 그란다."

둘러선 애 중에서 부산내기가 소리쳤다. 쥐새끼를 집어 든 애가 미처 메어치지 못하고 있었다.

"아침에 직인 암놈의 새끼다! 지 오매 앙 오니까 배고파 나왔다!"

부산내기가 다시 소리쳤다.

* * *

애 있는 데로 달려가기는 했으나 어떤 충격 때문에 얼른 애를 안아 일으키지는 못했다. 거기 누워 있는 개는 지금 자기 새끼에게 젖을 빨리고 있었

다. 가까이서 보니 그가 알고 있는 개였다. 뒷골목 어느 집에서 기르고 있어서 항상 길가에서 보곤 하는 개였다. 얼마 전에 이 개가 새끼를 여섯 마리나 낳았다는 말이 있었다. 아내는 이제 젖이 떨어지면 한 마리 얻어다 기르겠다고 하는 것을 그가 그까짓 똥개를 얻어다 길러 무엇하느냐고 그만두라고 한 적이 있는 그 개였다.

이 개가 그 무서운 폭격 속에서도 자기 새끼를 한 마리도 축나지 않게 고스란히 옮겨다놓고 있는 것이다. 어미개가 그를 보고는 약간 경계하는 눈빛을 했으나 그냥 새끼에게 젖을 빨리고 있었다. 이러한 어미개의 눈을 마주 바라볼 수가 없었다. 아내는 좀 뒤에야 들어왔다. 그 후부터 그는 이 어미개를 만나는 것이 어쩐지 무서웠다.

(신원문화사, 1995)

■ 황순원 「일월」

어디서 누르스름한 개 한 마리가 담배 떨어진 곳으로 달려오더니 두어 번 코로 맡아 보고는 물러난다. 파리한 몸의 털이 바람을 맞아 거슬려 세워지곤 했다. 여름 동안 바닷가 손님들이 버린 음식 찌꺼기를 주워먹어 온 개라. 그 버릇으로 계절이 바뀐 지금도 모래판을 헤매는 것이리라. 이리저리 다니며 잠깐씩 코를 가져다 대보곤 하던 개가 고개를 들고 한곳을 바라보았는가 하자 그리고 걸어가는 것이었다.

거기 허연 바탕에 검은 점이 박힌 개 한 마리가 서 있었다. 이쪽에서 간 개가 그쪽개 입언저리에 코를 몇 번 대었다 떼었다 하더니 앞발을 들어 그 개의 목에다 얹었다. 내려놓으면서 이쪽으로 달려오는 것이었다. 얼만큼 달려온 개는 급히 몸을 돌려 그쪽 개에게 도로 달려가더니 다시 돌아서 이리로 달려오는 것이었다. 등을 약간 굽히고 껑충거리며 달리는 품이 여간 신이 나 보이지 않았다. 좀전에 달려왔단 데쯤에서 또 급히 몸을 돌려 그쪽 개에게고 달려가더니 이번에는 그대로 그쪽 개를 덮치는 것이었다. 그쪽

개도 가만있지를 않았다. 쓰러졌던 몸을 일으켜 상대편을 덮치는 것이다.

* * *

큰 거울에는 이상하게 몸이 알록달록한 금붕어며 눈만이 크게 툭 불거져 나오고 몸집이 작은 금붕어가 천천히 꼬리를 젓고 있었다. 낯선 사람이 들어가 그런지 새들은 장 속에서 이리저리 날으며 푸드덕거렸다. 그중 한 새장 동그만 둥우리 속에 희고 쬐꼬만 알 셋은 보기에도 이쁘고 대견스러웠다. 꼭 송편만큼 한 두 마리의 하얀 생쥐는 놀란 듯 이쪽을 내다보며 입을 쉴새없이 쌜룩이고 있었다.

(학원, 1992)

■ 황순원 「카인의 후예」

밤뻐꾸기 우는 소리가 들려왔다. 뒷산에서는 그냥 산바람이 솔숲을 울리고 있었다. 그 소리에 뻐꾸기 울음소리가 한껏 멀리 지워졌다가는 이어지곤 했다. 훈은 어릴 때의 일이 떠올랐다. 밤중에 무서운 꿈을 꾸고 난 뒤였다. 어디선가 밤뻐꾸기 우는 소리가 들려왔다. 전설에 나오는 큰아기바윗골 뻐꾸기가 생각이 났다. 무턱대고 어머니의 품을 파고들었다. 그러면 무서움은 사라지고 그대로 아늑해지는 것이었다. 지금 훈은 이 어릴 때에 어머니 품속에서 맛본 자릿한 행복감을 되도록이면 오래 지속시켜 보려 했다.

* * *

도섭영감네 바둑이가 짖어댔다. 사람들이 몰려옴에 따라, 비실비실 뒷걸음질치면서 짖어대더니, 모두 훈네 집 대문 앞에 모여 서자, 한 곳에 머물러 선 채 그냥 짖어댔다.

* * *

도섭영감이 얼른 사람들 틈을 비집고 나가 돌멩이를 하나 집어던졌다. 그러나 개는 홀딱 저만큼 달아나 돌아서더니 그냥 짖어대는 것이었다. 이번에는 얼러 집으로 데리고 가는 수밖에 없다고 생각한 것이리라. 도섭영감이 손을 흔들면서 얼렀다. 그러나 개편에서 도무지 가까이 하지 않았다. 누가 이쪽에서, 메고 있는 도끼를 내려놓으라고 했다. 그 말대로, 도섭영감이 도끼를 내려놓으니까 그제야 개가 주인에게 곁을 주었다. 도섭영감은 냉큼 개허리를 안아들면서 투덜거렸다. "이 쌍놈의 개새끼, 너두 오늘 죽디 못해 이러니? 죽디 못해 이래?" 집으로 들어가 부엌문을 열고 거기 내동댕이쳤다. 이 소리에 방안에 있던 오작녀 어머니가 기겁을 했다. 그네는 좀전에 개 짖는 소리에 빠끔히 방문을 열고 밖을 내다보았던 것인데, 그만 바깥 광경에 놀라 이불을 뒤집어쓰고는 벌벌 떨고 있던 참이었다.

* * *

그리고는 일어나 산을 내려가기 시작했다. 그러나 몇 걸음 내려가지 않아, "뱀……"하고 서버렸다. 훈도 놀라 일어섰다. 벌써 뱀이 나올 때가 됐던가. 가보니, 과연 뱀 한 마리가 마른 잔디 새에 엎디어 있었다. 검은 몸에 붉은 점이 알록달록하게 박힌 놈이었다. 때아니게 일찍 기어 나와 해바라기라도 하고 있는 것일까. 사람을 보고도 몸을 제대로 움직이지 못했다. "이놈은 언제 봐두……" 혁이 주위를 둘러보더니 돌멩이 하나를 주워 가지고 왔다. 얼마 전에 혁 자기가 들고 올라온 비석조각이었다. 뱀을 향해 돌멩이를 내리쳤다. 꿈틀 하고 허리를 꼬았다. 그러는 사이 한중동에 살이 떨어져 피가 내배기 시작했다. 혁이 다시 비석조각을 들어 이번에는 뱀의 대가리를 노리고 내리쳤다. 대번에 대가리가 으스러지고 말았다.

(삼중당, 1990)

음식 묘사편

■ 강난경 「우리들의 미운 엄마」

　코맹맹이의 어머니의 말에 부리는 눈물이 더욱 주체할 수 없게 쏟아져 내렸다. 그래도 손은 만두를 얼른 집어서 입에 넣고 씹기 시작했다. 얼마나 배가 고픈지 만두의 맛을 음미할 여유조차 없었다. 돼지고기와 양파, 그리고 후춧가루가 어우러져 내는 그 야릇한 맛을 느끼지도 못하고 뭐든 간에 목구멍으로 많이 넘겨 배를 채워야만 했다. 조그만 만두는 쉴새없이 연달아 부리의 입을 향해 집혀 올라가선 금새 사라졌다. 서너 번 우물거려 침만 대충 발라서는 넘기는 작업이 두리의 입안에서는 열심히 진행되고 있었다. 그런 딸을 애처로움과 기막힘의 감정을 가지고 보고 있던 정 여사는 젓가락질을 하는 뼈만 남은 두리의 손에 멈췄다.

(백문사, 1995)

■ 강신재 「절벽」

　"자 무얼 드실까요. 오늘은 어디 좀 많이 잡숫는 걸보고 싶습니다."
　경아는 메뉴를 집어들고 되는대로 주워대었다.
　"굴, 병아리, 그린 샐러드하구 아니언 수프 그리고 아이스크림."
　그래 놓으면 실지로는 아주 조금밖에 먹지를 않더라도 주의를 끌기를 면할 것 같았다.

＊＊＊

　웃음소리가 흘렀다. 테이블에는 캔에서 나온 햄 덩어리며 썰지도 않은 치즈며 병에 들은 피클이며가 요리점 접시에 담긴 음식들과 함께 두서도 없이 늘어 놓였다. ……유쾌하고 진묘한 식사가 시작되었다. 친밀한 사람들끼리만 나눌 수 있는 즐거운 화락함이 방안에 감돌았다. 만약 경아가 조금만 더 식욕을 느낄 수 있었더라면―만약 그 흉측한 위협을 잊을 수만 있었더라면―그것은 진실로 유쾌한 식탁이었을 것이 틀림없었다. 눈치 채이지 않으려고 경아는 보다 많이 지껄이고 웃고 하였다.

〈계몽사, 1995〉

■ 계용묵 「유앵기」

환상임을 깨닫고 밥그릇을 연다. 따뜻한 김이 모락모락 피어오르는 하얀 이밥 속에도 얌전이는 있다. 고사리나물 위에도 있다. 조기 토막 위에도 있다. 눈이 가는 곳마다 얌전이는 있다. 성눌은 정신을 깨닫는다. 마지막 넘어가는 해그림자가 불그레하게 밥상 위에 물을 들인다. 그러나 그것도 한 순간뿐이다. 얌전이는 그대로 있다. 숭늉에다 밥을 말아 뜨니 밥숟갈 위에까지도 얌전이는 떠올라 온다. "상 가져거라." 실로 성눌은 얌전이가 차마 그리워 이렇게 밥숟갈을 내려놓기가 바쁘게 소리를 질러보기는 이번이 처음이었다. 곧 달려온 얌전이는 떠 넣었던 밥을 채 씹어 삼키지도 못한 것같이, 그래서 그것을 어떻게 비밀히 처리하려는 것처럼 입 안을 꼭 다물었다.

〈동아, 1995〉

■ 공선옥 「오지리에 두고 온 서른 살」

오랜만에 보리가 한 톨도 들어가지 않은 희고 윤나는 쌀밥을 도시락에 담고 콩나물 무침과 오늘은 특별하게 참기름까지 치고 볶은 멸치를 은택의 도시락에다 담아서 책보에 쌌다.

* * *

은이는 정신없이 먹을 것을 찾기 시작했다. 자신이 끓여먹다 만 미역국은 이미 쉬어 있었고 전기 밥통 속에는 누런 현미쌀밥만이 눌러 붙어 있을 뿐이었다.

* * *

은이는 맨 끝에 놓인 석짝들부터 하나씩 내리기 시작했다. 말린 고사리와 취나물. 두 번째 석짝을 열었다. 말린 대추와 잣. 세 번째는 유과. 은이는 하얗고 바삭바삭한 유과를 한 개 내들고 베어먹었다. 혀에 끈적하게 달라붙는 달콤한 조청. 네 번째 석짝에는 곶감이 가득했다. 은이는 그것에도 손을 대었다. 속이 쓰라렸다. 유과나 곶감 같은 마른 음식들이 쓰린 속을 달래 줄 리는 만무했다. 그런데도 은이는 고구마를 갉아먹는 토끼처럼 유과를 와삭와삭 게걸스럽게도 갉아먹었다. 다음에는 곶감을 꾸역꾸역 목구멍 속으로 몰아 넣었다.

(삼신각, 1993)

■ 구인환 「딩구는 커피」

그렇게 야단스럽게 꾸미지 않으면서도 은근하고도 고풍어린 향취가 스미고 큰 잔에 가득 주는 커피 맛이야말로 일품이 아닐 수 없다. 언젠가 문인 몇 사람과 하도 맛이 좋아서 거듭 석 잔을 마신 적이 있을 정도다.

* * *

옛맛 그래로다. 조금 쓴 듯하면서도 혀끝을 감치는 맛이 시중의 다방에서 맛볼 수 없는 향취다.
"역시 커피 맛이 대단한데요."
"목화 다방 부라보!"
여기저기에서 한마디씩 터져 나왔다.

(한샘, 1987)

■ 구인환 「촛불 결혼식」

그래도 퇴근길에 동료와 같이, 아니면 동창을 만나 차를 마시든가 아니면, 삼겹살에 소주라도 씹으면서 근무처나 세상살이의 얘기를 하면서 스트레스를 풀거나, 맥주를 사이에 두고 청운의 뜻을 펼치는 여유쯤은 가질 법

하지 않은가.

(한샘, 1987)

■ 구효서 「카사블랑카여, 영원히」

그가 칼국수를 열심히 먹고 나서 말하더군요. 잘먹거나 맛있게 먹는 게 아니고, 그의 먹는 품은, 그래요 아주 열심히 먹는다는 인상을 주었지요. 그가 칼국수를 먹고 있을 때 전 그가 무언가 작업같은 걸 하고 있다는 착각에 빠질 정도였지요. 헐거워진 수도관 조인트를 출장 수리하는 설비공과도 같았죠. 비로소 진지했던 겁니다. 칼국수를 다 먹고 나서 "자 다 마쳤습니다."라며 제게 출장비를 요구할 것만 같았거든요.

(삼문, 1996)

■ 김녕희 「숨은 그림자」

신이 난 건 사람 좋은 준성이었다. 그는 인자가 미군 장교들이 이상한 파티에 다니는 걸 전혀 눈치도 못 채고 있었다.

인자는 괜히 심통부리는 말만 하였고 정미는 부러움과 뭔지 모를 의문을 품은 채 함께 장을 보았다. 준성의 의견에 따라 맥주와 불고기감, 매운탕거리를 준비하였다. 한국을 떠나는 마리를 위해 된장, 고추장 들어가는 한국음식 식단을 짠 것이었다. 풋고추랑 오이도 곁들였다.

요리는 인자가 담당하였다. 덜렁거리는 성품인데도 인자는 요리를 잘했다. 그녀가 손을 대면 무슨 음식이든 구수하고 맛이 좋았다. 정미는 인자의 심부름을 하고 상 차리는 걸 맡았다. 정식으로 종이 냅킨을 접어놓고 음식 담은 그릇도 일일이 커다란 접시를 받혀서 격식과 폼을 한껏 내었다. 식탁에는 코스모스도 꺾어다 꽂았다.

(훈민정음, 1995)

■ 김만옥 「내 사촌 별정 우체국장」

곧이어 그가 차려온 점심상에는 막 버무린 김치와 미역 냉국과 계란찜이 놓여 있었다.

(창작사, 1987)

■ 김성한 「왕건」

산 돼지를 한 마리 끌고 오는 줄 알았더니 그게 아니었다. 내장을 빼고 통째로 구웠는데 양념을 했는지 입 속에서 슬슬 녹는다고들 했다. 술도 한 통 따라왔는데 시골에서 마시던 소주와는 댈 것도 아니었다.

(행림, 1999)

■ 김영하 「호출」

배가 고파왔다. 나는 냉장고를 뒤져 식은 피자와 오렌지 주스를 꺼내 먹었다. 냉장고 안이 온갖 음식으로 가득 차 있었다. 몇 번쯤 수지는 그의 냉장고를 말끔하게 청소해주곤 했다. 그녀는 마치 종교의식 치르듯이 청소를 하곤 했는데, 그 모습은 영성체 의식을 봉행하는 천주교 사제 같았다. 하지만 그녀가 청소해준 냉장고는 어쩐지 정이 가지 않았다. 너무 깔끔하고 정갈해서 그 냉장고에서 무언가를 꺼내 먹는다는 건, 그야말로 영성체 하는 기분이었다. 그렇듯 그녀는 빛의 자손이었고 빛의 자손은 상상력에 관심이 없었다.

(문학동네, 1997)

■ 김원일 「강을 따라 오르면」

나는 대답을 못 한다. 나는 탁자를 내려다본다. 예리도 내게 그런 말을 물었다. 사는 재미는, 그냥 사는 것이다. 모두 그냥 산다. 먹고, 일하고, 잔다. 이튿날, 해 뜨면 또 먹고 일한다. 인희엄마는 그 짓 재미로 산다고 했다. 그 짓은 즐겁다. 하지 않을 때는 잊어버린다. 안 해도 그만이다. 밥을 먹을 때는 잊어버린다. 끼니때가 되면 밥 생각이 난다. 밥 먹는 재미로 산다고 미미에게 말해주고 싶다. 나는 늘 밥만 열심히 퍼먹었다. 다른 사람들은 반찬을 두가지, 세가지씩 함께 먹었다.

"시우야, 제발 반찬도 먹고 밥을 먹어. 넌 왜 반찬 먹을 줄 모르니, 반찬을 꼭 밥에 얹어줘야 먹니?"

"맨밥을 먹으면 싱겁지 않아"

엄마가, 할머니도 자주 그런 말을 했다. 그 말을 들으면 나는 반찬만 열심히 먹었다. 봄철에는 대체로 봄나물 찬이었다. 할머니가 내게 밥을 한 가지만 먹을 수 있게 만들어주었다. 할머니는 밥에 간장을 한 숟가락 부었다. 참기름도 한 숟가락 부었다. 볶은 깨도 한 숟가락 부었다.

어떤 땐 달걀을 깨어 밥에 풀었다. 그것을 고루 섞었다. 나는 그 밥만 먹으면 되었다. 참기름 냄새, 깨소금 냄새가 고소했다. 시애가, 자기도 그렇게 해달라고 말했다.

"넌 반찬을 잘 먹잖니?"

하고 엄마가 말했다.

종업원이 냉면을 날라온다. 미미가 수저통에서 젓가락을 꺼낸다. 내게 젓가락을 준다. 먹자, 하고 미미가 말한다. 미미는 물냉면에 겨자를 탄다. 식초도 몇 방을 뿌린다. 젓가락으로 냉면가락을 섞는다. 나는 아무 것도 섞지 않는다. 미미는 냉면용 무김치를 먹는다. 나는 냉면만 먹는다. 건더기가 너무 적다. 나는 금방 냉면을 먹어치운다. 남은 육수를 다 마셔버린다. 미미는 입술을 오므려 냉면 가락을 빨아들인다. 오렌지색 좁은 구멍 사이로 냉면가락이 빨려들어 간다. 쪼옥, 소리를 내며 꼬리가 구멍 속으로 감춰진다. "시우야, 좀 빨아줄래?" 그 짓을 하기 전에 인희 엄마가 자주 그 말을 했다. 인희 엄마가 편한 자세로 무릎을 세웠다. 내 머리를 가랑이 사이로 살며시 눌렀다. 젓갈 냄새가 났다. 나는 숨이 막혔다. 털이 혀에 묻었다.

(문학과지성사, 1995)

■ 김원일 「미망」

국민학교 3학년인 준구는 이 눈치 저 눈치에 다 익숙한 철든 애같이 아무 말 없이 다부진 숟갈질만 해댔다. 나는 콩나물국에 댓 숟갈 밥을 말아 어느 때보다도 빨리, 씹지도 않고 그것을 먹어치웠다.

(삼중당, 1995)

■ 김원일 「박명」

사내는 이빨로 소주병 마개를 따더니 술을 병째 콸콸 목구멍 안으로 넘겼다. 서너 모금을 그렇게 마시고는 고구마를 덥석 베어 물어 입가심을 했다.

(삼중당, 1995)

■ 김유정 「따라지」

그러나 더 우스운 것은 마루에서 저녁을 먹을 때의 광경이다. 누님이 밥을 퍼 가지고 올라와서는 암말없이 아우 앞으로 한 그릇을 쭉 밀어 놓는다. 그리고 자기는 자기대로 외면하여 푹푹 퍼먹고 일어선다. 물론 반찬도 각각 먹는 것이다. 아우는 군말없이 두 다리를 세우고 눈을 내리깔고는 그 밥을 떠먹는다.

(문학사상사, 1987)

■ 김이연 「여자가 선택한 사랑」

유종미는 여전히 무표정했다. 이제 식탁에 마주 앉은 이상 이래선 안 된다고 마음 고치지만 표정을 감출 수가 없었다.

　가재수프가 나왔다. 하얀 살로만 만든 수프는 소름끼치도록 맛있었다. 맛있다는 말만으로는 부족했다. 식도를 통해서 가슴을 지나가는 동안 그 따끈하고 향기로운 수프가 사람처럼 사는 게 이런 것이다 하고 말해 주고 있었다.

* * *

　유청미는 정진수가 지방순회공연에서 돌아오길 기다렸다. 그의 도움이 필요했다.

　오랜만에 식탁을 준비한다. 깨끗한 레이스로 짠 식탁보를 깔아 놓고 장미 한 송이도 꽂았다.

　정진수가 좋아하는 넙치 버터구이를 접시에 담고 하얀 와인도 좋은 걸로 구해놓았다.

(대학, 1997)

■ 김인숙 「그늘, 깊은 곳」

　여자는 거의 필사적으로 스테이크를 잘라먹었다. 웰던으로 구웠음에도 핏물이 완전히 가시지 않은 스테이크를, 여자는 한 조각 한 조각 남김없이 씹어 삼켰다. 양식을 먹는 여자의 행동이 우아하고 세련되어 있었음에도 규원은 여자가 음식을 먹는 것이 아니라, 어떤 아집을 씹어 삼키고 있다는 인상을 받았다. 그것은 필사적이고 투쟁적인 모습이었다. 그녀가 싸우려고 하는 대상이 무엇인지는 알 수 없으나, 어쨌든 핏물 번진 고기에 투영되어 있는 그녀의 적은 아마도 강고하리라, 싶었다. 슬프고 아름다운 여자의 슬프고 아름다운 식사 장면이었다.

(문예마당, 1997)

■ 김주영 「홍어」

　대화는 끊어졌고, 분위기가 다소 어색해진 가운데 잡곡밥에 멀건 된장국과 시큼한 군내가 나는 김치가 곁들여진 조촐한 식사가 시작되었다. 긴 여행에 지쳐 있어 아이의 식사쯤은 염두에 두지 않으리라는 예측과는 달리 여자는 아금받게 아이를 거두고 있었다. 첫 밥술을 살짝 떠서 입에 넣어 씹는가 하였더니, 씹어서 무거리가 진밥을 조금씩 뱉어내어 아이의 작은 입에다 밀어 넣었다. 그렇게 하기를 아이가 목을 뒤로 빼낼 때까지 몇 번이나 거듭했다.

　비로소 여자는 밥을 먹기 시작했다. 그러나 시장기를 모면할 수 있을 만큼의 식사를 한 것 같지도 않았는데, 곧장 수저를 놓고 말았다. 어머니가 놓아버린 여자의 숟갈을 잽싸게 다시 집어들었다. 그리고 여자의 손목을 끌어당겨 쥐어주며 말했다.

　"부담 갖지 말고 양껏 드소. 내가 나중에 밥값 달란 소리할까 봐서 사양하십니껴? 나는 그런 사람 아닙니더."

　여자는 어머니의 권유에 못 이겨 다시 수저를 들었다. 그러나 조악한 식탁엔 역시 입맛이 당기지 않는 모양이었다. 밥그릇을 시늉으로만 께적거리고 있었다. 내켜하지 않는 여자의 태도가 눈에 거슬렸던지 어머니도 더 이상은 채근하고 덤비지 않았다.

(문이당, 1998)

■ 김지연 「씨톨 2」

　그녀는 부드러운 음성으로 밝은 미소를 펴며 식탁가에 선 채 게장 냄비의 뚜껑을 열었다. 뽀얀 김이 사방으로 흩어지며 구수한 냄새가 주방 안으로 가득 번져들었다.

(빛샘, 1995)

■ 김지원 「꽃을 든 남자 1」

숙모가 떡국 위에다가 도혜가 방금 썬 황백의 지단을 얹는다. 김을 부셔 김가루를 뿌린다.

떡국 그릇들을 하나씩 앞에 하고 그들은 식탁에 앉는다. 한고만의 얼굴은 맥주로 인하여 붉다. 식탁 위에는 싱싱한 빛을 조금 잃은 생선회가 한 접시, 불고기, 호박전야, 고사리 나물과 시금치 나물이 있다. 좋은 음식을 앞에 하고 앉았건만 분위기는 심심하고 맥이 빠져있다. 이 집은 늘 좀 이렇다.

도혜가 떡국 그릇에 숟가락을 넣으며 삼촌과 숙모가 결혼하던 날을 생각한다. 모두 색시를 잘 얻었다고 기뻐하는 것 같았다.

* * *

도혜가 식탁으로 돌아온다. 접시마다 밥을 담던 박용상 부인은 이원오와 도혜를 색다른 부부라고 생각한다. 서로를 조심스러이 대하는 것 같은데 근 이십 년을 살고도 부부간에 그러는 것이 신기하다. 아까 음료수와 함께 먹었던 전채에 못지 않게 식탁 위의 음식도 화려한 접시에 담겨 울긋불긋하고 어여쁘게 장식되어 있다. 포도주가 담긴 잔과 물이 담긴 유리컵이 요리접시 사이에 우뚝우뚝 서고 분홍빛 냅킨은 모자 모양으로 접혀 놓였다. 아름답고 풍성한 식탁이다.

(세계사, 1989)

■ 김지원 「다리」

혜순의 남편 이승우는 늦은 저녁을 먹고 있다. 찬장 유리문은 이승우가 저녁을 먹고 있는 마루의 모습을 오롯이 비춘다. 얼굴에 일부러 김을 쏘이려는 것같이 이승우의 머리를 국그릇에 처박듯 수그리고 있다. 그의 머리는 어느덧 숱이 엷어지고 거의 흰빛이다. 숟가락을 쥔 그의 팔은 힘이 들어 있어 입으로 음식을 실어 나르는 숟가락의 둥근 부분 끝에까지 신경은 쇠

힘줄로 뻗쳐 있는 듯하다. 그는 한 숟가락을 넣고는 모질게 오래 씹는다. 그는 밥과 국에만 숟가락을 넣을 뿐 다른 반찬은 뚜껑을 열어 보았다가는 도로 덮어놓았다. 썩 마음이 너그러운 날이 아니면 그는 반찬 뚜껑을 다 열지 않는다.

(동아, 1988)

■ 김지원 「소금의 시간」

그와 두 아들이 함께 하는 밥상은 다 차려져 있고 여자들과 객식구들이 앉은 둥근 밥상의 밥은 찬모 아주머니가 푸고 있었다. 묘순은 국 푸는 일을 도왔다. 고등어조림과 달걀부침 같은 반찬이 상 위에 놓여 있다. 입이 있는 사람은 주인아저씨뿐인 듯 그 혼자만이 말하고 있었다. 다른 사람들은 우울한 군상들같이 묵묵히 숟가락질을 했다.

(문학동네, 1996)

■ 김지원 「집」

모든 것이 정식 디너 같았다. 빵은 냅킨에 반쯤 싸여 바구니에 담겼고 나이프와 포크도 양쪽으로 여러 개 놓였다. 세 개의 촛불만으로 식탁을 밝혔으므로 우리들의 등뒤는 어둠이었고 우리들 머리 위의 어둠도 일렁거리며 천장 쪽으로 조금 물러나 식탁은 빛의 동굴 같았다.

* * *

세 개의 촛불이 켜진 식탁에 앉으며 친구와 함께 감탄을 했다. 빨간 도자기 접시와 빨간 냅킨과 키 큰 와인글라스는 여성 잡지에 나오는 사진 장면 같았다.

(한국문화예술진흥원, 1997)

■ 김채원 「달의 몰락」

A · B · D는 카피투를, C는 스블라키를 주문했다. 맥주가 나오고 마늘빵과 감자튀김이 서비스로 나왔다.

그들은 자신들이 주문한 요리를 먹기 전에 맥주를 마시고 서비스로 나온 마늘빵과 감자튀김을 먹었다. 마늘빵은 말랑거리며 맛이 있었고 감자튀김도 신선했다. 밭에서 캔 지 얼마 안되는 싱싱한 감자를 깨끗한 기름에 튀겨낸 듯했다.

(청아, 1995)

■ 김채원 「밤인사」

네모난 카운터 안에 열 명이 넘는 보이가 화복을 입고 이마에 수건 같은 것을 동이고 빙 둘러앉아 손님들의 시중을 들고 있다. 가운데에는 숯불이 타고 있고 거기에다 생선이니 가지니 감자 등을 손님들의 주문에 따라 꼬챙이에 꿰서 굽는다. 그러나 무엇보다 '오가조기'에는 고래고기가 제일 유명하다. 얇게 저며서 얼음에 얼리어 둔 고래고기 위에 깻잎을 얹고 겨자를 푼 간장에 찍어 먹는 요리였다.

(청아, 1995)

■ 김채원 「봄날에 찍은 사진」

어느 봄날 오후, 약간 비탈진 곳 나무 아래 돗자리를 펴고 다섯 사람이 모여 앉아 음식을 먹고 있다. 다섯 사람은 열심히 수저를 놀려 음식을 입에 떠 넣는다. 팔을 펴서 젓가락으로 반찬을 집고 팔을 들어올려 입으로 가져가서 열심히 씹어먹는다.

밥 한 숟가락 반찬 한 젓가락, 또 밥 한 숟가락 반찬 한 젓가락, 시금치를 한 젓가락에 집어가고 냉이나물을 한 젓가락에 집어가고, 총각김치 마늘짱

아치 멸치볶음 전유어 등을 한 젓가락씩 집어간다. 시간이 갈수록 접시들이 비어간다.

* * *

한 수저 또 한 수저.

하루가 미친 듯이 짧음에도 한 수저와 한 수저 사이는 의외로 길다. 나무 밑에 앉아서 오래오래 밥을 먹고 있는 풍경은 영원의 표상과도 같다. 과거에도 사람들은 나무 밑에 앉아 밥을 먹을 것이다.

무척 한유로워 보이면서도 끊임없이 반복되는 움직임. 팔을 뻗쳐서 반찬을 집어 입에다 거져 가고 또다시 팔을 뻗쳐 밥을 떠먹는다.

(청아, 1995)

■ 김현영 「냉장고」

오늘 아침 식탁에서도 그녀는 바게트빵의 속을 뜯어내고 있었다. 빵의 속살을 뜯는 그녀의 손놀림은 늘 최고의 운만을 점찍는 주사위를 던지듯 경쾌했다. 길이가 오십 센티는 되어 보이는 바게트의 뾰족한 끝을 잘라내고서 뜯어낸 속은 우묵한 그릇으로 떨어지고 있었고, 바게트와 그릇 사이에선 와인빛 매니큐어를 칠한 그녀의 뾰족한 손톱이 비행하고 있었다. 바게트의 본체에서 이탈한 빵 조각들이 부스러기 하나 흘리지 않고 정확히 그릇에 담겨지는 것이 나는 불만스러웠다. 그것은 그녀의 다른 여자가 아닌 바로 그녀의 손톱이라는 와인색 비행기에 실려 막 생애 최고의 비행을 하고 있는 빵 조각들에 대한 적의였다. 이제 그릇에 안전하게 착륙한 저 빵 조각들은 황홀했던 비행을 다시금 떠올리며 곧 포근한 회상과도 같은 우유에 젖어들 테지.

(문학동네, 2000)

■ 박경리「시장과 전장」

　계란 노른자위가 보름달같이 미역국에 둥실 떠 있었다. 김이 서리는 흰 밥, 미역국은 달밤에 출렁이는 바다, 향긋한 미역냄새, 바다냄새가 풍겼다. 지영은 따뜻한 김이 서리는 상 모서리에 낯설어하며 앉아 있었다.

＊＊＊

　식사하는 동안 그들은 아무 말도 하지 않았다. 유리잔에 던져 놓은 하얀 꽃 한 송이가 그들의 침묵을 바라보는 듯, 식사가 끝나자 오 사장은 테이블 위에 두둑한 지폐뭉치를 내놓고, 기훈이 그것을 호주머니 속에 집어넣는다.

〈중앙일보, 1987〉

■ 박경리「토지 Ⅰ」

　그들은 논둑 길을 따라서 걸어가고 물이 찬 논에서는 개구리가 울고 있었다. 이 무렵 두만네 집에서는 햇보리 밥에 풋고추를 넣어 얼얼한 된장찌개, 열무김치 등 정갈스럽게 차린 저녁을 배불리 먹고 따끈한 숭늉에 입가심한 마을 아낙들이 더러는 집으로 돌아가고 더러는 마루에, 나머지 몇 명이 마당에 깔아놓은 멍석에 앉아 땀을 식히며 이야기를 하고 있었다. 아낙네들은 낮에 강가 삼막에서 삼을 쪄내고 껍질을 벗기고, 강물에 바래고, 이 공동작업에 땀을 많이 흘린 데다가 제가끔 제 몫의 양식을 내어주고 지은 저녁이라서 그랬는지 양껏 먹느라고 더욱 땀들은 흘렸던 것이다.

〈지식산업사, 1979〉

■ 박경리「토지 Ⅱ」

　길상은 사발을 받아든다. 손바닥이 서늘했다. 방금 우물을 길어서 콩국을 한 모양이다. 이부사댁 우물이 차기로는 유명했으니까. 맛보다 시원해서 좋았다. 돌이는 엉덩이를 털고 일어서며 소한테 물을 먹일 참인지 우물 쪽으로 돌아가고 억쇠도 뒤꼍으로 돌아간다. 길상이는 혼자 국수를 먹는다. 땀이 식는 것 같았다. 나무 그늘 밑은 시원하였다. 국수를 반쯤 먹었을 때 별안간 나무 흔들리는 소리가 나더니 우박처럼 감이 국수사발을 치면서 떨어져 내렸다.

(지식산업사, 1979)

■ 박경리 「파시(波市)」

냅킨을 무릎 위에 펴는데 명화의 손이 가늘게 떤다. 두 사람은 다 같이 수프를 먹는다. 접시에 부딪는 스푼소리, 한참 계속된다. 박의사는 비워버린 접시를 밀어내고 명화는 수프가 반쯤 남은 접시를 밀어낸다. 다음은 고기를 써는 나이프가 접시에 부딪쳐 소리가 난다. 넓은 방에는 오직 금속과 사기가 부딪는 소리뿐 그것도 이따금씩, 그러고는 완전히 침묵이다. 식사가 반 이상 진행되었을 때 박의사는 얼굴도 들지 않고 처음으로 입을 뗀다.

(지식산업사, 1979)

■ 박일문 「아직 사랑할 시간은 남았다」

참선이 끝나고 문청은 햇살에 말린 당근을 우적우적 씹어 먹었다. 그는 당근을 씹은 후, 푸른 케일 이파리를 염소처럼 먹어치웠다. 쩝쩝, 그리고 녹차 한 잔을 마셨다.

* * *

커다란 술상에 포천 이동막걸리 여섯 병이 놓였다. 그리고 영미가 미리 준비해 놓았을 미나리전, 냉이무침, 고들빼기 김치, 꿀밤묵이 가득 놓인 술상이었다.

(민음사, 1995)

■ 박태순 「낯선거리」

우리는 사람이 별로 없는 술집에서 조개탕을 끓여 달래서 막걸리를 마셨다. 조개탕에서는 바로 바다 냄새가 났다. 그 바다 냄새는 바람이 섞이어 저쪽으로부터 불어오는 세찬 소금 냄새에 섞이었고, 그래서 우리는 '끓여진 바다', 또는 '조개 속에 들어간 바다'를 먹었다.

(나남, 1989)

■ 서기원 「박명기」

먼저 뚜껑이 열린 솥 속에 손을 넣어 저어 보았다. 미지근한 숭늉뿐이었다. 나는 찬장 속을 뒤졌다. 자그마한 주발안에 찬밥이 반쯤 남아 있었다. 그걸 내려 우선 부뚜막 위에 얹어 놓은 다음, 찬장 위에서 밥상을 내렸다. 상 위에 밥그릇과 수저, 그리고 김치 보시기 간장종지 따위를 차렸다.
그것밖엔 손끝에 닿지가 않았다. 허긴 아침에 된장국이 남아 있음직 했지만, 결국 나는 그걸 단념하지 않을 수 없었다. 대신 숭늉을 한 대접 넘치도록 떠서 주발 오른쪽에 놓았다.

(삼중당, 1979)

■ 서영은 「술래야 술래야」

용호는 짐을 땅바닥에 놔두고 수위실로 갔다. 짜장면을 볼이 미어지게 말아 넣고 있던 나이 듬직한 수위가 그릇을 내려놓고 급히 입안의 것을 꿀꺽 삼켰다. 그의 입술 주위엔 검은 테가 둘러져 있었다.

(동아, 1995)

■ 서정인 「베네치아에서 만난 사람」

그들은 마당에다 덕석을 깔고 둥근 상에 밥을 먹었다. 산나물들에 푸성귀 겉절이에 계란찜에 된장국에 하얀 쌀밥이었다. 먹거리들이야 노상 먹던 것들이었지만 솜씨가 달라서 맛이 입에 설았다. 별로 손 탈 것이 없는 밥도 맛이 달랐다. 우선 양이 엄청나게 많았다. 어린 그 들 앞에 놓인 유기그릇에는 밥이 밑으로 한 그릇 위로 한 그릇, 거의 두 그릇이 담겨 있었다. 그것은 장정의 밥그릇이었다. 배가 고파서 구미가 당기기도 했지만, 어른 대접을 받는 것이 기분 좋았다. 그들은 어른들보다 더 빨리 밥그릇을 비웠다.

(작가정신, 1994)

■ 선우휘「망향」

그날 저녁 나는 이장환과 겸상으로 그의 아버지와 저녁을 먹었다.
밥 바리가 놋그릇인 것이 인상적이었는데 밑반찬 외의 별식은 되비지였다.
비지라면 이남에서는 두부를 앗은 뒤의 찌꺼기를 두고 말하지만 고향의 그것은 콩을 갈아 거기 돼지 뼈다귀와 살을 넣어 끓여내는 것으로서 보통 '되비지'라고 일컫는 것이었다. 월남한 이북 사람들도 구미는 느끼면서 품이 들어서 그렇게 흔히 만들어 먹지 못하는 음식이다.

(일지사, 1974)

■ 송기숙「은내골 기행」

조사나간 교수들과 음식을 나눠먹고 있는 동네 사람들 모습이 이만저만 정겹지 않았다. 기탄없이 웃으며 술잔을 기울이는 동네 사람들과 곁에서 같이 웃고 있는 교수들은 전혀 다른 사람들 같았다. 동네 사람들은 애초에 인간이 제 생긴대로의 본디 모습은 저런 게 아니었을까 싶고, 얼굴과 옷이 말끔한 교수들은 그런 사람들이 좀 달라진 변종으로 보일 지경이었다.

* * *

노인들부터 상 앞에 자리를 골라 앉기 시작했다. 윤영감이 명호를 끌어

곁에 앉혔다. 젊은이들은 땅바닥에다 상을 놓고 짚북더기나 나무토막을 깔고 앉았다. 가자미회에다 고등어조림이며 안주가 그들먹했다. 보기만 해도 입침이 넘어갔다.

* * *

윤영감이 명호를 향해 잔을 들었다. 명호는 굴풋하던 참이라 막걸리를 죽 들이켜고 안주로 젓가락을 디밀었다. 시뻘겋게 버무린 가자미회 한점을 미나리거섶에 몽똥그렸다. 좀 거북하다 싶었으나 고개를 쳐들고 우겨 넣었다. 미나리와 함께 씹히는 가자미 살점에 식초와 고추맛이 화끈했다. 삼키고 나자 입안이 불을 머금은 것같이 환했다.

(창작과비평사, 1996)

■ 심 훈 「상록수」

보자기를 열고 보니, 아침에 먹다 남긴 것인지 미역을 넣고 닭국에는 노란 기름이 둥둥 떴다. 건배의 밥은 보리반 섞음인데, 새로 닦은 주발에 고슬고슬하게 피어 담은 영신의 밥은 외씨같은 이밥이다.

(청목사, 1992)

■ 안수길 「북간도」

대개 '국배기'라는 음식이었다. 새끼손가락 모양인 떡이 건더기요, 쌀가룻물이 국물인 멀건 음식이었다. 소금으로 간을 맞춰 먹는다.

(동아, 1995)

■ 안수길 「신이 잠든 땅」

기무라 요시오의 생각이 밥보다는 훨씬 덜 중했던 것이다. 겐지도 열심히 퍼넣고 있었다. 씁쓰레한 꼬부랑 오이로 어지간히 배를 채웠는데도 두 사람의 입과 배는 염치가 없었다. 아귀처럼 밥을 퍼 넣고 있는 두 사람을 노인은 묵묵히 바라보았다. 그릇 위로 수북이 퍼담은 기장밥을 씹고 어쩌고 할 사이도 없이 넣기가 무섭게 목안으로 미끄러져 들어갔다.

(하나로, 1997)

■ 안장환 「목마와 달빛」

오늘 아침의 식사 시간은 조용했다. 그래서 가족들과 함께 식탁에 둘러앉아서 식사를 하고 있는 박순도 씨는 뭔가 모르게 불편했던 것이다. 혹시나 아들 내외가 간밤에 부부 싸움이라도 한 것이 아닐까, 하는 생각도 해보았다. 박순도 씨는 급하게 먼저 식사를 끝내고 수저를 놓았다.

(신원문화사, 1996)

■ 안장환 「산그늘」

선우는 민박을 한 권씨네 집에서 아침 식사를 했다. 구수한 된장찌개와 산채나물, 호박나물 등 오래간만에 먹어보는 농촌 음식이었다.

(신원문화사, 1996)

■ 양귀자 「모순」

고기 타는 연기가 식당 바깥까지 자욱하고, 맛 좋기로 소문났다는 어머니의 자랑처럼 방마다 사람들이 가득 찬 그곳에서는 먹는 일도 노동이었다.
쉴새없이 고기를 뒤적이고, 연기를 피해 이리저리 자리를 옮기고, 볼이 미어지게 싸 넣은 상추쌈으로 격렬한 입운동이 불가피한 거기.
남동생과 나와 어머니는 전쟁터 속의 병사들처럼 묵묵히, 그러나 죽을 힘을 다해 돼지고기와 싸우다 거의 지쳐서 식당을 나오곤 했었다.

* * *

둥그런 식탁에 너, 진모 주리하고 주혁이, 그리고 이모부가 밥을 먹고 있는데, 세상에, 통통한 갈치구이 접시 자기 앞에 딱 모셔 놓고 가시 발라서 주리 한번 주혁이 한번, 또 주리 한번 주혁이 한번, 이번엔 먹고 싶어 저렇게 빤히 쳐다보고 있는 우리 진모 한 젓가락 떼어 주려나 옆눈으로 지켜봐도 또 주리 한번, 주혁이 한번, 이러는 거야.

(살림, 1998)

■ 염상섭 「삼대」

그들은 혀가 문드러지는 술을 갈급이 들린 듯이 쪽쪽 들이마시었다. 무엇에 쫓겨가는 사람처럼 급급히 마시는 것이었다. 술의 풍미를 본다거나 눈 오는 밤에 운치로 먹는다니 보다는 어서 취하여 버리겠다는 사람들 같았다.

(진문, 1948)

■ 오성찬 「소리」

씹으면 픽픽 고름이 터지는 설익은 보리밥, 피삭피삭 혀를 찌르던 피범벅, 들작지근하고 토기를 일으키던 톳밥과 해조류 음식들, 달큰한 것 같으면서도 목구멍이 아리게 쏘아오던 구운 무릇의 맛, 그에게 이런 음식들은 전생의 인연같은 것이었다.

(답게, 1997)

■ 원재길 「그 여자를 찾아가는 여행 (하)」

식사를 준비하기 시작했다. 식탁이 다 차려질 즈음에 아내가 두 팔을 번쩍 쳐들고 하품을 하며 안방에서 거실로 나왔다. 아내는 실력이 대단할 리가 없는 내가 만든 음식을 맛있게 먹어 주었다. 맛있다 하고 중얼거린 뒤에 국을 한 술 떠먹고, 다시 밥을 떠 넣기 전에 숟가락을 쪽 빨며 맛있다 하고 중얼거렸다.

(문학동네, 1994)

■ 원재길 「모닥불을 밟아라」

시간도 시간이지만 이런 인적없는 강가에 밥집이라니 뜻밖이었다. 호객꾼은 가운데 둥근 상이 놓인 돗자리에 나를 내려놓았다. 곧 상이 차려졌다. 반찬은 무말랭이 무침과 콩나물 무침, 고사리 무침 등등 무침 일색이었는데 맛깔스럽고 정갈하다는 느낌을 주었다. 붉은 장갑은 식욕이 당기지 않는지 국물만 두어 숟갈 뜨다가 파이프 담배를 물고 멀리 강을 쳐다보았다. 나 역시 식욕이 없어서 숟갈을 뚝배기에 담갔다가 꺼내기를 반복했다.

* * *

말이 끝나기 무섭게 웨이터는 눈앞에서 사라졌고, 불과 이삼초만에 음식을 든 쟁반을 들고 들어와서 흥행사와 내가 마주보고 앉은 식탁에 입으로 척척 소리를 내며 음식을 내려놓았다. 음식은 만든 지 오래되어 푸석푸석하게 마른 데다가 칙칙한 빛깔부터가 영 맛이 없어 보였다. 플라스틱으로 만든 모형 음식물 같아서 속이 다시 메슥거렸다.

* * *

다시 식탁으로 고개를 돌리는 순간 눈이 번쩍 뜨였다. 좀 전에 본 것과 달리 푸짐하면서 윤기가 자르르 흐르는 소스를 듬뿍 친 스테이크가 식탁에 놓여 있었다. 철갑상어알과 바닷가재도 보였고 싱싱한 자연산 우럭회 한 접시, 얼음에 잰 포도주, 대여섯 명이 먹어도 다 못 먹을 온갖 때깔 고운 과일이 가득 담긴 광주리도 놓여 있었다.

(문학동네, 1997)

■ 유현종 「달은 지다」

장도원은 시키는 대로 식구통을 열고 그대로 복창했다. 그러면서 감방장의 식기부터 디밀었다. 밥을 퍼주고 국을 퍼주었다.

(샘터, 1996)

■ 유현종 「유리성의 포로」

모래사장에 빙 둘러앉았다. 쏘가리탕이 먹음직스럽게 김을 뿜었고 퍼지지 않고 탄 밥이 주발에 담겨 나왔다. 하지만 모두들 유쾌하게 식사를 하기 시작했다. 상쾌한 바람이 불어와 땀을 거두어 간다.

(신원문화사, 1987)

■ 윤대녕 「불귀」

시래기에 쇠기름 한 점이 둥둥 떠 있는 국밥과 깍두기 한 접시가 전부였다. 여자는 음식을 가져다놓은 다음 내 맞은편 목의자에 앉아 힐끔힐끔 나를 훔쳐보고 있었다. 나는 먹는 둥 마는 둥 하며 수저를 내며놓고 자리를 털고 일어섰다. 여자가 따라 일어났으므로 나는 또 한번의 위기를 모면해야 했다.

(문학동네, 1994)

■ 윤대녕 「지나가는 자의 초상」

포크와 나이프를 쓰고 있던 그녀의 손동작 하나하나, 귀고리는 그만두고 이미테이션 목걸이 하나 걸려 있지 않아 사뭇 썰렁해 보이는 목덜미, 화장기조차 없는 밋밋한 얼굴, 담뱃불에 한쪽 모서리가 지져진 붉은 식탁보, 대나무 모양의 커피 잔, 접시에 깔끔하게 반쯤 남긴 비프커틀릿, 그녀가 입었던 단색의 회색 재킷, 누가 보거나 말거나 옆자리에서 입을 맞추고 있던 이십대 초반의 남녀, 그들의 소곤거림 혹은 숨죽인 웃음소리……

(중앙일보, 1996)

■ 윤대녕 「피아노와 백합의 사막」

나는 그녀에게 의례적으로 점심을 함께 하자는 말을 건넸고 그녀는 어째 별로 내키지 않은 얼굴로 나를 따라 사내 식당으로 들어왔다. 밥을 먹는 내내 그녀는 고개를 숙이고 앉아 묵묵히 수저질만 했다.

(중앙일보, 1995)

■ 은희경 「아내의 상자」

그녀는 먼저 수도꼭지를 틀어 손을 문지르고는 쌀통에서 쌀을 꺼내 씻어 밥을 안쳤다. 멸치를 꺼내고 다용도실의 된장통에서 된장을 퍼와 뚝배기에 넣고 물을 부었다. 감자, 양파, 당근을 차례로 껍질을 벗기고 마늘을 깠다. 그것들을 도마 위에 깨끗이 썰어 놓을 때쯤에는 된장국물이 끓고 있었다. 야채를 차례로 넣은 다음 파를 꺼내 씻었고 두부도 귀를 맞춰 네모 반듯하게 썰어 대접 위에 준비해 놓았다. 그리고 볼에 달걀 세 개를 깨드려 소금을 넣고 나무젓가락으로 잘 휘저은 다음 파를 다져 넣었다. 생선 그릴에 물을 붓고 가스불을 켰다. 냉장고에서 갈치를 꺼내 씻어서 달구어진 생선 그릴에 집어넣었고 그 옆의 가스 레인지에 프라이팬을 얹어 놓고 불을 붙였다. 적당히 달궈진 프라이팬에 달걀을 한쪽에서부터 가만히 쏟아 천천히 말아가기 시작했다. 조금 후에 갈치를 뒤집었다. 그녀의 손놀림은 정확했다.

(문학사상사, 1998)

■ 은희경「연미와 유미」

밥 한 공기를 퍼서 식탁 위에 놓은 다음 냉장고를 뒤져 김치와 먹다 남은 참치 통조림을 엽니다. 그리고 젓가락통과 함께 언제나 식탁 귀퉁이에 놓여 있는 김통을 엽니다. 물 한 잔을 따라놓는 것을 마지막으로 식사준비를 마친 나는 밥을 먹기 시작합니다.

첫술을 들어올리자 밥알은 몇 알만 집힐 뿐 대부분이 젓가락 사이에서 낱낱이 흘러내려 버립니다. 손에 힘을 주고 다시 밥알을 집어봅니다. 안 되겠습니다. 애써 다리에 힘을 주어 식탁에서 일어납니다. 냉장고 안에 달걀 두 알이 남아 있습니다. 프라이팬에 기름을 두르고 달걀을 부치는데 소금통 구멍이 막혀서 소금이 나오지 않습니다. 소금통도 제 나름대로 눅눅한 여름을 견뎌낸 뒤인 것입니다.

이럴 때 누군가 전화를 걸어서 '밥 먹었니? 뭐하고 있었어?' 라고 다정하게 말해준다면 나는 고아원 아이처럼 감동해 버릴 것 같습니다. 그런 말을 해주는 사람이라면 그의 무엇이 되어도 좋을 것 같습니다.

〈문학동네, 1996〉

■ 이문열「미로의 날들」

예상 밖으로 조촐한 차림이었습니다. 개다리소반을 겨우 면했을 정도의 크기를 가진 둥근 자개상에 마른안주 한 접시와 문어회 한 접시에 맥주 세 병이 전부였던 것입니다.

〈둥지, 1993〉

■ 이 상「날개」

나는 마음을 터놓고 조용히 아내와 이 해괴한 저녁밥을 먹었다. 우리 부부는 이야기하는 법이 없었다. 밥을 먹은 뒤에도 나는 말이 없이 부시시 일어나서 내 방으로 건너가 버렸다.

(삼중당, 1979)

■이 상「봉별기」

술상을 보아 왔다. 나도 한 잔 먹고 금홍이도 한 잔 먹었다. 나는 영변가를 한마디하고 금홍이는 육자배기를 한마디했다.
밤은 이미 깊었고 우리 이야기는 이게 이 생(生)에서의 영이별이라는 결론으로 밀려갔다. 금홍이는 은수저로 소반전을 딱딱 치면서 내가 한 번도 들은 일이 없는 구슬픈 창가를 한다.

(동아, 1995)

■이세기「청색의 카텐차」

일요일의 아침 식사는 스프에 콘을 띄워 먹는 습관이었으나 그날만은 할아버지를 위해 맑은 장국과 풋 콩밥을 지었고 식사후의 커피를 맛있게 마시기 위해 나는 약간 덜렁되었다. 전날 일하는 아줌마가 미제장수에게 인더언 팔을 한 자루 얻어 주었기 때문이었다. 아, 새 커피, 너무 좋아서 씨를 갈아 유리 포트에 넣고 어느 때보다 정성껏 커피를 끓었다.
신선하고 향긋한 커피냄새에 취해서 얼마나 맛있을까. 맛있을 거야. 할아버지 오늘 커피는 특별해요.
호들갑을 떨면서 그의 잔에 커피를 듬뿍 따랐다.

(동아, 1992)

■이순원「강릉가는 옛길」

그 아이들 말로는 자장면이라는 게 왜면(기계로 뽑은 소면)보다는 많이 굵고 집에서 만들어 먹는 국수보다는 조금 가는데도 한입 물고 이로 끊지 않으면 끊어지지 않을 만큼 쫄깃쫄깃하다고 했다. 그런 쫄깃쫄깃한 국수를 잘게 썬 호박과 감자, 간낭(양배추), 다내기(양파), 돼지고기를 까만 색의 중국 된장과 기름에 죽처럼 걸죽하게 볶아 비벼 먹는 게 바로 자장면이라고.

* * *

그러니 다른 반찬 없이 왕소금을 흘흘 뿌려가며 먹는 옥수수죽 맛이 여물 맛이라고 했다. 하기야 이걸 보내온 미국에선 이것뿐 아니라 화요일과 금요일에 죽을 먹은 다음 그 죽그릇에 한 컵씩 데워 나누어주는 우유도 소와 돼지들이 먹는다고 했다.

* * *

죽을 받고도 아니, 식기에 받은 게 맛이 없더라도 넘기면 슬슬 넘어가야 할 죽인데도 그게 목에 걸려 제대로 넘어가지 않았다. 그렇다고 중간에 남길 수도 없고, 숟가락까지 깨물 듯 힘들게 힘들게 그것을 한 술씩 입 안에 퍼 넣고 모래를 우물거려 삼키듯 질끈 눈까지 감아가며 그릇을 비웠다.

(중앙, 1996)

■ 이순원「어떤 봄날의 헌화가」

밥은 왜 이렇게 푸석푸석 하나, 콧김에 숟가락 위에 얹은 밥알이 날아가겠다. 생선은 알맞게 구워야지 숯장수로 나설 일이라도 있느냐, 오징어가 제대로 데쳐지지 않아 도로 바다로 기어 나가겠다. 하며 온갖 잔소리를 듣고 있을 때 시누이가 왔다.

* * *

그리곤 세 살 먹은 아이를 걷어 먹이듯 옆에 착 달라붙어 앉아 생선가시를 발려 주네, 오징어 무침을 주네, 하며 식사 시중을 들어주며 모녀가 한통속이 되어 시집 흉이며 사돈 흉을 보는 것이었다.

(하늘연못, 1997)

■ 이제하 「강설」

 T선생은 싱글벙글하면서 뷔페 음식을 부지런히 날라다 먹고 있었으나, 사장도 나도 야채류 한 접시만으로 포크를 놓아 버리고 있었다. 단둘이 대좌할 때는 외면하듯이 창 밖을 물끄러미 보고 있는 것도 사장의 예의 독특한 버릇인 것 같았다.

(동아, 1995)

■ 정비석 「고고」

 아침볕에 비치어 새빨갛게 반사되는 능금알들은 그것이 단순한 나무 열매이기보다는 참으로 정성과 정열의 결정체인 것도 같았다. 이윽고 선생은 어제 것과 꼭 같은 사과를 몸소 꼬두머리에서 한 이십 알 가량 따 가지고 와서 먹기를 권하시면서……

(백수사, 1971)

■ 정을병 「겨울나무」

 알미늄 바께쓰에서 짠지 한 주먹을 밥 위에다 놓아주었다. 단무지 같은 건데, 초콜렛색으로 물이 잘 들어 있었다.

(삼우당, 1987)

■ 정을병 「그래서 아름다운 선택」

 마루에 오르니 김이 무럭무럭 피어오르는 옥수수와 토마토가 앉은뱅이 식탁 위에 잔뜩 놓여 있었다. 우리는 거침없이 달려들어 옥수수를 뜯어먹었다. 바로 딴 것을 그 자리에서 쪄먹는 것이 얼마나 맛이 있는지 우리는 이미 모두 잘 알고 있었다.

(훈민정음, 1996)

■ 최명희「혼불」

강모는 건넌방으로 들어가 아랫목에 책상다리를 한 채 입을 다물고만 앉아 있었다. 율촌댁이 모반에 강정이며 약과를 담아 내 놓는다.
"좀 먹어라."
입맛이 당길 리가 없다.
그것을 알면서도 율촌댁은 말이 없는 강모의 손에 약과 한 개를 굳이 들려준다.
보름이 지나고 언뜻 며칠 뒤에는, 학기가 시작되어 전주로 가버릴 아들이다. 무엇 하나라도 더 먹이고 싶은 심정에 그네는 강모만 보면 먹을 것을 내 놓지만 그는 거의 아무 것에도 손을 대지 않았다.
손에 들려 준 약과를 다시 모반에 담아 버리고 강모는 일어선다.

(한길사, 1996)

■ 최수철「고래뱃속에서」

그것들은 허기진 고래의 뱃속만큼이나 텅 빈 위장 속으로 떨어져서 맹렬한 속도로 분해하기 시작하였다.

(문학사상사, 1989)

■ 최 윤「회색 눈사람」

음식이 담긴 쟁반을 들고 방으로 들어갔을 때 김희진은 반쯤 누워 있다가 몸을 일으키며 쟁반을 받아들었다. 그녀의 팔이 경련을 하는 것이 보였다. 우리는 침묵한 채, 식사를 끝냈다.

(동아, 1995)

■ 최인호「돌의 초상」

경희는 냅킨을 노인의 턱에 둘러 주었다. 노인은 밥을 먹기 시작했다. 놀라운 속도였다. 저처럼 양순하고 저처럼 무기력하던 노인네의 어디에서 탐욕스런 식욕이 불붙고 있는 것일까.

구멍 같은 입에 몇 개 남아 있지 않은 이빨로 밥을 퍼먹고는 별반 씹지도 않고 불처럼 들이마시고 있었다. 우리는 우울하게 이 식물 인간이 행하는 저작 행위를 잠시 지켜보았다.

그렇다, 먹는 것은 얼마나 추한 인간의 본능인가.

"천천히 먹으라고 해."

나는 소리를 질렀다.

노인은 밥을 입가에 흥건히 흘려 묻히고는 내 고함 소리에 놀란 듯 눈을 멀뚱히 뜨고 나를 보았다. 어쩌면 자기의 이 즐거운 기쁨을 강하게 제지하려는 동물적인 불길한 예감을 느꼈기 때문인지 노인은 갑자기 풀이 죽어 내 눈치를 보면서 급히 밥을 삼켰다. 목젖이 꿈틀거렸다. 슬금슬금 내 눈치를 보면서 행여 이 무서운 사내가 자기의 밥그릇을 빼앗아 갈지도 모른다는 동물적인 공포로 개처럼 나를 살펴보았다. 나는 맥이 풀렸다.

(나남, 1993)

■ 최인호「북경의 밤」

나는 그들의 얼굴을 보았다.

그들의 얼굴은 탐욕스런 광기로 불타오르고 있었다. 그들의 얼굴, 중국인들의 얼굴. 무엇이든 먹어버리는 중국인들의 식성. 중국의 대륙을 여행하는 동안 나는 실로 상상할 수 없는 수많은 동물로 요리된 음식을 먹었다. 통째로 삶은 개구리, 튀겨 나온 전갈, 당나귀의 붉은 살코기, 뱀, 자라고기, 박쥐의 귀, 그 유명하다는 살아있는 원숭이의 두개골을 망치로 부숴

내고 드러난 원숭이의 골을 숟갈로 떠먹는 다는 원숭이 요리만을 제외하고 나는 온갖 요리를 다 먹었었다. 아마도 그들은 저런 쥐도 잡아서 털을 벗기고 기름에 삶고 튀겨 먹어버릴 것이다. 살아 있는 동물, 움직이는 곤충, 날아다니는 그 모든 새, 심지어는 모기의 눈알까지 살아 있는 짐승이면 무엇이든 먹어버리는 중국인들. 그들은 그 짐승들을 요리하여 먹음으로써 동물과 일치감을 이루고 있는 것이다. 때문에 그들은 무서운 짐승에게서도, 흉칙하게 생긴 파충류에게서도 전혀 두려움과 혐오감을 느끼지 않는 것이다. 그들에게 있어 그런 짐승과 새, 곤충들은 다만 식욕을 돋우는 음식의 재료일 뿐인 것이다.

〈샘터, 1996〉

■ 최일남「서울 사람들」

"지금쯤 시골에 가면 우거짓국이 맛있을 때야. 우거지에다가 뜨물이나 된장을 풀고, 풋고추를 듬성듬성 썰어 넣어 먹으면 기막히지. 간혹 여편네한테도 시켜 보는데 영 옛날 맛이 안 나더군."

"그것도 좋지만 간갈치나 간고등어 있지? 그것도 장이나 서는 날이라야 겨우 한 토막 얻어 걸리는데 말야. 그것 한 토막이면 밥 한 그릇 다 먹는다구. 더구나 여자들한테는 살토막이 차례나 가니? 우리 어머니는 대가리 차지지. 그런데 그 대갈통을 바싹 구워 가지고 뼈째 아삭아삭 씹어 먹으면 그렇게 고소할 수가 없어. 그 좋은 걸 서울서는 버리고 먹는단 말야. 어쩌다가 그게 먹고 싶을 때가 있는데 마누라한테도 차마 창피해서 고등어 대가리 구워 오라고는 못 하겠어."

"난 국민학교 다닐 때 벤또 반찬에 새우젓만 싸 가지고 다녔다구. 우그러 터진 벤또 한쪽에다 간장 종지 있지, 거기다가 새우젓만 담아 가지곤 밥 속에 쿡 박아 가지고 다니는데 그렇게 꿀맛일 수가 없었어. 그런데 요즘은 새우젓만 봐도 냄새가 나거든. 그리고 그런 건 흙 냄새 물씬 나는 초가집에서 먹어야 제 맛이 나지. 텔레비전을 보면서 먹는 밥상에는 안 어울려."

* * *

우리들이 대충 손발을 씻고 호롱불 밑에서 이리저리 퍼져 있을 때 저녁상이 들어왔다. 과연 밥상은 김치와 우거짓국 그리고 무말랭이 버무린 것 뿐이었는데, 우리는 반주로 들어온 막걸리와 함께 허겁지겁 처넣었다.

* * *

이장이 찬이 없다면서 정말로 미안해하는 표정으로 들여온 밥상은 아닌게 아니라 간단했다. 시퍼런 무총김치에 깍두기와 무국이 전부였다. 하지만 우리는 그게 무슨 말씀이냐고, 이런 걸 맛보기 위해서 일부러 여기까지 왔노라고, 조금도 그런 생각 마시라고, 되레 미안해했다. 그것은 사실이었다. 무국은 멸치가 몇 마리 들어 있고, 소금으로 간을 본 국물에 고춧가루만 뿌린 것이었다. 윤경수가 먼저 국물을 떠먹더니 갑자기 무릎을 쳤다.

"야, 이거다. 옛날 맛이다. 맛난이(화학조미료)를 안쳤어. 집에서는 그렇게 맛난이를 치지 말라고 해도 말을 안 듣는단 말야. 또 혀가 그렇게 단련이 되었는지 그걸 안치면 미심시하고 말야. 그런데 여기서는 비로소 순수한 제 맛이 나는군."

"그렇군. 그러고 보면 우리들의 미각이 그 동안 얼마나 잡스럽게 변했는가를 알 수 있지. 누가 들으면 그까짓 입맛 하나 가지고 뭐 그리 대단치도 않게 후라이를 까느냐고 할지 모르지만 흥, 그게 다 촌에서 살아 본 사람이 아니면 이 맛 모르지. 가을 무의 이 시원한 맛."

우리는 희멀건 무국 한 대접씩을 놓고 입에 침이 마르게 감격해했다.

〈나남, 1993〉

■ 하성란 「내가 사랑한 것은 그녀의 등허리였을까」

책상으로 쓰고 있는 밥상 위에 도자기로 만들어진 등갓이 쓰인 삼십 촉짜리 스탠드가 놓여 있다. 그 옆으로 책배에 K의 학번이 적힌 영한 사전이 놓여 있다. 책갈피는 손때가 묻어 있고 배추 속처럼 낱낱이 부풀어 있다.

(문학동네, 1997)

■ 하성란 「악몽」

아침 밥상의 차림도 예전과 다를 것이 없었다. 콩나물 무침과 고등어구이, 무국. 단조로운 식단이었다. 콩나물을 짜고 맵게 무치는 어머니의 음식 솜씨도 여전했다. 무언가 큰일이 있었던 다음날 아침의 밥상치고는 너무 평범했다. 다른 어머니였다면 아침상을 차리기는커녕 이불을 뒤집어쓰고 앓고 있어야 했다.

(이수, 1999)

■ 하성란 「풀」

아버지에 대꾸 없이 숟가락으로 국대접을 휘젓고 있다. 새끼들은 쑥쑥 커 가는데 빈둥거리면 어쩔 거요? 숟가락을 밥상에 내려놓으며 아버지는 뒤돌아 앉는다. 그 알량한 자존심은, 자존심이 어디 밥 먹여…… 순식간에 밥상이 뒤집어진다. 앉은 여자의 바지 위로 벌건 김칫국물이 끼얹어지며 바닥으로 그릇들이 나뒹군다. 막내가 영문을 모른 채 움찔 놀라다가 밥알이 잔뜩 든 입을 벌리고 울기 시작한다. 입가로 씹다 만 콩나물이 한 가닥 대롱거린다. 내팽개쳐진 그릇들을 발로 차대며 아버지는 씩씩거린다. 그 다리 한쪽을 둘째가 와락 달려들어 매달린다. 아버지가 다리를 흔들어 밀쳐내면 방 한구석에 나동그라졌다가 다시 달려들어 매달린다.

* * *

남자는 후루룩, 해장국을 먹는다. 여자는 선지와 천엽을 숟가락으로 그릇 한켠에 치워가며 마치 쪽자 작업을 하듯이 밥알만을 건져 입안으로 가져간다. 남자는 뚝배기에 얼굴을 거의 들이밀고 허겁지겁 밥을 먹는다. 고춧가루가 말라붙은 식탁 모서리를 손으로 긁으며 여자는 남자의 정수리를 쳐다본다.

(문학동네, 1997)

■ 한수산 「부초」

그릇을 들어 국물을 후룩후룩 마시고 난 그는 소주 두 잔을 거푸 비우고 서야 젓가락을 들어 국수를 먹기 시작했다. 선 채로 국수 한 그릇을 비우고 나서 담배를 피워 문 윤재는 길게 연기를 뱉어내며 일렁거리는 나무의자를 당겨서 자리에 앉았다.

(동아, 1995)

■ 한승원 「검은 댕기 두루미」

프라이팬 바닥에 치잣빛 식용유를 바르고 불을 켰다. 물 쳐서 갠 녹두가루를 넣었다. 녹두가루가 뜨거움을 못 견뎌하면서 푸드덕거렸다. 삶은 이렇게 저렇게 만난 서로를 지지고 볶도록 되어 있었다.

* * *

그녀는 냄비를 가스레인지에 올리고, 물을 붓고, 냉동실에 들어있는 깔따구 새끼들 네 마리와 바지락 여남은 개와 마늘과 표고버섯과 양파와 무와 고추장을 넣고 불을 켰다. …(중략)… 탕이 끓는 동안 빈대떡을 부치기로 했다. 녹두 두 움큼을 분쇄기에 넣고 스위치를 켰다. 분쇄기는 분노하여 악쓰는 소리를 냈다.

(문학사상사, 1999)

■ 한승원 「포구의 달」

그녀가 상추에 회를 넣고 마늘과 고추장을 알맞게 넣어 싸서 그의 입 안에 내밀었다. 그가 받아서 입에 넣었다. 그녀가 소주잔을 들어주었다. 그가 잔을 받아 비웠다.

(계몽사, 1995)

■ 홍성원 「먼동」

근술의 말대로 상 위에는 생굴 게찜 숭어조림 따위 해물 반찬이 반주로 나온 맑은수와 함께 그득하게 놓여 있다. 추석 명절 쇠며 육부치에 질린 입들이 싱싱한 해물을 보자 새로운 식욕을 느끼는 듯하다. 재환의 잔에 반주 술을 따르며 근술이 다시 넉살좋게 입을 연다.
"오늘은 날이 좋아 뱃길이 편할 듯 싶구먼이요. 허나 바람이 썩 좋질 않아서 시간은 제법 걸릴 듯 싶사외다."
"인천까지 오늘 해 안에 대어갈 수 있겠느냐."
"해 안에서는 대기가 어렵구 좀 어두워서 닿지 않을까 싶구먼이요. 바람 없으면 노질을 해서라두 초저녁 무렵까지는 대어가두룩 해봅지요."
재환이 더 묻지 않고 술잔은 제쳐둔 채 숟가락을 먼저 장국에 적신다. 근술이 다시 머리 조아리며 상 위에 놓인 술잔을 가리킨다.

(문학과지성사, 1993)

■ 황석영 「섬섬옥수」

그가 아래턱을 움직일 때마다 턱뼈가 솟아오르고 관자놀이까지 크게 오르내린다. 상수는 싸구려 빵을 비닐봉지 째 삼킬 만큼 열중해서 먹었다. 그가 음료수를 마시기 시작하자 꿀럭거리는 소리가 생생하게 울려 나왔다. 다시 한번 나를 힐끔 쳐다보았다. 나는 실눈을 뜨고 그에게 말을 걸었다.

(동아, 1995)

■ 황순원「내 고향 사람들」

그만 일어서려는데 술상이 나왔다. 소반에, 내가 가지고 간 닭고기와 깍두기와 밤대추가 놓여져 있었다. 김구장은 석 잔인가 마시더니 자기는 그만두겠다고 하면서 나한테만 권하는 것이었다. 그렇다고 김구장의 낯에 술기운이 오른 것도 아니었다. 홀기계로 바투 깍은 머리에 면도자국이 파란 얼굴은 언제나처럼 차갑게 윤을 내고 있었다. 그런 웃어른 앞에서 나 혼자 술을 받아 마실 수도 없는 노릇이었다. 대추만 씹었다. 저번 와서 먹을 때보다도 더 쇠들쇠들 마른 게 사뭇 달고 맛있었다. 대추 종류가 참 좋다고 했더니 김구장은 선친이 제사 때 쓰려고 심은 거라고 했다.

(일신, 1993)

찾아보기

작가명

ㄱ

강경애 • 22
강난경 • 400
강석경 • 23
강신재 • 23, 24, 25, 332, 400
계용묵 • 26, 27, 332, 333, 401
고은주 • 29, 30
공석하 • 30
공선옥 • 31, 33, 401
공지영 • 34, 35
구인환 • 37, 402
구혜영 • 37
구효서 • 38, 39, 40, 41, 332, 334, 403
권 유 • 41
김광주 • 42, 43
김녕희 • 43, 44, 45, 403
김동리 • 45, 46, 47, 48, 334, 335
김동인 • 48, 49, 50, 51
김만옥 • 53, 54, 404
김말봉 • 55, 56
김문수 • 57
김민숙 • 58
김병총 • 58, 335
김성종 • 59, 60

김성한 • 404
김영래 • 60, 335
김영하 • 64, 404
김예나 • 65
김용우 • 65, 337
김원우 • 68, 69
김원일 • 69, 70, 71, 72, 73, 341, 404, 406
김유정 • 74, 75, 76, 77, 78, 79, 337, 406
김이연 • 79, 80, 406
김이태 • 341
김인숙 • 80, 81, 82, 83, 407
김정한 • 85
김주영 • 86, 408
김지연 • 88, 89, 90, 91, 92, 342, 343, 409
김지원 • 92, 93, 94, 343, 409, 410
김채원 • 94, 95, 96, 97, 98, 343, 344, 344, 411
김현영 • 345, 412
김홍신 • 98, 99

435

ㄴ

나도향 • 99, 100

ㄹ

류주현 • 101

ㅁ

마광수 • 101, 102
문순태 • 102, 103, 104, 105, 106, 346
민병삼 • 107, 108

ㅂ

박경리 • 108, 109, 111, 112, 113, 347, 413, 414
박계주 • 113, 349
박덕규 • 116, 350
박범신 • 117, 118
박상륭 • 78, 120
박양호 • 122, 305
박영준 • 126, 127
박완서 • 127, 128, 129
박일문 • 130, 414
박정애 • 131
박종화 • 132, 133, 352
박태순 • 134, 135, 137, 415
박화성 • 137
배수아 • 138, 352

ㅅ

서기원 • 139, 415
서영은 • 140, 141, 353, 415
서정인 • 141, 142, 353, 415
서하진 • 143
선우휘 • 143, 416
성기조 • 144
성석재 • 353
손소희 • 145, 354
손숙희 • 145
손장순 • 145, 146, 147, 355
손창섭 • 357
송기숙 • 147, 148, 150, 357, 358, 416
송원희 • 151
신경숙 • 152, 153, 156, 355
신달자 • 157, 158, 160, 161, 163, 165, 166
신상웅 • 166
심상대 • 167, 168
심 훈 • 169, 171, 356, 417

ㅇ

안수길 • 172, 417
안장환 • 172, 173, 174, 418
양귀자 • 174, 418
염상섭 • 176, 419
오성찬 • 176, 177, 359, 419
오정희 • 179, 180, 181, 360, 361, 362
오탁번 • 181
원재길 • 181, 183, 376, 377, 419, 420
유금호 • 363
유안진 • 183

유익서 • 184
유재용 • 184, 185, 186
유진오 • 187
유현종 • 187, 421
윤대녕 • 188, 421, 422
윤정모 • 365
윤후명 • 189, 366
윤흥길 • 189, 190, 366
은희경 • 193, 194, 366, 422, 423
이 상 • 374, 423, 424
이경자 • 194
이광복 • 195
이광수 • 195, 196, 198, 200, 203, 205, 368, 369
이국자 • 209, 210
이규희 • 211, 369
이균영 • 212
이기영 • 213
이동희 • 215, 216
이무영 • 216, 217, 370
이문구 • 217, 218, 219, 220, 370
이문열 • 423
이범선 • 221, 222
이병주 • 222, 370
이세기 • 424
이순원 • 223, 424, 425
이외수 • 223
이인직 • 224
이인화 • 225
이제하 • 225, 226, 426
이철호 • 226
이청준 • 227, 228
이혜경 • 229, 230, 232, 374
이호철 • 233

이효석 • 234, 235, 236, 237, 238, 239, 240, 241, 371, 372, 373
임옥인 • 244
임철우 • 375, 376

ㅈ

장용학 • 244, 245, 247, 248, 378
전경린 • 248
전상국 • 379
전영택 • 250, 379
정비석 • 251, 252, 253, 254, 255, 426
정안길 • 255
정연희 • 256, 257, 258, 259
정을병 • 261, 262, 264, 380, 426
정한숙 • 264
조경란 • 266, 267, 280, 381
조세희 • 381
조정래 • 268, 270, 382
조창인 • 276, 383
조해일 • 276, 277
주요섭 • 277, 383

ㅊ

채만식 • 277, 278, 279
천승세 • 280
최기인 • 281
최명희 • 281, 384, 427
최수철 • 287, 385, 427
최 윤 • 289, 427
최인호 • 292, 293, 294, 428
최인훈 • 290, 292, 385

최일남 • 294, 295, 386, 387, 429
최정희 • 295, 296
최 학 • 296

ㅎ

하근찬 • 296
하성란 • 296, 387, 430, 431
하일지 • 297, 388, 390
하재봉 • 298, 299
한말숙 • 300, 391
한무숙 • 301, 302
한상칠 • 304
한수산 • 304, 306, 307, 391, 432
한승원 • 308, 310, 312, 313, 392, 432, 433
허근욱 • 315
홍성암 • 316, 317, 393
홍성원 • 318, 433
황석영 • 321, 433
황순원 • 322, 323, 324, 325, 326, 327, 328,
394, 396, 397, 434

작품명

ㄱ

「가는비, 이슬비」 • 127
「가시고기」 • 276, 383
「가을」 • 74
「가을과 산양(山羊)」 • 234
「가을빛」 • 229
「가을에 온 여인」 • 108
「가을의 유서 1」 • 59
「가족의 기원」 • 380
「가지 않은 길」 • 57
「갈대꽃」 • 172
「갈매기」 • 221
「감람 수풀」 • 45
「강릉가는 옛길」 • 424
「강설」 • 426
「강을 따라 오르면」 • 69, 404
「개구멍받이」 • 342
「개도둑」 • 375
「개밥」 • 383
「개의 아픔」 • 304
「검은 댕기 두루미」 • 308, 432
「검은 물 갇힌 강」 • 38
「겨울 속의 겨울」 • 157
「겨울나무」 • 261, 380, 426

「결혼 실험실」 • 53
「경마장에서 생긴 일」 • 297
「경마장의 오리나무」 • 297, 390
「계단과 날개」 • 11, 53
「고고」 • 251, 426
「고독의 날개로 날자」 • 79
「고래뱃속에서」 • 287, 385, 427
「고향 사람들」 • 147
「곡예사」 • 322
「골방」 • 117
「공휴일」 • 357
「관(觀)」 • 23
「광공자(狂公子)」 • 48
「광마일기」 • 101
「광장」 • 290, 385
「귀공자」 • 98
「귀의 성」 • 224
「귀향」 • 252
「그 많던 싱아는 누가 다 먹었을까」 • 11, 128
「그 섬에 가고 싶다」 • 241
「그 여자를 찾아가는 여행」 • 181, 376, 419
「그 집 앞」 • 230, 374
「그것은 꿈이었을까」 • 193

「그녀의 세 번째 남자」• 193
「그늘, 깊은 곳」• 80, 407
「그늘」• 322
「그들의 새벽」• 102, 346
「그때는 옛날」• 217
「그래서 아름다운 선택」• 261, 426
「그믐달」• 99
「금당벽화」• 15, 19, 264
「금삼의 피」• 132, 352
「금순이와 닭」• 332
「기억 속의 들꽃」• 189
「길 위의 집」• 232, 374
「김약국의 딸들」• 109
「김탁보전」• 217
「깊고 푸른 밤」• 292
「깊은 슬픔」• 152
「꽃은 피어도」• 184
「꽃을 든 남자 1」• 92, 409
「꽃을 찾아서」• 128
「꽃잎과 나막신」• 256
「꿈길」• 103
「꿈만은 시절」• 323
「꿈의 극장」• 387

ㄴ

「나」• 195
「나그네는 길에서도 쉬지 않는다」• 225
「나는 살고 싶다」• 60
「나는 아름답다」• 64
「나무 남자의 아내」• 39,
「나무들 비탈에 서다」• 323
「나무의 마을」• 137

「나뭇잎들은 그리운 불빛을 만든다」• 212
「나비부인」• 256
「나상」• 349
「낙과(落果)」• 244
「낙엽과 같이」• 42
「낙월도」• 280
「낙일홍」• 13, 85
「날개」• 374, 423
「날아라 거북이」• 116, 350
「남풍」• 145, 354
「낫」• 190
「낯선거리」• 134, 414
「내 고향 사람들」• 324, 434
「내 그물로 오는 가시고기」• 381
「내 사촌 별정 우체국장」• 404
「내 생에 꼭 하루뿐인 특별한 날」• 248
「내 정신의 그믐」• 287, 385
「내가 만난 여신」• 181
「내가 사랑한 것은 그녀의 등허리였을까」
  • 296, 430
「내가 설 땅은 어디냐」• 315
「내사랑 농장」• 363
「냉장고」• 345, 412
「노도」• 144
「노령근해」• 235
「노새 두 마리」• 386
「노을을 삼키는 여자」• 158
「녹슨 철길」• 104
「녹음(綠陰)의 향기(香氣)」• 235
「논갈 때」• 137
「농민」• 216, 370
「눈」• 324
「눈뜨면 환한 세상」• 160

「느티나무 타기」• 104

ㄷ

「다가오는 소리」• 218
「다갈라 불망비」• 218
「다리」• 409
「다정불심(多情佛心)」• 133
「단종애사」• 196
「단추와 허리띠」• 176
「달」• 46
「달은 지다」• 421
「달의 몰락」• 94, 343, 411
「더 이상 아름다운 방황은 없다」• 34
「도라지꽃 누님」• 40
「독백」• 236
「독신」• 341
「돌」• 301
「돌의 초상」• 428
「동백꽃」• 337
「동시에」• 266
「동오리 과부들의 손목수」• 209
「돼지」• 371
「두 개의 얼굴」• 145
「두 사람을 위한 하나의 사랑」• 161
「들」• 236
「등대 아래서 휘파람」• 242
「등대댁」• 152
「딩구는 커피」• 402
「따라지」• 74, 406
「딴나라 여인」• 365
「딸기밭」• 153, 355
「땅과 흙 (1)」• 215

「뜨거운 물」• 135

ㅁ

「마르크스를 위하여」• 65, 337
「마술사」• 370
「마지막 춤은 나와 함께」• 194, 366
「만가」• 292
「만남」• 8, 302
「만무방」• 75
「망월(望月)」• 167
「망향」• 143, 416
「매일 죽는 사람」• 276
「먼길」• 81
「먼동」• 318, 433
「메밀꽃 필 무렵」• 14, 237, 371
「명일」• 277
「명천유사」• 218
「모닥불을 밟아라」• 183, 377, 420
「모든 것에 이별을」• 304
「모래 위의 집」• 306
「모순」• 174, 418
「목마른 땅」• 151
「목마와 달빛」• 418
「목화씨 뿌릴 때」• 126
「몽금포타령」• 219
「몽둥이」• 177
「무녀도」• 46
「무정」• 196, 368
「묵시의 바다」• 190, 366
「묻지말기」• 79
「물 속 페르시아 고양이」• 333
「물결이 높던 날」• 141

「미로의 날들」• 423

「미망」• 406

「민족」• 133

ㅂ

「바람인형」• 138

「바위」• 46

「바위눈물」• 257

「박명」• 70, 406

「박명기」• 415

「밤인사」• 411

「배따라기」• 49

「백년을 더 사는 인간」• 262

「백마강」• 255

「백치 아다다」• 26, 332

「백치애인」• 163

「벌거숭이 산의 하룻밤」• 135

「벌초」• 185

「벙어리 삼룡이」• 100

「베네치아에서 만난 사람」• 142, 415

「벼락 크럽」• 122

「별」• 325

「별과 같이 살다」• 325

「별이 보이는데요」• 37

「보리방아」• 278

「봄 봄」• 76

「봄·여름·가을·겨울」• 88

「봄날에 찍은 사진」• 95, 344, 411

「봄의 환」• 96

「봉별기」• 423

「봉숭아 꽃물」• 58

「부주의한 사랑」• 352

「부초」• 307, 391, 432

「북간도」• 172, 417

「북경의 밤」• 428

「불귀」• 188, 421

「불꽃」• 143

「불놀이」• 179, 360

「불사조」• 169

「불안」• 102

「불의 강」• 179, 361

「불타는 빙벽」• 146

「붕어」• 142, 353

「비밀의 문」• 40

「비인 탄생」• 244

「뿔 그리고 방패」• 140

ㅅ

「사라지는 것은 아름답다」• 58, 335

「사랑」• 198, 310, 368, 392

「사랑과 상처」• 194

「사랑에는 독이 있다」• 165

「사랑의 기쁨」• 293

「사랑의 아픔」• 145

「사랑의 예감」• 92

「사랑의 전설」• 210

「사막을 향하여」• 257

「사막의 거리, 바다의 거리」• 188

「사망 보류」• 221

「사반의 십자가」• 47, 334

「산(山)」• 373

「산골」• 77

「산골 나그네」• 77

「산골아이」• 326

「산그늘」• 173, 418
「산비탈에서 사랑을」• 68
「산역」• 189, 366
「산영」• 88
「산울음」• 89
「산조」• 179
「산중일기」• 200
「산행」• 296
「살벌한 황혼」• 334
「살아 남은 자의 슬픔」• 130
「삼대」• 176, 419
「삼월풍물첩(三月風物帖)」• 42
「상」• 23, 332
「상록수」• 169, 356, 417
「상실의 계절」• 82
「새」• 362, 388
「새 설계」• 176
「새끼 무당」• 312
「새를 위하여」• 363
「새터말 사람들 2」• 313
「서울 사람들」• 294, 429
「서울열흘」• 203
「선율」• 85
「섬섬옥수」• 321, 433
「성냥갑 속의 여자」• 166
「성부수」• 238
「성화」• 239
「성황당」• 9, 252
「세례요한의 돌」• 262
「세상은 그저 밤 아니면 낮이고」• 41
「소금의 시간」• 93, 410
「소나기」• 78
「소리」• 419

「소설 알렉산드리아」• 222
「소시민」• 233
「소이작도(小伊作島)·겨울」• 216
「속솔이뜸의 댕이」• 211, 369
「수색」• 223
「수탉」• 372
「수화」• 353
「순결」• 257
「순애보」• 113
「술래야 술래야」• 141, 415
「숨은 그림자」• 43, 403
「숲의 왕」• 60, 335
「슬픈 새들의 사회」• 122, 350
「슬픈 여름」• 90
「시간의 샘물」• 105
「시바」• 281
「시인의 별」• 225
「시작은 아름답다」• 295
「시장과 전장」• 347, 413
「시절들」• 31
「식빵을 굽는 시간」• 267, 381
「신이 잠든 땅」• 172, 417
「신개지」• 213
「신금오신화」• 168
「신의 눈초리」• 101
「신호등(信號燈)」• 253
「실종」• 44
「심야의 정담」• 166
「쑥 이야기」• 295
「씨돌 1」• 90
「씨톨 2」• 408

ㅇ

「아내의 상자」• 422
「아름다운 여름」• 29
「아름다운 영가」• 300
「아름다운 이별」• 210
「아리랑」• 268, 382
「아메리카」• 277
「아버지의 땅」• 243, 376
「아베의 가족」• 379
「아이네 크라이네」• 97, 344
「아직 사랑할 시간은 남았다」• 130, 414
「악령기」• 240
「악몽」• 431
「악사」• 71, 341
「애천」• 97
「야생」• 78
「야정 1」• 86
「약수」• 8, 22
「약한 자의 슬픔」• 51
「어둠의 사슬」• 71
「어둠의 혼」• 72, 341
「어떤 귀향」• 316, 393
「어떤 봄날의 헌화가」• 223, 425
「에덴의 서쪽」• 131
「엠마오로 가는 길」• 65
「여름의 잔해」• 117
「여자가 선택한 사랑」• 80, 406
「역성서설」• 245
「연(緣)」• 342
「연기」• 79
「연미와 유미」• 194, 423
「열망」• 195

「영원한 미소」• 171
「옛우물」• 180
「오늘 부는 바람」• 73
「오월의 미소」• 148, 357
「오월의 숨결」• 97
「오지리에 두고 온 서른 살」• 31, 401
「오해」• 183, 377
「올가미」• 54
「완미설(玩味設)」• 47
「왕건」• 404
「외 아들」• 91
「요한 시집」• 247
「용」• 226
「우리가 사람일세」• 258
「우리동네」• 219
「우리들의 미운 엄마」• 400
「우리 생애의 꽃」• 33
「운현궁(雲峴宮)의 봄」• 51
「원형의 전설」• 247, 378
「유년의 뜰」• 180
「유리」• 30
「유리성의 포로」• 187, 421
「유부지부(有夫之婦)」• 42
「유앵기」• 12, 26, 401
「유월제」• 105
「유정」• 203, 369
「은내골 기행」• 150, 358, 416
「이 모순과의 화해」• 355
「이 성숙한 밤의 포옹」• 139
「이른 봄」• 353
「이심(二心)」• 176
「이제마」• 226
「인간이후(人間以後)」• 43

「인간접목」• 326, 394
「인사파동」• 90
「인형의 집을 나와서」• 279
「일월」• 327, 396
「잃어버린 여정」• 101
「입석 부근」• 321

ㅈ

「자유인」• 227
「잠자는 난쟁이」• 147
「장미의 계절」• 254
「장벽」• 27
「장씨의 수염」• 295
「장한몽」• 220, 370
「저 혼자 깊어 가는 강」• 294
「저녁노을」• 327
「저승새」• 335
「전투기」• 24
「절벽」• 25, 400
「젊은 느티나무」• 25
「정상이 보인다」• 147
「제1과 제1장」• 217
「종소리 울려 퍼져라」• 17, 359
「종이배」• 183
「주말여행」• 318
「죽을 권리」• 92
「죽음의 한 연구」• 120
「지나가는 자의 초상」• 421
「지맥」• 295
「지옥에서 보낸 하루」• 41
「직녀(織女)」• 180
「진달래」• 48

「진흙과 갈대」• 307
「집」• 94, 343, 410
「집·방·문·벽·들·장·몸·길·물」• 289
「찔레꽃」• 55

ㅊ

「착한 여자」• 35
「책 읽어주는 남자」• 143
「천맥」• 296
「천태산 울녀」• 343
「천혜향초」• 262
「청계천변(淸溪川邊)」• 43
「청색의 카텐차」• 424
「청춘도」• 27, 333
「초록빛 모자」• 98
「촛불 결혼식」• 402
「총각과 맹꽁이」• 79
「추도」• 69
「추운 밤」• 277
「추정」• 127
「치악산」• 224
「7월의 바다」• 171

ㅋ

「카사블랑카여, 영원히」• 403
「카인의 후예」• 328, 397
「칸나의 뜰」• 37
「칼과 이슬」• 58
「칼날 위의 전쟁 2」• 99
「쿨재즈」• 298
「키노의 전설 빅토르최」• 184

ㅌ

「타인들」• 174
「태백산맥」• 270, 382
「태양 아래서」• 186
「토지」• 109, 111, 112, 347, 413
「퇴근길」• 317

ㅍ

「파로호(破虜湖)」• 181
「파묘(破墓)」• 41
「파시(波市)」• 113, 414
「팔려간 몸」• 279
「포구의 달」• 313, 433
「포천에는 시지프스가 산다」• 334
「폭군」• 318
「풀」• 431
「풍경」• 82
「풍금이 있던 자리」• 156
「프로메테우스의 간」• 30
「피아골」• 106
「피아노와 백합의 사막」• 422
「피임사회」• 264
「핏줄」• 83

ㅎ

「하얀 손」• 387
「하얀 하늘」• 137
「학마을 사람들」• 222
「한 말씀만 하소서」• 129
「한낮에 촛불을 켜고」• 13, 259
「항구풍경」• 255
「해벽」• 220
「행복」• 300, 391
「허탈의 가을」• 127
「혁명」• 139
「현대의 야」• 248
「혜자의 눈꽃」• 280
「호출」• 404
「혼불」• 281, 384, 427
「홍어」• 408
「화도 (上)」• 107
「화도 (中)」• 107
「화도 (下)」• 108
「화려한 지옥(地獄)」• 56
「화분」• 241
「화상보(華想譜)」• 187
「화수분」• 250
「환멸을 찾아서」• 73
「황금 동굴」• 299
「황금비늘」• 223
「황량한 날의 동화」• 10, 25
「회색 눈사람」• 427
「후계자」• 92
「흐르는 길」• 45
「흙」• 205
「흙 한 줌」• 54
「흰 닭」• 379
「흰 소가 끄는 수레」• 118
「흰 종이 수염」• 296
「흰 철쭉」• 228

조병무

문학평론가 · 시인. 호 평리(平里).
동국대학교 국어국문학과 졸업, ≪현대문학≫지 문학평론으로 데뷔, 〈백치〉〈신년대〉 동인, 제24회 현대문학상, 제10회 시문학상, 제13회 윤동주문학상 본상, 제10회 동국문학상 수상. 제21회 조연현문학상 수상. 저서 『꿈사설』 『떠나가는 시간』 『머문자리 그대로』 (시집), 『가설의 옹호』 『새로운 명제』 『시짜기와 시쓰기』 『시를 어떻게 쓸 것인가』 『존재와 소유의 문학』 (문학평론집), 『니그로오다 황금사슴 이야기』 『꽃바람 불던 날』 『기호가 말을 한다』 (수필집), 『한국소설묘사사전』 (전6권), 국제펜클럽 한국본부 이사, 〈96문학의 해〉 기획팀장 및 기획분과 회장, 한국문인협회 이사, 한국문학평론가협회 부회장, 서울문인클럽 감사, 한국현대시인협회 명예회장, 동덕여자대학교 문예창작과 교수.

한국소설묘사사전 6 (자연 서정 · 동물 · 음식)

1판 1쇄 발행 2003년 12월 25일 | 2판 3쇄 발행 2009년 12월 15일
엮은이 · 조병무 | **펴낸이** · 한봉숙 | **펴낸곳** · 푸른사상사
등록 제2-2876호
주소 서울시 중구 을지로3가 296-10 장양B/D 7층
대표전화 02) 2268-8706(7) | **팩시밀리** 02) 2268-8708
메일 prun21c@yahoo.co.kr / prun21c@hanmail.net
홈페이지 www.prun21c.com
@ 2009, 조병무

ISBN 89-5640-069-5-03800
ISBN 89-5640-007-5-03800

값 28,000원

☞ 21세기 출판문화를 창조하는 푸른사상에서는 좋은 책을 만들기 위해 노력하고 있습니다.